献给埃里克·冯·希佩尔

学者、教授、同事、导师和朋友

本书收录文章的作者

艾弗·阿克苏耶克（Efe Aksuyek）

苏黎世联邦理工学院（ETH Zurich）

尤查·本科勒（Yochai Benkler）

哈佛大学法学院（Harvard Law School）

乔恩·H. 布洛克（Jörn H. Block）

特里尔大学（Universität Trier）

海伦娜·坎豪（Helena Canhão）

里斯本大学里斯本医学院（Lisbon Medical School，University of Lisbon）

杰伦·P. J. 德容（Jeroen P. J. de Jong）

乌得勒支经济学院（Utrecht School of Economics）

尼可拉斯·弗兰克（Nikolaus Franke）

维也纳经济与商业大学（Vienna University of Economics and Business）

约翰·富勒（Johann Füller）

因斯布鲁克大学（Universität Innsbruck）

海伦娜·加里加（Helena Garriga）

苏黎世联邦理工学院

弗雷德里克·哈克林（Fredrik Hacklin）

苏黎世联邦理工学院

乔基姆·亨克尔（Joachim Henkel）

慕尼黑工业大学（Technische Universität München）

科尼利厄斯·赫施塔特（Cornelius Herstatt）

汉堡-哈尔堡工业大学（Technische Universität Hamburg-Harburg）

克里斯托夫·翰奈斯（Christoph Hienerth）

WHU 奥托贝森管理学院（科布伦茨）（WHU-Otto Beisheim School of Management，Koblenz）

文卡塔·库普斯瓦米（Venkat Kuppuswamy）

北卡罗来纳大学凯南-弗拉格勒商学院（Kenan-Flagler Business School，University of North Carolina）

卡里姆·R. 拉卡尼（Karim R. Lakhani）

哈佛商学院（Harvard Business School）

克里斯蒂安·吕特耶（Christian Lüthje）

汉堡-哈尔堡工业大学

伊桑·莫里克（Ethan Mollick）

宾夕法尼亚大学沃顿商学院（Wharton School，University of Pennsylvania）

西川英彦（Hidehiko Nishikawa）

法政大学（东京）（Hosei University，Tokyo）

小川进（Susumu Ogawa）

神户大学（Kobe University）

佩德罗·奥利维拉（Pedro Oliveira）

葡萄牙天主教大学里斯本商业和经济学院（Católica-Lisbon School of Business and Economics）

弗兰克·皮勒（Frank Piller）

亚琛工业大学（RWTH Aachen University）

克里斯蒂娜·拉什（Christina Raasch）

慕尼黑工业大学

法布里齐奥·萨尔瓦多（Fabrizio Salvador）

IE 商学院（马德里）（IE Business School，Madrid）

帕梅拉·塞缪尔森（Pamela Samuelson）

加利福尼亚大学伯克利分校法学院（University of California，Berkeley，School of Law）

蒂姆·施魏斯福尔特（Tim Schweisfurth）

慕尼黑工业大学

索纳利·K. 沙（Sonali K. Shah）

伊利诺伊大学厄巴纳-香槟分校（University of Illinois at Urbana-Champaign）

安妮卡·施蒂格勒（Annika Stiegler）

慕尼黑工业大学

克里斯托夫·斯托克斯特伦（Christoph Stockstrom）

汉堡-哈尔堡工业大学

斯蒂芬·托姆克（Stefan Thomke）

哈佛商学院

玛丽·特里普萨斯（Mary Tripsas）

波士顿学院卡罗尔管理学院（Carroll School of Management，Boston College）

乔治·冯·克罗（Georg von Krogh）

苏黎世联邦理工学院

在麻省理工学院（MIT）教授埃里克·冯·希佩尔（Eric von Hippel）的 70 岁生日到来之际，谨以本书向这位学者致意。在过去的 15 年中，他与来自世界各地的学者们展开合作，共同为创新领域新范式的研究打下了坚实的基础。在他们提出的研究框架下，用户、社群和开放性成为推动创新的主导元素。这种全新的创新范式补充甚至取代了传统的封闭式的创新范式，成为学者新的研究对象。

最初，只有埃里克·冯·希佩尔的合著者及他指导的博士生会召开一些非正式的专题讨论会（与会者不超过十人），他们围坐在麻省理工学院斯隆管理学院（MIT Sloan School of Management）的会议室的桌子旁，探讨用户创新领域出现的新趋势。而现如今，这一话题已成为全球顶尖学者研究的课题。这些学者不断提出新的理论、总结整理实证信息，用以说明用户创新和以社群为基础的创新对企业、经济和社会产生了哪些显著的影响。

在本书的贡献者中，不少人是与埃里克·冯·希佩尔关系紧密的同事。我们希望，这些作者所贡献的全新的、有原创性的学术文章，能够成为用户创新和社群创新研究领域的权威文献。本书所收录文章的作者都是在全新的创新研究领域内推动理论研究、实证研究、政策和实践发展的主要贡献者。本书所收录文章的内容涵盖经济学、科技史、政府统计、法律、管理和政策制定等诸多领域，力求为读者提供独特的跨学科视角。

我们希望向历届国际开放与用户创新研讨会（International Open and User Innovation Workshop）的所有参与者和组织者表示感谢，感谢他们在帮助我们理解这一全新的创新范式上所做出的贡献。我们理应对所有为本书的出版做出贡献的人表示感谢，感谢他们始终支持这样一份比预期更耗时的工作。我们十分感谢米里亚姆·瑞昂〔Myriam Rion，就职于位于慕尼黑的马克斯·普朗克创新与竞争研究所（Max Planck Institute for Innovation and Competition，Munich）］与惠特尼·杰克斯［Whitney Jacks，就职于哈佛商学院（Harvard Business School）］在本书内容结构的设计上所做出的杰出贡献。约翰·科维尔（John Covell）——来自麻省理工学院出版社的编辑——始终如一地坚持为本书的出版付出辛勤的汗水。另外，两位匿名审阅者为本书的终稿提供了非常有价值的建议和反馈，帮助我们进一步完善书稿。最后，我们还希望感谢一下我们的家人，在我们编辑和完成这本书的过程中，来自他们的爱和耐心一直支持着我们。

迪特马尔·哈霍夫、卡里姆·R. 拉卡尼

分别写于慕尼黑、波士顿

2015 年 8 月

导言　创新的革命：基础与新观点

迪特马尔·哈霍夫、卡里姆·R. 拉卡尼

20 世纪初，约瑟夫·熊彼特（Joseph Schumpeter）提出了创新理论。他认为，对利润的追求驱使拥有市场实力的大型制造企业与新兴的创业公司不断追求技术革新。这种关于公司层面创新动力来源的观点已经被经济学家、管理人士、从业者与政策制定者所接受，并成为学界最主流的观点。约瑟夫·熊彼特关于创新的理论构成了有关创新研究的核心基础，今天，这一基础已经融入商学院与经济学院的相关课程之中，它强有力地影响着商科学生和创新者头脑中的主流意识，同时还影响着相关的学术研究。

从 20 世纪 70 年代末至今，埃里克·冯·希佩尔与其同事（他们的研究成果正是本书内容的基础）针对创新这一概念，提出了一种非常不同的观点。该观点认为，在现代社会中，作为创新的来源，用户与生产者（企业）扮演着同样重要的角色，前者甚至比后者更重要。最初，埃里克·冯·希佩尔的这一观点曲高和寡，但是随着时间的推进，越来越多的人被他及其同事的论证所说服。

埃里克·冯·希佩尔以用户创新为研究主题的学术文章于 1976 年发表在《研究政策》（*Research Policy*）杂志上，文章的标题是"用户在科学仪器创新过程中扮演的重要角色"（The Dominant Role of Users in the Scientific Instrument Innovation Process）。在这篇实证性的文章中，他第一次提供了定量分析，直言不讳地反驳了当时占据主流地位的熊彼特学说所主张的创新由企业（新兴企业与行业领导者）主导的观点。他的研究涵盖了超过 100 项针对 4 种科学仪器的最具有科学与商业价值的创新，其研究的时间跨度长达数十年。他的核心发现是，77% 的创新是由对科学仪器的具体功能有直接需求的科学家完成的，而不是由那些以市场需求为导向进行创新的企业完成的。最初，这项令人吃惊的发现并没有引起学界和实践者的兴趣。它被看作一种"异端"学说。然而，埃里克·冯·希佩尔却认为自己发现的这种情况不仅真实存在，而且具有普遍性，此外还具有重要的经济与社会价值。

在接下来的几年里，埃里克·冯·希佩尔及来自世界各地的学者继续为这一课题贡献着力量，对发生在其他领域内的创新来源与驱动因素进行了实证研究。他们致力于建立一种理论，以便更加深入地发现并解释由用户主导的创新的经济学原理。今天，相关理论和迅速增加的大量实证性证据共同构成了用户创新理论的主体结构。最终，一个有价值的研究与实践平台被建立起来，一大批学者、政策制定者可以利用这一平台对用户创新理论进行开拓和发展。

在用户创新这个崭新领域内的重要理论和相关研究包括：黏性信息（sticky information）对创新群体的显著影响；用户创新者如何从自己的创新中获得利益，以及为什么他们愿意无偿地与其他用户和企业分享自己的创新成果；针对对于用户来说在经济上可行的创新环境进行建模和分析；为何用户的创新机会会随时间的推移而增加；针对用户创新成果的商业化进行建模和分析；"领先用户"（lead users）所扮演的角色及用户创新商业化的途径；当用户创新者参与创新的可能性与机会均增加时，企业创新者可以采取何种策略与之展开竞争。

一些实证性研究课题与用户创新理论紧密相关，包括对用户创新行为（在普通群体和特殊群体中）规模和范围的衡量。一般认为，如果某种事物无法被衡量，那么，从操作性层面来看，该事物就可以算作不存在。实际上，长期以来，学界一直注重对企业创新的规模和范围进行衡量，这一趋势在一定程度上导致了对于用户创新情况的忽视，使之变得难以被观察。研究用户创新的学者们现在通过问卷调查的方式弥补了这一缺陷。在多个国家，政府机构和私人企业都针对用户创新开展了问卷调查，其样本均具有国家级的代表性。另外，《奥斯陆手册》（*Oslo Manual*）——曾收集和整合不同国家的与创新相关的数据——中关于创新的定义已经被修改，增加了用户和非用户创新的概念。

一种针对用户创新模式的重要补充已经出现，即社群模式的创新。在该模式下，数以千计的创新者共同努力，集体完成创新。在本质上，这一情况使创新流程民主化。"开源软件运动"（free/open source software movement）的兴起便是这方面的一个例子。没有多少学者和实践者认为功能齐全的用户社群能够自主组织起来，更不用说设计出能够与专业生产商的产品相竞争的软件了。然而，私人组织对"开源软件运动"的积极参与，以及之后出现的针对公共产品生产的私人投资，均让人们颇为惊讶。现在，此类社群创新甚至成为主流，并逐渐出现在公共、非营利和私人部门之中。与此相关，新出现并快速成长的众包企业（crowdsourcing firms）搭建了一个双向的平台，通过聚集数以千计的来自世界各地的问题解决者，为各种产业、学校、政府机关和非营利机构出谋划策。

针对用户创新范式的研究，涉及在一个同时存在用户创新与企业创新的环境中，对知识产权扮演的角色的重新评估，这一点推动着有关创新策略的课题向前发展。用户创新这一概念已经逐渐为大众所接受与理解，政府对知识产权的管制无法阻止它的快速发展。一方面，针对用户创新模式的研究，无疑挑战了社会需要暂时性的企业垄断这一观点，而这一观点正是许多有关创新的经济模型的核心所在。另一方面，我们需要新的政策，以减少或消除由用户创新造成的市场失灵。那些公开了自己创新成果的用户往往无法从自己的创新中获利，在这样的情况下，用户创新者倾向于认为，这些他人获得的利益具有经济学上的外部性特点，因此，创新会影响社会的整体福利。

从实践角度出发，新的创新方法正在被提出，从而可以进一步适应用户创新这一新范式。用户创新者可以利用成熟的配套方式，使创新过程更具有效率。通过找到并关注"领先用户"式的创新者，企业能够更加便利地发现具有潜在价值的市场。众包平台则能够帮助创新用户更为直接地获得资助资金，从而使他们进一步发展自己的创新。

本书由 6 部分组成，包含 21 篇文章，每一篇文章的作者都是来自世界各地的研究创新领域的顶尖学者，他们撰写的内容兼具新颖性和原创性。

全书涉及不同的领域，如经济学、科学历史与科学技术、政府机构统计、法律、管理学、政府政策等。其中包含的实证性内容更是纷繁复杂，从国际与国家层面的统计数据到工业产品，从软件与计算机算法到金融服务，可谓无所不包。下面，我们将简要地描述一下每篇文章的内容，并重点谈一谈这些内容中具有学术价值的部分。

第 1 部分　用户创新的基础知识

第 1 章　用户创新研究领域的核心与外延

在第 1 篇文章中，迪特马尔·哈霍夫（Dietmar Harhoff）将描述用户创新范式最初的发展历程，并重点谈及埃里克·冯·希佩尔及该领域其他一些学者的观点。他认为，埃里克·冯·希佩尔一直关注的用户创新研究领域的核心理论，提出了一种解决黏性信息问题的简单而巧妙的方式。在存在黏性信息问题的环境中，用户因为难以向需要信息的制造企业传递信息，所以只能选择将创新成果展示给制造企业，而这些企业则能够模仿并进一步完善由用户提出的初始方案。迪特马尔·哈霍夫建议先跳过这一论断，进而看一看其他学者对于创新的研究成果。他将这些研究成果归为用户创新研究领域的外延。同时，他也指出，这些补充性的理论在经济学层面的影响同样不容忽视。例如，如果企业能够找到一种方式，吸引用户和消费者参与到创新流程中来，那么，用户创新这种创新形式对整体经济的贡献的衡量问题，就需要被重新慎重考虑。他认为，用户完全可以将自己所掌握的技术用于帮助企业实现创新（但并不是将成品交给企业），这样一来，用户不但可以摆脱黏性信息问题带来的困扰，而且能节省独立完成创新（从想法到成品）需要付出的精力和资源。迪特马尔·哈霍夫援引了大量从针对创新企业的问卷调查中得来的最新数据，这些调查对象来自欧洲国家、日本和美国。通过这些问卷得来的数据有一个优点，那就是明确区分了用户和消费者作为外部知识来源，在参与创新过程中扮演的不同角色。

正如迪特马尔·哈霍夫在其文章中所展现的，在所有的主要科技创新中，用户（和消费者）都是重要的知识来源。参与问卷调查的创新企业表示，在它们从事的（正式的或非正式的）合作类创新中，用户和消费者作为企业的合作方，均表现出了卓越的能力。一项针对描述性变量的分析结果显示，来自用户的信息及有用户参与的创新，通常可以带来超过平均水平的回报。这一结果颇为有趣，因为得出该结果的数据样本来自 20 多个国家，涉及的科技领域更是非常广泛。这一结果还向我们表明，要想衡量用户创新所带来的经济效果，我们需要运用更为多样化的方法。

迪特马尔·哈霍夫的贡献在于，他向我们展示了，用户提供的知识与具有商业价值的创新行为关系紧密，同时，原有的企业管理方式需要被更新，从而更好地让用户参与到创新流程中。另外，第 1 篇文章还特别指出，政策制定者需要寻找更为有效的创新衡量工具，并制定更有效的相关政策，从而进一步鼓励创新行为。

第 2 章　创新中的成本优势：对比用户创新与制造商创新

大量相关领域的研究已经得出了令人信服的结论，即用户创新具有个人性、先天性、亲社会性的特点。在第 2 篇文章中，克里斯蒂安·吕特耶（Christian Lüthje）和克里斯托夫·斯托克斯特伦（Christoph Stockstrom）发现了在创新过程中用户创新者可能拥有的成本优势，这一优势能够帮助用户创新者在创新过程中超越制造商。他们甚至表示，在创新活动中，用户创新者可以比制造商创新者更具有效率。他们通过分析发生在医疗行业中的用户（医生）创新的真实案例来证明自己的假设和理论。

克里斯蒂安·吕特耶和克里斯托夫·斯托克斯特伦对于用户创新效率的观点是基于以下事实发展而来的，即用户在创新过程中拥有三种优势：（1）在发现机会与需求的过程中获得的优势；（2）在制定初始解决方案的过程中获得的优势；（3）在测试和改进解决方案的过程中获得的优势。第一个优势来源于用户只需要对自己负责，满足自己的需要。他们不需要投入精力去研究其他人面对的问题和困扰。正如相关文献说明的那样，他们只需要根据自己的需要，利用自己的知识去理解并解决自己眼前的问题。与此相对，制造商则需要投入大量的资源去识别具有特质的目标群体的需求，在此之后，还需要进行进一步的评估以确认该需求是否普遍存在、它背后是否存在潜在市场。第二个优势是，在解决某一领域的问题时，用户能够更好地吸收其他领域派生出来的有益的知识，而将某一领域的知识与在制造商内部形成的具体解决方法相匹配的过程，将削弱制造商的优势。相比于制造商创新者，用户创新者更容易思考出突破性的解决方案。第三个优势是，无论是在测试初始解决方案时，还是在反复改进解决方案的过程中，用户都具有比制造商更多的自由和空间，原因在于，用户能够更直接地、不受阻碍地接触到真实的产品使用环境。因此，通过第2篇文章的介绍，在考虑用户和制造商在创新过程中所扮演的角色的同时，我们还可以洞悉创新过程中二者各自的创新效率情况。

第3章　用户创新的实证研究范畴

一些批评者指出，研究用户创新的相关文献的实证性基础通常是建立在案例分析上的。然而，这些案例存在明显的局限性，大多来自经过挑选的产品领域或具有创新倾向的用户。因此，这类文献提出的论点并不能广泛地适用于多种经济背景或社会环境。在第3篇文章中，杰伦·P. J. 德容（Jeroen P. J. de Jong）梳理并回顾了近阶段的研究文献，这些文献的具体内容涵盖了公司层面和个人消费者层面的创新，与创新者保护知识产权的具体行为和推广创新的能力有关。

通过对来自行业和国家两方面的统计数据进行分析，杰伦·P. J. 德容指出，15％～20％的公司属于用户创新者，而在个人消费者层面，这一比例只有4％～6％。在消费者群体中，只有极少数人选择利用知识产权来保护自己的创新成果。事实上，他们更愿意与公众分享自己的创新成果。在公司层面，正式的知识产权保护得到了更为广泛的使用，但也只有50％的企业真正采取了知识产权保护行为。在第3篇文章的最后，杰伦·P. J. 德容研究了用户创新能够在多大程度上影响及如何影响其他经济主体。一些用户创新对其他经济主体表现出了一定价值。在综合研究了多篇文献中的样本之后，杰伦·P. J. 德容指出，有5％～25％的用户创新被其他用户或企业所接受，而接受创新成果的企业还会对创新原型进行进一步的改进，最终实现其商业价值。因此，我们可以认为，第3篇文章为研究者和实践者提供了丰富的实证性内容，从而扩大了用户创新行为研究的规模和范围。同时，它还介绍了个人层面创新者和公司层面创新者所使用的创新方法，以及他们在保护创新的知识产权和推广创新成果方面所做出的努力。

第2部分　从社群视角出发观察创新

第4章　众包：社群创新与竞赛创新

创新的学术研究领域出现了一种新兴的观点，即沟通成本的稳步下降、模块化技术与数字化技术的出现，使创新活动变得越来越民主化。这一事实意味着，存在于传统企业之外的外部参与者（external actors），通过信息化技术也能够实现创新，甚至还可以与在地理上相距遥远的其他人合作实现创新。在过去十年间，大量文献记录下了（以用户创新为基础的）社群创新的兴起。在同一时期，通过在线交流，外部参与者也越来越多地参与到创新活动中。在第4篇文章中，卡里姆·R.拉卡尼（Karim R. Lakhani）向我们展示了，在过去和现在，外部创新（external innovation）是如何通过社群和在线交流得以实现的。

在第4篇文章最开始，卡里姆·R.拉卡尼首先讨论了机构中存在的创新问题的种类，然后引入了个体自主选择（self-selection）的概念，进而对推行自主选择的企业与那些关注创新的传统企业进行了区分。自主选择使得具有知识和技能的员工能够自主选择任务，从而解决了员工的激励问题。拥有自主选择权的员工自愿付出努力，而不是依赖于管理者的命令或劳务合同的制约。之后，通过强调激励与知识分享的重要性，卡里姆·R.拉卡尼将向读者展示社群创新相较于传统创新所具有的比较优势。最后，他谈到了混合型企业的崛起，这类企业既接受封闭式创新方式，也接受开放式创新方式①，他还举出了一些这类企业的例子。

第5章　私人—集体创新模式：创新者人数与社会因素产生的影响

从很早以前开始，研究经济学和企业组织的学者就已经开始寻找组织

---

①　这里所说的封闭式创新指传统的、依靠企业内部人员的创新模式，开放式创新则指新型的、在企业外部寻求其他参与者帮助的创新模式。——译者注

内成员进行合作的动力源泉。针对用户创新情景，埃里克·冯·希佩尔与乔治·冯·克罗（Georg von Krogh）经过共同努力，找到了个体在公共产品的开发与更新方面贡献力量的条件。他们共同提出的模型表明，只有在创新社群中真正贡献自己力量的创新者才能得到创新产品、知识和同行认可这几样好处，而这几样好处的价值要远远高于创新社群中的搭便车者可能获得的潜在好处的价值。在第 5 篇文章中，乔治·冯·克罗、海伦娜·加里加（Helena Garriga）、艾弗·阿克苏耶克（Efe Aksuyek）和弗雷德里克·哈克林（Fredrik Hacklin）进一步扩充了这一理论，研究了在社群形成的初期，参与者的数量和社会因素对于社群的搭建的重要性。

他们利用盖特（Gächter）及其同事关于知识共享和双人博弈的研究成果，结合行为经济学领域的最新研究进展，通过模拟研究的方法试图找出知识共享对社群形成的影响。他们发现，个体在对分享知识或隐藏知识进行决策时，不仅受到其个人偏好的影响，还受到社群中参与者数量及参与期望的影响。他们还发现，参与行为通常具有一定的特征，而这些特征则由参与者的数量决定。参与到用户创新和社群创新中的个体不仅关注参与行为导致的预期收益和损失，还关注参与者之间的互动行为将如何影响自己获得的效用。第 5 篇文章的贡献在于，作者将社群作为一个整体进行了研究，与此同时，他们还研究了，在快速发展的创新社群中，个体之间进行有条件合作的重要性。

第 6 章　通过社群性组织实现创新民主化

与用户创新社群相似的这类组织，可以为创新提供动力源泉，那么，哪些因素会影响这类组织的存续性呢？在第 6 篇文章中，艾曼努尔·福沙尔（Emmanuelle Fauchart）和多米尼克·弗雷（Dominique Foray）通过构建经济学模型，对以下问题进行了研究：作为创新用户的集合，用户创新社群是如何保持经济可持续性并与传统企业展开竞争的？

第 6 篇文章的作者注意到，在过去，其他形式的（由参与者主导的）合作型组织并没有获得长期的生存能力。而社群创新对该组群中可能出现的低效率和市场失灵特别敏感（这些最初促进社群形成的动力最终有可能消失）。在文章中，作者找出了可能决定社群长期能存续的三个因素。创新社群通常会出现在对资本投资需求不高的市场中，参与社群的机会成本相对较低，此时，知识通常是创新成果赖以存在的核心元素，而不同的参与者之间的工作协调则通过模块化的工作得以实现。

第 7 章　当埃里克·冯·希佩尔的创新理论遇上互联网化环境：分散式创新模式的机遇

在第 7 篇文章中，尤查·本科勒（Yochai Benkler）阐述了，在 21 世纪，分散式创新①（decentralized innovation）受到哪些因素的影响，同时还分析了创新模式需要进行哪些方面的改进，从而保证创新体系的稳步发展。进入 21 世纪后，越来越多的用以分析用户创新的模型被研究者们设计出来。尤查·本科勒认为，这是由两个因素决定的：第一，相比于埃里克·冯·希佩尔提出用户创新的初始观点的 1976 年（他的第一篇相关文章发表），在当下（2014 年），我们可以利用已经被广泛使用的资本工具完成许多产品的开发和分配。因此，让用户创新走出个体创新者的小圈子，进而走进更加广阔的大圈子的阻碍已经减少了许多。第二，沟通与研究成本的显著下降意味着，用户通过合作进行创新并分享成果的能力显著提高了，这使由用户组成的社群能够以比企业创新者更低的成本完成知识的积累。

尤查·本科勒指出，要想支持这类快速发展的创新类型，我们需要一种与现在普遍情况不同的社会环境。他认为，想要促进这种分散式创新的发展，需要对"实验使用例外原则"进行拓展，允许后续创新者访问先期创新成果，建立更为宽松的专利管制机制，以及对公司层面财务支持的关注。尤查·本科勒在其文章中的论述为未来的研究者和实践者提供了一个框架，让他们可以理解分散式创新对社会环境提出了哪些要求。

第 3 部分　用户创新与社群创新的法律问题

第 8 章　关于改进产品的自由

用户创新源于一位用户为了满足自己独特的需求或好奇心而对一种科

---

① 分散式创新指由那些自由活动在企业之外的个体创新者主导的创新。——译者注

技或一件产品进行改进的行为。在第 8 篇文章中，帕梅拉·塞缪尔森 (Pamela Samuelson) 将向读者展示，在美国，保护专利、商业秘密和商标的有关法律在一定程度上允许这类对受专利保护的产品进行改进的行为，但是，与此同时，版权法规却严格限制了针对软件产品的修改，这对用户发起软件创新造成了不利影响。

帕梅拉·塞缪尔森针对美国相关法律的分析向我们说明了，对于大多数产品来说，"首次销售规则"(first-sale rule) 使产品的所有者（用户）有权对产品进行改进，只要他们是合法获得这一产品的。与此相似，与商业保密相关的法律同样允许用户运用逆向研究技术，获取产品的相关技术信息，再根据自己的需要对技术进行改进。与商标有关的法律同样不禁止用户改进带有商标的产品或服务，甚至不禁止用户在改进后的产品上贴上不同的商标并出售。在第 8 篇文章余下的内容中，帕梅拉·塞缪尔森主要分析了产品专利和其他一些与产品使用和改造相关的法规是如何阻碍用户创新的。她还提出了一些可以被法院采纳的建议，这些建议可以帮助用户继续参与软件创新的活动，而不至于陷入法律纠纷。

第 9 章　知识产权的边界

在第 9 篇文章中，凯瑟琳·J. 斯特兰德堡 (Katherine J. Strandburg) 指出，与用户和社群创新有关的知识产权纠纷变得越来越常见。她认为，多数专利法规中存在一个隐含假设，即创新者是"独立的"（atomistic），也就是说，传统上，一项发明通常是由一些独立的个人或机构（如公司和大学）完成的，而它们也自然而然地合法拥有该发明的专利赋予它们的垄断权利，近年来，发生在社群（创新者不再相对独立）中的创新正对这一传统的垄断权利的正当性提出挑战。

凯瑟琳·J. 斯特兰德堡还向我们展示了，创新群体背离现行知识产权制度的行为对以下三大主流法律观点提出了质疑：（1）创造性工作需要大量的前期投资；（2）搭便车行为将使这些投资无法获得足够的回报；（3）法律对专利权的保护是使这些投资获得合理回报的唯一且最有效的方式。在创新社群与外界利益相关者合作时，双方需要展开谈判，凯瑟琳·

J. 斯特兰德堡对此进行了研究。此时，双方面对的问题是，由于缺乏可行的交易方式以及存在非常高的沟通成本，在个人与企业进行谈判时能够使用的典型工具，在这种情况下似乎并不可用。在文章结束时，作者呼吁对一个具体的领域进行更为深入的研究，该领域的主要研究课题是：在创新社群与外界利益相关者互动时，双方如何完成有效谈判。

第 10 章　废除专利权是否可以促进创新？

创新者需要从专利保护中获得创新的动力吗？在经济学和相关法律文献中，谈及这一问题的内容比比皆是。一些文献指出，专利及其赋予专利持有者的垄断权，正是激励创新的重要工具。在这篇文章中，安德鲁·W. 托兰斯（Andrew W. Torrance）回顾了于 2011 年通过的《美国发明法案》（America Invents Act），并检验了该法案对创新的激励方法和相关法律产生的影响；此外，还具体分析了该法案的第 33 条在申请"与人类生命有关"（human organisms）的专利方面的限制。

文章对美国的专利体系，以及《美国发明法案》带来的重要影响进行了概述，并进一步展示了为何美国法院很不愿意为"与人类生命有关"的专利提供保护。《美国发明法案》的第 33 条为社会提供了一个难得的机会，使人们得以了解：当创新行为不再受到专利权的约束时，它是否可以得到更好的发展。而从这个机会中得到的经验将能够用来指导未来针对专利制度的改革，从而使专利制度不再阻碍创新行为，特别是用户创新行为。

第 4 部分　用户创新者扮演的新角色

第 11 章　用户创新者会在何时创建公司？

研究用户创新的文献显示，用户既掌握着黏性信息，也拥有完成功能性创新的动机。在第 11 篇文章中，通过思考创新者在建立新的经济机构时扮演的角色，索纳利·K. 沙（Sonali K. Shah）和玛丽·特里普萨斯（Mary Tripsas）拓展了用户创新问题的研究范围。其文章的贡献在于，两位作者建立了一套理论框架，用以预测用户创新者在何种情况下将进入产品市场。索纳利·K. 沙及其同事正在进行的实证研究证明，相当一部分的创业行为发生在用户创新领域。一些行业数据显示，有 29%（医疗用具行业）至

84％（儿童用品行业）的企业是由用户创新者建立的。值得注意的是，在美国创立，并能够持续运营五年的企业中，有 46.6％是由用户创新者建立的。

索纳利·K. 沙和玛丽·特里普萨斯通过建立模型对创业行为进行分析，该模型建立的基础是用户创新者和制造商对进入产品市场的经济回报和最低盈利阈值的预期。信息不对称，对于通过模型分析用户创新行为及创业行为的研究来说，是一个至关重要的因素。简单来说，信息不对称使用户有可能更早地获得有效信息，从而先于企业创新者发现市场机遇。并且，相较于在位企业①，新兴的（由用户创办的）创业公司通常拥有更低的盈利阈值。这使得后者可以率先进入新的细分市场而不必过分担忧潜在的营利性。此外，索纳利·K. 沙和玛丽·特里普萨斯通过对有助于用户创业的产品特征或创业环境进行分析，进一步拓展了自己的研究，其研究的问题主要包括：开放式产品设计（用户社群分享关于设计的信息）、模块化（模块化管理，使创新工作更专注于创新本身）、产业生命周期（占得先机对用户创新者更有利）和监管负担（用户创新者难以理解并遵守严格的监管）。

第 12 章　当用户成为服务创新者

佩德罗·奥利维拉（Pedro Oliveira）和海伦娜·坎豪（Helena Canhão）的研究表明，在服务行业发展的过程中，用户同样扮演了重要的角色。他们指出，尽管在美国的就业人口中，有超过 80％从事服务行业，且服务行业贡献了 76％的毛附加价值（gross value added），但是，对服务行业的用户创新的研究却一直比较冷门。其中一部分原因在于，服务本身不易于衡量，并且，服务的"生产"和消费是同步发生的。然而，正如第 12 篇文章的内容提到的，对服务创新行为——出现在金融服务领域和医疗服务领域——的深入研究表明，用户在关键的基础服务创新中发挥着至关重要的作用。

---

①　在位企业（incumbent firms），指那些在某一行业内占据主导地位，或具有压倒性竞争优势的企业。——译者注

服务领域的用户创新机制与传统观点中产品领域的用户创新机制是完全一致的，也就是说，在服务行业，用户同样可以先于传统服务提供者（一般为机构）发现某种特定需求，而一些用户有能力也有意愿创造服务来满足这种特定需求。佩德罗·奥利维拉和海伦娜·坎豪总结了大量文献，研究了两大领域（金融与医疗）中出现的用户服务创新，其中涉及两类传统服务提供者（银行与医院）。来自银行业的数据表明，无论是在过去，还是在当下，关键的金融创新都来自用户。与此相似，在慢性病的治疗领域，患者同样发明了大量的治疗方法和医疗工具。第 12 篇文章提供的实证证据表明，许多我们原以为是由机构发起的服务创新，实际上都是由用户发起的，而这些创新在服务行业均有举足轻重的影响。

第 13 章　技术创新

无论是新产品，还是新服务，通常都可以为人们带来解决某一问题的全新方法，与之相似，尝试用全新方法解决老问题或新问题，也可以促进新产品或新服务的产生。在这两种情况下，创新均以一种全新的技术的形式出现。在使用新产品或新服务时，技术是必不可少的。在第 13 篇文章中，通过列举两个说明性的例子（与印象画派和麻醉医疗技术相关）和一个皮划艇漂流运动的详细案例，克里斯托夫·翰奈斯（Christoph Hienerth）对技术创新进行了分析。

通过对用户创新的研究，克里斯托夫·翰奈斯和他的同事发现，用户会花费大量的时间和精力以实现技术创新。事实上，我们可以说，用户花在学习和改进技术上的时间比单纯用于创造产品和服务的时间还要多。克里斯托夫·翰奈斯进一步指出，关注技术能够使创新者更加明晰产业革新的一般趋势，同时发现更多的创新空间。新技术的涌现标志着新一轮企业竞争的开始，这与某一行业中时刻发生的优胜劣汰紧密相关。对现有事物的技术创新为人们指明了全新的创新方向。当现有事物和技术同时发生改变时，全新的创新空间也将出现，而现有的解决方案将被取代。克里斯托夫·翰奈斯提出技术创新这一概念的贡献在于，它使得研究者可以更加深入地同时关注产品使用和技术领域两方面的创新活动，还能研究二者之间可能存在的相互影响。

第 14 章　社群品牌的力量

在第 14 篇文章中，约翰·富勒（Johann Füller）提供的证据为读者说明了用户在品牌创造中所扮演的角色。从历史的角度看，企业的市场策略和沟通行为都是针对用户设计出来的，其目的在于鼓励消费，并通过推出多样化的产品以及品牌建立计划，体现出自己与行业竞争者之间的差别。在这个过程中，创造品牌时付出的努力——无论是具有创造性的工作，还是普通平淡的工作——都是由企业内部雇员付出的。然而，随着以社群为基础发展起来的产品和服务创新模式日益成熟，用户也可以参与到市场活动中，甚至为品牌的建立和推广贡献出自己的力量。

约翰·富勒通过阿帕奇（Apache）网页服务器软件和 outdoorseiten.net（一家户外运动爱好者的在线社群网站）这两个例子，向读者说明了用户在品牌创建中所起到的作用。他指出，社群品牌创建的过程能够使参与其中的群体成员加强身份意识，同时，也能够加强成员的亲社会（pro-social）动机。当然，社群品牌同样也具备企业品牌的功能，即代表一种品质，吸引用户，并进一步加强现有用户对品牌的认同感。他认为，通过将创建品牌的工作分配给社群成员，社群能够在几乎没有成本的情况下建立起强大的品牌。因此，以社群为基础建立品牌的方式可以成为以企业为基础建立品牌的方式之外的另一种有效选择。

第 5 部分　公司与用户的相互作用

第 15 章　用户制造者面对的竞争环境：是否将创新成果出售给竞争对手

在第 15 篇文章中，乔基姆·亨克尔（Joachim Henkel）、安妮卡·施蒂格勒（Annika Stiegler）和乔恩·H. 布洛克（Jörn H. Block）分析的是这样一个问题：在位企业发现自己的用户创新成果有可能发展为一条全新产品线，而该产品线的成果有可能最终服务于其他企业（潜在的竞争对手），此时，该在位企业需要做出战略选择——是否在市场上出售该创新成果。鉴于在整个经济领域内用户创新的蓬勃发展，以及对用户创业（创新用户通过建立企业来实现创新的商业化）的探索（见第 11 篇文章），乔基姆·亨克尔等学者的研究重点是，当企业完成某种创新，且这种创新的初衷是满足企业内部的需求时，企业的高管层将面对的机遇和挑战。之所以会出现他们研究的这种情况，原因非常简单：企业的内部员工发现自身的需求无法从其他部门得到满足，便自己动手实现创新，满足需求。这类创新既满足了企业的内部需求，也能够让企业的创新产品或服务转化为盈利。这时，企业需要做出困难的选择——是否与市场中的其他用户（同时也是竞争者）分享这一创新成果？第 15 篇文章研究的问题对市场中的从业者和研究领域的学者均有帮助。

通过分析存在于完全无关领域（茶叶包装和基础设施建设）的两家企业在面对这一问题时的表现，第 15 篇文章的作者对这一问题进行了定性分析和直观判断。茶叶包装行业的案例公司决定仅仅向非直接竞争对手公布自己的创新成果，而基础设施建设行业的案例公司则决定将自己的创新成果无差别地出售给其他企业，包括竞争对手。然后，文章作者建立了一个博弈模型来分析面对这一问题的企业的选择策略。该模型及相关分析，将为那些面对这一选择困境的企业高管提供一种全新的、不同于第一直觉的思考角度，即与市场中的企业（甚至是直接竞争对手）分享自己的创新成果也许会对自己更有益，原因在于，从长期来看，这些创新将产生溢出效应，后进入市场的生产商将带来更具竞争性的产品，从而使原本存在于市场中的企业失去执行创新成果商业化策略所带来的优势。第 15 篇文章的内容将为企业的管理者提供直接的指导，同时对那些研究（由用户创新导致的）企业战略动态的学者也大有裨益。

第 16 章　当激情遇上专业：企业内部的领先用户如何为企业创新做出贡献

在第 16 篇文章中，科尼利厄斯·赫施塔特（Cornelius Herstatt）、蒂姆·施魏斯福尔特（Tim Schweisfurth）和克里斯蒂娜·拉什（Christina Raasch）研究了作为企业雇员的用户如何为公司的创新流程和成果贡献力量。关于用户创新的文献显示，内部用户（企业雇员）能够实现至关重要的流程创新（乔基姆·亨克尔等作者撰写的第15篇文章为我们展示了如何使创新成果发展成为一条全新的产品线），产品创新则更多依靠外部用户。文章的三位作者研究了这样一种问题情景，即当企业的发展达到一定程度时，其内部雇员将具有与外部用户一样的特性，这些企业内部的领先用户（Embedded Lead Users，ELUs）将为企业内部的创新提供独特的信息优势。

通过分析三类行业（体育用品、休闲用品、医疗保健/医疗器械）中的23家企业，科尼利厄斯·赫施塔特等人对ELUs进行了定性与归纳分析。研究发现，ELUs出现在许多企业中，他们为企业贡献着新创意和新解决方案，并且这些贡献与外部用户和公司内部研发团队的贡献存在着本质上的不同。ELUs在一定程度上同时扮演了终端用户、社群成员以及企业员工三重角色，他们的贡献使企业获得了信息优势，从而能够以独特的角度发现产品和服务创新的新空间。ELUs本身具有的两种动机（经济上的和非经济上的）一方面鼓励他们付出努力，另一方面又推动他们为企业获得信息优势做出独有的贡献。作者对ELUs这一概念的识别和定义，为更深入地研究这一群体提供了基础，便于其他学者进一步评估ELUs的作用。ELUs的出现和对创新流程的参与，使许多企业能够从外部用户的视角出发，设计并改进产品。他们的存在意味着，更多的创新贡献也许可以来自企业内部的员工。

第17章　MUJI的众包开发模式

在企业通过一体化策略将用户引入创新过程后，下一步自然是让用户群体继续参与到企业发现和筛选创意的过程中来。在第17篇文章中，小川进（Susumu Ogawa）和西川英彦（Hidehiko Nishikawa）分析了日本领先的设计零售商株式会社良品计划公司的案例，这家拥有无印良品品牌的公司，非常善于将顾客提出的观点和创意转变为自身创新的基础。自2000年起，无印良品尝试通过许多方法来培养自身有效利用顾客群体资源的能力。该公司由其顾客参与设计的产品非常多样，包括MUJI汽车（一款自定义设计的车辆）、灯具和沙发等多种产品。小川进和西川英彦通过这个例子，给企业的管理者们上了重要的一课，让他们明白了利用用户社群资源的重要性。他们还将用户社群设计与企业内部设计进行了比较。

在众包（crowdsourcing）一词出现之前，无印良品已经在使用这一概念。该公司的高层发现，社群资源不仅可以帮助企业获得创意，还能够帮助企业从众多创意中挑选出最好的那个。最初，无印良品利用一种以市场为基础的方法挑选由用户提出的创意，事实上，这种方法可以被视为最早的众包创新形式。作为消费者，你如果对某种由用户提出的产品创意感兴趣，那么就要通过支付预付款来承诺之后会购买该产品。如果预订购买者达到一定人数，那么公司将开始生产该产品，否则，该产品创意将被淘汰。这一"选择＋资助"的方式产生了很好的结果，很多通过这一方法挑选出来的产品都在市场上获得了超出预期的成功。该公司发现，通过简单的用户投票方式，也可以获得关于市场需求的信息，所以，该公司不再依靠众包创新的方式来确定用户创意的可行性。通过对比根据用户创意生产的产品和根据企业内部创意生产的产品，小川进和西川英彦还发现，用户创新不仅可以催生更具新颖性和原创性的产品，还可以提高销量。通过这个案例分析，我们可以了解到，一家企业可以通过鼓励用户提供创意并挑选创意，更好地利用知识多样性带来的好处。

第 6 部分　从理论到实践：创新领域的实验、创新工具箱和众筹创新

第 18 章　创新工具

斯蒂芬·托姆克（Stefan Thomke）在第 18 篇文章中介绍了创新工具的概念以及这些工具的特点。首先，他介绍了创新工具在历史上及当今的科学和技术进步中扮演的重要角色。然后，通过强调这些工具在汽车和药品行业的应用，他解释了当今信息密集型工具（如模拟测试、设计测试）是如何帮助实现创新的。这些工具可以为创新用户降低实验成本，并有助于他们的学习和迭代性问题的解决。

过去，创新和产品革新的核心能力掌握在企业手中，而现在，由于有了这些创新工具，这一核心能力已经转移到了用户手中。斯蒂芬·托姆克

向我们表明，在努力解决创新过程中的问题时，这些工具有效缓解了用户需求信息（need information）和解决方案信息（solution information）之间存在的分离现象。在传统模式下，企业需要先投入大量资源来获取用户的需求信息，再根据自己的能力来满足这些需求。这一过程有时会变得非常低效，原因在于，在许多行业中，企业与用户会反复地相互试探，双方都竭尽全力发现问题，并试图用合适的方法解决问题。第18篇文章提到的创新工具依靠特殊的以用户为中心的语言及能力帮助用户进行实验，使其以较低的成本透彻地了解自己的需求。一旦用户完成他们的创新设计，这些工具还能帮助创新设计有效地转化为具体的产品，从而实现有效益的生产。斯蒂芬·托姆克指出，由于传统企业无法提供有效的创新工具，也无法降低用户需求信息的获取成本，所以，用户需求信息与解决方案信息的分离是传统商业模式面对的一大挑战。而随着越来越多的企业通过向用户提供创新工具来满足不同市场（例如，苹果应用商店和3D打印市场）的需求，一些新问题又出现了。在文章末尾，斯蒂芬·托姆克列举了其中的一些。

第19章　创新工具箱设计、制造公司的能力和绩效

在第19篇文章中，弗兰克·皮勒（Frank Piller）与法布里齐奥·萨尔瓦多（Fabrizio Salvador）拓展了用户创新工具箱的概念，他们的研究对象不再局限于那些具有专业化技能和知识的用户，还包括那些对普通产品进行定制化改造的用户，后一类用户改进产品以满足自身需求的行为也被称为批量定制（mass customization）。通过建立理论模型，两位作者向读者解释了：如何通过批量定制使创新行为更加平民化，以及生产厂商需要具备哪些能力才能实现与用户之间的合作创新。此外，两位作者还对采用批量定制策略的120家企业进行了详细分析。

弗兰克·皮勒与法布里齐奥·萨尔瓦多指出，实现有效的批量定制需要企业具备三种能力：（1）定义解决方案集的能力（solution space definition）。它可以帮助制造企业识别消费者根据不同的需求而发起的定制化活动。（2）强大的流程设计能力（robust process design）。它可以使公司能够更加从容地重复使用或重组现有的公司资源和供应链资源。（3）选择向导

的能力（choice navigation）。当同时存在众多定制元素时，它可以帮助用户更容易地做出决策。他们的研究揭示，对于如何培养及使用这三种能力，企业在实际操作中采取的管理行为和经营策略都严重滞后于学术研究。因此，许多企业需要通过改变经营模式，来适应由用户进行价值创造的新趋势。如果批量定制能够被广泛采用，用户进行价值创造的潜力将被更大限度地激发。

第 20 章　创新工具箱对用户创新和设计的价值

在第 20 篇文章中，尼可拉斯·弗兰克（Nikolaus Franke）研究了如何通过实验数据计算出创新工具箱的价值。他的研究聚焦于理解用户如何通过创新工具箱进行自主设计来创造价值，而且，他的研究结果对个人和产品来说是具有通用性的。尼可拉斯·弗兰克的研究为如何通过实验室实验与实际应用相结合的方式对创新设计进行研究提供了一个基准。

文章的内容表明，创新用户更乐于购买自己设计的产品，而不是购买由专业人士设计的所谓畅销款产品。尼可拉斯·弗兰克及其同事的研究成果既明确又经得起推敲。以多种产品和服务为研究对象，尼可拉斯·弗兰克设计了一个考虑了多种假设前提的实验模型。该模型显示，创新工具箱有助于增强创新者购买创新产品的意愿（在实验中涵盖一定的假设条件，并且实验对象需要为实验中的产品支付实实在在的成本），其中，用户购买意愿平均提高了 89%，提高范围为 19%～208%。他还指出，用户使用创新工具箱设计的创新产品会产生溢价，而溢价的程度既与创新用户在创新过程中得到的自我满足感有关，也与创新产品与用户需求的契合度有关。文章的内容肯定了学术界对用户创新的研究成果，同时，还阐明了如何通过实验室实验与实际应用相结合的方式对创新设计进行研究，这也为未来在设计方面的研究确立了一个出色的参照标准。

第 21 章　众筹：创新项目融资民主化的实证分析

在本书的最后，伊桑·莫里克（Ethan Mollick）和文卡塔·库普斯瓦米（Venkat Kuppuswamy）对创新想法和创新项目如何通过众筹获得经济上的支持这一问题进行了完美的概述。历史上不乏创新活动获得资助的例子，而随着 21 世纪网络平台的兴起，创新者能够更加方便地获得来自世界各地的资金。随着越来越多的用户、社群开始参与创新过程中最为关键的问题解决环节，众筹这一模式的出现帮助他们解决了过去一直困扰他们的资金问题。

　　一些设计、科技和电子游戏领域的创新项目曾尝试通过大型众筹网站 Kickstarter 获得创新所需资金，第 21 篇文章的两位作者对这些项目进行了分析，他们使用的是截至 2012 年 6 月的数据，得到的结论非常让人吃惊。他们研究的数据样本包括 272 个项目[①]，平均每个项目筹得资金 111 469 美元（标准差：641 026 美元），赞助人总计 355 135 人。获得资助的项目有 90％仍然在运营当中，这其中又有一定数量的项目获得了至少 100 000 美元的年收入，且每个项目平均雇用 22 人。除了这些描述性的统计数据，伊桑·莫里克和文卡塔·库普斯瓦米还在文中谈及了众筹对创新用户的帮助。例如，创新用户如何在众筹过程中判断市场的需求情况（从而规划自己的创新事业）；通过提供启动资金，众筹的融资模式帮助项目存续下来，并使之有机会在之后获得更大额的投资，用以支持研究、发展和生产；众筹还为项目创造了声誉，使传统风险投资公司能够对项目创始人和目标市场充满信心。总之，第 21 篇文章对快速发展的创新融资领域的研究，对学术和实践领域均有重要意义。

　　整体来看，本书的内容为读者提供了对用户创新范式的全面论述。事实上，纵观整本书的内容后，读者将会发现，创新过程本身正在经历一场变革，即从过去以企业为中心的创新模式转变为当下以用户和社群为中心的创新模式，开放与民主化已经成为创新的关键词。如果说在 20 世纪，当埃里克·冯·希佩尔最初在学界提出用户创新范式时，他算得上曲高和寡的话，那么，在 21 世纪，来自世界各地的大量学者已经与他站在一起，为这一范式的实证和理论研究贡献着力量。本书将重点放在这一学术问题之上，并希望为未来的用户创新范式的研究指明方向。

---

① 此处表述与后文有出入，应为原书编著者的笔误，特此说明。——译者注

Contents 目录

第1部分 用户创新的基础知识

第1章 用户创新研究领域的核心与外延

1.1 核心概念——用户创新理论的早期观点 …………………… 004

1.2 早期观点的拓展 ………………………………………………… 005

1.3 用户为创新做出的贡献 ………………………………………… 006

1.4 实证研究：用户对专利发明做出的贡献 …………………… 007

1.5 外部信息与合作伙伴的重要性 ……………………………… 009

1.6 用户对专利价值和专利商业化的贡献 ……………………… 011

1.7 结论 ……………………………………………………………… 015

第2章 创新中的成本优势：对比用户创新与制造商创新

2.1 成本优势带来的创新动机 …………………………………… 021

2.2 三类创新过程 ………………………………………………… 023

2.3 结论 ……………………………………………………………… 033

第3章 用户创新的实证研究范畴

3.1 用户创新发生率 ……………………………………………… 040

3.2 用户创新的开放性 …………………………………………… 047

3.3 用户创新的推广 ……………………………………………… 051

3.4 总结 ……………………………………………………………… 056

第 2 部分　从社群视角出发观察创新

第 4 章　众包：社群创新与竞赛创新

　4.1　社群创新 ·· 065

　4.2　竞赛创新 ·· 069

　4.3　社群创新和竞赛创新的动机与自主选择机制 ·············· 074

　4.4　社群创新的比较优势与竞赛创新的比较优势 ··············· 080

　4.5　结论 ·· 082

第 5 章　私人—集体创新模式：创新者人数与社会因素产生的影响

　5.1　私人—集体创新模式的条件 ····························· 091

　5.2　利用模型分析知识共享行为 ····························· 094

　5.3　知识分享环境模拟 ·· 097

　5.4　模拟实验的结果 ·· 100

　5.5　讨论和结论 ·· 101

第 6 章　通过社群性组织实现创新民主化

　6.1　从经济学视角看用户社群 ································ 108

　6.2　生产环节的纵向—体化 ·································· 109

　6.3　"社群性组织"：是昙花一现，还是持续存在 ··········· 111

　6.4　"社群性组织"可能经历的发展轨迹 ·················· 118

　6.5　结论 ·· 122

第 7 章　当埃里克·冯·希佩尔的创新理论遇上互联网化环境：分散式创新模式的机遇

　7.1　需求和激情是发明之母；详细的信息和反复的实验是发明之父；而利润是发明的指引者吗？ ·················· 128

　7.2　当埃里克·冯·希佩尔的创新理论遇上网络化环境 ·········· 131

　7.3　对于创新而言，自由使用权比先用权更重要 ············· 133

　7.4　专利权 ·· 133

　7.5　关于"先前技术"概念的使用 ·························· 137

7.6　过于强硬的制度必将难以持久 ·············· 138

7.7　著作权：网络上的创新和文化创新 ·············· 139

7.8　结论 ·············· 145

第 3 部分　用户创新与社群创新的法律问题

第 8 章　关于改进产品的自由
8.1　允许产品所有者进行修改的知识产权法规 ·············· 150

8.2　法规限制下的修改行为 ·············· 155

8.3　结论 ·············· 164

第 9 章　知识产权的边界
9.1　利用法律手段保护知识产权方面存在的缺陷 ·············· 168

9.2　知识产权在边界问题中扮演的角色 ·············· 173

9.3　未来的探究方向在何处 ·············· 186

第 10 章　废除专利权是否可以促进创新？
10.1　美国的专利体系 ·············· 194

10.2　"与人类生命有关"的创新专利制度 ·············· 197

10.3　直接或间接"与人类生命有关"的专利 ·············· 199

10.4　讨论和结论 ·············· 208

第 4 部分　用户创新者扮演的新角色

第 11 章　用户创新者会在何时创建公司？
11.1　用户创新现象 ·············· 218

11.2　用户创业的普遍性和重要性 ·············· 221

11.3　用户创业理论 ·············· 224

11.4　用户创新行为的商业化成果 ·············· 227

11.5　讨论和总结 ·············· 234

第 12 章　当用户成为服务创新者
12.1　用户在开发新服务的过程中的作用 ·············· 243

12.2 用户创新在服务开发方面的实证研究概述 ················ 246

12.3 总结 ·· 257

第 13 章 技术创新

13.1 何谓技术创新 ·· 265

13.2 关注技术创新问题的用户创新文献 ····················· 266

13.3 技术创新与产品创新框架 ······························· 267

13.4 由产品创新带来的技术创新：印象画派 ················· 268

13.5 由技术创新带来的设备创新：麻醉医疗技术的发展 ······· 269

13.6 主要案例研究：皮划艇漂流运动的技术和装备发展 ······· 271

13.7 对皮划艇漂流运动产业发展阶段的描述 ················· 272

13.8 体现在案例中的不同创新类型 ························· 276

13.9 技术创新概念的经济意义 ······························· 278

13.10 关于产业进化（industry evolution）与设计理论（design theory）的讨论 ··· 279

13.11 产业进化与设计理论的研究进展 ······················· 282

13.12 结论 ·· 282

第 14 章 社群品牌的力量

14.1 从专利品牌到开放式品牌 ······························· 287

14.2 调研方法 ·· 290

14.3 社群品牌的低成本开发和塑造 ························· 293

14.4 社群品牌的价值 ·· 296

14.5 研究结论 ·· 299

14.6 总结 ·· 301

第 5 部分 公司与用户的相互作用

第 15 章 用户制造者面对的竞争环境：是否将创新成果出售给竞争对手

15.1 案例分析 ·· 315

15.2 用户创新者商业化决策的模型分析 ····················· 320

15.3　讨论和结论 ·· 325

第 16 章　当激情遇上专业：企业内部的领先用户如何为企业创新做出贡献

16.1　理论背景与定义 ···································· 331

16.2　研究方法 ·· 335

16.3　研究结果 ·· 338

16.4　基于现有理论的讨论 ································ 348

16.5　结论 ·· 350

第 17 章　MUJI 的众包开发模式

17.1　株式会社良品计划公司采用众包模式的初期阶段 ········· 355

17.2　MUJI 汽车的开发 ·································· 358

17.3　家具和家电产品开发项目 ···························· 360

17.4　没有预售的众包 ···································· 365

17.5　结论和启示 ·· 367

第 6 部分　从理论到实践：创新领域的实验、创新工具箱和众筹创新

第 18 章　创新工具

18.1　实验工具 ·· 374

18.2　工具改变创新方式 ·································· 383

18.3　待解决的研究问题 ·································· 392

第 19 章　创新工具箱设计、制造公司的能力和绩效

19.1　对专业工具箱、普通工具箱和批量定制策略的初步了解 ··· 396

19.2　普通工具箱的实际使用情况和面临的挑战 ·············· 399

19.3　公司必备的组织能力 ································ 405

19.4　结论 ·· 416

第 20 章　创新工具箱对用户创新和设计的价值

20.1　阿帕奇案例 ·· 426

20.2 实验性价值：对工具箱所产生的价值进行研究 ⋯⋯⋯⋯ 429

20.3 关于自主设计所产生的附加价值的实验 ⋯⋯⋯⋯⋯ 430

20.4 对个体差异进行深入了解 ⋯⋯⋯⋯⋯⋯⋯⋯⋯⋯ 435

20.5 这一现象是否也存在于手表之外的领域？ ⋯⋯⋯⋯ 437

20.6 未来工具箱的"价值生成效应" ⋯⋯⋯⋯⋯⋯⋯⋯ 440

20.7 现实中将做何抉择？ ⋯⋯⋯⋯⋯⋯⋯⋯⋯⋯⋯⋯ 441

20.8 使自主设计的产品产生高价值的因素有哪些？ ⋯⋯⋯ 442

20.9 工具箱有助于提高用户创新和设计的价值 ⋯⋯⋯⋯⋯ 444

第21章 众筹：创新项目融资民主化的实证分析

21.1 寡头融资模式：风险投资和天使投资 ⋯⋯⋯⋯⋯⋯ 449

21.2 民主化融资：众筹 ⋯⋯⋯⋯⋯⋯⋯⋯⋯⋯⋯⋯⋯ 451

21.3 研究方法 ⋯⋯⋯⋯⋯⋯⋯⋯⋯⋯⋯⋯⋯⋯⋯⋯ 455

21.4 众筹对创新的促进 ⋯⋯⋯⋯⋯⋯⋯⋯⋯⋯⋯⋯⋯ 463

21.5 附录：本文的研究中涉及的与创新项目相关的部分变量 ⋯ 465

译后记 ⋯⋯⋯⋯⋯⋯⋯⋯⋯⋯⋯⋯⋯⋯⋯⋯⋯⋯⋯⋯⋯ 470

第 1 部分

用户创新的基础知识

第 1 章　用户创新研究领域的核心与外延

迪特马尔·哈霍夫

目前，用户创新理论这一学术课题已经拥有完善的理论框架，在创新研究和管理的过程中，这一理论发挥着越来越重要的作用。过去，当用户创新理论还处于概念阶段的时候，最初支撑它的研究和实证结果都是全新的，并且与众不同，在某种程度上，甚至是不被人们所接受的。事实上，人们的这种态度是可以理解的，因为用户创新理论提出的新模式与人们长时间以来已经习惯的传统创新模式背道而驰，人们已经习惯了大多数的创新来自制造商而不是用户。然而，现在以用户为中心的创新观点已经发展成了一种独特的理念。

用户创新理论为埃里克·冯·希佩尔所观察到的存在于创新领域的黏性信息问题，提供了巧妙且简单的解决方案。用户有可能对需求信息非常了解，但是，如果要将这些需求信息运用到创新产品的生产过程中，制造商有可能会承担非常高的成本。要想解决这个问题，就要让用户成为创新者，然后将其想法转化为原型产品并提供给制造商。针对许多案例的研究已经证明，用户确实是创新的主要来源，但是，通常只有当某一位用户是提供此类原型产品的第一个人时，该用户的这一创新过程才会被认为是真正意义上的用户创新。如此定义用户创新有着一个明确的目的，那就是避免产生不真实的实证结论，将非用户创新错误地识别为用户创新。然而，与此同时，由于使用这种相对保守的定义来判断用户创新行为，用户在整个创新过程中的贡献程度就会被低估。如果出现这样一种情况，即创新是由于用户的参与而产生的，但是基于某种原因，用户有时并不是原型产品的制造者，那么，在本篇文章中，这种情况将被视为边缘用户创新。我认为，这种情况在经济层面的研究中是不容忽视的，并且，在本篇文章中，我会提供一些数据来支持我的这一观点。

本篇文章首先从概念上对核心用户创新和边缘用户创新进行探讨。最新的针对创新者的大规模调查显示：第一，在创新过程中，用户和消费者都为创新提供了非常重要的信息；第二，用户和消费者都是制造商在创新过程中进行正式或非正式合作的首选合作对象。此外，通过使用描述性的多变量分析（multivariate analysis）方法，我们可以得知，来源于用户的需求信息及创新者与用户之间的合作，与专利价值的产生及高水平的商业化创新息息相关，这一点非常重要。在最经典的用户创新理论也未曾提及的那些情况下——那些大多发生在制造行业、最终会产生有价值的产品专利的创新过程——外部用户为创新所做出的贡献也是不容忽视的。本文最后一节将对这些调查结果进行进一步的讨论。

1.1　核心概念——用户创新理论的早期观点

早在埃里克·冯·希佩尔提出用户创新这一开创性理论之前，大量的研究已经表明，设备和流程的创新往往是由从事机器制造和产品生产的公司进行的。Enos（1962）研究了发生在炼油领域的创新，并且发现炼油厂是该领域最主要的创新者。Freeman（1968）指出，一项特别成功的化工生产流程，通常都是由牵涉流程之中的用户开发出来的。Pavitt（1984）设计出了一种重要的创新分类模式，并认为内部创新行为是创新的主导模式。随后，Von Hippel（1976，1988）表明创新并不局限于公司层面，在很多领域，如科学仪器制造领域，个人用户往往是创新的主要来源。此外，通过将需求信息、解决问题的能力和激励互动等因素加入一个相干模型（coherent model）之中，他指出，用户在很多环境下都有可能成为创新性产品的开发者。创新源自那些在特定领域处于领先地位的领先用户（Urban and von Hippel，1988；Morrison et al.，2000；Franke et al.，2006），这些用户通过开发创新性产品来解决自己当下所遇到的问题，并期望由此获得巨大的利益。

在许多种环境下，用户创新都优于制造商创新。这是为什么呢？在一系列有关用户创新的研究文献中，我们可以找到这样一种观点：对于创新产品未来的使用环境，用户拥有（相较于制造商）更突出的洞察力。因为关于用户需求和使用环境的信息存在黏性，所以它们很难被制造商复制（von Hippel，1994）。对于制造商来说，相比于那些描述使用环境的黏性信息，解决方案信息更容易被收集。在强有力的创新动机（尤其是那些领先用户所具有的创新动机）与其他优势〔表现为创新的成本优势（Hienerth et al.，2011；Lüthje 在本书的第 2 篇文章中的相关论述）及独特的创新能力〕的共同影响下，用户而非制造商更有可能成为创新的开发者。事实上，许多学者的研究表明，用户对创新具有开创性的贡献（Herstatt and von Hippel，1992；Morrison et al.，2000；Franke and von Hippel，2003；Lüthje，2003）。虽然，早期的研究侧重于工业领域的生产流程和设备方面的创新，但是随后的研究表明，消费类产品制造行业也存在用户创新的现象（Shah，2000；Lüthje，2004；Tietz et al.，2005）。随着用户开始组建社群，社群成员可以自由地提出创新想法，使创新及其改进流程变得更具可持续性和民主性。这部分内容将会在本书的第 2 部分进行详细讲解。

1.2 早期观点的拓展

在有关用户创新的早期文献中，对用户创新这一行为的描述都较为狭隘。在这些描述中，用户创新者会免费并充分地公布自己的解决方案，但是他们不会参与到这些解决方案的生产和商业化的过程中，更不会试图为自己所提出的创新方案寻求专利保护。这里还存在着一个有趣的悖论：尽管有关用户创新的经典理论可以解释为何在公共产品领域完成创新的用户愿意分享自己的成果，却无法回答这样一个问题，即为何那些只想满足个人需求的用户也会在完成创新之后选择公开自己的成果。为了能够对用户公开创新成果的行为进行解释，早期的模型假设（不具有创新性的）制造商会仔细观察用户的创新行为，然后对用户的创新成果进行复制并将其商业化。通常情况下，制造商提供的复制成果会比用户最初的成果更好，功能、安全性及其他方面都将得到提高（Riggs and von Hippel，1994）。

Shah（2004）、Shah 和 Tripsas（2007）是研究用户创业（user entrepreneurship）最早的一批文献。用户在有了创新想法之后，会着手组建创业公司（startups），从而亲自实现自己创新成果的商业化，这便是用户创业。用户创新者有可能成为创新产品的提供者，这一理论早已为人们所熟知。从这个意义上讲，用户创新为用户创业提供了机会，因此，具备了经济层面的价值。Baldwin 等人（2006）注意到了用户创新者会转变为创业者这一情况，并提出了一个关于创新的纵向模型。在这一模型中，他们对用户创新的原始概念进行了一次有趣的拓展。他们对多个创新参与者同时参与创新的情况进行了研究，用户和制造商同时参与创新不同阶段的情况就在该研究的范围之内。在这种情况下，用户创新者会提供早期的简易原型品，而商品的改造升级与生产则由资本密集型的制造商负责。除此之外，另外的一些研究指出，在某些环境中，免费披露与创新有关的信息可能是最佳选择（Harhoff et al.，2003），而这又引出了另一种更加精细的知识分享模式——有选择地进行知识披露（Henkel，2006）。虽然，以上提到的这些和其他概念层面的拓展，多多少少拓宽了人们对于用户创新的认知，但是我认为，在用户和制造商之间还存在着更多不同类型的合作方式。在这些合作中，用户会为制造商做出宝贵的贡献，我将使用能够反映众多科技和行业内经济活动状况的数据，对用户做出的这些贡献进行深入研究。此外，我所研究的有关用户创新的边缘问题将在本书的第 4 部分和第 5 部分得到进一步扩展。在这两个部分的内容中，学者们将对用户创新和用户与企业之间的相互作用进行研究。

1.3　用户为创新做出的贡献

经过众多学者的反复研究，我们有足够的理由相信，用户创新的确存在，并且拥有不容小觑的影响力。上文所提到的概念层面的拓展，打破了人们关于用户创新的传统观念。但是，有关用户创新的研究，在很大程度上仍然是建立在对于特定行业或社群的案例分析之上的。需要指出的是，即使搜集到大量的案例研究资料，人们也无法对一种现象所产生的经济影响进行详细的衡量，文献研究的确存在这方面的弱点。毕竟，案例研究往往被选择用来描述一种现象，而不是被用来衡量这种现象所产生的影响。正如前文所述，按照当今的标准来看，一些早期的关于用户创新的定义显得过于狭隘，早期学者做出如此定义，只是为了能够对用户创新与其他创新形式加以区分。

为了避免将研究重点过于局限在纯粹的关于用户创新的案例研究上，我们有必要了解，当用户最终没有提供创新的原型品时，他们为创新做出了哪些贡献。用户可以通过一系列的行为来推动其创新产品的改进，比如向制造商提供与创新解决方案相关的信息。通过提供创新知识，用户有可能帮助制造商率先制造出原型品。在本文中，通过使用对创新者的调研数据，我将尝试对用户贡献的重要性进行实证研究。

1.4　实证研究：用户对专利发明做出的贡献

在下面的分析中，我使用了一组有关创新者的调研数据。这些数据来自 PatVal2 调研（PatVal2 survey），该调研是由欧盟委员会（European Commission）资助的一个项目的组成部分。在该项目中，一组调查员以调研问卷的方式收集了关于创新者自我管理情况的原始数据，调研对象是来自欧洲 20 个国家（奥地利、比利时、瑞士、捷克、德国、丹麦、西班牙、芬兰、法国、英国、希腊、匈牙利、爱尔兰、意大利、卢森堡、荷兰、挪威、波兰、瑞典和斯洛文尼亚）、以色列、美国和日本的创新者。因为美国地区的问卷在某些方面存在不同，所以，本节将只使用来自欧洲和日本地区的数据。Gambardella 等人（2014）对这项调查的样本信息、调研方法和问卷结构进行了详细介绍。本节内容将使用到的数据还包括 2003—2005 年欧洲专利局（European Patent Office）受理的专利申请的信息。PatVal2 调研于 2009 年 11 月至 2010 年 2 月在欧洲进行。在日本，这项调研开始于 2010 年 10 月，结束于 2011 年 7 月底。正如我们所预料的，调研结果表明，超过 80% 的专利申请来自大型私有企业。关于这项调研总体数据的描述性统计信息同样可以从 Gambardella 等人（2014）的文章中看到。在本文呈现的大多数表格中，我都会使用一组样本容量为 12 762 的数据，因为从某些样本中收集到的信息存在不完整性，所以这些样本将不包含在内。

PatVal2 调研提供的这些数据具有很多优点。

第一，这些数据能够帮助我区分，在创新过程中哪些知识来自用户，哪些知识来自消费者。在许多讨论和研究中，研究者们都将用户和消费者视为同义词。不难理解，消费者为了满足自己的使用需求而购买消费品，在这种情况下，用户和消费者是同一个人。然而，还存在另一种情况，例如，一家飞机生产商作为消费者购买起落架，为的是生产飞机以供最终用户使用，此时，消费者和用户显然并不是同一个人（或公司）。公司或家庭环境中同样存在着这种情况，例如，一位母亲为自己的孩子购买了一件产品，或者一位工程师购买了一台加工机器，而这台机器实际上是为了供产品制造部门的操作员使用的，在这两种情况下，消费者和用户也不是同一个人。从理论上讲，对消费者和用户进行区分可能是非常重要的，这是因为，有关用户需求和使用场景的黏性信息不太可能被（位于用户和制造商中间的）消费者完全掌握，所以，当用户的需求对于制造商而言非常重要的时候，来自用户的信息应该会比来自消费者的信息更有价值。在分析数据时，对用户和消费者加以区分，关系到实证研究的有效性。正如读者将在下文中注意到的，对消费者和用户进行区分，实际上是非常重要的。

第二，在这些数据中，我可以获得创新者与用户或消费者进行（正式的和非正式的）合作的相关信息。相比于用户或消费者不将自己掌握的知识分享给制造商的情况，以高度有序的方式将知识传递给制造商，是否可以使创新变得更加高效，要想弄清楚这一点，我们就离不开这些重要信息的帮助。

第三，这些数据具有国际性，并且显示了欧洲各国的专利申请情况。因此，它们的价值是针对特定社群或行业的案例所无法比拟的。值得高兴的是，通过这些数据，我们可以详细地了解到用户在创新过程中所产生的作用与影响。但是，这些数据也有短板，关于这一点，我会在下文中进行阐述。

第四，这些数据还包括有关专利价值及专利商业化的信息。如果我们希望观察创新成果的传播（没有这种传播，创新对社会总体福利的贡献就会非常有限），那么，这些信息是不容忽视的。

1.5 外部信息与合作伙伴的重要性

在调研中，受访的创新者被问及，他们认为哪些作为创新知识来源的外部群体对创新的帮助最大。表 1-1 列出了他们对这一问题的回答情况，数据根据不同技术领域进行了细化。

表 1-1　作为创新知识来源的外部群体所具有的重要性

技术领域	知识来源							
	大学	公共研究机构	消费者	用户	供应商	竞争对手	咨询机构	受访者总数
电气工程	21.6%	11.7%	31.8%	31.8%	16.3%	23.7%	5.8%	2 979
仪表仪器	27.2%	14.9%	37.6%	42.4%	19.4%	25.5%	7.5%	1 884
化学	32.5%	17.7%	30.1%	32.7%	17.4%	24.6%	7.9%	3 020
机械工程	13.6%	7.3%	39.7%	43.9%	27.4%	25.9%	6.3%	4 016
其他	13.6%	8.9%	42.6%	51.3%	28.7%	28.3%	8.2%	863
总体	21.9%	12.0%	35.5%	38.7%	21.3%	25.2%	6.9%	12 762

注：本表包含了在多个不同技术领域中每一个外部群体的重要性情况，这从一个侧面表明这些外部群体的确是重要的知识来源。

请读者根据表 1-1 中最后一行的总体数据，首先思考一下，哪些外部群体对于创新的重要性最高。显然，其中最为重要的两个外部群体是消费者和用户。有趣之处在于，虽然消费者群体和用户群体的重要性之间具有一定的相关性（$\rho=0.68$），但是在调查中，受访者们还是会明显地将它们加以区分。38.7% 的受访者表示，在创新的过程中，用户是非常重要的知识来源，与此同时，认为消费者是重要的知识来源的受访者占 35.5%。而其他相对次要的外部群体分别是竞争对手（25.2%）、大学（21.9%）和供应商（21.3％）。公共研究机构和咨询机构分别占比 12.0％和 6.9％，两者在贡献创新知识方面的重要程度要低于平均水平。综合来看，这些调研数据还是有点出人意料的。一般认为，对于创新来说，技术更为重要，然而，根据表 1-1 所呈现的数据，我们可以推断出，需求方（消费者和用户）所贡献的知识（信息）具有更高的重要性。这些数据来自创新者，其权威性显然是有保障的。

对于不同领域来说，在创新过程中获得知识的重点来源应该有所不同。关于这一点，从表 1-1 中的数据就可以看出。在这五个主要的技术领域中，用户是创新过程中最重要的知识来源。就发生在化学领域和仪表仪器领域的创新而言，来自大学的知识对它们颇为重要，占比分别为 32.5％和 27.2％，但是，即使是在化学领域，消费者（30.1％）和用户（32.7％）仍然是其非常重要的知识来源。在机械工程、仪表仪器和其他技术领域中，最为重要的知识来源均为用户，占比分别为 43.9％、42.4％、51.3％。

外部人员所提供的与创新相关的知识可能会变得非常重要，以至于那些为了获得专利权而从事创新的公司，都会选择与拥有最多相关知识的外部人员进行合作。他们之间的合作既有可能是以签署合同的方式而进行的正式合作，也有可能是非正式合作。在表 1-2 中，我们对两种合作模式进行了探讨，表中列举了在创新过程中，受访的创新者与不同类别的外部群体进行正式与非正式合作的情况。

表 1-2　　创新者与不同类别的外部群体进行正式与非正式合作的情况

主要技术领域	合作者类型					
	大学	公共研究机构和其他公共机构	消费者和/或产品用户	供应商	竞争对手	受访者总数
电气工程	6.5％ | 4.3％	4.4％ | 2.6％	10.8％ | 12.2％	9.1％ | 7.9％	1.9％ | 1.9％	2 979
仪表仪器	8.2％ | 6.1％	8.3％ | 8.2％	11.9％ | 16.5％	12.8％ | 10.3％	0.6％ | 1.8％	1 884
化学	8.9％ | 5.2％	8.6％ | 4.6％	11.0％ | 12.5％	10.5％ | 9.5％	1.3％ | 1.4％	3 020
机械工程	6.3％ | 6.6％	3.4％ | 2.1％	14.3％ | 18.7％	14.3％ | 15.0％	1.1％ | 1.9％	4 016

续前表

主要技术领域	大学	公共研究机构和其他公共机构	消费者和/或产品用户	供应商	竞争对手	受访者总数
其他	8.5% | 7.5%	4.3% | 3.0%	11.5% | 25.3%	14.6% | 15.3%	1.2% | 2.3%	863
总体	7.4% | 5.7%	5.6% | 3.8%	12.2% | 15.9%	12.0% | 11.4%	1.3% | 1.8%	12 762

注：本表中列举的百分比表明，在这些主要技术领域中的公司都会与不同类别的外部群体展开合作。在每一组数据中，分隔符左边的数据表示正式合作所占的比重，分隔符右边的数据表示非正式合作所占的比重。

有一些受访的创新者对他们所采用的合作形式的性质（属于正式合作还是非正式合作）并不十分清楚，当遇到这种情况时，该创新者就会被保守地划分到没有合作行为的一组，这一组被称为剩余组。该调研在这方面存在一些缺陷，即没有对与消费者的合作情况和与用户的合作情况加以区分，因此，在表 1-2 中，我们选择使用"消费者和/或产品用户"这一分类。表中所列举的技术领域存在一个共同特征：与外部群体的合作并不罕见，并且，消费者和用户是创新过程中最受欢迎的合作伙伴。在所有样本中，至少有 25% 出现了合作创新。Giuri 等人（2007）曾表示，根据共同申请专利的情况推断，在创新过程中出现合作的可能性在过去的文献中被严重低估了。表 1-2 中的结果也支持这一观点〔关于合作程度的更为详细的分析，可参见 Gambardella 等人（2014）〕。根据表 1-2 中所列的数据，我们可以了解到，即使是在以技术为导向的创新过程中，消费者和用户同样也做出了重要的贡献。在针对用户创新的研究中，研究者在识别用户创新行为时所采用的标准往往过于保守，也许正是因为这个原因，合作创新行为才难以被识别出来。

1.6 用户对专利价值和专利商业化的贡献

表 1-3 总结了通过多变量分析得出的计量经济学数据，其中包含了两个因变量的回归结果，它们分别是专利价值和专利商业化概率。

表 1-3　　专利价值（使用 ordered probit 模型回归）和专利商业化概率（使用 probit 模型回归）的回归数据

	(1)	(2)		(3)	(4)	
变量	专利价值			专利商业化概率		
大学	0.041 6**	0.038 7*		−0.046 4**	−0.046 6**	
	[0.015 9]	[0.015 9]		[0.006 99]	[0.007 02]	
公共研究机构	0.042 9*	0.035 5+		−0.023 5**	−0.020 4*	
	[0.019 0]	[0.019 3]		[0.008 47]	[0.008 61]	
消费者	0.009 08	0.006 09		0.048 6**	0.038 3**	
	[0.016 7]	[0.017 2]		[0.007 23]	[0.007 44]	
用户	0.037 3*	0.033 5*		0.037 0**	0.034 0**	
	[0.016 6]	[0.016 7]		[0.007 14]	[0.007 18]	
供应商	−0.012 9	−0.031 0+		0.033 1**	0.019 1**	
	[0.014 8]	[0.016 1]		[0.006 44]	[0.007 04]	
竞争对手	0.012 6	0.014 5		−0.014 0*	−0.008 61	
	[0.014 3]	[0.014 4]		[0.006 25]	[0.006 32]	
咨询机构	0.060 3**	0.048 1*		−0.007 18	−0.008 00	
	[0.019 7]	[0.020 1]		[0.008 72]	[0.008 90]	
		正式	非正式		正式	非正式
与用户和消费者合作		−0.010 1	0.069 4*		0.068 4**	0.072 6**
		[0.034 3]	[0.031 3]		[0.015 2]	[0.013 9]
与供应商合作		0.056 2	0.077 4*		0.065 3**	0.030 1+
		[0.035 6]	[0.035 6]		[0.015 8]	[0.015 9]
与竞争对手合作		0.110	0.123		0.023 9	−0.064 5+
	[0.033 7]		[0.093 3]	[0.079 8]		[0.042 0]
与大学合作		0.020 5	0.009 24		−0.026 6	0.004 17
	[0.020 5]		[0.041 7]	[0.046 5]		[0.018 3]
与政府研究机构和其他公共研究机构合作		0.129**	0.061 0		−0.025 1	−0.021 8
		[0.047 2]	[0.055 9]		[0.021 2]	[0.024 7]
样本量	11 260	11 260		12 762	12 762	
对数似然估计函数值	−14 808	−14 790		−8 215	−8 177	
卡方检验统计量	490.2	526.5		1 041	1 117	
自由度	63	73		63	73	

注：方括号里面的值为标准误差。** 表明 $P<0.01$，* 表明 $P<0.05$。所有回归模型都包含了 34 组与具体技术领域相关的控制变量（$P<0.001$）、2 组关于样本年份的控制变量和 21 组用于描述创新者所属国家状况的虚拟变量（$P<0.001$）。

根据受访者针对一个具体问题给出的答案，我对专利价值这个变量进行了量化。这个问题是：与你所在行业或技术领域的其他创新专利相比，那些通过与用户合作完成的创新专利具有怎样的价值？答案可分为以下几类：将本行业内所有专利都考虑在内，（1）该专利属于价值最高的 10%；（2）属于前 25%，但不属于前 10%；（3）属于前 50%，但不属于前 25%；（4）不属于前 50%。接下来，在对专利商业化概率这个变量进行量化时，我提出了这个问题：专利的申请者是否曾经在服务或产品制造过程中使用过这一专利发明？在设定自变量时，我对不同外部群体提供的知识的重要性进行了衡量，这些外部群体包括：大学、公共研究机构、消费者、用户、供应商、竞争对手和咨询机构。我们对受访者给出的答案进行了赋值：0 代表没有采纳过该外部群体所提供的知识，或者该外部群体所提供的知识的重要性非常低；1 表示一般重要；2 表示重要或非常重要。然后，我们又在回归模型中增加了一个描述合作方式的变量，并根据正式与非正式分别对其赋值。在选择控制变量时，我采用了 34 组与具体技术领域相关的控制变量、2 组关于样本年份的控制变量和 21 组用于描述创新者所属国家状况的控制变量。这些控制变量的系数在表 1-3 中并没有被列出来。

对于专利价值这个变量，我使用了 ordered probit 模型进行回归分析。回归系数为正，表明来自外部群体的知识的确提高了专利价值。表 1-3 中的第（1）列和第（2）列显示了两组回归结果。从第一组回归结果中，我们可以看出，来自大学和公共研究机构的知识更加有助于专利价值的提高。在受访者眼中，这两个知识来源也的确更具有经济价值。这证实了 Gambardella 等人（2008）早先使用 PatVal1 数据所得出的结论。当采用来自咨询机构和用户的知识时，创新专利的价值也高于平均水平。虽然回归样本达到了 11 260 个，并且从这些受访者那里获得的调查数据也是完整的，但是在大多数情况下，回归结果的显著性水平并不高，这似乎说明，专利价值并不是一个合适的因变量。在进行第二组回归时，我分别考虑了与外部群体进行正式和非正式合作对专利价值产生的影响。有趣之处在于，从结果中可以看出，与用户或消费者进行的非正式合作会对专利价值产生积极的影响。在加入合作变量后，与用户相关的回归结果并没有受到多大影响。很显然，一些内生因素和其他问题会影响到专利价值，虽然凭借手头的数据，我还不能证明这一推断的合理性。无论如何，回归结果的确清楚地表明，与用户的知识未被采纳的情况相比，与用户展开合作明显有助于专利价值的提高。

第（3）列和第（4）列显示的是专利商业化概率的回归分析结果。与之前对专利价值的分析类似，在第（3）列中，我并未考虑与外部群体进行正式和非正式合作给专利商业化概率带来的影响，而在第（4）列中，这一变量将被加入回归模型之中。因为是否发生合作对于结果影响较大，所以这里主要分析第（4）列的结果。来自消费者与用户的知识可以显著提高专利商业化概率，当来自消费者的知识得到采纳时，专利实现商业化的可能性将达到 3.83%（标准误差为 0.74%）；而当来自用户的知识得到采纳时，专利实现商业化的可能性将达到 3.40%（标准误差为 0.72%）。在受访者与用户或消费者展开了正式合作的情况下，专利实现商业化的可能性将达到 6.84%（标准误差为 1.52%）；而在受访者与用户或消费者展开了非正式合作的情况下，专利实现商业化的可能性将达到 7.26%（标准误差为 1.39%）。与之相比，只有在受访者与供应商展开了正式合作的情况下，专利实现商业化的可能性（6.53%，标准误差为 1.58%）才能达到比较接近以上两种情况的水平。无论是否存在合作，在创新过程中，供应商同样是知识的重要来源。当来自大学或公共研究机构的知识被采纳时，专利实现商业化的可能性反而会下降。仔细想来，这一结果其实并不出乎意料，原因在于，在学术研究的氛围下所进行的创新，可能需要更长的时间才能真正进入市场，最初的创新成果可能需要经过各种改进之后才能实现商业化。

以上这些回归结果都已经通过各种稳健性检验（robustness test）。那些描述专利申请企业规模、组织机构类型，以及其他描述创新情况的变量，的确会对本研究的分析产生些许影响，但是，这些变量并不足以改变回归分析的结论。在本研究中引入人口权重，也不会对最终结果产生太大影响。

综上所述，总体结果表明，在创新过程中，采用来自用户和/或消费者的知识，将有助于提高专利价值并增加专利实现商业化的可能性。此外，与消费者或产品用户合作——无论是正式的还是非正式的——对专利价值的提高和专利实现商业化可能性的提高同样具有积极影响。

1.7 结论

在本文一开始，我就指出，利用用户创新理论对用户在创新过程中所做出的贡献进行分析，是有见地的，虽然，在过去的一些研究中，为了使研究对象更清晰，并避免受到虚假信息的干扰，研究者们通常会采用较为严格的定义来划定用户创新的范畴。针对用户创新的第二轮研究高潮，学者们拓展了研究的范畴，开始触及用户社群、用户—企业家、用户—供应商和用户—购买者等诸多方面。从严格意义上讲，这一研究趋势将用户创新重新定义为创新生态系统整体演进的出发点和核心。此外，从纯粹的用户创新的角度出发，一些用户创新者的创业行为，对创新成果的传播是非常有利的。我提出了"用户创新的核心"（user innovation core）这一概念，以此来概括该领域的主题研究方向。

本文的目的在于向读者表明，我们如果仅仅专注于研究用户创新的核心，那么很可能会忽视隐含在该课题之中的一些重要方面。在这些主题研究所未触及之处——我称之为"用户创新的外延"（periphery of user innovation）——用户同样可能会做出重要的贡献，虽然这些人可能从未被真正视为用户创新者，他们在创业中或产品制造阶段所付出的努力也未曾被正视。当创新处于开发或改进的阶段时，用户和消费者可能会与制造商建立正式或非正式的合作关系。这些创新用户可能并不是率先发布原型品的一方，但是他们可以在随机交流中，或者在与创新者建立正式或非正式的合作关系时，贡献他们有关需求者和技术方面的知识，随后，创新者会将这些知识融入创新产品之中，其中的一些创新产品最终还有可能获得专利权。有些创新用户可能根本就不会被视为真正的创新者，因为，他们在为了满足自己的需求而完成创新后，可能根本不会公开自己的成果［参见 von Hippel 等人（2012），以及本书第 4 部分的内容］。

一般的用户创新研究并不会采用本文所使用的数据（牵涉专利在内的创新）。但是，即使是在这种情况下，依旧不妨碍读者发现这样一个事实，即在创新过程中，用户和消费者是最被倚赖的外部知识来源，并且他们还是制造商最杰出的合作伙伴。在本文中，我使用有关专利价值和专利商业化概率的数据是为了说明，用户提供的知识及与用户进行合作和专利价值的提升及实现专利商业化的可能性息息相关。此外，这些数据还表明，用户为创新所做出的贡献在很大程度上与其所在的经济体的发达程度有关，这一点并不仅仅适用于特定领域。这些数据在实用性方面还具有一些独特的优势——出自创新者之口的原始数据显然比出自企业经理之口的更具说服力。

本文中存在着大量需要注意的问题。并不是所有的创新都会申请专利，但是，研究通常表明，至少一半的发明都会申请专利。此外，从本文内容中可以看出，数据分析并不能十分清楚地确定诸多变量之间的因果关系。想要获得更详尽的结果，需要进一步拓展用户创新的研究外延。但是，至少有一点是确定的——用户创新的研究外延可以得到进一步的拓展，并且它也是值得继续研究的课题。

参考文献

Baldwin, C., E. von Hippel, and C. Hienerth. 2006. How user innovations become commercial products: A theoretical investigation and case study. *Research Policy* 35 (9): 1291–1313.

Bogers, M., A. Afuah, and B. Bastian. 2010. Users as innovators: A review, critique, and future research directions. *Journal of Management* 36 (4): 857–875.

Enos, J. L. 1962. *Petroleum Progress and Profits: A History of Process Innovation*. Cambridge: MIT Press.

Franke, N., and E. von Hippel. 2003. Satisfying heterogeneous user needs via innovation toolkits: The case of Apache Security software. *Research Policy* 32 (7): 1199–1215.

Franke, N., E. von Hippel, and M. Schreier. 2006. Finding commercially attractive user innovations: An exploration and test of 'lead user' theory. *Journal of Product Innovation Management* 23 (4): 301–315.

Freeman, C. 1968. Chemical process plant: Innovation and the world market. *National Institute Economic Review* 45 (1): 29–57.

Gambardella, A., D. Harhoff, and B. Verspagen. 2008. The value of European patents. *European Management Review* 5 (2): 69–84.

Gambardella, A., P. Giuri, D. Harhoff, K. Hoisl, M. Mariani, S. Nagaoka, and S. Torrisi. 2014. Invention processes and economic uses of patents: Evidence from the PatVal2 Survey. Unpublished manuscript. Milano.

Giuri, P., M. Mariani, S. Brusoni, G. Crespi, D. Francoz, A. Gambardella, W. Garcia-Fontes, 2007. Inventors and invention processes: Results from the PatVal-EU Survey. *Research Policy* 36 (8): 1107–1127.

Harhoff, D., J. Henkel, and E. von Hippel. 2003. Profiting from voluntary information spillovers: How users benefit by freely revealing their innovations. *Research Policy* 32 (10): 1753–1769.

Henkel, J. 2006. Selective revealing in open innovation processes: The case of embedded Linux. *Research Policy* 35 (7): 953–969.

Herstatt, C., and E. von Hippel. 1992. From experience: Developing new product concepts via the lead user method: A case study in a "low-tech" field. *Journal of Product Innovation Management* 9 (3): 213–221.

Hienerth, C., E. von Hippel, and M. Berg Jensen. 2011. Innovation as consumption: Analysis of consumers' innovation efficiency. Working paper 4926–11. Sloan School of Management, MIT. Available at SSRN: http://ssrn.com/abstract =1916319.

Hüncr, A. K. 2013. *Der Wissenstransfer in User-Innovationsprozessen: Empirische Studien in der Medizintechnik*. Wiesbaden: Springer Gabler.

Lüthje, C. 2003. Customers as co-inventors: An empirical analysis of the antecedents of customer-driven innovations in the field of medical equipment. In *Proceedings of the 32nd Annual Conference of the European Marketing Academy (EMAC)*. Published on CD-Rom. Glasgow: EMAC.

Lüthje, C. 2004. Characteristics of innovating users in a consumer goods field: An empirical study of sport-related product consumers. *Technovation* 24 (9): 683–695.

Lüthje, C., and C. Herstatt. 2004. The lead user method: An outline of empirical findings and issues for future research. *R & D Management* 34 (5): 553–568.

Lüthje, C., C. Herstatt, and E. von Hippel. 2005. User-innovators and "local" information: The case of mountain biking. *Research Policy* 34 (6): 951–965.

Morrison, P. D., J. H. Roberts, and E. von Hippel. 2000. Determinants of user innovation and innovation sharing in a local market. *Management Science* 46 (12): 1513–1527.

Pavitt, K. 1984. Sectoral patterns of technical change: Towards a taxonomy and a theory. *Research Policy* 13 (6): 343–373.

Polanyi, M. 1983. *The Tacit Dimension*. Gloucester, MA: Smith.

Riggs, W., and E. von Hippel. 1994. Incentives to innovate and the sources of innovation: The case of scientific instruments. *Research Policy* 23 (4): 459–469.

Shah, S. 2000. Sources and patterns of innovation in a consumer products field: Innovations in sporting equipment. Working paper 4105. Sloan School of Management, MIT.

Shah, S. K. 2003. Community-based innovation and product development: Findings from open source software and consumer sporting goods. Unpublished PhD thesis. Sloan School of Management, MIT.

Shah, S. K. 2004. From innovation to firm and industry formation in the windsurfing, skateboarding and snowboarding industries. Working paper 05–0107. University of Illinois Urbana-Champaign.

Shah, S. K., and M. Tripsas. 2007. The accidental entrepreneur: The emergent and collective process of user entrepreneurship. *Strategic Entrepreneurship Journal* 1 (1–2): 123–140.

Tietz, R., P. D. Morrison, C. Lüthje, and C. Herstatt. 2005. The process of user-innovation: A case study in a consumer goods setting. *International Journal of Product Development* 2 (4): 321–338.

Urban, G. L., and E. von Hippel. 1988. Lead user analyses for the development of new industrial products. *Management Science* 34 (5): 569–582.

von Hippel, E. 1976. The dominant role of users in the scientific instrument innovation process. *Research Policy* 5 (3): 212–239.

von Hippel, E. 1986. Lead users: A source of novel product concepts. *Management Science* 32 (7): 791–805.

von Hippel, E. 1988. *The Sources of Innovation*. New York: Oxford University Press.

von Hippel, E. 1994. "Sticky Information" and the locus of problem solving: Implications for innovation. *Management Science* 40 (4): 429–439.

von Hippel, E. 1998. Economics of product development by users: The impact of "sticky" local information. *Management Science* 44 (5): 629–644.

von Hippel, E. 2001. User toolkits for innovation. *Journal of Product Innovation Management* 18 (4): 247–257.

von Hippel, E. 2005. *Democratizing Innovation*. Cambridge: MIT Press.

von Hippel, E., J. P. J. de Jong, and S. Flowers. 2012. Comparing business and household sector innovation in consumer products: Findings from a representative survey in the UK. *Management Science* 58 (9): 1669–1681.

第 2 章　创新中的成本优势：对比用户创新与制造商创新

克里斯蒂安·吕特耶、克里斯托夫·斯托克斯特伦

埃里克·冯·希佩尔提出了关于用户创新的全新理论。在 20 世纪 80 年代早期，在一些行业中，由用户主导的创新模式变得日益流行，通过提出并研究这一现象，埃里克·冯·希佩尔向当时在学界占据主流地位的观点提出了挑战（这一主流观点认为，创新是由制造商主导的）。越来越多的证据表明，一些重要的创新活动是由用户发起的，这些创新活动涉及众多科技、产品与服务领域。学界原本的主流研究对象是由制造商所主导的创新，但是，由用户发起的创新已经超出原本的研究范围。旧的理论无法解释以下这些问题：为什么用户要自己寻求创新？用户创新如何才能变得与由制造商发起的致力于实现盈利的创新一样被市场接受？埃里克·冯·希佩尔的研究向我们表明，相比于制造商，用户才是创新思想的更为本质的源泉。

之所以存在上文提出的第一个问题，原因在于，根据传统的理论，用户并不存在清晰的创新动机，或者说，只有当他们转变了自己的角色并开始在市场中依靠自己的创新寻求经济利益时，他们才会拥有创新动机。长久以来，市场理论、创新模式和市场运作方式都仅仅从制造商的角度出发，关注具有商业价值的创新（von Hippel，2005；Harhoff et al.，2003；Riggs and von Hippel，1994），而这一情况最终导致我们忽视了创新活动所能带来的个人层面的利益。毫无疑问，埃里克·冯·希佩尔提出的用户创新理论的贡献之一，是帮助我们发现了潜在的用户创新动机。

关于用户创新的研究在最初便向我们揭示了，用户之所以自己进行创

新，原因在于市场中的产品无法完美满足他们的需求。除了可以满足自己的需求之外，针对用户群体的调查还向我们揭示了另外一些用户创新能够带来的好处。用户不仅仅可以通过创新实现价值，还可以通过与其他人分享与创新相关的知识获得社会层面的益处。例如，他们可以提升自己在某一群体中的地位，或是与某一群体建立更为紧密的联系（Baldwin et al.，2006；Franke and Shah，2003；Füller，2006；Füller et al.，2007；Harhoff et al.，2003；von Krogh and von Hippel，2006）。通常来说，用户从创新过程中获得的好处将远高于制造商从中获得的好处，因为用户获得的不仅仅是经济利益。因此，对于创新来说，相较于制造商，用户拥有更多的利益驱动。

此外，除了上面提到的利益优势，用户还拥有成本优势。而这种成本优势向读者解释了，为什么用户不需要对创新资源进行投资。我们认为，用户创新者身上拥有一些特征，这使他们能够以较低成本实现创新。我们的研究指出，相对于制造商，用户更善于利用现有的资源寻找解决方法，另外，他们原本就掌握关于需求的信息。

读者需要特别注意的一点是，本文进行的论证存在适用范围，它可以解释用户在以满足个人需求为目的而进行的创新活动之中所拥有的成本优势，却无法解释用户在大规模生产和销售中可能会拥有的成本优势。事实上，用户基本上不可能拥有后一种成本优势，至少在软件和自动互联网服务领域，用户不具有该优势。另外，如果用户创新的目的不是获取经济利益，那么显然，即便他们在大规模生产和销售中拥有成本优势，这一点也不可能成为用户进行创新的动机。

在分析了用户创新的动机后，本文将转而讨论用户创新的成本优势，以及创新过程的几个典型阶段：（1）识别创新的需求和机会；（2）发现解决方案；（3）测试并改进创新。我们的讨论将证明，在上述三个阶段中，用户可以充分利用现有的资源、技巧和知识进行创新。本文还将提供几个来自医疗行业的用户创新案例，从而向读者展示：用户如何以较低成本完成有价值的创新。虽然我们展示的都是个人层面的用户创新案例，并且我们进行的讨论也是围绕个人层面展开的，但是需要指出的是，我们的论证也部分适用于公司（由用户创办的）层面的创新，尽管并不是完全适用。在最后一部分内容中，我们将与读者一同思考：拥有明显的成本优势的用户创新将带给我们哪些启示。

2.1 成本优势带来的创新动机

对于创新者来说，发现有效的创新方案主要依赖于既得的或便于得到的资源、技巧和知识（Martin and Mitchell，1998；Stuart and Podolny，1996；Helfat，1994）。当然，无论是用户创新者还是制造商创新者，都乐于通过利用现有资源，将创新成本维持在较低水平。在可估算预期收益的情况下，利用现有资源找寻解决方案符合经济学上的成本最小化原则（Rosenkopf and Nerkar，2001）。从制造商的角度出发，他们一般希望能够充分利用现有的专业知识、知识产权和生产设备，因为他们在前期对这些资源进行了投资（von Hippel，2005）。当然，从长期来看，在更新和利用现有资源上往往会存在一些障碍。所以，出于策略层面的考虑，制造商会对一些自己尚未拥有的资源进行投资，从而谋求将来在行业中占据优势地位（Barney，1991；Wernerfelt，1984）。这类针对创新资源的策略型投资，将会提高新产品或服务在市场中取得良好表现的概率。这类投资是保证未来稳定收入和竞争优势的重要基础。

与制造商不同，用户通常并不寄希望于通过出售创新成果获得经济收益。[①] 他们创新的目的在于通过直接使用创新成果来满足自己的需求

---

① 不容否认的是，研究者们记录了一些案例，这些案例显示，用户创新者也会利用自己的创新成果实现经济利益。在这种情况下，不难清楚界定他们除自用创新成果之外，还获得了哪些经济层面的利益。用户利用自己的创新成果实现经济利益多数发生在一种情况下，Shah 和 Tripsas（2007）将这一情况称为"偶然创业行为"（accidental entrepreneurship）。他们的研究成果清楚显示，创业的动机通常产生于创新成果出现之后，并且，用户创新者通常并没有意识到"一个有用的点子会成为赚钱的机会"（Shah and Tripsas，2007：130）。

（von Hippel，1988）。这种相对不看重经济回报的特点，部分归因于，从创新成果中获得经济收益通常会涉及知识产权问题。申请和维护知识产权是一件成本很高的事情，而回报却不确定（von Hippel，2005；Harhoff et al.，2003）。Shah（2000）研究了一些运动用品行业的用户创新情况，她发现，只有很少几位创新者尝试申请了专利，但几乎没有一人成功获得了专利或从中获利。在医疗用品行业，也存在相似的情况（Lüthje，2003）。此外，在创新过程中，用户创新者通常不会考虑竞争问题，其创新行为的目的往往不是取得相对于其他用户的比较优势。由于有这些属性，用户创新者更倾向于使用现有的资源，而不是通过投资获得自己尚未拥有的新资源，因为他们并没有意愿要在当下或未来保持相对于其他用户的竞争优势。

综上所述，在思考创新方案时，无论是用户创新者，还是制造商创新者，都对充分使用现有资源颇为重视，而用户创新者具有更为强烈的使用现有资源的动机。同时，用户还能够免于进行策略型投资，这二者共同作用，使用户取得了相对于制造商的比较优势。在不需要进行策略型投资的情况下，通过利用自身的知识及具有特色的能力，用户比制造商拥有更高的创新效率。Hienerth等人（2011）最先使用定量方法证明了用户创新的相对高效性。他们发现，在对漂流皮划艇进行改进时，使用者比制造者具有更高的效率。下文的论述将向读者解释，为什么在创新过程中，用户拥有更高的效率。

下面，我们将重点讨论用户能够以较低成本实现创新的原因。通过定量分析和具体事例，我们将详细地分析不同领域用户创新的情况。在医疗行业的案例中，我们采访了医疗产品的使用者之一——医生。案例论述将围绕用户在三个过程中获得的成本优势展开，这三种优势分别是：（1）在发现机会与需求的过程中获得的优势；（2）在制订初始解决方案的过程中获得的优势；（3）在测试和改进解决方案的过程中获得的优势。表2-1详细列出了各种优势。

表 2-1	用户具有的成本优势	
在发现机会与需求的过程中获得的优势	在制订初始解决方案的过程中获得的优势	在测试和改进解决方案的过程中获得的优势
·便于获得需求信息 ·便于获得黏性信息 　—默示的需求 　—信息的相关性 　—需求的不可知性 ·识别需求信息时更为务实	·利用知识时更加开放、灵活和务实 ·不用过分顾及规章制度、安全标准、知识产权 ·支付沉没成本（sunk cost）的可能性更小 ·更便于从其他人那里获得知识	·在日常活动中便可以实现测试，不需要承担额外成本 ·能够自主测试创新原型 ·在真实环境下进行快速而低成本的测试 ·能够更方便地从其他用户那里获得反馈

2.2 三类创新过程

2.2.1 发现创新的需求与机会

要想识别创新机会，就要发现用户未被满足的需求。对于大多数用户创新者来说，运用原本就掌握的那些与用户需求有关的知识是顺理成章的事情。正如上文提到的，用户创新的动机之一便是满足自己的需求。因此，他们自然有理由忽视市场的一般性需求，这样有利于他们更加精确地满足自己的特定需求。请注意，这并不一定意味着某位创新用户的创新成果只对他本人有价值，而对其他人没有价值。假如某位用户的个人偏好恰好与一大群用户的偏好一致，那么这项创新的成果也许可以满足很大一部分人的需求。但是，不管怎么说，用户创新的最基本动机仍然仅仅是满足个人层面的需求。

研究者找到了足够的证据证明用户需求信息得到了广泛的运用，而它与用户的创新活动密切相关（Franke and Shah，2003；Morrison et al.，2000）。一项针对外科医生的调查显示，在手术室进行手术时，有创新意识的医生可以比那些没有创新意识的医生发现更多医疗设备的问题和缺点（Lüthje，2003）。在户外运动器材行业，研究者们发现了相似的情况。创新活动带来的益处与用户的个人需求密切相关（Hienerth et al.，2011；Lüthje，2004）。另外一项针对山地骑行运动爱好者的调查表明，他们中只有 17％的人会在改进山地自行车（进行创新）时考虑其他人的需求。他们之所以对这项运动所需要使用的器材进行创新，完全是为了满足自己的偏好（Lüthje et al.，2005）。

与上述情况不同，制造商希望获取用户需求信息出于完全不同的动机。他们生产新产品、提供新服务，要么是为了满足整个市场的需求，要么是为了满足能够实现盈利的市场细分的需求。为了更大范围地满足市场需求，制造商通常并不满足于已经掌握的用户需求信息。这也解释了为什么制造商总是试图弄清用户在下一阶段的迫切需求，尽管他们已经对现一阶段的用户需求了如指掌。一旦制造商开始研究市场，识别创新机会的成本将大幅增加。如果制造商不能或不便识别用户需求信息，这一成本将更为巨大。一般情况下，制造商需要通过互联网上的用户社群获取用户需求信息。对于制造商来说，实际上，用户社群处在自己的对立面，因为一些用户社群建立的目的就是打破制造商对创新活动的垄断（Dahlander and Magnusson，2005）。接触这些用户社群并不容易，虽然不是完全不可能，但是这往往要求制造商进行长期的投资，从而与用户社群建立互信的和可持续的关系。还有一些网络社群和用户平台由第三方负责运营，这些运营商在提供用户需求信息时，通常会向制造商收取费用。以一家专注于医疗问题的医生社交平台 Sermo 为例，为了获得平台上的交流信息，制药公司和医疗设备制造商向该平台支付了 100 万美元的费用（Pettypiece，2007）。

获取用户需求信息的不便，使得识别创新机会的成本变得异常高昂。此外，用户需求信息本身所具有的属性也会带来不利影响。当创新活动需要关于用户需求和产品使用环境的黏性信息时，制造商不得不为此付出比用户高得多的成本（von Hippel，2005）。如果某一类信息使用者在获得该类信息时需要承担一笔增量支出（incremental expenditure），我们便可以将这类信息归为黏性信息（von Hippel，1998，1994）。信息的黏性可能源自其本身所具有的隐性特征（Nelson，1982）。而用户的需求一般就具有隐性特征，因为它取决于某人的深层个人偏好，且无法被完美地表述出来（Polanyi，1983）。在各种产品和服务领域，用户需求的这一特征普遍存在，特别是当用户需求要通过感官——视觉、听觉、味觉——来满足时。不难想象，由某种手用工具（如某种医疗器械）带来的触觉感受，或者由某种运动器材带来的肢体感受，都很难被清晰而精确地表述出来（Lüthje et al.，2005；Shah，2000）。

虽然另一些用户需求信息本身并不具有隐性特征，但是，拥有这些信息的人却不能意识到这些信息与创新之间的联系（von Hippel，2005：68）。也就是说，不能敏锐地洞察信息与创新之间的联系，也将导致信息出现黏性。如果制造商没有意识到某项信息的价值，这项信息就会被忽视，而这实际上将可能导致用户与制造商之间的信息不对称。von Hippel 和 Tyre（1995）发现了一些案例，在这些案例中，当新型机器被投入工厂使用时，往往无法带来生产效率的提高。究其根本原因，就在于这些机器的制造者没有发现使用者的真正需求。在这些案例中，关于需求的信息本可以被很容易地传递给机器制造者，然而，机器使用者却没有意识到某些信息对于机器设计的重要性，造成这种情况的根本原因是，需要传递给机器制造者的信息太过纷繁。

如果用户没能成功发现自己的全部需求，也会导致黏性信息的出现。新兴的和潜在的需求最容易被用户忽视。用户往往需要在不同环境下，反复使用某种产品，才能通过积累足够的使用体验来清楚意识到某种特定的需求。在上文提到的山地骑行运动爱好者调查中，用户创新者被要求回忆自己如何发现了创新需求。他们中的大部分人指出，自己是在反复使用山地自行车的过程中慢慢发现创新需求的，而不是通过某个偶然的机会（Lüthje et al.，2005）。

对于致力于创新的制造商和用户来说，信息黏性是无法忽视的问题。但是，在解决这一问题时，用户需要投入的资源比制造商少。首先，用户不需要付出额外的成本便可以获得关于自身隐性需求的信息，因为他们在使用产品或服务的过程中便可以积累这方面的信息。其次，用户实际上不需要多么深入地"研究"自己的隐性需求或产品的使用环境，他们更倾向于在反复的试验与试错中解决实实在在的问题。正如我们将在下文中深入讨论的那样，在创新活动中，用户处于更为有利的位置，他们能够以较低的成本更加方便地进行快速有效的创新实验（von Hippel，2005）。

制造商创新者看上去不太可能以较低的成本发现创新的需求与机会。如果制造商能够接受用户在这方面所拥有的优势，也愿意将解决问题的主导权交给用户，那么，制造商无疑可以避免面对收集黏性信息的挑战。更为恰当的表述是，在用户的帮助下，制造商能够更为简单地将用户需求信息转化为适当的和可行的解决方案（Franke et al.，2010；von Hippel，2005）。当然，想要这样做的制造商也需要充分了解如何与用户合作。除此之外，其他发现和获得需求信息的潜在方法都是成本高昂的。制造商可以利用的方法包括移情设计（empathic design）（Leonard and Rayport，1997）和领先用户项目（lead user projects）（Lüthje and Herstatt，2004；von Hippel，1986）。这些方法被专门用来发现隐性或潜在的需求，以及充分了解用户的使用环境。当然，它们要求制造商在投资和人员培训方面付出更多的努力（Olson and Bakke，2001）。

2.2.2　制订解决方案

在制订解决方案和制作产品原型时，低成本始终是创新者所追求的重要目标之一。所有类型（制造商和用户）的创新者对于有效利用现有的有形资产和无形资源，均应具有强烈的意愿。创新者应该学会从已经拥有的能力和知识入手，制订解决方案（Martin and Mitchell，1998；Stuart and Podolny，1996）。辨识、对接和使用来自外部的资源，均会带来较高的成本，这样一来便不难理解为何要学会依靠现有资源了（Rosenkopf and Nerkar，2001）。游离于现有知识体系之外的（解决方案）元素通常来自完全不同的环境，而创新者很可能不熟悉这种环境。使用外部资源很可能导致解决方案的制订过程复杂化（Cohen and Levinthal，1990）。

很多文献都可以证明，使用内部资源实现创新的趋势的确存在。例如，对创新者及其创新专利的研究显示，创新者会使用手边的资源进行创新

（Fleming et al.，2007）。具体到用户创新者，研究显示，他们也倾向于使用现有的有形和无形资源进行创新。Slaughter（1993）研究了房屋建设所需板材的创新历史。她发现，这些板材的使用者实现创新的效率极高。使用现有的技术、材料和建筑工地上的装备，板材的使用者可以立即着手创新，他们不需要获取外部知识（von Hippel，2005）。Shah（2000）和 Tietz 等人（2005）对体育用品行业的研究揭示了类似的情况。在针对山地骑行运动爱好者的调查中，Lüthje 等人（2005）发现，只有 15.6％的创新者在创新过程中获取了外部知识，大部分创新者利用已经掌握的知识实现了创新。这些已经掌握的知识要么来自创新者平时的工作内容，要么来自他们的兴趣爱好。Lüthje 等人（2010）比较了在医疗器械制造行业中用户创新成果与制造商创新成果的情况。他们发现，用户创新者更加深入而广泛地利用了医药领域和医疗技术领域现有的知识。与之相反，制造商创新者则更加倚重自身所掌握的非医疗行业的知识。但不难发现，二者均倾向于使用自己原本就掌握的知识。

倚重现有的知识储备，并不意味着要在绝对封闭的环境中制订解决方案。用户知识面的广度与深度决定了他们从其他领域获得解决方案的可能性。下面这个来自牙科医疗领域的例子为我们说明了，来自完全不相干领域的知识也能够帮助创新者制订解决方案。S 医生的专长是口腔外科和种植人工牙，他非常积极地为那些需要将真牙摘除并种植人工牙的患者提供服务。他发现，现有的拔牙手术会对牙周组织造成损伤，而这种损伤又会进一步加大种植人工牙的困难。在思考这个问题的解决方案时，S 医生发现了发生在汽车修理过程中的相似问题：从车轴上拆除轴承，需要使用专用的拆除器，这与拔牙手术中遇到的问题有一定的相似性。因为 S 医生平时对机械修理颇为感兴趣，所以他从汽车修理中得到了启发。他发明了一套新的拔牙方法，从而可以纵向取出牙根组织。仿照在汽车修理过程中用到的拆除器，他利用自己发明的器械为牙根施加向外的力，从而使之纵向脱离牙龈，进而保护了牙周组织。

虽然对所有类型（制造商和用户）的创新者来说，使用现有的资源进行创新更为合理，但是，我们必须承认，相比制造商创新者，用户创新者在利用现有资源时，具有更为明显的优势。用户创新者更加开放、灵活和务实，他们能够以较低的成本对自己掌握的知识进行重新组合，从而提出具有原创性的解决方案。有一点需要指出，当用户发现，不相关领域的知识能够帮助他们解决目标领域的问题时，他们会毫不迟疑地利用这些知识。他们可以从自己的爱好、工作中获得启发，找到非常规却务实的解决方法，即使这种方法不同于制造商提出的典型解决方法，也无所谓。

用户之所以在使用不相关领域的知识时表现出了高度的灵活性，原因在于他们通常不需要考虑解决方案的经济效益。他们既不需要考虑某项解决方案可能带来的负面品牌效应或公司形象受损问题，也不需要考虑解决方案的适用性和可维护性。此外，他们往往会忽视规章制度、安全标准，甚至知识产权对他们施加的限制与约束（von Hippel，2005）。他们之所以能够相对自由地使用不相关领域的知识，还在于他们不需要考虑沉没成本。与制造商不同，用户很少投资专项资产，而这些资产很可能随着新解决方案的出现而贬值。总的来说，用户只要不以获取创新的经济价值为目的，就不需要过多考虑制造商所必须考虑的那些限制和负面效应。这就使用户在创造性地使用已有知识和借鉴不相关领域的知识这两方面，获得了明显的优势。

下面读者将要看到的是另一个来自医疗领域的例子，很好地证明了这一优势的存在（Kane et al.，2009；McGuire，2008）。一位在医院急诊室工作的医生面临一个难以解决的临床问题：一位病人不慎被锯齿刀刺伤了手，这位医生需要做的是取下这把锯齿刀，并且不伤及伤口周边的组织。这位医生向自己加入的在线医生社群寻求帮助，没过多久，便得到了一个实用的解决方案。这个由另一位急诊医生提供的解决方案需要使用一根吸管。具体方法是：首先，从一侧剪开吸管，将其垫在锯齿刀的锯齿下面，它的作用类似于刀鞘或是鞋拔子；然后，医生便可以在不伤及伤口周边组织的情况下取下锯齿刀了。

这个例子还向我们表明了用户在寻找解决方案时所拥有的另一项优势：

用户有可能直接且免费地从他人那里获得有用的知识。个体用户与（虚拟）用户网络及（在线）用户社群的关系日益密切（Füller et al.，2007；Baldwin et al.，2006；Lüthje et al.，2005；Franke and Shah，2003）。许多这类网络社群虽然只专注于某一领域，却能够提供该领域内多个子分类的知识。其成员来自该领域，拥有各个子分类的丰富知识。医生社交平台 Sermo 便是一个例子，它虽然专注于医疗领域，却覆盖了医疗领域下的诸多细分学科。这个平台已经聚集了来自 68 个医疗学科的约 115 000 位用户（医生）。在医疗领域，其他的优秀平台还包括 Ozmosis，radRounds 和 SpineConnect。在一个覆盖了医疗领域下诸多细分学科的平台上，通过交流不同学科的知识，用户可以对其他学科的解决方案加深了解，最终惠及自己的专业学科。下面这个例子说明，社群在传递邻近学科知识方面具有巨大价值。R 医生是足部手术方面的专家。他在长期的临床治疗中，积累了大量关于修复肌腱撕裂伤情的经验。他对目前用于肌腱撕裂修复的医疗方法和器械并不满意。使用现有的方法对损伤肌腱进行修复，过程非常烦琐，并且病人在手术过程中还要冒巨大的风险。于是，R 医生自创了一种新的治疗方法，并且发明了一种牵引设备，这样一来，不仅可以大大缩短手术时间，还能有效避免患者的肌腱受到二次伤害。这项创新的灵感并不来自肌腱修复学科。在另一个医疗学科中得到广泛使用并已经发展成熟的方法为 R 医生的创新提供了必要的知识。在创新中用到的一些基本概念是 R 医生本人从其他学科中学到的，还有一些概念是整形外科的同事们提供的。通过研究医疗领域 196 项创新的情况，Hüner 等人（2011）找到了能证明这些专业社群重要作用的证据。33％的受访者承认，他们创新中的一些重要知识是从在其他学科工作的同事那里获得的。事实证明，通过参与社群互动，用户可以从其他学科的经验和实践中获得制订解决方案的启发，与此同时，这一过程还培养了他们转移知识的能力（Kalogerakis et al.，2010）。

通常，制造商在参与到在线用户社群中时（Bonaccorsi and Rossi，2003），可能会在与用户的互动过程中与用户产生冲突（Dahlander and Magnusson，

2005）。这使制造商在获取对制订解决方案大有裨益的信息资源时，面临很大的困难。因此，制造商与用户需要就互动规则和互动成果的相关事宜达成互信和协议（O'Mahony，2003；Ridings et al.，2002）。从目前的情况看，制造商似乎正在为与用户和社群实现合作加紧努力（Jeppesen and Frederiksen，2006）。此外，制造商正在越来越多地从开放的创新平台上获取外部知识（Pisano and Verganti，2008）。在这类平台上，制造商有更多机会邀请外部参与者——产品和服务的用户——加入自己的创新团队，共同为具体的创新概念和原型的建立做出努力（Bogers et al.，2010；Verona et al.，2006）。

2.2.3 测试和改进解决方案

在成功建立了创新原型后，无论是制造商创新者，还是用户创新者，都需要进入下一个环节，那就是测试和改进创新原型，从而实现创新成果的可靠性、功能性和可用性（Ozer，1999）。在这一阶段，相对于制造商创新者，用户创新者仍然具有优势，这些优势体现在测试及分析测试结果的过程中。

在进行测试试验时，也就是在适当的测试环境下，检验创新成果的效果时，用户创新者的第一个优势便出现了。实际上，用户在日常活动中使用创新成果，这本身就是一个测试过程。因此，用户在测试及比较测试结果方面具有成本优势（von Hippel，2005：75）。在极端的情况下，用户本身就是测试的一部分，也就是说，用户可以在不需要设定某些特定环境的前提下，亲身体验创新成果。让我们通过另一个医疗领域的案例来更加深入地了解这一点。Mu 医生是一位经验丰富的牙医，擅长下颚和面部手术；此外，他还是一名合格的麻醉师。他发明了一种通过创可贴进行麻醉的方法。这一方法不仅减轻了病人在麻醉过程中经受的痛苦，还具有一定的经济效益，与此同时，这一方法还能有效避免全身麻醉对病人心血管系统造成的负面影响。当然，这项发明也面临着一些挑战：其一，麻醉剂需要通过表皮吸收；其二，要保证麻醉效果能够持续到手术结束。Mu 医生用创可贴对自己和妻子（一位经验丰富的牙医兼护士）施加了安慰剂（placebo）。通过这样做，他既可以检验方法的可行性并节省试验成本，还不用招募试验对象。

看到需要进行多次重复试验才能得到满意结果的例子，我们便不难发现：能够在日常活动中（顺便）进行试验是多么有价值。让我们看看这样一个例子：一位山地骑行运动爱好者用塑料泡沫圈围住了曲柄旁的踏板轴以增加一些摩擦力，这样一来，在骑行过程中，当骑车的人脚离开踏板时，踏板也不会出现空转（Lüthje et al.，2005）。这位创新者说，他不得不先测试几种可供选择的方案，然后反复改进被选出的方案。他必须挑选出最合适的材料制作塑料泡沫圈，还要考虑需要多少这种材料，以及将塑料泡沫圈具体放在什么位置上。上文提到的拔牙工具的创新也是证明重复测试的复杂性的很好案例。牙齿越松动，拔牙所需的力量越小，这一点是不言自明的。力量过大则会对牙周组织造成损伤，因此，牙医必须找到最为合适的拔牙力量。为此，他需要进行反复试验，以最合适的力量和最有效的方式拔牙，从而将对患者牙周组织的损伤降到最低。鉴于力量大小的选择与被拔牙齿本身及牙周组织的状况息息相关，医生需要积累相关经验。高频率的牙科手术和手术时状况的多样性，能够有效帮助医生加快创新的流程。

所有这些案例都说明，通常用户不需要人为创造试验环境，因为他们的日常生活场景就是天然的试验环境。因此，用户进行试验的可变成本很低。这一优势能够帮助用户进行反复的试验与试错，并使其在这一过程中积累丰富的经验（von Hippel and Katz，2002；von Hippel，2001；von Hippel and Tyre，1995）。如果进行试验的可变成本很低，那么，即使从每次试验中获得的经验非常有限，试验从总体上看也是有效率的。由于成本很低，用户在每次试验后，只需要对原方案进行小幅度修改（而不必担心试验次数过多），这样做可以让用户更精细地识别创新的问题所在。这样的试验过程可以帮助用户简化试验的复杂性，并提高解决方案的精细程度。虽然在进行大规模试验方面，用户具有劣势，但是，如果试验需要考虑在不同环境下创新成果的可行性，那么显然用户在这方面比制造商更具优势。因此，我们的结论是：相比那些需要承担更高的试验可变成本的创新者（制造商），在多种环境下进行反复试验并从中学习方面，用户更具优势。

除了能够以低成本进行试验，用户在分析和解释试验成果方面也具有优势。如果用户很难表述从试验中得到的反馈，那么，这些反馈就具有黏性信息的特征。用户可能会发现解决方案存在问题，但又说不清问题究竟是什么及该如何解决这个问题。下面的例子很好地说明了这种情况。Mo 医生擅长口腔、下颚和面部手术。他发明了一种可视化设备，用来在骨骼复位手术中精确指明骨骼的正确位置。Mo 医生及其同事对这一设备进行了反复测试。在测试过程中，他的同事发现，他们很难通过该设备提供的影像判断错位骨骼现在的位置与正确的位置之间的距离。问题在于，他们无法清晰地将造成这一问题的原因表述出来。所幸，Mo 医生在这个领域经验丰富，他通过亲身试用理解了同事们提出的问题。最终，他对设备的软件进行了重新编程，使之可以同时展现两个角度的图像，从而解决了这个问题。

科学技术的发展帮助制造商在测试创新成果方面取得了显著的进步。快速制作模型和模拟演示的技术大幅降低了制造商的试验可变成本。这使制造商在同时测试各种解决方案时，提高了效率（Thomke et al.，1998）。因此，如果测试的方案数量众多，制造商便具有相对于用户的优势。然而，快速制作模型和模拟演示这两种方法，都需要对设备、软件和相关技术进行大量的前期投资。此外，只有当提供的数据正确时，模拟演示的成果才可能是正确的。因此，正确理解试验环境，以及识别可能对创新成果的适用性产生潜在影响的因素，仍然非常重要。正如前面提到的，因为很难正确地估计试验环境的影响因素，所以有关这些影响因素的信息通常都具有黏性。另外，人们也很难要求制造商一定要达到某一行业的先进技术水平（如运动技能、外科技术）以建立一种复杂的和真实的测试环境（Shah，2000）。于是，制造商被迫通过与用户合作来构建真实的测试环境，然而，这一方式必然大幅提高成本。例如，一些医疗器械公司建立了自己的现代化手术室，为的就是从器械使用者那里获得第一手的反馈（Medica，2010；Maquet，2006）。而据估计，这类手术室的造价为 200 万～300 万美元（Koll，2010）。

2.3 结论

越来越多的证据显示，用户经常会对产品和服务进行改进和开发，却很少凭借出售创新获取经济收益。虽然这一点最初看上去有点令人费解，但考虑到用户从创新中获得的其他好处，这似乎也就合乎情理一些了。通过对医疗行业的案例分析和理论研究，我们发现，用户通常拥有相对于制造商的成本优势，这便部分解释了为什么用户热衷于创新活动。在创新过程的各个阶段均存在这种比较优势，这为用户创新提供了动力和可能性。与用户的处境相反，制造商不仅要面对更为严苛的法规监管，还要进行针对新资源的策略型投资，从而保持在市场中的竞争力，这些都会增加制造商创新活动的成本。

我们有理由相信，用户实现的创新成果大部分不会由制造商实现，原因在于，用户创新的目的是满足一小部分人的需求，而制造商不会为了满足一小部分人的需求进行创新。正如本文论述的那样，当用户创新的目的是满足个性化需求时，或者是为了在特定情况下更方便地使用产品或服务时，他们的创新过程会更加高效。而显然，制造商不可能满足每一位用户的个性化需求。在大多数情况下，个性化创新带来的边际成本必然超过边际收益。于是，制造商倾向于进行能够吸引更广泛用户的创新，他们需要在不违背监管法规的前提下，努力提高创新成果的可靠性和可维护性。如果某类创新需要对生产设施进行大量投资，那么明智的用户创新者显然不会参与这类创新。即使用户能为这类创新做出宝贵的贡献，但是，考虑到他们在这类创新过程中显然不具备比较优势，他们最终也不可能参与进来。总而言之，在创新活动中，制造商创新者和用户创新者拥有各自不同的比较优势，这就决定了二者在创新活动中会自动实现分工，各自只参与自己拥有比较优势的创新类别。

然而，在某些情况下，即便实现了分工，创新活动仍然难以摆脱低效性的梦魇，原因在于，从整体上看，相同或近似类型的创新活动会出现过剩的情况。例如，一些用户会针对某个问题展开创新，与此同时，另一些用户会在不知情的情况下，为解决同样的问题而努力创新。这两个群体并不知道彼此的存在，因此，也就无法避免这类"平行努力"（parallel effort）情况的发生。但是，也有一些人认为，这种存在于两个群体中、针对同一问题的"平行努力"，并不一定就是多余的或无用的。首先，解决某个问题也许需要不止一位创新者付出努力。针对某一问题，同时做出努力的创新者的人数越多，发现解决方法的可能性就越大。鉴于用户创新者倾向于向全社会无偿公布自己的创新成果（这一点很容易通过互联网以较低的成本实现），针对某一问题的最好的解决方案很可能得到广泛的传播，并最终脱颖而出，淘汰其他的次优解决方案。其次，虽然做出"平行努力"的两个群体可能会同时研究同一问题的解决方案，但这并不意味着他们最终提出的解决方案会完全一致或非常相似。解决方案的差异性有益无害，因为同一解决方案并不一定能完美解决所有环境条件下的同一个问题，换句话说，即便是面对同一个问题，不同环境条件下的用户也会倾向于采用不同的方法加以解决。

综上所述，我们不难得出结论：利用自身具备的成本优势，用户创新者可以为特殊的需求提供解决方案，这是对制造商创新行为很好的补充，从而为创新体系整体的有效性做出了贡献。最近，一项针对皮划艇漂流这一极限运动的研究为直接对比制造商创新和用户创新的有效性，提供了定量分析数据（Hienerth et al.，2011）。虽然用户在创新活动中拥有明显的优势，但要想衡量用户创新活动的相对有效性，我们还需要进一步的研究。Hienerth 等人（2011）还指出，进一步研究在何种条件下、在何种类型的创新中，用户创新能成为极其有效的创新模式，这是非常有价值的。

参考文献

Baldwin, C., E. von Hippel, and C. Hienerth. 2006. How user innovations become commercial products: A theoretical investigation and case study. *Research Policy* 35 (9): 1291–1313.

Barney, J. 1991. Firm resources and sustained competitive advantage. *Journal of Management* 17 (1): 99–120.

Bogers, M., A. Afuah, and B. Bastian. 2010. Users as innovators: A review, critique, and future research directions. *Journal of Management* 36 (4): 857–875.

Bonaccorsi, A., and C. Rossi. 2003. Why open source software can succeed. *Research Policy* 32 (7): 1243–1258.

Cohen, W. M., and D. A. Levinthal. 1990. Absorptive capacity: A new perspective on learning and innovation. *Administrative Science Quarterly* 35 (1): 28–152.

Dahlander, L., and M. G. Magnusson. 2005. Relationships between open source software companies and communities: Observations from Nordic firms. *Research Policy* 34 (4): 481–493.

Fleming, L., S. Mingo, and D. Chen. 2007. Collaborative brokerage, generative creativity, and creative success. *Administrative Science Quarterly* 52 (3): 443–475.

Franke, N., M. Schreier, and U. Kaiser. 2010. The "I designed it myself" effect in mass customization. *Management Science* 56 (1): 125–140.

Franke, N., and S. Shah. 2003. How communities support innovative activities: An exploration of assistance and sharing among end-users. *Research Policy* 32 (1): 57–178.

Füller, J. 2006. Why consumers engage in virtual new product developments initiated by producers. *Advances in Consumer Research. Association for Consumer Research (U. S.)* 33 (1): 639–646.

Füller, J., G. Jawecki, and H. Mühlbacher. 2007. Innovation creation by online basketball communities. *Journal of Business Research* 60 (1): 60–71.

Harhoff, D., J. Henkel, and E. von Hippel. 2003. Profiting from voluntary information spillovers: How users benefit by freely revealing their innovations. *Research Policy* 32 (10): 1753–1769.

Helfat, C. E. 1994. Evolutionary trajectories in petroleum firm R&D. *Management Science* 40 (12): 1720–1747.

Hienerth, C., E. von Hippel, and M. Berg Jensen. 2011. Innovation as consumption: Analysis of consumers' innovation efficiency. Working paper 4926–11. Sloan School of Management, MIT. Available at SSRN: http://ssrn.com/abstract=1916319.

Hüner, A., C. Stockstrom, and C. Lüthje. 2011. An empirical analysis of user innovation in the medical devices industry. In *IPDMC. 18th International Product Development Management Conference.* Delft.

Jeppesen, L.B., and L. Frederiksen, L. 2006. Why do users contribute to firm-hosted user communities? The case of computer-controlled music instruments. *Organization Science* 17 (1): 45–63.

Kalogerakis, K., C. Lüthje, and C. Herstatt. 2010. Developing innovations based on analogies: Experience from design and engineering consultants. *Journal of Product Innovation Management* 27 (3): 418–436.

Kane, G.C., R.G. Fichman, J. Gallaugher, and J. Glaser, J. 2009. Community Relations 2.0. *Harvard Business Review* 87 (11): 45–50.

Koll, S. 2010. *Der OP der Zukunft. www.industrieanzeiger.de.*

Leonard, D., and J. F. Rayport. 1997. Spark innovation through empathic design. *Harvard Business Review* 75 (6): 102–113.

Lüthje, C. 2003. Customers as co-inventors: An empirical analysis of the antecedents of customer-driven innovations in the field of medical equipment. In *Proceedings of the 32nd EMAC Conference.* Glasgow.

Lüthje, C. 2004. Characteristics of innovating users in a consumer goods field: An empirical study of sport-related product consumers. *Technovation* 24 (9): 683–695.

Lüthje, C., and C. Herstatt. 2004. The lead user method: An outline of empirical findings and issues for future research. *R&D Management* 34 (5): 553–568.

Lüthje, C., C. Herstatt, and E. von Hippel. 2005. User-innovators and "local" information: The case of mountain biking. *Research Policy* 34 (6): 951–965.

Lüthje, C., A. Hüner, and C. Stockstrom. 2010. Knowledge base and technological impact of user innovations: Empirical evidence from the medical devices industry. In *IPDMC. 17th International Product Development Management Conference,* Murcia.

Maquet. 2006. MAQUET Surgical Academy. *Healthcare Purchasing News* 30 (4): 10.

Martin, X., and W. Mitchell. 1998. The influence of local search and performance heuristics on new design introduction in a new product market. *Research Policy* 26 (7/8): 753–771.

McGuire, S. 2008. The cutting edge. *Medical Marketing and Media* 43 (1): 55–56.

Medica. 2010. MAQUET eröffnet Hybrid-Operationssaal in der Surgical Academy. *Medica.de*: 13.09.2010.

Morrison, P. D., J. H. Roberts, and E. von Hippel. 2000. Determinants of user innovation and innovation sharing in a local market. *Management Science* 46 (12): 1513–1527.

Nelson, R. R. 1982. The role of knowledge in R&D efficiency. *Quarterly Journal of Economics* 97 (3): 453–470.

O'Mahony, S. 2003. Guarding the commons: How community managed software projects protect their work. *Research Policy* 32 (7): 1179–1198.

Olson, E. L., and G. Bakke. 2001. Implementing the lead user method in a high technology firm: A longitudinal study of intentions versus actions. *Journal of Product Innovation Management* 18 (6): 388–395.

Ozer, M. 1999. A survey of new product evaluation models. *Journal of Product Innovation Management* 16 (1): 77–94.

Pettypiece, S. 2007. Pfizer to assess doctors' opinions using Sermo networking site. *Bloomberg.com*: October 15, 2007.

Pisano, G. P., and R. Verganti. 2008. Which kind of collaboration is right for you? *Harvard Business Review* 86 (12): 78–86.

Polanyi, M. 1983. *The Tacit Dimension*. Gloucester, MA: Smith.

Ridings, C. M., D. Gefen, and B. Arinze. 2002. Some antecedents and effects of trust in virtual communities. *Journal of Strategic Information Systems* 11 (3/4): 271–295.

Riggs, W., and E. von Hippel. 1994. Incentives to innovate and the sources of innovation: The case of scientific instruments. *Research Policy* 23 (4): 459–469.

Rosenkopf, L., and A. Nerkar. 2001. Beyond local search: Boundary-spanning, exploration, and impact in the optical disk industry. *Strategic Management Journal* 22 (4): 287–306.

Shah, S. 2000. Sources and patterns of innovation in a consumer products field: Innovations in sporting equipment. Working paper 4105. Sloan School of Management, MIT.

Shah, S. K., and M. Tripsas. 2007. The accidental entrepreneur: the emergent and collective process of user entrepreneurship. *Strategic Entrepreneurship Journal* 1 (1–2): 123–140.

Slaughter, S. 1993. Innovation and Learning during Implementation: A Comparison of User and Manufacturer Innovations. *Research Policy* 22 (1): 81–95.
Stuart, T. E., and J. M. Podolny. 1996. Local search and the evolution of technological capabilities. *Strategic Management Journal* 17 (S1): 21–38.

Thomke, S., E. von Hippel, and R. Franke. 1998. Modes of experimentation: An innovation process and competitive variable. *Research Policy* 27 (3): 315–332.

Tietz, R., P. D. Morrison, C. Lüthje, and C. Herstatt. 2005. The process of user-innovation: A case study in a consumer goods setting. *International Journal of Product Development* 2 (4): 321–338.

Verona, G., E. Prandelli, and M. Sawhney. 2006. Innovation and virtual environments: Towards virtual knowledge brokers. *Organization Studies* 27(6): 765–788.

von Hippel, Eric. 1986. Lead users: A source of novel product concepts. *Management Science* 32 (7): 791–805.

von Hippel, Eric. 1988. *The Sources of Innovation*. New York: Oxford University Press.

von Hippel, Eric. 1994. "Sticky information" and the locus of problem solving: Implications for innovation. *Management Science* 40 (4): 429–439.

von Hippel, Eric. 1998. Economics of product development by users: The impact of "sticky" local information. *Management Science* 44 (5): 629–644.

von Hippel, Eric, and M. J. Tyre. 1995. How learning by doing is done: Problem identification in novel process equipment. *Research Policy* 24 (1): 1–12.

von Hippel, E. 2001. User toolkits for innovation. *Journal of Product Innovation Management* 18 (4): 247–257.

von Hippel, E. 2005. *Democratizing Innovation*. Cambridge: MIT Press.

von Hippel, E., and R. Katz. 2002. Shifting innovation to users via toolkits. *Management Science* 48 (7): 821–833.

von Krogh, G., and E. von Hippel. 2006. The promise of research on open source software. *Management Science* 52 (7): 975–983.

Wernerfelt, B. 1984. A resource-based view of the firm. *Strategic Management Journal* 5 (2): 171–180.

第 3 章 用户创新的实证研究范畴

杰伦·P. J. 德容

用户创新是指由最终用户而不是生产者所进行的创新。用户创新者可以是一家公司，也可以是个人消费者。实际上，用户创新者与生产创新者（producer-innovators）的区别在于，前者从自己的创新成果中获得的好处，就是使用该成果来满足自己的需求；而其他所有类型的生产创新者，则通过出售创新成果、专利授权或者产品商业化，从自己的创新产品或服务中获得经济上的回报（von Hippel，2005）。在特定的情况下，任何公司或个人都可以成为生产创新者或用户创新者。例如，索尼是一家电子设备制造商，但同时它也是机器类产品的用户。当我们谈到开发电子产品的创新时，索尼被认为是生产创新者，但是，在我们研究机器创新或机器生产过程中的创新时，索尼又有可能成为用户创新者。同样地，一位发明者为残疾人开发了一款新的交通工具，从这一层面看，这位发明者是生产创新者，但是，如果他开发的这款设备主要是供自己使用（发明者本人即为残疾人），那么，他就是一位用户创新者。

许多有关用户创新的实证研究均表明，在许多领域中，最重要的创新最初都是由用户开发的。除此之外，这些研究还表明，有大量的用户已经参与到创新的过程之中，他们的创新在通常情况下摆脱了知识产权的约束，并且他们的创新服务于大众，换言之，他们的创新成果可以被传播给其他经济主体，进而有助于提高社会整体福利（von Hippel，2005）。虽然这些研究成果具有一定的说服力，但实证证据通常都来自数量有限的几个具体案例。埃里克·冯·希佩尔在其早期的研究中指出，用户是功能性创新的重要来源。那时，他关注的主要是发生在科学仪器、自动化化学分析仪器和拉挤成型工艺（pultrusion processes）等领域的创新案例（von Hippel，1976）。与之相似，在研究用户创新者在所有类型的创新者中所占的比例时，von Hippel（2005）查阅了一些以不同产品领域（包括线路 CAD 软件、吊架管硬件、图书馆信息系统、外科器械、户外消费品和山地自行车装备等）的创新情况为研究对象的文献。但是，仍然存在一种批评声音，认为埃里克·冯·希佩尔的研究成果并不存在普遍性。以下是 von Hippel（2005：20）对自己所观察到的情况的描述：

> 这些研究都专注于用户创新在所有类型的创新中所占的比例对特定产品类型的影响，而用户创新者关心的正是产品类型……外科医生关心是否有用起来得心应手的手术器械；技艺精湛的山地自行车车手在意是否有方便实用的运动装备。随着用户对某一领域的兴趣下降，用户创新在所有类型的创新中所占的比例也会有所下降。

持相反意见的评论家可能会得出这样的结论：事实上，根据有限的样本数据进行分析，用户创新并不能算是主流的创新方式。正是因为存在这样的批评意见，研究人员开始在更广泛的范围内收集更多的样本（包括公司层面和个人消费者层面的），并利用这些数据研究用户创新发生率和用户创新的推广情况。在本文中，我将对这类文献进行回顾和讨论。

因此，在本文中，我回顾了近段时间关于用户创新发生率和创新推广的实证研究文献。第一，我对这些文献中的数据进行了归纳，找出了在这些文献所使用的样本中，用户创新所占的比例。结果表明，从总体上看，在公司层面，有 15%～20% 的公司为用户创新者，而在个人消费者层面，这一比例是 4%～6%。利用公司层面的样本，我还将讨论用户创新与工艺创新会出现多大程度的重叠，目前的官方统计已经将这一问题纳入考虑范畴。第二，本文还将针对知识产权对用户创新的保护情况进行讨论。在个人消费者层面，很少有创新者会申请知识产权——他们更愿意免费与他人分享自己的创新成果，而不愿意被有关创新推广的事情困扰。而在公司层面，知识产权的申请更具实质意义，但是，在本文所涉及的这些文献中，知识产权申请率最高也不会超过 50%。第三，在本文中，我还将探讨用户创新会在多大程度上及如何影响其他经济主体。一些用户的创新对其他经济主体而言似乎是有价值的，根据本文所列举的文献提供的数据，有5％～25％的用户创新会被其他用户或商业生产者接受，这些商业生产者还会对创新样品进行进一步的改进，并最终实现其商业价值。总之，最新的实证研究证据表明，用户创新是广泛存在的，并且具有经济意义。在本文最后，我将针对近期的实证研究结论对政策制定方面的影响进行总结。

3.1 用户创新发生率

在过去的几年中，出现了一种新的研究思路——收集大量的公司和个人层面的样本，并以此为基础，对用户的创新行为进行衡量与分析。

对于公司层面的创新来说，始终存在着两个疑问——用户创新与工艺创新之间的相似程度有多大？为什么我们需要将这两种创新区分开来？一家用户创新公司有可能改进现有的技术、设备和软件以供内部使用，也有可能为了满足内部需求，开发全新的技术、设备和软件（von Hippel，2005）。单纯从概念出发，用户创新与传统的工艺创新有可能出现重叠。更具体地说，用户创新有可能是工艺创新的一部分。根据《奥斯陆手册》中的相关内容，欧洲的官方统计部门在通过社区创新调查（community innovation survey，CIS）收集并解读创新数据时，将工艺创新定义为"使用一种新的或充分改进的生产或交付方式，其中包含技术、设备和/或软件方面的重大改进"（OECD/Eurostat，2005：第163段）。而在定义"创新"这一概念时，该手册的表达口径却较为宽松："最低的要求……是……工艺……必须是新的，或者能够为公司带来显著的改善。这包括……从其他公司或组织处获得的……工艺和方法。"（OECD/Eurostat，2005：第148段）因此，一名工艺创新者可以从外部接受先进的技术、设备或软件，然而用户创新者却不能选择从外部获取，而是需要通过自己的努力，自主实现功能性的创新。

我认为，从范围广泛的工艺创新中区分出用户创新，是非常重要的。

过去的研究表明，用户创新以功能新颖为标志（Riggs and von Hippel，1994）；能为生产商研发新产品提供重要的创意来源（Lilien et al.，2002；de Jong and von Hippel，2009）；有助于促进新企业的创建和新产业的兴起（Shah and Tripsas，2007）；具备一定的商业价值，并且可以满足其他用户的需求（Franke and von Hippel，2003），进而有助于提高社会福利（Henkel and von Hippel，2005）。与之相反的是，工艺创新的实施，基本上不会带来以上这些好处。

对于个人消费者来说，创新的情况却有所不同。在官方统计中，来自个人消费者层面的用户创新并不是调查对象，即便在当下，它仍然被人们认为是不可测量的。此外，人们也认为自己无法对其进行经济层面上的或决策层面上的分析。表 3 - 1 列出了研究人员为识别用户创新者所做的调查研究的结果，在调查中，研究人员使用了来自公司层面和个人消费者层面的大量样本。

表 3 - 1　　　对公司层面与个人消费者层面用户创新的研究结果

数据来源	调研国家	调研年份	调研样本	用户创新发生率
公司层面的研究结果				
Arundeland Sonntag（1999）	加拿大	1998	3 702 家制造工厂（雇员规模在 10 人以上）	41.0%
Schaan and Uhrbach（2009）	加拿大	2007	6 478 家制造工厂（雇员规模在 20 人以上，最低收入大于 25 万美元）	39.8%
de Jong and von Hippel（2009）	荷兰	2007	498 家高科技型中小企业（雇员规模在 100 人以下）	54.0%
de Jong and von Hippel（2008）	荷兰	2008	2 416 家小型企业（雇员规模在 100 人以上）	21.0%
Flowers et al.（2010）	英国	2009	1 004 家中小型企业（雇员规模为 10～250 人）	15.3%
Kim and Kim（2011）	韩国	2009	3 081 家制造型企业（雇员规模在 10 人以上）	17.7%
个人消费者层面的研究结果				
Von Hippel et al.（2012）	英国	2009	1 173 名消费者（年龄在 18 岁以上，包含 18 岁）	6.1%

续前表

数据来源	调研国家	调研年份	调研样本	用户创新发生率
个人消费者层面的研究结果				
de Jong（2011）	荷兰	2010	533 名消费者（年龄在 18 岁以上，包含 18 岁）	6.2%
Ogawa and Pongtalanert（2011）	美国	2010	1 992 名消费者（年龄在 18 岁以上，包含 18 岁）	5.2%
Ogawa and Pongtalanert（2011）	日本	2011	2 000 名消费者（年龄在 18 岁以上，包含 18 岁）	3.7%
Kuusisto et al.（2013）	芬兰	2012	993 名消费者（年龄为18～65 岁）	5.4%
de Jong（2013）	加拿大	2013	2 021 名消费者（年龄在 18 岁以上，包含 18 岁）	5.6%

注：表中所列的用户创新发生率为相对样本总数的估计值，de Jong 和 von Hippel（2009）及 Ogawa 和 Pongtalanert（2011）的调研除外。

3.1.1 公司层面的研究

Arundel 和 Sonntag（1999）在早期的研究中发现，公司存在着用户创新行为，他们在研究中使用的样本来自加拿大统计局（Statistics Canada）。1998 年，在一项名为"先进制造技术"（Advanced Manufacturing Technologies，AMT）的统计调查中，加拿大统计局选择将雇员规模在 10 人以上的制造工厂作为该调查的一部分样本。通过该统计调查，加拿大统计局获得了一些数据，其中就包含有关制造工厂使用、改造和开发具体技术的数据。我们根据他们的研究结果可以推断：41.0% 的加拿大制造工厂已经不再使用"现成的"（off-the-shelf）技术，而是通过改进现有的技术，使其更适应自己工厂的内部需求；或者自主研发在日常生产中可能用到的全新技术。[①] 2007 年，Schaan 和 Uhrbach（2009）使用了最新的 AMT 调研数据。他们的研究结果显示，在雇员规模在 20 人以上、最低收入大于 25 万美元的加拿大制造工厂中，用户创新者所占比例大约为 39.8%——这与 Arundel 和 Sonntag（1999）当初的研究结果颇为相似。

---

① 更具体地说，Arundel 和 Sonntag（1999）发现，76% 的受访企业曾采用过至少一项先进的制造业技术。在调研中，他们还发现，53.9% 的受访企业改进过现有的技术或开发过新的技术。

另外一项在荷兰开展的衡量用户创新的研究，是在有计算机辅助的情况下通过电话访问的形式完成的。2007 年，de Jong 和 von Hippel（2009）针对荷兰当地的高科技型中小企业展开了调研。在这项调研中，他们利用两个指标来判断样本公司是否存在用户创新行为：（1）该公司是否已经自主开发了供本公司使用的新的工艺、设备或软件；（2）该公司是否在过去的三年内，对（市场上）现有的工艺、设备或软件进行了改进，并在公司内部使用。然后，受访者被要求提供他们近期所进行的创新信息，并（以回答开放式问题的形式）回答该创新属于什么方面的创新。在对无效的数据进行清理后，他们发现用户创新者占总样本的 54.0%。

以上调研使用了一种判断用户创新的新方法。首先，受访者会被询问是否曾经在软件或实物产品方面进行过创新。然后，他们会被询问是否曾经通过改进现有的产品实现过创新。为了获得受访者对这两个问题的详细回答，调查问卷中会加入开放式的问题，主要用以确定公司已经完成了哪些创新，以及为什么要进行这些创新。随后，调查者会对这些问题的答案进行虚假信息筛选，将非创新行为筛选出来。最后，调查者会通过另外一些问题剔除残余的虚假信息，这些问题包括：受访者是否知道当前市场上已经存在同类产品，以及受访者进行创新是否是为了满足消费者的需求（在回答这个问题时，受访者需要列出满足消费者需求的产品创新的例子）。de Jong 和 von Hippel（2008）在对 2 416 家中小型企业所进行的调研中，也使用了这种调研方法。在他们的调研样本中（涵盖所有的具有商业性质的行业，包括：农业、制造业、建筑业、零售业、贸易行业、金融服务业、商业服务业、个人服务业，以及酒店和餐饮业），有 21.0% 的荷兰中小型企业被认为是用户创新者。

在英国，Flowers 及其同事们（2010）利用相同的调研方法对用户创新行为进行了研究，研究的受访对象为雇员规模为 10～250 人的中小型企业。他们发现，在调查进行前的三年中，有 15.3% 的企业为了满足自身生产流程的需求对硬件或软件进行过开发或改进，而市场上并没有与它们的创新成果相似的产品在出售。如果将英国所有的中小型企业考虑在内，根据这一比例，这相当于在过去三年内英国有 30 500 家中小型企业都有过用户创新行为。Flowers 和他的同事们针对受访者的最新创新产品，就这些产品的开发时长和经费开支做了更进一步的研究。他们发现，对于每一项用户创新而言，一家公司平均需要为此承担 44 500 英镑的开发成本，并且每一位相关的工作人员的平均工作时长会达到 107 天。若结合英国的平均工资水平进行估算，我们可以得出结论：英国中小型企业在用户创新方面每年要花费 17 亿英镑。此外，据估计，这些公司每年的研发支出为 26 亿英镑，这表明它们对用户创新的投资并不算少。

Kim 和 Kim（2011）采用了不同的调研方法。在他们的调研中，样本公司是来自韩国的雇员规模在 10 人以上的制造型企业。他们实际上利用了全国性的社区创新调查（CIS）数据来识别潜在的用户创新者。CIS 数据可以帮助研究者识别工艺创新者，以及工艺创新行为是否发生在企业内部（OECD/Eurostat，2005）。随着调研的开展，他们会对工艺创新者做进一步的研究，以判断这些工艺创新者是否算得上真正意义上的用户创新者。此外，Kim 等人还会收集与创新过程有关的数据。通过使用这种调研方法，他们发现，在过去三年中，有 17.7% 的受访者符合用户创新者的定义。

上述所有的调研都有一些相似的发现。首先，在针对公司层面的调研中，用户创新发生率非常高，即使调查样本来自大量的小型企业，这一结论同样适用。其次，企业是否会产生用户创新，似乎取决于公司的规模、行业类型及技术实力。大型企业大多属于工艺密集型企业，这类企业更有可能产生内部创新。并且确实有研究表明，用户创新发生率会随着公司规模的扩大而提高（de Jong and von Hippel，2008；Flowers et al.，2010）。对于行业类型而言，与其他行业相比，制造业中的工艺密集型企业更多，并且这类企业更有可能通过创新来满足自己在工艺方面的需求（de Jong and von Hippel，2009）。就技术能力而言，高科技公司完成创新的可能性更高。总的来说，这些发现与大量研究公司层面的创新的文献所得出的结论相一致（Cohen and Klepper，1996；Levin et al.，1987）。

除此之外，上述调研还得出了另一个共同结论。虽然用户创新在概念上属于工艺创新的一部分，但是实证分析的结果并没有反映出这一关系。
de Jong 和 von Hippel（2008）发现，在其调研样本中，有 10％的公司都是
用户创新者，但是其中却没有任何一家公司符合工艺创新者的定义。他们
得出的结论是："用户创新行为显然是可以被衡量的……有些形式的创新仍
然没有被人们观察到"（de Jong and von Hippel，2008：16－17）。在很多最
近的调查中，人们也可以找到类似的结论（Schaan and Uhrbach，2009；
Flowers et al.，2010）。这些结论表明，应该重视从不同维度定义用户创
新。此外，在未来的研究中，应该进一步考察官方统计调查是否有能力识
别所有公司层面的（工艺）创新行为。

3.1.2　个人消费者层面的研究

最近一段时间，学者们开始研究个人消费者层面的用户创新行为。在
闲暇时，个人消费者可能会为了满足自身的利益需要而对日常用品进行创
造和/或改造。

运用实证研究的方法对用户创新发生率进行估测，最早是由 von Hippel
等人（2012）完成的，他们收集了以个人消费者为研究对象的大量样本。
该项调研的受访者为 1 173 名年龄在 18 岁以上（包含 18 岁）的英国个人消
费者，使用的方法与表 3－1 中列举的针对英国中小型企业所采用的调研方
法一致。调研同样是在有电脑辅助的情况下，通过电话访问的形式完成的。
首先，消费者会被问到在过去三年内，是否对软件进行过创新和/或改进，
然后会被问到是否对硬件进行过创新和/或改进。对于每一个开放式问题，
研究人员都需要对受访者给出的回答进行虚假信息筛除（类似于"我买了
一件宜家家具，但需要自己拼装起来"这样的回答需要被筛除）。为了进一
步剔除残余的虚假信息，研究者们还设计了两个过滤性问题，根据受访者
对这两个问题的回答，可以进一步增强信息的有效性。如果受访者在创新
或改进完成之前，已经知道当前市场上存在着类似的产品，或者受访者进
行的创新属于其本职工作的一部分，那么，这两种受访者眼中的创新并不
能被计算在内。实际上，这项调研希望研究的，只是消费者在闲暇时对产
品进行的功能性创新。

根据 von Hippel 等人（2012）的估计，在调查进行前的三年内，英国有 6.1% 的个人消费者参与过用户创新。如果将英国所有处于该年龄段（年龄在 18 岁及以上）的人全部考虑在内，根据这一比例，这相当于，在过去三年内，有大约 290 万名英国个人消费者进行过用户创新。此外，研究人员要求受访者对他们最近一次的创新行为进行描述，并说明他们在这次创新中所花费的时间和开支各是多少。根据调研结果，我们可以得知，消费者平均需要花费 7.1 天来完成创新，而年化的平均开支为 1 098 英镑。若结合英国的平均工资水平进行估算，我们可以得出结论：英国个人消费者在用户创新方面每年要花费大约 32 亿英镑。与之相对，英国公司对于消费品（consumer products）的年度研发支出大约为 22 亿英镑。虽然研发开支并不是生产商在创新上的唯一开支，但是通过这些数字，我们仍然可以看出，用户创新的规模是不容小觑的。

从其他对个人消费者用户创新的调研中，我们也得出了类似的结论。de Jong（2011）针对年龄在 18 岁以上（包含 18 岁）的荷兰消费者开展了一项调研。在这项调研中，de Jong 使用了一种略微不同的调研方法（在访问过程中，他提供了更为具体的提示，从而提高了受访者对问题的回答率，但是调研仍然会包含开放式问题和用于排查虚假数据的过滤式问题）。从调研结果中我们可以发现，在过去三年内，在接受调查的荷兰消费者中，有 6.2% 有过用户创新行为。随后，Ogawa 和 Pongtalanert（2011）在美国和日本分别进行了两次相同的调研，调研结果显示，在美国和日本，个人消费者的用户创新发生率分别为 5.2% 和 3.7%。他们同样也将有关创新时长和成本的问题纳入研究范围之中，结合两国各自的具体情况，他们估计，美国和日本的个人消费者在创新上的开支规模均在数十亿美元。此外，在芬兰（Kuusisto et al.，2013）和加拿大（de Jong，2013）两国所开展的研究中，出现了一种标准化的、研究个人消费者层面用户创新行为的方法。使用该方法时，研究者会首先为受访者提供一些具体的关键词，例如：计算机软件、家用灯具配件和家具、工具和设备等。然后，每一位受访者都会回答在过去的三年内，是否为了满足自己的个人需求而进行过创新。最后，受访者还需要回答一系列用于筛除虚假信息的问题［想要了解更多详细内容，请参见 Kuusisto 等（2013）］。通过这种方法，以上两篇文献得出的调研结果为：芬兰和加拿大的个人消费者用户创新发生率分别为 5.4％和 5.6％。

针对消费者的调研显示，绝大多数的消费者都会对产品进行开发或改进以满足个人需求，并且会在这方面花费大量的时间和金钱。与此同时，研究结果还表明，用户创新发生率会根据性别、受教育程度和技术培训水平的不同而有所不同。通常男性更有可能成为创新消费者，而受过高等教育和技术培训的人也更有可能成为创新消费者（von Hippel et al.，2011）。很显然，受教育和培训的程度与一个人的创新能力密切相关：受过高等教育的工程师更有可能具备持续解决个人问题的能力。

3.2 用户创新的开放性

除了用户创新发生率这个问题以外，另外一个关键的问题是：用户创新的传播程度如何（对于除创新者以外的其他人而言，用户创新的传播是有意义的，并且具有一定的经济价值）。在这方面，研究人员对用户是否会通过知识产权来保护自己的创新成果这一课题进行了研究。传统的研究创新的线性模型中存在这样一个假设：创新源自生产者，然后通过商品出售的形式提供给消费者，最终会促进经济的增长和社会福利的提高。在讨论创新这个话题时，人们始终无法回避这样的问题：个体对创新的投资可能只能获得微乎其微的回报。原因在于，创新过程存在知识溢出的可能性，而其他经济主体还有可能采取"搭便车"（free-ride）的策略，侵蚀他人的投资成果（Arrow，1962）。因此，政策制定者发明了知识产权（intellectual property rights，IPRs），这使创新者能够暂时获得垄断创新成果的权利，使其能够从自己的努力中获得利润（Levin et al.，1987）。我们将这种情况称为"封闭式创新"（closed innovation），即创新者可能会通过知识产权限制他人使用与自己的创新成果有关的知识。

与生产创新者相比，用户创新者在一般情况下较少关注知识产权。他们的创新主要是为了满足个人需求，而不是为了开拓销售市场，以收回他们的创新投资成本。此外，即使某项用户创新出现了，这也并不意味着市场中存在对这一创新的巨大需求。与之不同，生产创新者在开始创新前，会制订产品开发策略，从而确定特定目标市场中存在大量同质的需求，避免创新产品在被开发出来之后没有销路。然而，这种"有限产品满足无限需求"的策略，往往会让许多（对此类产品存在需求的）公司和个人消费者对当前正在售卖的产品感到不满，这便促使他们为了个人或公司内部的需求而进行自主创新（von Hippel，2005）。个人消费者的需求有可能是多种多样的，因此，从这个角度来看，为创新成果申请知识产权对于用户来说，用处并不大。

我们将"开放式创新"（open innovation）定义为没有受到知识产权保护的创新。从社会福利的角度来看，开放式创新是可取的，因为在许多领域中，知识产权的应用似乎并不利于社会整体福利的提高（Bessen and Meurer，2008）。为了探索用户创新的开放性，在上文所讨论的大多数调研中，研究者都会要求受访者回答，他们是否已经为自己的创新申请了知识产权——包括专利权、版权、商标权及使用保密协议。公司和消费者通过知识产权保护用户创新的情况如表3-2所示。

表3-2　　　　　公司和消费者通过知识产权保护用户创新的情况

数据来源	调研国家	调研年份	调研样本	知识产权申请率
公司层面的研究结果				
de Jong and von Hippel（2009）	荷兰	2007	364项用户创新，由高科技型中小企业（雇员规模在100人以下）所开发	12.5%
Schaan and Uhrbach（2009）	加拿大	2008	1 277项用户创新，由制造工厂（雇员规模在20人以上，最低收入高于25万美元）所开发	53.3%
Flowers et al.（2010）	英国	2009	200项用户创新，由中小型企业（雇员规模为10～250人）所开发	35.5%

续前表

数据来源	调研国家	调研年份	调研样本	知识产权申请率
公司层面的研究结果				
Kim and Kim（2011）	韩国	2009	370 项用户创新，由制造型企业（雇员规模在 10 人以上）所开发	43.8%
de Jong（2010）	荷兰	2010	81 项用户创新，由高科技型中小企业（雇员规模在 100 人以下）所开发	13.6%
个人消费者层面的研究结果				
von Hippel et al.（2012）	英国	2009	104 项用户创新，由年龄在 18 岁以上（包含 18 岁）的消费者所开发	1.9%
Ogawa and Pongtalanert（2011）	美国	2010	114 项用户创新，由年龄在 18 岁以上（包含 18 岁）的消费者所开发	8.8%
Ogawa and Pongtalanert（2011）	日本	2011	83 项用户创新，由年龄在 18 岁以上（包含 18 岁）的消费者所开发	0.0%
Kuusisto et al.（2013）	芬兰	2012	176 项用户创新，由年龄在 18~65 岁的消费者所开发	4.7%
de Jong（2013）	加拿大	2013	539 项用户创新，由年龄在 18 岁以上（包含 18 岁）的消费者所开发	2.8%

de Jong 和 von Hippel（2009）的调研以荷兰的高科技型中小企业为研究对象，在本次调研所涵盖的 364 例用户创新的案例中，所有的企业受访者（企业的所有者或经理）都被要求回答这样的问题：对于他们公司所完成的用户创新，与之相关的知识是否已经申请知识产权。调研结果显示，仅有 12.5% 的企业受访者表示他们公司已经为用户创新的相关知识申请知识产权保护。与之相矛盾的是，针对公司层面用户创新的其他调研却显示出知识产权的高申请率。Schaan 和 Uhrbach（2009）选取的样本是加拿大的众多制造工厂（这些工厂要么是技术的改进者，要么是技术的创造者），他们的研究结果显示，在这些制造工厂中，有 53.3% 的工厂都已经为自己的创新成果申请知识产权保护。然而，这 53.3% 的样本中，也包括了对创新成果采取"保密"（secrecy）策略的工厂，它们使用这一传统策略防止知识外泄。Flowers 等人（2010）分析了 200 个公司层面的用户创新案例，发

现企业受访者的知识产权申请率为 35.5%，此外，Kim 和 Kim（2011）发现，在韩国的制造企业中，知识产权申请率为 43.8%。总的来说，知识产权申请率似乎是随着企业规模的增长而增长的。下文将对这一发现进行更深入的探讨。

de Jong（2010）针对用户创新的开放性展开过一项直接调研。这次调研的对象是来自荷兰的高科技型中小企业，这些企业曾经都进行过用户创新，在这次调研中，企业受访者需要回答他们最近一次的生产创新行为和用户创新行为各是什么。通过对其中 81 个既进行过生产创新也进行过用户创新的企业进行分析，我尝试对发生在生产创新和用户创新中的知识产权申请情况进行直接对比。研究结果表明，虽然这些高科技公司都倾向于保护新产品的知识产权（申请率为 60.3%），但是，它们并不注重保护用户创新的知识产权（仅有 13.6% 的企业选择通过申请知识产权对用户创新的成果进行保护）。在构建 Binary Logistic 回归模型时，我选取了一些会对企业采取知识产权保护的决策产生影响的常见决定性因素作为控制变量，包括时间、成本和创新合作情况。在回归分析中，我发现生产创新和用户创新之间存在非常显著的统计学差异（$P < 0.001$）。此外，我还发现，相比生产创新，高科技型中小企业更愿意分享它们的用户创新。我在调查中列举了一些选项来评测公司对于免费披露创新信息的意愿（例如，"我们愿意免费分享这项创新"），受访者被要求对这一表述评分，最低分 1 分表示极不认同，最高分 5 分表示极认同。最终，生产创新的得分为 1.2 分，而用户创新为 2.3 分，由此可见，用户创新确实比生产创新更具开放性。

在个人消费者层面，创新成果的知识产权申请率非常低，在 von Hippel 等人（2012）的研究中，在 104 位创新消费者中，仅有 2 位消费者的创新是受知识产权保护的。与此同时，在对美国和日本的消费者的调研中（Ogawa and Pongtalanert，2011），以及近期在芬兰（Kuusisto et al.，2013）和加拿大（de Jong，2013）进行的调研中，研究者们都得到了同样的结论。

根据这些调研，我们可以得出一些初步的结论。首先，用户创新似乎比生产创新更具开放性。这一点在针对个人消费者的调研数据中表现得尤为明显。当然，这一结论同样也适用于高科技型中小企业，相比独特的生产工艺，这类企业更看重产品的差异化。然而，需要注意的一点是，仍然存在许多公司不愿意免费分享自己的创新知识。相比知识产权保护，这些公司可能更喜欢将保密作为一种更有效的手段，以此避免产品被竞争对手效仿。在研究工艺创新的文献中，我们也可以看到类似的趋势（Levin et al. ,1987）。其次，针对大型公司的调研所得到的结论与针对个体消费者的调研所得到的结论并不一样。在针对加拿大、英国和韩国公司的调研中，有相当多的大公司都急于想要保护自己的知识产权。我猜测，制造商，尤其是大型制造商，更有可能在寡头垄断市场中运营。在这类市场中，竞争优势取决于独特的生产工艺，因此，全力避免竞争对手效仿自己的工艺创新就显得极其重要了。

3.3 用户创新的推广

最新的调研结果显示，一些用户创新会被推广给其他用户。过去的研究证明，用户创新对于其他用户而言是有价值的。通常情况下，用户和生产者拥有不同的知识储备，因此，他们在创新过程中也会相应地使用不同类型的知识。用户倾向于进行功能新颖的创新，因为他们最清楚商业产品如何满足消费群体的特定需求。与之不同，生产者倾向于为满足那些已经获得确认的需求而进行改善性创新，但是，他们的优势在于，可以通过自己卓越的工程能力和设计技巧来提高产品的稳定性、可持续性及技术质量（Riggs and von Hippel，1994）。

从社会整体福利的角度出发，在整个社会层面对创新进行推广是非常重要的。当创新是由生产者开发出来的时候，推广途径是显而易见的——销售，因为生产者有着强烈的意愿想要将他们已经开发出来的创新成果出售给所有感兴趣的消费者和/或公司。此外，由于劳动力的流动性、外部人员访问等，生产者所掌握的知识会在不知不觉之中传播给其他创新者。在理想的情况下，由用户完成的创新也应该具有传播性，否则，拥有类似需求的用户只能在互不知情的情况下，对类似的创新进行投资，付出努力。显然，这样会导致大量的重复行为与资源浪费，从社会整体福利的角度来看，这是效率低下的。

一般来说，推广用户创新有三种途径。第一，用户可以将他们开发的创新免费供他人查阅、复制和使用。第二，用户可以通过开展一项新业务，将他们所开发的创新成果投入市场。第三，商业生产者可以采用用户开发的创新，并对其做进一步的完善，然后，将这些创新作为商业产品进行售卖。接下来，我将结合调研对这三种途径进行详细讨论。

3.3.1 免费披露信息

与生产者相比，用户不太可能会去申请知识产权保护，相反，其中一部分人甚至还会积极地将自己的创新成果免费分享给其他人，在这种情况下，他们的创新知识便成为社会公共福利的一部分。他们可能会希望商业生产者能够采纳并改进他们的创新，以提高其创新的稳定性和可靠性。另外，对于获得同行认可的期望、某一领域的互惠准则（例如，在开源软件开发领域，用户可以免费使用公共的源代码），以及打破行业规则的意愿，都将推动创新用户选择将自己的创新成果免费与其他人分享（Harhoff et al.，2003）。

早期的研究表明，在一些特定领域内——如医疗设备制造、开源软件开发、半导体工艺设备制造和矿井抽水机制造（von Hippel，2005）——用户会免费分享他们的创新成果。近期我进行的选用了大量样本的研究，也得出了类似的结论。在先前讨论过的调研中，有七个涉及了相关的问题，即创新者是否已经将创新的细节免费提供给其他人。企业或个人免费披露创新知识的情况如表 3-3 所示。

表 3-3　　　　　　　企业或个人免费披露创新知识的情况

数据来源	调研国家	调研年份	调研样本	免费披露率	被采纳率
公司层面的研究结果					
de Jong and von Hippel（2009）	荷兰	2007	364 项用户创新，由高科技型中小企业（雇员规模在 100 人以下）所开发	12.0%	24.7%[b]

续前表

数据来源	调研国家	调研年份	调研样本	免费披露率	被采纳率
公司层面的研究结果					
Schaan and Uhrbach (2009)	加拿大	2007	1 277 项用户创新，由制造工厂（雇员规模在 20 人以上，最低收入高于 25 万美元）所开发	10.9%	26.3%[b]；25.3%[c]
Flowers et al. (2010)	英国	2009	200 项用户创新，由中小型企业（雇员规模为 10～250 人）所开发	12.5%	19.5%
Kim and Kim (2011)	韩国	2009	370 项用户创新，由制造型企业（雇员规模在 10 人以上）所开发	9.5%[a]	3.2%
个人消费者层面的研究结果					
von Hippel et al. (2012)	英国	2009	104 项用户创新，由年龄在 18 岁以上（包含 18 岁）的消费者所开发	28.9%	17.1%
Ogawa and Pongtalanert (2011)	美国	2010	114 项用户创新，由年龄在 18 岁以上（包含 18 岁）的消费者所开发	18.4%	6.1%
Ogawa and Pongtalanert (2011)	日本	2011	83 项用户创新，由年龄在 18 岁以上（包含 18 岁）的消费者所开发	10.8%	5.0%
Kuusisto et al. (2013)	芬兰	2012	176 项用户创新，由年龄在 18～65 岁的消费者所开发	26.7%	18.8%
de Jong (2013)	加拿大	2013	539 项用户创新，由年龄在 18 岁以上（包含 18 岁）的消费者所开发	33.6%	21.2%

注：a 该百分比表示企业免费披露创新知识的意愿；
b 该百分比表示仅由商业生产者采纳的创新；
c 该百分比表示仅由其他用户采纳的创新。

这些实证研究的结果表明，用户开发的许多创新往往只有用户自己感兴趣，或者说，这些创新用户根本不会因为任何原因（当然，在互联网上分享成果要花费大量时间，这一点反倒有可能影响创新用户的决策，我这里所说的原因不包括这类琐事）而不愿意与他人分享自己的创新成果。然而，从表 3-3 中可以看出，有一些创新的受众也不少（这些创新已经得到了传播，详情见下文）。从整体上看，这几项调研得出的结果比较接近，公司层面的用户创新的免费披露率大约是 10%。也有一些研究样本表明（未在表 3-3 中列出），公司有选择地向其他公司披露创新信息，这样做的原因包括：为了与同行建立起联系，或者为了获得非货币性的回报（如在之后的生意往来中获得折扣或其他优待）。例如，在以高科技型中小企业为样本的调研中，采取选择性披露策略的企业占到了 13%（de Jong and von Hippel，2009）。

在个人消费者层面，创新的免费披露率更高，为 10%～35%。这反映了创新型消费者通常与其他人之间没有直接的商业利益，也不会为了报酬或任何优待而费尽心思地去讨价还价。事实上，对于创新型消费者而言，如果有人对他们的创新感兴趣，并愿意采纳，这就足够使他们感到异常的兴奋，他们会将之视为一种认可（von Hippel et al.，2012）。显然，他人的认可对于这类创新者而言是无价的。

然而，必须指出的是，用户创新的总体经济价值在很大程度上取决于其他人在采纳这些创新后所获得的价值。虽然有 10%～35% 的个人创新者愿意将自己的创新免费与其他人进行分享，但仍有 65%～90% 的个人创新者不愿意这样做。这意味着，这些人所完成的创新无法被其他人所利用，其他有相同需求的人，只能选择依靠自己完成类似创新，这实际上可以被视为一种重复开发。Kuusisto 等人（2013）找到了初步的证据来支持他们的理论，他们认为一种新型的市场失灵将给用户创新的推广带来负面影响：其他人从用户创新成果中获得的好处实际上来自该成果的外部性，而从完成创新的用户的角度来看，这种外部性并不会给自己带来什么好处，因此，这些用户创新者并没有意愿为创新成果的推广付出努力，而这并不利于社会整体福利的增加。

3.3.2 通过创业完成创新成果推广

如果一位用户开发的创新产品被其他人所喜爱，那么，后者很可能希望从前者那里获得该产品的复制品。在这种情况下，这位用户就有可能选择创业，完成创新产品的商业化。此时，他就变为生产者——尽管他最初开发产品的动机只是为了满足个人需求。青少年产品、竞技皮划艇设备和洗碗机的创新过程都催生了全新的行业（Shah and Tripsas，2007）。

系统的实证研究表明，用户创新和创业之间尚无明确关系。我对此也做了一次尝试性研究（de Jong，2011）。经过大量的筛选工作，我得到了来自 33 名荷兰消费者的数据，他们在过去三年内都完成过用户创新。接下来，我运用几个不同指标对这些创新者的情况进行了分析，这里所使用的指标均选自全球创业观察报告[①]（Global Entrepreneurship Monitor，GEM）（Hartog et al.，2010）。在表 3－4 中，我列出了一些描述性的统计结果。

表 3－4　　　　　　　　用户创新者和普通消费者的创业指标分析

指标	用户创新者（受访者总数＝ 33）	年龄在 18～64 岁的荷兰消费者（受访者总数＝ 2 133）
产生创业意向	15.2％	7.4％
创业萌芽期	9.1％	3.1％
创业启动期	3.0％	4.1％
实现创业	3.0％	8.0％

资料来源：de Jong（2011：56）。

根据调研结果，我发现用户创新者更有可能产生创业的意向，并进入创业萌芽期。调研结果显示，15.2％的用户创新者计划在三年内实现创业，并且，有 9.1％的用户创新者表示，他们已经积极地投入到创业的过程中，但目前还没有取得任何收入。在针对荷兰普通消费者（年龄在 18～64 岁）的调研中，有创业意向和正处于创业萌芽期的消费者占比分别为 7.4％和 3.1％。我还发现，用户创新者很难完成创业，他们至少要经过 42 个月的创业打拼，才有可能成为一家注册公司的所有者或经理，此时，他们才能获得有保障的收入。虽然本次调研的样本规模很小，但是，从表 3－4 中我们还是能够得出这样的结论：用户创新和创业之间存在相关性——但是，以上这些发现显然并不能证明它们之间有因果关系。一般来说，用户创新者更有可能发现创业的机会，并开创自己的公司。用户创新和早期创业的情况可能反映了人们在面对生活中的挑战和机遇时所表现出来的积极态度。对于这些概念之间的关联性，我们需要进行更多的研究与探讨。

3.3.3　借助商业生产者完成创新成果推广

推广用户创新的又一途径是，商业生产者可以采用用户开发的创新成

[①]　全球创业观察报告是由英国伦敦商学院和美国百森商学院共同发起的国际创业研究项目所发布的。——译者注

果，并对其做进一步的完善，再将成型产品投入市场并进行销售。在一个新兴行业中，用户创新者在行业形成的初期阶段往往是最为活跃的，此时，市场中对于同质创新成果的需求尚未显现。只有当拥有同质需求的用户数量足够多的时候，生产商才会选择进入这个新兴的市场，所以，生产商通常会晚于用户创新者进入市场（von Hippel et al. ，2011）。

表 3-3 最右边一栏显示的是用户创新的被采纳率。值得注意的是，大多数研究并没有区分创新是由生产者采纳的，还是由其他用户采纳的，这里仅仅是广义上的采纳。在以荷兰高科技型中小企业和加拿大制造工厂为对象的调研中，被商业生产者所采纳的企业创新大约占所有创新成果的25%。除此之外，Schaan 和 Uhrbach（2009）发现，有 25.3% 的企业创新被其他用户所采纳。对于消费者的创新来说，通常其被采纳率会更低，为5%～20%，但是，毫无疑问，仍然有大量的消费者创新对其他用户具有不容忽视的价值。在研究韩国企业的文献中，出现了不一样的结果，即被采纳率低于欧美国家的平均水平。Kim 和 Kim（2011）解释道，这可能是东西方文化差异和韩国产业结构的特殊性（财阀经济）造成的。

总而言之，尽管对于大多数的用户创新而言，似乎只有创新者自己感兴趣，但是，在通常情况下，仍有 5%～25% 的公司或个人认为这些创新是有价值的，并愿意采纳该创新的一部分或全部。当然，采纳创新成果的公司中也不乏商业生产者。

3.4　总结

本文所讨论的调研结果，来自针对多个国家的公司和消费者所进行的广泛调研。在这些调研中，用户创新被证明存在于大部分的经济主体中，并且，无论是公司层面，还是个人消费者层面，都存在着用户创新行为。虽然有大量的资金和时间被投入到了对用户创新的研究之中，但是，目前的研究仍然只停留在有限的官方统计层面（体现在公司创新层面），甚至仍然有一些用户创新还是无法被观察到的（体现在个人消费者层面）。除此之外，我们还可以发现，用户创新比传统的生产者创新更具开放性（摆脱了知识产权的约束）。而且，从某种程度而言，用户创新的推广对其他经济主体来说很有价值。

在不久的将来，用户创新很有可能会变得更加重要。在互联网的支持下会产生一种特殊的用户创新，如开源软件创新。此外，像 CAD 软件和 3D 打印机这类易于使用的工具，正在变得越来越普及。随着世界平均教育水平的提高，在全世界范围内，会有越来越多的人有能力进行自主创新（Baldwin and von Hippel，2011）。因此，探索用户创新对当前创新评测指标和政策的影响是相当重要的。

对于那些已经被采用的创新评测指标，我建议进行一些改进，以便使人们更加明确地识别出用户创新行为。在人们充分了解用户创新及其成本的实际水平前，我们很难让各国政府重视与用户创新相关的政策制定。正是由于创新评测指标的发展水平有限，当前的实践者们仍然更加青睐传统的产品研发方式。此外，就我所知，目前还没有任何官方调查试图对由个人消费者完成的用户创新进行衡量。各国统计部门在开展调查工作时所面临的问题，正是我们当前在这个问题上所面临的挑战。

对于政策制定者而言，新的用户创新现象所带来的影响还有待详细探讨。因为用户创新具有功能上的新颖性，有助于新兴产业的兴起，能够为生产者提供有用的、与创新相关的信息反馈，还能够为社会福利做出贡献，所以，研究以下两个问题便显得尤为重要：（1）哪些因素阻碍了用户创新，它们是如何进行阻碍的；（2）政策制定者需要进行哪些政策干预。虽然，提出具体的建议还显得为时过早，但是，我想抛砖引玉，在这里先提出两个设计原则供大家参考。首先，政策对象应该是用户，而不是市场衰退环境下的传统生产者。其次，由于用户创新并不局限于公司层面，所以政策的制定也应该适用于个人创新者。当然，就当前政策水平来看，这将是巨大的进步，因为这有可能会使现有的传统创新者被取代（Baldwin and von Hippel，2011）。在未来几年，目前正在进行的相关研究，可能会带来一些有趣的关于实践和政策的新见解。

参考文献

Arrow, K. J. 1962. Economic welfare and the allocation of resources for invention. In *The Rate and Direction of Inventive Activity: Economic and Social Factors*, ed. R. R. Nelson, 609–625. Princeton: Princeton University Press.

Arundel, A., and V. Sonntag. 1999. Patterns of advanced manufacturing technology (AMT) use in Canadian manufacturing: 1998 AMT survey results. Research Paper 88F0017MIE, No. 12. Science, Innovation and Electronic Information Division, Statistics Canada, Ottawa.

Baldwin, C. Y., and E. von Hippel. 2011. Modeling a paradigm shift: From producer innovation to user and open collaborative innovation. *Organization Science* 22 (6): 1399–1417.

Bessen, J., and M. Meurer. 2008. *Patent Failure: How Judges, Bureaucrats, and Lawyers Put Innovators at Risk*. Princeton: Princeton University Press.

Cohen, W. M., and S. Klepper. 1996. A reprise of size and R&D. *Economic Journal* 106 (437): 925–951.

de Jong, J. P. J., and E. von Hippel. 2008. *User Innovation in SMEs: Incidence and Transfer to Producers. Scales Research Reports, H200814*. Zoetermeer: EIM Business and Policy Research.

de Jong, J. P. J., and E. von Hippel. 2009. Transfers of user process innovations to producers: A study of Dutch high tech firms. *Research Policy* 38 (7): 1181–1191.

de Jong, J. P. J. 2010. The openness of user and producer innovation: A study of Dutch high-tech small firms. Paper presented at the User and Open Innovation workshop, Cambridge, MA, August 2–4.

de Jong, J. P. J. 2011. *Uitvinders in Nederland* (Inventors in the Netherlands). EIM Research Report A201105. Zoetermeer: EIM Business and Policy Research.

de Jong, J. P. J. 2013. User innovation by Canadian consumers: Analysis of a sample of 2,021 respondents. Unpublished manuscript. Commissioned by Industry Canada.

Flowers, S., E. von Hippel, J. de Jong, and T. Sinozic. 2010. *Measuring User Innovation in the UK: The Importance of Product Creation by Users*. London: NESTA.

Franke, N., and E. von Hippel. 2003. Satisfying heterogeneous user needs via innovation toolkits: The case of Apache Security software. *Research Policy* 32 (7): 1199–1215.

Godin, B. 2006. The linear model of innovation: The historical construction of an analytical framework. *Science, Technology and Human Values* 31 (6): 639–667.

Harhoff, D., J. Henkel, and E. von Hippel. 2003. Profiting from voluntary information spillovers: How users benefit by freely revealing their innovations. *Research Policy* 32 (10): 1753–1769.

Hartog, C., J. Hessels, A. van Stel, and J. P. J. de Jong. 2010. *Global Entrepreneurship Monitor 2009 the Netherlands: Entrepreneurship on the Rise*. EIM Research Report A201011. Zoetermeer: EIM Business and Policy Research.

Henkel, J., and E. von Hippel. 2005. Welfare implications of user innovation. *Journal of Technology Transfer* 30 (1/2): 73–87.

Kim, Y., and H. Kim. 2011. User innovation in Korean manufacturing industries: Incidence and protection. Working paper 2011–1. KAIST Business School. Available at SSRN: http://ssrn.com/abstract=1763015.

Kuusisto, J., J. P. J. de Jong, F. Gault, C. Raasch, and E. von Hippel. 2013. *Consumer Innovation in Finland: Incidence, Diffusion and Policy Implications*. Proceedings of the University of Vaasa, Reports 189. Vaasa: University of Vaasa.

Levin, R. C., A. K. Klevorick, R. R. Nelson, and S. G. Winter. 1987. Appropriating the returns from industrial R&D. *Brookings Papers on Economic Activity* (3): 783–820.

Lilien, G. L., P. D. Morrison, K. Searls, M. Sonnack, and E. von Hippel. 2002. Performance assessment of the lead user idea-generation process for new product development. *Management Science* 48 (8): 1042–1059.

OECD/Eurostat. 2005. *Oslo Manual: Guidelines for Collecting and Interpreting Innovation Data*. Paris: OECD.

Ogawa, S., and K. Pongtanalert. 2011. *Visualizing invisible innovation content: Evidence from global consumer innovation surveys*. Working paper. Kobe University. Available at SSRN; http://ssrn.com/abstract=1876186.

Riggs, W., and E. von Hippel. 1994. The impact of scientific and commercial values on the sources of scientific instrument innovation. *Research Policy* 23 (4): 459–470.

Schaan, S., and M. Uhrbach. 2009. Measuring user innovation in Canadian manufacturing 2007. Working paper 88F0006X, No. 3. Statistics Canada, Ottawa.

Shah, S. K., and M. Tripsas. 2007. The accidental entrepreneur: The emergent and collective process of user entrepreneurship. *Strategic Entrepreneurship Journal* 1 (1/2): 123–140.

von Hippel, E. 1976. The dominant role of users in the scientific instrument innovation process. *Research Policy* 5 (3): 212–239.

von Hippel, E. 2005. *Democratizing Innovation*. Cambridge: MIT Press.

von Hippel, E., J. P. J. de Jong, and S. Flowers. 2012. Comparing business and household sector innovation in consumer products: Findings from a representative study in the UK. *Management Science* 58 (9): 1669-1681.

von Hippel, E., S. Ogawa, and J. P. J. de Jong. 2011. The age of the consumer-innovator. *MIT Sloan Management Review* 53 (1): 27–35.

第 2 部分

从社群视角出发观察创新

第4章 众包：社群创新与竞赛创新

卡里姆·R. 拉卡尼

在工业领域、政府机构和学术领域①，众包②创新（crowdsourcing innovation）这一模式已经变得越来越受欢迎，采用该模式已经成为一种新的趋势。但是，我们真的知道如何更好地通过众包来实现创新吗？为了回答这个问题，我的研究团队组织了一次针对计算生物学（computational biology）的场景试验研究。来自哈佛医学院（Harvard Medical School）的学者们也参与了进来（Lakhani et al.，2013a）。在两周的时间内，来自89个国家的122位学者针对我们提出的具有挑战性的问题，提供了650种解决方案。我们的分析显示，在这些解决方案中，有30种超过了哈佛医学院和美国国家卫生研究院（US National Institutes of Health）设定的基准，而其中最优秀的算法已经领先于该领域的基准水平，其花费的时间是基准水平的千分之一（Lakhani et al.，2013a）。此外，这次场景试验不仅仅解决了生命科学领域的一个重要问题，还帮助学界拓展了对于管理社群合作与竞赛的基础机制和边界条件的认识（Boudreau and Lakhani，2015）。它是一系列［与哈佛医学院、美国国家航空航天局（US National Aeronautics and Space Administration）、TopCoder网站③一起开展的］场景试验研究课题的

---

① Diener 和 Piller（2013）估计众包服务的市场规模为23亿欧元（以一自然年为衡量区间）。

② "众包"一词是由杰夫·豪（Jeff Howe）于2006年在一篇发表在《连线》（*Wired*）杂志上的文章（Howe，2006）中首次提出的，在这篇文章中，他讨论了一些致力于聚合劳动力解决多种任务的平台（市场、竞赛、社群），并引用了我对 InnoCentive 竞赛平台的研究（Jeppesen and Lakhani，2010）。

③ 简单来说，TopCoder网站是一个程序设计比赛网站，编程者可以在该网站上参加竞赛。同时，它也在编程者和有编程需求的企业之间搭建了桥梁，构建了双方的供求关系。——译者注

一部分，我通过这些课题研究如何利用公众的力量来推动创新。

哈佛医学院进行这一系列场景试验研究的目的之一，是构建一种合适的虚拟表现基准（counterfactual performance benchmark），并据此比较社群合作和竞赛这两种方式在解决问题时所发挥的效果，最终指导如何更好地在组织内部生成解决方案。这些研究所得出的结论并不出人意料。在过去20年，随着以互联网为基础的通信技术的发展，以及知识密集型任务的数字化，许多引人注目的例子出现了，它们都表明，我们可以利用公众的力量解决创新问题。想要利用公众的力量，最常见的方法有两种：创建并管理一项社群合作或设计并推进一项竞赛（Boudreau and Lakhani，2013；King and Lakhani，2013）。

一方面，在以社群合作为基础实现软件设计上，开放源代码软件设计已经成为全球软件产业不可或缺的一个重要组成部分。它汇聚了数以千计的项目和参与者——从独立个人到非营利基金，从刚刚创建的新公司到成熟的行业巨头（Feller et al.，2005；Lerner and Schankerman，2010）。另一方面，创新竞赛已被证明能够有效解决人类面对的一些重大挑战，如开发民用太空旅行技术、设计制造每100英里油耗仅为1加仑的汽车（Murray et al.，2012），还能协助科研公司解决内部的研发问题（Jeppesen and Lakhani，2010）。在竞赛创新的模式下，无须建立常见的劳务契约，独立的参与者就可以参与新技术、新产品、新服务的开发。无论是采用社群合作的方式，还是采用竞赛创新的模式，那些以公众为基础的机构都正在使创新变得越来越民主化（von Hippel，2005）。

本文将从社群合作和竞赛两个方面入手，讨论如何利用公众的力量来推动创新。通过回顾历史上的和当代的例子，我将向读者揭示，社群合作和竞赛从很早起便与创新联系在一起，而现在，在助推实现创新方面，它们正发挥着互补的作用。首先，我要讨论社群合作和竞赛作为创新手段的基本特征。在分析具体的创新问题的同时，我将解释这两种创新手段的异同。然后，我将阐述个体拥有自主选择权利的重要意义，它是区分传统企业所采取的创新方法与新创新方法的基础。在企业内部，由于自主选择权利的存在，任务与员工可以实现自主匹配，从而解决了员工的激励问题——拥有自主选择权利的员工会自愿付出努力。接下来，我将讨论如何根据创新任务的不同特点，从社群合作和竞赛这两种模式中选择更为合适的一个。最后，我会谈到混合型企业的崛起，在通过经营实现盈利的过程中，这类企业有能力合理利用社群合作和竞赛实现创新。

4.1 社群创新

在长达 50 年的时间里，无论是从理论的角度，还是从实证的角度，"社群"一词一直是管理学界和社会学界的学者们关注的焦点（O'Mahony and Lakhani，2011；West and Lakhani，2008）。在各类文献中，有关这一概念的定义与模型纷繁复杂；而对于创新领域来说，将由多个个体组成的社群作为一个整体进行研究，还是很有价值的。由于拥有相似的技术条件和使用条件，一些个体倾向于（使用互联网或面对面）进行沟通，自愿而自由地分享他们在某种条件下使用某种技术时，遇到的问题及其解决办法。在许多情况下，特别是在信息产品——如软件——领域，社群内的成员不仅能够实现共享，还愿意通过集体合作一同获得解决方案（Boudreau and Lakhani，2013）。

长久以来，社群一直是技术创新的来源（Nuvolari，2004；Osterloh and Rota，2007）。Allen（1983）——最早提出"集体发明"（collective invention）这一概念的学者之一——通过分析 19 世纪下半叶的钢铁制造业案例，发现当时有许多个体通过分享知识，为高炉炼铁技术的创新贡献了自己的力量。在英格兰的克利夫兰（cleveland）地区，由工程师和企业家组成的群体通过知识共享，使炼铁高炉炉膛的高度（从 50 英尺提高到 80 英尺）和操作温度（从华氏 600 度提高到 1 400 度）都得到了大幅度提高。这样的技术进步大量节省了钢铁制造过程中使用的燃料，明显提高了工厂的利润。因为当时工程师的流动性很大，没有人会就某项技术的改进申请专利，所以知识共享的做法提高了全行业的技术水平。另外，企业家们也愿意披露优秀的业绩数据，这样一来，他们的企业便可以在互相竞争中拔得头筹，争取到更多的（稀缺性的）铁矿资源。除此之外，还有一些集体发明的例子，包括科尼什水泵（Cornish pumping engines）[1]、转炉钢（Besse-mer steel）和大规模的丝绸生产（Nuvolari，2004）。Osterloh 和 Rota（2007）向我们展示了一些发生在当代的集体发明案例，其中最著名的就是家酿计算机俱乐部（Homebrew computer club）[2]，它催生了苹果公司，并影响了平板显示器产业的发展。

迄今为止，以社群为基础的创新形式一直影响着软件开发行业的发展。最初，购买计算机硬件可以免费获得软件，而其用户大多是大学的研究人员或商业研究和开发单位，这些个人和组织将软件视为一种能够被不断改进和发展的研究工具（Campbell-Kelly，2003）。具体而言，IBM 公司在进入计算机行业时，并没有对软件编程源代码进行很严格的限制，甚至还鼓励用户对这些软件进行修改和改进，其用户群体则将此视为一种共享模式（Campbell-Kelly，2003）。

在 20 世纪 60 年代，（商业层面和私人层面的）软件产业开始飞速发展，计算机制造商意识到，可以将硬件与软件分开出售，这样能够分别从二者获利，而那些（新出现的）非专业的买家并没有修改软件源代码的动力，他们更愿意为了获得使用软件时的便利而掏钱。与之相对的是，那些专业的软件开发者对于共享源代码的需求仍然非常强烈。因此，在 20 世纪 70 年代，作为贝尔实验室（Bell Laboratories）的一个研究项目，一个完全支持用户自主开发的操作系统——Unix[3]——诞生了，它能够被用户自由修改（Salus，1994）。到了 20 世纪 80 年代，理查德·斯托尔曼（Richard Stallman）建立了自由软件基金会（Free Software Foundation，FSF），该组织的目标是促进软件成为一种社会公共产品。自由软件基金会创立了一种知识产权许可证体系，以确保成为公共产品的软件不会被私有化，它还以更为宽松的标准为以社群为基础开发的软件发放许可证，从而确保该开发

---

① 科尼什水泵是在 19 世纪发明于英格兰康沃尔郡的一种蒸汽动力水泵，主要用于从矿井抽水。——译者注

② 家酿计算机俱乐部是一个早期的计算机爱好者团体，活动时间为 1975 年 3 月 5 日到 1986 年 12 月。——译者注

③ Unix 操作系统是一个强大的多用户、多任务操作系统，由美国电话电报公司（AT&T）旗下的贝尔实验室于 1969 年开发。——译者注

模式能够存续下去。在 20 世纪 90 年代，随着互联网的兴起，身处世界上不同地方的用户和软件开发者能够更方便地找到对方，利用更简单的工具通过合作实现软件的开发——这就是为人们所熟知的"开源软件运动"（Raymond，1999）。今天，在数以千计的独立创新社群中，成千上万的软件开发者在开发着软件，而这些软件都是免费的，且易于共享。"开源软件运动"不再只有志愿者参与，许多公司也派出自己的员工参与进来。在全球范围内，开源软件开发已经成为一种行之有效的创新手段（Lerner and Schankerman，2010）。①

在有关创新的文献中，以社群为基础的创新模式为全新理论的提出提供了空间。根据传统的主流观点，只有当社会给予个人或企业有限的垄断权利，以换取二者对创新的投资时，技术进步才能得到更好的保障（Demsetz，1964）。个人或企业出于获取私利的目的而对创新活动进行投资，与此同时，二者还要考虑由于进入市场而可能产生的知识溢出风险。而社会宁可承担因为引入知识垄断而可能导致的社会福利损失，也愿意鼓励个人或企业对创新进行投资（von Hippel and von Krogh，2003）。

还有一种在过去占主导地位的理论指出，创新成果应该是一种非竞争性的、无排他性的公共产品，而在创新过程中获得的知识则可以被用来建立一个知识库，从而使他人也可以获取需要的创新知识（Dasgupta and David，1994）。这种强调合作性质的创新理论不得不面对搭便车问题。原因在于，在一个具有合作性质的体系下，所有的成果都是为大众所共享的，在这种情况下，参与者既没有动力投资创新，也没有动力公开披露自己所掌握的知识，他们愿意做的就是坐等别人做出贡献，自己享受他人的劳动果实。社会只能利用发放财政津贴、补贴和提供其他激励措施的方法，鼓励个人或企业在这种体系中进行创新，鼓励二者分享他们掌握的知识，并允许他人无条件使用他们的创新成果。

于是，社群创新的支持者们不得不面对的问题出现了：为什么创新者

---

① 维基百科也是利用在线社群的力量实现集体产出的一个例子。然而，鉴于它并不涉及功能性技术设施的创新，我在此处不对它进行讨论。

要对创新进行私人投资，然后心甘情愿地与他人分享自己的创新成果？社群创新可以被理解为一种（兼具个体和集体特点的）混合型创新模式，创新者可以在向公众分享知识的同时，获得个体层面的利益（von Hippel and von Krogh，2003）。这种模式的核心是，在进行（本质上是对公共产品的）私人投资后，创新者向社群中的其他成员无偿公开自己的创新成果，社群则承诺，该成果并不是纯粹意义上的公共产品，即使在被无偿分享之后，原创新者仍然对该成果拥有某种私有权利（von Hippel and von Krogh，2003，216）。以上这种由 von Hippel 和 von Krogh 共同提出的理论对社群创新的兴起给出了解释，他们对旧有理论的假设提出了疑问，该假设认为：如果创新者向社会无偿公开通过付出私人投资和努力得到的创新成果，那么他们就会遭受损失。与之相反，von Hippel 和 von Krogh（2003）指出，无偿公开自己的创新成果，也可能给创新者带来一些好处，例如，获得他人有价值的建议和得到他人的认可。von Hippel 和 von Krogh（2003）的研究还挑战了另一条假设，即认为无偿公开创新成果所带来的好处对于创新者和搭便车者来说是具有同等价值的。他们认为，创新者能够享受一种非常有价值的选择性优势，搭便车者则无法获得这一好处。因此，他们提出的理论的核心便是：以较低成本，努力创造非竞争性的、无排他性的公共产品的那些人，能够获得选择性优势。

社群创新有利于实现创新民主化，原因在于，它能够聚合社群内众多成员在克服同一困难时所付出的努力。社群的优势在于，其成员不需要单独解决某一特定困难带来的所有问题，他们只需要依靠自己所长解决其中一部分微观问题，然后聚在一起分享各自的成果。在信息技术领域，这类以社群为基础的创新合作的规模和范围是非常大的。举例来说，自 2008 年起，来自 800 家公司的 8 000 名程序员已经为 Linux 操作系统①贡献了 1 500 万条源代码。而随着基于 Linux 内核搭建的安卓系统的广泛应用，Linux 也已变得家喻户晓。这些程序员针对他们（或其工作的公司）感兴趣的问题

---

① Linux 操作系统是一个开放源代码的类 Unix 操作系统，开发于 1991 年。只要遵守一定规则，任何人都可以使用 Linux 的底层源代码，因此，它对开放源代码运动的发展有重要影响。——译者注

贡献着自己的力量，他们将自己编写的源代码发送给 Linux 的核心团队，大约每隔三个月，后者便会汇总这些集思广益得来的源代码，用以对 Linux 操作系统进行改进。

在创新过程中，社群往往会面对一个挑战，那就是如何有效整合社群内不同个体所做出的差异化努力。考虑到社群中不存在传统意义上的雇佣关系①，加上社群成员可能广泛地分布在全世界范围内的不同地方，所以，要想在社群内部整合不同个体所做出的努力，还要先从社群本身的组织结构入手。Baldwin 和 Clark（2006）的研究表明，对于一个致力于创新的社群来说，组织结构甚至比管理方法更重要，而一个社群的整体表现则取决于每个社群成员针对其任务付出的持续性努力的程度，这些个体组成存在于社群内部的小协调层（small coordination layer）中，而小协调层则有权接受或拒绝个人提出的各项建议（von Krogh et al.，2003）。因此，当每一位社群成员都专注于解决自身的具体任务时，当整合不同社群成员所做出的努力具有价值时，社群便能够为处理好创新问题做出更多的贡献。

4.2　竞赛创新

与社群创新一样，在技术创新领域，竞赛创新一直以来也扮演着重要的角色。发生在历史上的例子比比皆是，包括著名的意大利佛罗伦萨（Florence）大教堂的穹顶设计（King，2000）、（地理学上）经度的提出（Andrewes，1996）、食品罐头的发明（Barbier，1994）、利用奖金激励农业创新（Brunt et al.，2012）和航空创新（KEI，2008）。在距今更近的一段时期，竞赛在创新领域得到了更为广泛的应用，从激励太空旅行商业化创新的安萨里 X 大奖（the Ansari X-Prize）② 到征集电影推荐系统的最佳算法

---

① 绝大多数的开放源代码社群没有（针对某一任务签署过合同的）雇员，它们依靠的群体是独立志愿者或是一些对某一任务感兴趣的企业员工。这些社群并没有对参与者进行资源分配的权力。一些支持大型开放源代码项目（如 Mozilla 和 Linux）的非营利基金会也会雇用一些员工为项目工作，这些员工与社群成员一起为实现项目目标出力。

② 安萨里 X 大奖设立于 1996 年 5 月，旨在激励私人载人航天技术领域的创新，奖金总额为 1 000 万美元。——译者注

的 Netflix 奖（the Netflix Prize）[1]，无不展现了竞赛创新的优势。在 21 世纪的最初十年，有几家以互动平台为基础的互联网公司应运而生，这些公司举办创新竞赛，并提供问题的解决方案。包括 InnoCentive（解决科学问题）、TopCoder（解决算法和软件设计问题）、Kaggle（解决数据分析问题）在内的这些公司，已经汇聚了成千上万的个人，这些创新者乐于为寻找创新性的解决方案而展开竞赛，他们解决的问题可能来自商业领域、政府机构或非营利组织。

竞赛创新这一模式的内在逻辑实际上非常简单。竞赛的资助者面对一个需要解决的问题，并认为竞赛是一种恰当的解决办法。资助者将定义自己面对的问题并制订评估解决方案的标准，从而使外部的问题解决者能够在理解问题的同时，自行确定什么才是最适合的解决方法。资助者还将为最优解决方案提供一笔奖金，同时设定提交解决方案的截止日期。一切就绪之后，问题会被推送给潜在的问题解决者（目前，主要的问题解决者是上面提到的几家互联网公司），后者将自主选择接受哪项任务，然后努力找出解决方案。过了截止日期，资助者要根据预先确定的标准，对被提交的（相互独立的）解决方案进行评估和排名。最终，排名最高的解决方案将胜出，而其提供者将获得奖金［Moldvanu 和 Sela（2001）提出了关于最优奖金数额的观点］。因此，竞赛创新实际上提供了一种根据表现获奖的激励机制，只有当参与者提供的解决方案达到一定标准（要么是在赛前设定好的具体标准，要么是排名）时，他们才能获得奖金。

与此相反，传统上，在公司内部解决创新问题的典型方式，要求订立正式的或非正式的约定（合同），同时得到人力资源部门的监督，只有这样，内部员工才会付出全力。通常情况下，首先，公司的经理会定义公司面对并需要解决的创新问题。然后，经理要么寻找合适的内部人员来解决问题，要么对外发布一份招工启事。在找到解决问题的合适人选后，公司

---

① Netflix 是一家总部位于美国的在线影片租赁提供商，它设计并开发了一款电影推荐系统。2006 年，该公司向外界宣布，将举办一次大奖赛，能够把该公司现有电影推荐系统的准确率提高 10% 的参赛者将获得 100 万美元的奖金。——译者注

还要为他提供适当的激励条件，并与之订立正式的或非正式的约定（合同）。接下来，经理必须付出精力监督该员工，从而确保他的付出与他的薪水相当，并确保他在解决问题方面取得了积极进展。不可避免地，员工在解决问题的过程中会遭遇挫折，经理则需要负责提供人力资源型的激励措施（human resource-type motivational encouragement）以帮助员工顺利完成创新。如果在解决问题的过程中，该员工或经理发现，需要被解决的创新问题与该员工所掌握的技能不匹配，那么待解决的问题就会得到进一步的细化或修正。最后，员工和经理将制订评估解决方案的新标准，该新标准需要既能够评估待解决的问题，又能够使该员工充分发挥自己的能力。此时，经理仍然希望得到一个有效的解决方案，可实际上，这往往只是他一厢情愿。

上面的论述向读者们粗略地描述了竞赛创新与内部创新之间的差异。当多个相互独立的问题解决者都愿意提供解决方案时，利用竞赛实现创新是一种很好的选择。虽然，竞赛资助者肯定希望看到许多人参与到竞赛中来，但是，当有太多人参与竞赛时，参与者却会不愿意花费过多精力参与竞赛，二者之间存在矛盾。事实上，专门研究创新竞赛的经济学家们从社会福利的角度和激励不足的角度出发，对创新竞赛的最优参与人数进行了研究。根据简单的逻辑便可以看出，随着参与人数的上升，每个参与者胜出的概率都在下降，这样一来，参与者付出努力的意愿便会下降，而从整个社会的角度出发，这也是一种资源浪费（Che and Gale，2003）。

对这一问题的实证研究表明，创新问题本身具有的特性能够解释创新竞赛的参与人数与其表现之间存在的关系（Boudreau et al.，2011）。利用从 TopCoder 网站得到的数据，我们发现，对于相对简单一些的创新问题（只需要掌握单一领域的知识便可以提供解决方案），创新竞赛的参与者的人数上升会导致解决方案表现下降——最终，即使是最佳解决方案也不能完美解决问题。而对于那些相对复杂一些的创新问题（需要掌握多个领域的知识才可以提供解决方案），随着竞赛激烈程度的加剧，解决方案表现下降的程度相对较小，且提交的最佳解决方案的质量也更好。图 4－1 来自 Boudreau 等人（2011）的研究成果，它很好地表明了上述规律。因此，我们不难得出结论：当提供解决方案需要参与者掌握多个领域的知识时，竞赛资助者应该鼓励更多人参与竞赛；而当参与者只需要掌握单一领域的知识便可以提供解决方案时，竞赛资助者应该提高参与竞赛的门槛，限制参与人数。

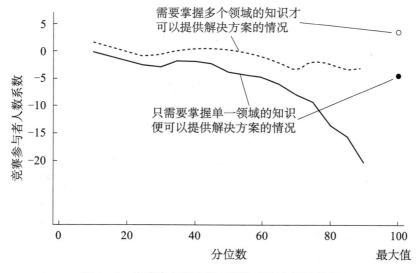

图 4-1 竞赛参与者人数与解决方案之间的关系

资料来源：Boudreau et al.，2011。

注：图 4-1 显示了随着参与竞赛人数的增加，单一领域知识解决方案效用与多领域知识解决方案效用的变化情况。假设同一类型问题的难度不变，且参与者技能水平在同一范围内波动，则图中曲线上的每一点都表明，在对应分位数下，解决方案效用与参与竞赛人数之间的关系。实线代表只需要掌握单一领域的知识便可以提供解决方案的情况，虚线代表需要掌握多个领域的知识才可以提供解决方案的情况。黑点代表只需要掌握单一领域的知识便可以提供解决方案的情况下的最佳解决方案，白点代表需要掌握多个领域的知识才可以提供解决方案的情况下的最佳解决方案。

本文开头提到的试验向我们展示了，如何通过管理创新竞赛，合理利用众多问题解决者的力量来创造独特的解决方案，从而处理好计算生物学领域的医疗学术问题。在最顶尖的领域，组织通常既要找出合适的人才，又要找出适当的方法来解决遇到的问题。许多组织发现，它们无法有效地招聘到合适的人才，并且组织内部用以解决问题的资源与需要解决的问题并不相互匹配（Boudreau and Lakhani，2013）。

为了突破这一瓶颈，我的研究实验室与哈佛医学院辖下的临床转化科学中心（the Clinical and Translational Science Center）［该中心被形象地称为"哈
佛催化剂"（Harvard Catalyst）］以及 TopCoder 网站展开合作，一起研究创新
竞赛是否可以解决一个极具挑战性的免疫学领域的大数据基因组问题（La-
khani et al. ，2013a）。在两周的时间内，来自 89 个国家的 122 位学者针对这
一问题提供了 650 种解决方案，而我们为解决该问题准备的奖励只有 6 000
美元。经过分析，在这些解决方案中，有 30 个超过了哈佛医学院和美国国
家卫生研究院设定的基准，而其中最优秀的算法已经大大领先于该领域的基
准水平，其花费的时间是基准水平的千分之一（图 4 - 2 更为直观地展示了
这一结果）。参与者使用了 89 种新的计算方法来解决该问题。在检验解决方
案时，参与者们提出的新的计算方法的多样性，让哈佛医学院的研究人员大
为吃惊，更让他们感到惊讶的是，这些参与者并没有生物医学领域的背景。

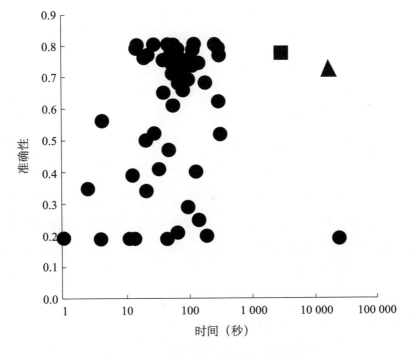

图 4 - 2 超过基准的解决方案的情况

资料来源：Lakhani et al. ，2013a。

注：图中所示为参与竞赛者提交的算法在测量免疫球蛋白基因序列时的表现（准确性）。
其中，圆点代表竞赛中得到的结果，方块代表用哈佛医学院使用的算法得到的结果，三角代
表用美国国家卫生研究院 MegaBlast 算法得到的结果。

请注意，当创新问题能够被单独分开或模块化时，解决者便可以尝试多种不同的解决方案，而此时，也正是利用竞赛实现创新的最好时机。社群创新通过合作，整合所有参与者的力量来寻找解决方案；与之不同的是，竞赛创新通常将整合成果的工作留给竞赛的资助者。[①] 竞赛创新涉及针对某一问题的广泛的实验研究，社群创新则涉及合作解决问题与知识分享。

4.3 社群创新和竞赛创新的动机与自主选择机制

由企业主导的创新与社群创新和竞赛创新的主要区别在于，后两者吸引了个体参与者加入创新过程。在大多数企业中，负责创新工作的管理人员不仅负责挑选需要解决的问题，还负责为解决这些问题挑选人才（Nickerson and Zenger，2004），他们将这两大权力牢牢攥在自己手中，以确保公司的目标与公司为完成这些目标而雇用的员工完美契合，更重要的是，确保创新工作能够在合理的预算和时间约束下完成。企业雇用员工的依据是应聘者所具有的资历和在过去取得的业绩。进入企业后，员工们会被指派完成具体的创新工作。

创新的核心实际上是鼓励冒险行为、不确定性研究以及反复的试验与试错，但是，在订立合同时，公司很难确定合适的条款，以确保被雇用者能够拿出令人满意的表现。此外，当待完成的工作具有创造性、不同寻常、细致入微等特点时，公司通常很难找到合适的评估标准对工作的完成情况进行观察和衡量，并据此订立合同（Holmstrom，1989；Aghion and Tirole，1994）。还需要指出的是，有无内在动机（intrinsic motivations）决定着员工是否愿意在工作中付出努力，而这也恰恰是从事创造性工作的员工难于管理的原因所在。针对这类员工的研究表明，经济利益和内在动机是影响其表现的两大因素（Sauermann and Cohen，2010）。因此，负责创新工作的管理人员不仅要确保招聘来的员工具备完成创新工作所需的合适的能

---

① 在创新竞赛阶段就完成整合的任务也是有可能的，只要整合的组件是模块化的和预先定义的。事实上，TopCoder 平台也通过提供（在竞赛中集成的）完整的解决方案赚取收入。

力和知识，还要确保这些员工的多重需求均能够得到重视。

与上述情况不同，社群创新和竞赛创新的核心特征是，参与创新的人员自主选择要挑战的创新任务，并且自主决定为完成该创新任务所愿意付出的努力程度。这两种方式都不需要中间代理人（这些代理人负责创新者与创新任务配对）。这样一来，它们便可以避免信息不对称问题（information asymmetry）。经理与员工之间存在典型的委托—代理（principal-agent）关系，而这一关系很容易导致信息不对称——表现为经理不知道员工是否具备完成任务所需的能力，以及员工不知道经理是否为自己提供了合适的激励。

4.3.1　社群创新的参与机制

针对以社群为基础的创新活动的研究表明，"开源软件运动"的参与者都认为自己拥有相关技能，并对通过合作实现创新感兴趣（O'Mahony and Lakhani，2011）。我的一项研究分析了 365 位社群成员参与创新并为之做出贡献的模式，这些人参加了一个为期一年的 Freenet 软件设计项目，结果显示，成为核心人员的参与者（有能力修改该项目的源代码库）一般都会采取类似的措施获得社群的认可（von Krogh et al.，2003）。这些措施包括通过直接编写源代码展示自己所具备的能力，或者持续参与软件的技术开发。成功的参与者会自主挑选子任务，将特定领域的知识贡献给自己觉得有趣且有挑战性的项目。随着项目的推进，对于参与者来说，待解决的创新挑战的特点已经显而易见，他们所掌握的知识和技术都已经被发掘出来，并通过社群合作的方式发挥着作用。

有趣的是，提供之前优秀的工作经验证明，或者声明自己参与项目并非为了谋取私利，都不是融入社群的有效策略；甚至连直接表明自己可以做出哪些贡献也不是。Freenet 的创始人之一指出了社群中的普通成员在想成为核心参与者时可能出现的几种情况（von Krogh et al.，2003：1229）：

> 这一人群（创新参与者）大致可以被分为三类。第一类人通常会说："我在开始工作时就掌握了这门技术，我发现了一些问题，并解决了它们。这些就是我的成果。"这类人将有机会成为核心参与者。第二

类人会说："我是一名 Java 工程师，来自得克萨斯州的达拉斯。我已经在这个行业工作五年了，我很愿意提供力所能及的帮助，让我加入吧。"然而，这类人通常无法做出什么贡献，因为他们倾向于使用一些尚未被广泛使用的技术。第三类人具有远见，他们会说："我认为 Freenet 非常棒，但还有一些要改进的地方。"如果这类人有幸加入核心团队，他们将会倾向于跟核心架构师对着干，然而，他们一般没有机会成为核心参与者，原因是，正是核心架构师有权决定谁能加入核心团队。通常情况下，这类人也会和核心团队之外的其他成员对着干，所以，这类人总是与其他参与者格格不入。

因此，开放源代码项目的性质决定，在社群内部没有公开的任务分配机制的情况下，那些可以自行找到适合自己的子任务并解决其中技术问题的参与者更受青睐。

4.3.2 社群创新的参与动机

在社群创新模式下，由于参与哪些任务的决定是由社群成员自主做出的，所以完成任务的动机自然与他们自己的偏好相关。针对"开源软件运动"参与者的调查显示，在完成任务方面，他们拥有内在的和外在的两种动机（Hertel et al.，2003；Lakhani and von Hippel，2003；Lakhani and Wolf，2005；Roberts et al.，2006；Stewart and Gosain，2006）。内在动机包括对过程的享受、智力上的挑战带来的刺激感、完成任务时获得的满足感（Amabile，1996；Csikszentmihalyi，1990；Ryan and Deci，2000）。调查结果显示，这几类动机所占比重很高（Hertel et al.，2003；Lakhani and von Hippel，2003；Lakhani and Wolf，2005；Roberts et al.，2006）。在调查中，一些社群成员指出，任务完成后得到的结果为参与行为提供了直接的与间接的外在动机（例如，对奖励的追求）。直接的外在动机包括获得薪资和其他经济回报，还有满足用户需求的可能性（Lakhani and Wolf，2005；Roberts et al.，2006）。间接的外在动机包括获得同行和其他社群成员的认可，在完成任务的过程中学习，通过和其他社群成员相互学习来提高技艺（Lakhani and Wolf，2005；Lerner and Tirole，2002；Roberts et al.，2006）。

专门研究社群创新参与行为的学者还试图发现不同动机与社群成员的表现及其得到的成果之间的联系。不同学者对于内在动机的分析得到了不同的结果。Hertel 等人（2003）研究了一个以 Linux 为基础的程序开发项目，对该项目的参与者在开发过程中花费的时间进行了分析。而 Roberts 等人（2006）研究了一个以阿帕奇技术为基础的程序开发项目，对该项目的参与者在开发过程中编写的源代码数量进行了分析。这两项研究都没有发现内在动机与研究成果之间存在显著的正相关关系。但是，与此同时，Lakhani 和 Wolf（2005）针对一个相对低级别的程序开发项目进行了研究，他们发现，通过参与项目，参与者可以提升个人的创造力水准，而这将影响其为项目开发所投入的时间。在外在动机方面，如果能够在社群创新过程中获得经济回报，那么参与者将愿意付出更多的时间，并且编写更多的源代码（Lakhani and Wolf，2005；Roberts et al.，2006）。与此相似，在已经建立的和新出现的致力于程序开发的社群中，为了获得同行和其他社群成员的认可，参与者也愿意更加努力（Hertel et al.，2003；Lakhani and Wolf，2005；Roberts et al.，2006）。与发生在企业中的创新不同，社群创新的参与者们拥有多种多样的动机。

4.3.3　竞赛创新的参与机制

与参与社群创新一样，参与竞赛创新也遵循自主选择的原则。竞赛的目标任务由竞赛的主办方设定，参与则是完全自愿的，如果某人认为自己付出的努力能够带来符合预期的成果，那么他就会参与进来。Jeppesen 和 Lakhani（2010）通过对竞赛创新的研究发现了该形式的运行机制——拥有创新精神的人加入竞赛并获得非同凡响的成果。他们的研究将竞赛创新视为一种搜索过程——有关目标任务的信息通过媒介（媒介搜索）被传递给广大的潜在参与者，后者则会选择那些自己感兴趣的任务进行参与。这项研究希望找出成功的问题解决者应该具备哪些属性，其样本为尝试解决发布在 InnoCentive 平台上的 166 个棘手科学问题的 1.2 万名科学家。通过计量经济学分析，研究结果显示，技术性边缘化（technical marginality，指增加问题与具备能力的问题解决者之间的距离）与解决方案的发现之间存在显著的正相关关系。除此之外，该研究还发现，社会性边缘化（social marginality，指参与竞赛者没有与科学团体建立联系）——在我们的研究中，这类问题主要发生在女性科学家身上，一些社会学的研究表明女性很难真正融入自然科学的圈子（Zuckerman，1991；Ding et al.，2006）——能够显著地增强发现优秀解决方案的可能性。根据传统观点，边缘化的个体不会被邀请参与到关键问题的解决流程之中。然而，竞赛创新使具备特殊知识的个体能够通过自主选择加入关键问题的解决流程，并利用只有自己掌握的信息努力发现意想不到的解决方案。因此，只要抓住自主选择的机会，看似对创新者不利的处境（例如，被边缘化）也可以变得有利。

通过一次场景试验，Boudreau 和 Lakhani（2012）直接测试了自主选择在提高竞赛创新参与者的努力程度，以及改善解决方案的有效性方面所具备的重要作用。这次试验的核心是证明：出现在经济活动中的自主选择机会，能够更为有效地将人才和资源分配给重要的问题。一些最近发表的研究创新和科学领域问题的经济学文献已经指明，创新者有一定的制度偏好，而这种偏好将影响他们的选择和努力程度（Stern，2004；Sauermann and Cohen，2010）。这一发现也与劳动经济学家的理论大体一致，即差异化的激励方案能够帮助企业根据员工所具备的技能，对员工的努力程度和绩效进行排序（Lazear，2000）。

为了解决太空领域的一个计算工程问题（该问题的挑战在于，要通过开发一种算法，找出能够适应太空中不同工作环境的最佳医疗方案），Boudreau 和 Lakhani（2012）与 NASA 下属的空间生命科学局（Space Life Sciences Directorate）展开合作，在软件开发平台 TopCoder 上发起了一场创新竞赛，该竞赛的获胜奖金为 25 000 美元，参与者提交的解决方案将得到客观的质量和性能评估。在 TopCoder 平台上，相当多的企业客户会发布自己的软件开发任务，平台则会从遍布全世界的 450 000 名注册软件开发者中找出合适的对象，并让其参与到任务中来。这些开发者会在创新竞赛中展开竞争，针对平台发布的软件开发任务提供自己的解决方案。在为期十天的竞赛期内，超过 1 000 名软件开发者参与到我们发布的任务中。我们之所以在真实场景中开展这项研究，原因在于，这样能够在保证技能和激励条件这两大因素不变的情况下，对参与者自主选择的工作模式（在团队中工作或独立展开竞赛）所带来的效果进行独立评估。

在一定意义上，这场试验采用的模式是全新的。Boudreau 和 Lakhani（2012）让参与者根据自身偏好选择工作模式，而不是随机指定参与者的工作模式，这样一来，他们便可以研究参与者的表现与其具备的自主选择权利之间的关系。因此，我们根据参与者在 TopCoder 平台上的技能等级记录，对他们进行了排序，然后据此对他们进行双人分组。然后，我们随机选择组中的一位参与者，询问他对工作模式的偏好，而该组中的另一位参与者会被指定采用同一种工作模式。这样一来，我们便可以在保证同组中两人技能水平相近的条件下进行试验。根据同样的方式，我们随机指定了激励方式，一部分人为了获得经济回报而参与竞赛，另一部分人参与竞赛则是为了获得名望和同行的认可。

我们进行的试验的结果显示，自主选择的权利对参与者的努力程度有很大影响。在竞赛创新模式下，在保证技能和激励条件这两大因素不变的情况下，自主选择的权利大致上可以将参与者的努力程度提高一倍。我们用提交软件的次数（从 1.5 次提高到 3 次）和工作小时数（从 7 小时提高到 14 小时）来衡量努力程度。当以经济回报作为激励手段时，我们可以得出同样的结论。

总结以上研究成果，我们可以得出结论：竞赛创新模式所具有的自主选择优势，可以吸引更多的参与者。这类参与者不仅具备创新所需要的知识优势，还拥有付出更多努力的意愿。

4.3.4　竞赛创新的参与动机

在竞赛创新模式中，待分配的奖金本来就是有限的，并且，最终大部分参与者注定无法分得奖金。因此，的确应该认真思考一下参与者的动机是什么。谈到动机，首先让人想到的，也是最为明显的答案，还是经济上的回报。通常情况下，创新竞赛会为参与者准备一笔奖金，参与者则将其视为付出努力的重要动力来源。除了经济回报带来的动机，Lakhani、Garvin 和 Lonstein（2012）还找到了其他一些内在的和外在的动机。一些参与者指出，参加创新竞赛并取得好的成绩，可以帮助他们在社群内获得名誉和声望，而在找工作时，这类经历则可以转化为可信的职业履历。从内在动机的角度出发，一些参与者强调自己在创新过程中学到了不少知识。例如，一位就职于谷歌（Google）并在 TopCoder 平台上表现出色的软件工程师在他的个人简历中写道：

> 我经常参加和组织一些编程竞赛。因此，我对计算机科学各个领域的大量算法问题都很熟悉。在众多竞赛参与者中，我一直名列全球前 50。坦率地说，我相信，这些竞赛教会我的有关计算机科学和编程的知识比我在大学中学到的还要多。[①]

此外，很多参与者发现竞赛本身也能提供很多乐趣，而这也为他们提供了一种动力。他们中的一些人指出，竞赛、胜负以及对表现的评估都可以被视为一种动力，鼓励着他们付出努力。

总的来说，对于社群创新和竞赛创新这两种有助于实现创新民主化的创新方式，一系列的研究均已说明，自主选择的权利和激励多样化能够有效促进人们参与创新过程，在其中付出努力并最终获得成果。

4.4　社群创新的比较优势与竞赛创新的比较优势

那些通过安排人员解决创新问题的经理们，通常要面对一个选择：是应该采用社群创新还是应该采用竞赛创新？到目前为止，一些文献已经就这一问题给出理论指导和实证分析，它们认为，社群创新具备竞赛创新所不具备的一些比较优势。对这两种创新模式进行严格的比较研究的主要挑战在于，目前，二者受到许多因素的影响（例如，待解决创新问题的类型、

---

① 来自谷歌的软件工程师伊戈尔·奈维瑞诺克（Igor Naverinouk）的简历：http：//shygypsy. com/ resume. html。

给予参与者的激励、参与者的自主选择以及知识分享策略），这些因素都使得研究人员难以利用未经加工的实际数据对二者进行计量经济学研究。虽然进行这类研究比较困难，但是，无论是从学术的角度出发，还是从实践的角度出发，了解这两类创新模式的相对优点和缺点都是非常重要的。

前文曾提到过哈佛医学院在生物科学领域遇到的一项挑战（Lakhani et al.，2013a），它为在一个其他变量均被控制的环境下，对社群创新和竞赛创新进行比较性研究提供了一个机会（Boudreau and Lakhani，2015）。在保证创新问题、参与者技能水平、奖励和技术基础等因素不变的情况下，这项研究对这两种创新模式（以及其他一些创新模式）在信息披露方面的本质区别进行了概念化。对于竞赛创新来说，不同解决方案的披露仅会发生在竞赛结束之后，在胜利者获得奖金之后，他开发的解决方案的本质和细节将被公之于众。而对于社群创新来说，在整个创新过程中，参与者之间的信息披露一直在发生，因此，信息披露的形式和时间点带有中间性（intermediate nature）（不同于竞赛创新信息披露的最终性）。该研究理论认为，采取中间披露和最终披露这两种不同方式，会分别产生反复激励和一次性激励的不同效果。在中间披露体系（如社群创新模式）下，由于参与者可以利用他人披露的知识获益，所以，他们付出努力的意愿就会变弱。当解决问题的方法不同时，创新者在参与创新时表现出的独立性就会有所不同，这一差别会造就不同的知识披露体系，而知识披露体系则是创新方式的本质所在（Boudreau and Lakhani，2015）。

利用该项研究的数据，我们比较了一次性激励和反复激励所产生的不同效果。与最终披露体系（竞赛创新）相比，社群创新的参与者更少，创新者的努力程度（以工作小时数和提交解决方案的次数衡量）更低，发现的解决方案更少，放弃创新的时间也会更早。即便如此，在创新过程中，由于绝大多数社群创新的参与者的确都从其他人那里获得了与创新有关的知识，所以，相较于竞赛创新的参与者，他们一般还是会有更好的表现。与此相反，由于竞赛创新的参与者无法获知其他人掌握的与创新有关的知识，所以，在竞赛结束后披露信息时，我们会发现，竞赛参与者们为了获得解决方案，会探索和尝试多种多样的技术路径。社群创新参与者的整体表现之所以更好，可以归因于中间披露模式带来的溢出效应，以及参与者通过交流发现并集中使用了更好的技术。

在上文提及的这个关于生物科学的案例中，社群创新的效果更好，激励机制和研究模式共同造成了这一结果（Boudreau and Lakhani，2015）。虽然，社群创新的参与者更少，且努力程度更低，但由于存在相互交流，参与者们会趋向于使用同一种技术解决创新问题。不难看出，针对具体问题的知识和技术储备对实现创新是很有帮助的。这一发现也与真实案例的研究结果一致。在致力于开源软件开发的社群中，有用的先进技术已经得到披露并为所有社群成员所掌握，这对于进一步的软件开发活动非常有益（例如，Linux 操作系统是在 Unix 操作系统的基础上发展而来的，火狐浏览器的出现则得益于网景浏览器、Hadoop 分布式数据处理引擎的出现）。然而，由于竞赛创新具有高激励和技术多样化的特点，所以，当难以确定是否可以找到能够最有效地实现创新的技术时，似乎更应该采用竞赛创新模式（Boudreau et al.，2011）。事实上，从管理创新过程的角度出发，首先应利用创新竞赛参与者相对独立的特点，对解决方案进行多样化的探索，然后利用社群创新团队合作的特点对最有价值的解决方案进行开发，这样的两步骤模式更有可能最有效地实现创新目标。[①]

4.5   结论

不同于系统化地在机构内部寻找创新者进行创新的模式，众包创新模式具有自己的特点，即可以吸引更多的机构外创新者参与到创新过程中来。而本文讨论的社群创新和竞赛创新则是实现众包创新的两大重要模式。在实际情况下，大多数企业会选择混合型的创新模式，既会利用内部人才进行创新，也会利用开放的众包创新模式（Lakhani and Panetta，2007）。

---

① Netflix 竞赛由几个阶段组成，每个阶段的获奖者都会公开自己研究出来的算法以供其他人再次使用。

在利用社群创新这一模式方面，苹果公司（以下简称苹果）为我们展现了一个有趣的例子（Lakhani et al.，2013b）。与媒体上常见的报道不同，苹果并不是一个封闭式的创新公司。该公司利用开放式社群的力量实现创新，一方面实现了创新的民主化，另一方面则可以为该公司带来经济上的回报。在 20 世纪 90 年代，苹果在一系列开发新操作系统的尝试中遭遇了重大的技术挫折。在史蒂夫·乔布斯（Steve Jobs）重返苹果后，该公司发现，自己的优势存在于产品设计和软件操作界面设计方面，因此，没有必要在操作系统内核的开发上耗费过多精力。所以，作为苹果标志性操作系统的 OS X（以及现在的 iOS）是通过与开放式社群紧密合作开发出来的。与微软不同，苹果通过出售硬件设备而不是操作系统软件实现盈利。也正是因为该公司通过与硬件设备和服务相关的互补性资产（complementary assets）赚取利润，所以，它与开放式社群的合作才显得顺理成章。今天，苹果已经与超过 200 个开放式社群展开了合作，它发现，要想更有效地与这些社群展开互动，就要拥有可以与社群所做出的贡献相结合的互补性资产。在合作中，苹果并不仅仅使用社群提供的成果，相反，苹果还会将源代码的使用权返还社群，这样一来，这些社群就可以在以后的创新中继续使用这些源代码。

另一家软件公司 SAP——一家全球性的企业应用软件巨头——发现，它的顾客希望实现相互间的互动和合作，所以构建一个专门用于顾客沟通与合作的在线平台将非常有利可图（Iansiti and Lakhani，2009；Lakhani et al.，2014）。在将这一想法付诸实践时，SAP 公司的高管们注意到，这个在线社群平台能够处理一系列问题，包括客户支持、新产品开发和业务流程扩展。在 2012 年，该平台已经聚集了超过 2 500 万名成员。该平台的网站每个月都有 1 200 万次的浏览量，每天都有超过 3 000 篇讨论帖子被发布。通常情况下，在 20 分钟以内，技术性问题便会得到解答，其中有85％的答案会被提问者认可。该平台所具有的解决技术难题的功能帮助SAP 公司节省了大量成本，而由用户提供的答案通常质量也很高，因为在提供专家级别的解决方法前，这些提供答案的用户也曾遇到过同样的问题。

SAP 公司还通过该平台征集关于新产品功能的意见，并且，有超过 40％的新产品功能都是与平台用户合作开发的。平台还能帮助 SAP 公司的用户对产品进行持续性了解。平台的社交功能还在 SAP 公司与平台用户之间建立了强有力的联系。许多用户通过参与平台活动获得了能力的提升并发现了新的就业机会。从这个角度看，只要该平台能够继续运行下去，SAP 公司开发的软件就会成为一种互补性资产。

一些采用混合型创新模式的机构也会利用竞赛创新类平台的模式吸引外部人员为创新贡献力量（涉及领域包括数据科学、平面设计、广告、软件开发和科学问题解决）。这些平台寻求对竞赛和参赛者（规模为几万到几十万）的需求及供给进行整合。大多数机构一般无法维持大规模的外部创新者队伍，因为它们并没有那么多的创新需求。因此，一些平台会提供服务，帮助有创新需求的机构与希望参加创新竞赛的创新者实现配对。有趣的是，当一场创新竞赛结束后，这些平台还会开展一些重要的社交活动，以此为竞赛参与者提供一种认同感，并使他们有机会学习和分享与潜在解决方案有关的知识。从这个角度看，这些平台兼具竞赛创新和社群创新的功能。

竞赛创新和社群创新为管理众包创新提供了可行性。在许多情况下，二者都可以替代机构的内部创新。目前的趋势是，机构会同时使用内部创新与众包创新，使它们形成互补。在学术领域和实践领域，未来的挑战都是建立一个框架，帮助存在创新需求的机构和个人合理利用内部创新与众包创新这两种模式，以最高的效率解决问题。

备注

我要向以下同事表示感谢，他们都是我在思想上的伙伴，我们曾经合作过或合著过文章与书籍，包括卡利斯·鲍德温（Carliss Baldwin）、凯文·布德罗（Kevin Boudreau）、保罗·卡莱尔（Paul Carlile）、伊娃·吉南（Eva Guinan）、艾娜·甘古利（Ina Ganguli）、帕特里克·戈勒（Patrick

Gaule）、奈德·高利（Ned Gulley）、康妮·赫尔菲特（Connie Helfat）、马可·伊安希蒂（Marco Iansiti）、拉斯·波·杰普森（Lars Bo Jeppesen）、安德鲁·金（Andrew King）、尼古拉·莱赛特拉（Nicola Lacetera）、希拉·利夫席茨-阿萨夫（Hila Lifschitz-Assaf）、迈克尔·梅尼蒂（Michael Menietti）、迈克尔·塔什曼（Michael Tushman）、埃里克·冯·希佩尔（Eric von Hippel）、乔治·冯·克罗（Georg von Krogh）。大众创新实验室（the Crowd Innovation Lab）和哈佛大学定量社会科学研究院（the Harvard Institute for Quantitative Social Science）下设的 NASA 竞赛实验室（the NASA Tournament Lab）为我近期的研究和实验工作提供了平台。来自 NASA 的詹森·克鲁桑（Jason Crusan）和杰夫·戴维斯（Jeff Davis）帮助我将想法转化为实验，并在真实的环境下验证这些想法。哈佛医学院分管临床与转化科学中心的院长李·纳德勒（Lee Nadler）设计了一个实践框架，以将这些想法引入该中心的管理模式。另外，来自 TopCoder 平台的前任和现任高管们［杰克·休斯（Jack Hughes）、罗布·休斯（Rob Hughes）、艾拉·赫范（Ira Heffan）、纳林德尔·辛格（Narinder Singh）、迈克·莫里斯（Mike Morris）、安迪·拉莫拉（Andy Lamora）］的支持，对于我进行的一些在线实验来说是必不可少的。

▌参考文献▐

Aghion, Philippe, and Jean Tirole. 1994. The management of innovation. *Quarterly Journal of Economics* 109 (4): 1185–1209.

Allen, R. C. 1983. Collective invention. *Journal of Economic Behavior and Organization* 4 (1): 1–24.

Amabile, Teresa M. 1996. *Creativity in Context.* Boulder, CO: Westview Press.

Andrewes, William J.H. 1996. Even Newton could be Wwrong: The story of Harrison's first three sea clocks. In *The Quest for Longitude. Proceedings of the Longitude Symposium,* Harvard University, Cambridge, November 4-6, 1993, ed. William J. H. Andrewes, 189–234. Cambridge: Collection of Historical Scientific Instruments, Harvard University.

Baldwin, Carliss Y., and Kim B. Clark. 2006. The Architecture of participation: Does code architecture mitigate free riding in the open source development model? *Management Science* 52 (7): 1116–1127.

Barbier, Jean-Paul. 1994. *Nicolas Appert: Inventeur et Humaniste*. Paris: Royer.

Boudreau, Kevin J., Nicola Lacetera, and Karim R. Lakhani. 2011. Incentives and problem uncertainty in innovation contests: An empirical analysis. *Management Science* 57 (5): 843–863.

Boudreau, Kevin J., and Karim R. Lakhani. 2012. The confederacy of heterogeneous software organizations and heterogeneous developers: Field experimental evidence on sorting and worker effort. In *The Rate and Direction of Inventive Activity Revisited*, ed. Josh Lerner and Scott Stern, 483–502. Chicago: University of Chicago Press.

Boudreau, Kevin J., and Karim R. Lakhani. 2013. Using the crowd as an innovation partner. *Harvard Business Review* 91 (4): 61–69.

Boudreau, Kevin J., and Karim R. Lakhani. 2015. "Open" disclosure of innovations, incentives and follow-on reuse: Theory on processes of cumulative innovation and a field experiment in computational biology. *Research Policy* 44 (1): 4–19.

Brunt, Liam, Josh Lerner, and Tom Nicholas. 2012. Inducement prizes and innovation. *Journal of Industrial Economics* 60 (4): 657–696.

Campbell-Kelly, Martin. 2003. *From Airline Reservations to Sonic the Hedgehog: A History of the Software Industry*. Cambridge: MIT Press.

Che, Yeon-Koo, and Ian Gale. 2003. Optimal design of research contests. *American Economic Review* 93 (3): 646–671.

Csikszentmihalyi, Mihaly. 1990. *Flow: The Psychology of Optimal Experience*. New York: Harper and Row.

Dasgupta, Partha, and Paul A. David. 1994. Toward a new economics of science. *Research Policy* 23 (5): 487–521.

Demsetz, Harold. 1964. The welfare and empirical implications of monopolistic competition. *Economic Journal* 74 (295): 623–641.

Diener, Kathleen, and Frank T. Piller. 2013. *The Market for Open Innovation*. Raleigh, NC: Lulu Publishing.

Ding, Waverly W., Fiona Murray, and Toby E. Stuart. 2006. Gender differences in patenting in the academic life sciences. *Science* 313 (5787): 665–667.

Feller, Joe, Brian Fitzgerald, Scott Hissam, and Karim R. Lakhani, eds. 2005. *Perspectives on Free and Open Source Software*. Cambridge: MIT Press.

Hertel, Guido, Sven Niedner, and Stefanie Herrmann. 2003. Motivation of software developers in open source projects: An Internet-based survey of contributors to the Linux kernel. *Research Policy* 32 (7): 1159–1177.

Holmstrom, Bengt. 1989. Agency costs and innovation. *Journal of Economic Behavior and Organization* 12 (3): 305–327.

Howe, Jeff. 2006. The rise of crowdsourcing. *Wired Magazine* 14 (6): 176–183.

Iansiti, Marco, and Karim R. Lakhani. 2009. SAP AG: Orchestrating the ecosystem. In *Harvard Business School Case 609–069*. Boston: Harvard Business School Press.

Jeppesen, Lars Bo, and Karim R. Lakhani. 2010. Marginality and problem-solving effectiveness in broadcast search. *Organization Science* 21 (5): 1016–1033.

KEI. 2008. Selected innovation prizes and reward programs. Research note 2008:1. Knowledge Ecology International, Washington, DC.

King, Ross. 2000. *Brunelleschi's Dome: How a Renaissance Genius Reinvented Architecture*. New York: Walker.

King, Andrew, and Karim R. Lakhani. 2013. Using open innovation to identify the best ideas. *Sloan Management Review* 55 (1): 41–48.

Lakhani, Karim R., Kevin J. Boudreau, Po-Ru Loh, Lars Backstrom, Carliss Baldwin, Eric Lonstein, Mike Lydon, Alan MacCormack, Ramy A. Arnaout, and Eva C. Guinan. 2013a. Prize-based contests can provide solutions to computational biology problems. *Nature Biotechnology* 31 (2): 108–111.

Lakhani, Karim R., David A. Garvin, and Eric Lonstein. 2012. TopCoder (A): Developing software through crowdsourcing. In *Harvard Business School Case 610–032, May 2012. (Revised from original January 2010 version.)*. Boston: Harvard Business School Press.

Lakhani, Karim R., Hila Lifshitz-Assaf, and Michael Tushman. 2013b. Open innovation and organizational boundaries: Task decomposition, knowledge distribution and the locus of innovation. In *Handbook of Economic Organization: Integrating Economic and Organization Theory*, ed. Anna Grandori, 355–382. Northampton, MA: Edward Elgar.

Lakhani, Karim R., Marco Iansiti, and Noah Fisher. 2014. SAP 2014: Reaching for the cloud. In *Harvard Business School Case 614–052*. Boston: Harvard Business School Press.

Lakhani, Karim R., and Jill A. Panetta. 2007. The principles of distributed innovation. *Innovations: Technology, Governance, Globalization* 2 (3): 97–112.

Lakhani, Karim R., and Eric von Hippel. 2003. How open source software works: "Free" user-to-user assistance. *Research Policy* 32 (6): 923–943.

Lakhani, Karim R., and Robert Wolf. 2005. Why hackers do what they do: Understanding motivation and effort in free/open source software projects. In *Perspectives on Free and Open Source Software*, ed. Joe Feller, Brian Fitzgerald, Scott Hissam, and Karim R. Lakhani, 3–22. Cambridge: MIT Press.

Lazear, Edward P. 2000. Performance pay and productivity. *American Economic Review* 90 (5): 1346–1362.

Lerner, Josh, and Mark Schankerman. 2010. *The Comingled Code: Open Source and Economic Development*. Cambridge: MIT Press.

Lerner, Josh, and Jean Tirole. 2002. Some simple economics of Open Source. *Journal of Industrial Economics* 50 (2): 197–234.

Moldovanu, Benny, and Aner Sela. 2001. The optimal allocation of prizes in contests. *American Economic Review* 91 (3): 542–558.

Murray, Fiona, Scott Stern, Georgina Campbell, and Alan MacCormack. 2012. Grand innovation prizes: A theoretical, normative, and empirical evaluation. *Research Policy* 41 (10): 1779–1792.

National Research Council. 2007. *Innovation Inducement Prizes at the National Science Foundation*. Washington, DC: The National Academies Press.

Nickerson, Jack A., and Todd R. Zenger. 2004. A knowledge-based theory of the firm: The problem solving perspective. *Organization Science* 15 (6): 617–632.

Nuvolari, Alessandro. 2004. Collective invention during the British Industrial Revolution: The case of the Cornish pumping engine. *Cambridge Journal of Economics* 28 (3): 347–363.

O'Mahony, Siobhan, and Karim R. Lakhani. 2011. Organizations in the shadow of communities. In *Communities and Organizations*, ed. Christopher Marquis, Michael Lounsbury, and Royston Greenwood, 3–36. Research in the Sociology of Organizations 33. Bingley, UK: Emerald Group.

Osterloh, Margit, and Sandra Rota. 2007. Open source software development: Just another case of collective invention? *Research Policy* 36 (2): 157–171.

Raymond, Eric S. 1999. *The Cathedral and the Bazaar: Musings on Linux and Open Source by an Accidental Revolutionary*. Sebastopol, CA: O'Reilly Media.

Roberts, Jeffery A., Ill-Horn Hann, and Sandra A. Slaughter. 2006. Understanding the motivations, participation, and performance of open source software developers: A longitudinal study of the Apache projects. *Management Science* 52 (7): 984–999.

Ryan, Richard M., and Edward L. Deci. 2000. Intrinsic and extrinsic motivations: Classic definitions and new directions. *Contemporary Educational Psychology* 25 (1): 54–67.

Salus, Peter H. 1994. *A Quarter Century of Unix*. New York: Addison Wesley.

Sauermann, Henry, and Wesley M. Cohen. 2010. What makes them tick? Employee motives and firm innovation. *Management Science* 56 (12): 2134–2153.

Stern, Scott. 2004. Do scientists pay to be scientists? *Management Science* 50 (6): 835–853.

Stewart, Katherine J., and Sanjay Gosain. 2006. The impact of ideology on effectiveness in open source software development teams. *Management Information Systems Quarterly* 30 (2): 291–314.

von Hippel, Eric. 2005. *Democratizing Innovation*. Cambridge: MIT Press.

von Hippel, Eric, and Georg von Krogh. 2003. Open source software and the private-collective innovation model: Issues for organization science. *Organization Science* 14 (12): 209–223.

von Krogh, Georg, Sebastian Spaeth, and Karim R. Lakhani. 2003. Community, joining, and specialization in open source software innovation: A case study. *Research Policy* 32 (7): 1217–1241.

West, Joel, and Karim R. Lakhani. 2008. Getting clear about communities in open innovation. *Industry and Innovation* 15 (2): 223–231.

Zuckerman, Harriet. 1991. The careers of men and women scientists: A review of current research. In *The Outer Circle: Women in the Scientific Community*, ed. Harriet Zuckerman, Jonathan R. Cole, and John T. Bruer, 27–56. New Haven: Yale University Press.

第5章 私人—集体创新模式：创新者人数与社会因素产生的影响

乔治·冯·克罗、海伦娜·加里加、

艾弗·阿克苏耶克、弗雷德里克·哈克林

学者们从多个角度出发，对发生在众多经济行为主体（从政府和企业到团体和个人）之间的合作行为进行了研究，这些研究涉及交易成本理论（transaction-cost theory）（Hill，1990）、集体行为理论（collective action）（Olson，1968）、博弈论（game theory）（Camerer et al.，2004；Fehr and Schmidt，1999；Gächter et al.，2010）以及关于经济组织的其他一些理论（Combs and Ketchen，1999，Mowery et al.，1998）。在组织经济学界，围绕公共产品创新过程中涉及的知识共享问题，出现了一些争论，涵盖的领域包括"开源软件运动"（von Krogh et al.，2003）、生物制药与医疗（Hughes and Wareham，2010；Jefferson，2006）以及娱乐产品制造（West and Gallagher，2006）。埃里克·冯·希佩尔与乔治·冯·克罗共同提出的私人—集体创新（private-collective innovation，PCI）模型解释了，为什么公共产品创新是通过多个经济行为主体分别提供自己拥有的资源进行合作而实现的。实际上，PCI模型对私人投资和集体行动相结合的创新模式进行了总结。正如von Hippel和von Krogh（2003）所指出的，以"开源软件运动"为例，这类项目的参与者利用自己的资源进行私人投资，从而为创新做出贡献。与单纯的私人投资创新模式——投资者原则上可以主张拥有创新成果的所有权——不同，在私人投资和集体行动相结合的模式下，投资者将创新成果视为一种公共产品，选择将之免费提供给公众。该模型显示，当为创新付出努力的参与者所获得的好处（如获得知识、获得认可）

超过未付出努力的参与者通过搭便车行为所获得的好处时，这种与我们的一般认知相悖的行为就会发生。私人投资和集体行动相结合的创新模式正在变得日益流行，而其成果具有公共产品的性质。正因为如此，该模式既不属于生产者主导的创新模式，也不属于用户主导的创新模式，而是恰恰处于二者中间，这一点可以从"开源软件运动"的例子中看出，企业和个体创新者实现了合作（Baldwin and von Hippel，2011）。

PCI 模型从不同方面对创新进行了分析，从创新成果的性质（通过分析创新者的动机进行研究）到创新流程。为了达到促进和支持私人—集体创新模式的目的（von Hippel，1988），搞清楚哪些因素会对创新者通过合作实现知识共享产生影响，是至关重要的。这些因素包括：对不公平的厌恶、互惠原则以及创新者的相互依赖性（Gächter et al.，2010；Stuermer et al.，2009）。最早的一些研究私人—集体创新模式的论文已经指出这些因素的重要性（von Hippel and von Krogh，2003），但是，在未来，我们还需要对它们进行更加深入的探讨。根据 PCI 模型，搭便车的好处将随着时间的推移而消失，因为与过程相关的奖励（创新参与者在创新过程中获得的好处）将超过私人—集体创新模式的成本（von Hippel，2005；von Hippel and von Krogh，2003；von Krogh and Spaeth，2007）。根据该模型可推断，一旦公共产品所带来的好处与私人投资创新模式所带来的好处（经过一段时间之后）达到平衡状态，付出努力的创新者可获得的好处就将超过搭便车者所获得的好处（von Hippel and von Krogh，2003）。然而，在私人—集体创新模式刚刚开始的阶段，两种好处之间的差距并不明显。我们认为，搭便车问题会对私人—集体创新模式的初始阶段产生特殊影响，正如 Ostrom（1990，1998）强调的，搭便车问题会对所有类型的集体合作项目产生影响。因此，研究私人—集体创新模式出现的条件，以及该模式在何种条件下会成为人们的首选，就变得非常重要了。

在本文中，我们将在行为博弈论的基础上分析现有的私人—集体创新理论，并揭示该理论的一些微观层面的前提假设。我们还将探究参与创新的人数会对一个创新项目产生怎样的影响。具体地说，我们将研究，在私人—集体创新模式的早期阶段，个体创新者共享知识的情况。在分析过程中，我们借鉴了 Gächter 等人（2010）的实验研究成果，他们研究的是在双人随机博弈（模拟合作创新的情况）中，局中人（创新者）如何在隐藏或分享知识之间做出选择。由于在私人—集体创新模式下，很难识别和观察搭便车者，所以我们选择使用模拟实验的研究方法，尝试利用行为博弈论研究（在私人—集体创新模式的早期阶段）会对个体创新者的合作程度产生影响的复杂因素。[①]

本文的结构如下：第一节将简要介绍 PCI 模型，并从行为博弈论的角度出发，探讨创新者之间知识分享的情况。在第二节和第三节中，我们会利用行为博弈论解释创新者们对不公平的厌恶，并以此为基础建立模型，分析私人—集体创新模式的初始阶段。在第四节中，我们将简要介绍模拟研究的结果。在第五节中，我们将讨论本文的发现对于私人—集体创新模式的下一步研究具有哪些价值。

5.1 私人—集体创新模式的条件

从本质上讲，PCI 模型将私人创新投资模型（该模型假设，创新者利用私人资源获取与创新相关的知识）与集体创新行为模型（该模型假设，在市场失灵的情况下，创新者们会寻求通过合作生产公共产品）结合起来（von Hippel and von Krogh，2003，2006）。一般来说，公共产品创新的特点是不存在竞争性和排他性，这两个特点都会给合作带来挑战（Monge et al.，1998）。Ostrom（1990）指出，为公共产品创新贡献力量的个人会受到环境和社会因素的影响，例如，需要面对来自其他参与者的竞争。她还发现，从博弈论的视角出发，同时存在几种类型的局中人，而他们的合作方式也不尽相同，也许大多数局中人是"有条件的合作者"（conditional co-operatovs）或"理性的利己主义者"（rational egoists）（Ostrom，1990）。

---

① 在本文中，我们的研究建立在之前进行过的一个模拟实验研究的基础之上，该研究探讨了社会性偏好在私人—集体创新模式中所起到的作用（Garriga et al.，2011）。

"有条件的合作者"主动采取行动进行合作，同时期待别人也会同样付出努力，然而，搭便车者常常会使这些人感到失望（Ostrom，1998），仅仅是对搭便车者不会付出努力这一情况的预计，就足以使原本愿意做出贡献的"有条件的合作者"放弃合作。这将严重影响个体创新者参与集体创新活动的意愿（Ostrom，1990，1998），从而使私人—集体创新模式的初始阶段进行得极不顺利。

5.1.1　社群的形成和私人—集体创新模式的初始阶段

有些学者可能认为，要想解释用户创新，比如"开源软件运动"，就需要假设创新者的个人激励结构与其行为之间存在联系（von Krogh et al.，2012）。PCI 模型假设，存在可以吸引个体创新者加入的社群类组织，而一些不言自明的社会行为规范将督促这些参与到社群之中的创新者为创新做出贡献。在私人—集体创新模式的初始阶段，社群尚未建立，因此，不言自明的社会行为规范——以及在该模式下特有的过程类奖励——还不存在。Gächter 等人（2010）研究了私人—集体创新模式的初始阶段，在双人随机博弈中，同时存在着领头者（leader）和跟从者（follower），两人致力于通过合作解决同一问题，他们需要做出的第一个决策就是选择共享彼此的知识，还是隐瞒这些知识。根据行为博弈论和 PCI 模型（Fehr and Schmidt，1999；Fischbacher et al.，2001；von Hippel and von Krogh，2003），有学者对"共享/隐瞒知识"这一决策的成本和效益进行了研究。结果表明，如果创新者发现，与他人分享知识需要承担机会成本，那么他就会选择放弃"社会最优（social optimum）选项"（分享知识），转而决定隐瞒知识。研究私人—集体创新模式的初始阶段的确要面对不小的困难，原因在于，当学者可以观察到大多数创新社群时，这些社群已经启动一段时间并进入正轨，已不再具有初始阶段的特点。想要了解创新者的初始决策和激励结构，需要使用一种 Garriga 等人（2012）曾经使用过的实验方法。这一研究还使一种"老的"思想（由于创新者可能会追求不同的目标，所以即使他们愿意分享知识，共享行为的基础也并不稳固，我们称之为"知识共享的脆弱性"）重新得到重视。

Gächter 等人（2010）的研究首先探究了在创新合作中不易被观察到的隐瞒知识行为，未来的研究必将对此研究进行补充。在进行研究时，研究者对"开源软件运动"中的软件开发者进行了采访式调查（Spaeth et al.，2010；Stuermer et al.，2009；von Hippel and von Krogh，2003），调查结果显示，个体之间的互不相同的社会性偏好会对他们分享知识的意愿产生不同程度的影响（Gächter et al.，2010；Garriga et al.，2012）。举例来说，在虚拟环境中（比如在推特网站上，人们会针对一个开源软件项目进行探讨），参与者之间的关系可能只会维持非常短暂的一段时间，个体对于陷入竞争劣势的担忧（Fehr and Schmidt，1999）可能会唤起"知识共享的脆弱性"（fragility of knowledge sharing）（Gächter et al.，2010），从而限制私人—集体创新模式的初始阶段的发展。如果参与者根本没指望可以得到"互惠性的好处"，那么他们自然不愿意分享自己掌握的知识。Gächter（2010）实验性研究的关注重点是——以双人随机博弈为研究工具——受到限制的合作行为，而在真实世界中，会有几百人同时参与到公共产品的创新活动中，例如开源软件设计项目（Garriga et al.，2011；Stuermer et al.，2009）。并且，参与人数也会影响（有利于）知识共享的环境的建立，Shah（2006）以开源软件工程师为对象的研究证明了这一点。因此，对于多个参与者同时存在的情况，我们对私人—集体创新模式初始阶段的理解仍然相对浅显。基于这一点，本研究的目标是解决以下问题：拥有不同社会性偏好的个体，将会对知识共享的初始条件产生怎样的影响？

5.1.2　知识共享的初始条件

知识共享指"将知识从一个人、团体或组织传递到另一个人、团体或组织的活动"（Lee，2001：324）。个人或群体在不同的条件下分享知识，可能会从中受益，也可能会吃亏（Argote and Ingram，2000），同时，搭便车者会吸取他人的知识却不愿意分享自己的知识。因此，知识共享具有脆弱性，它取决于参与创新过程的创新者所拥有的不同偏好（Gächter et al.，2010）。在过度竞争的情况下，参与者之间的知识共享是极其罕见的（Nahapiet and Ghoshal，1998；Tsai，2002）。Fehr 和 Schmidt 指出，"几乎所有的经济学模型均会给出这样的假设，即任何人在乎的都只有自己的物质利益，对社会整体效率漠不关心"（Fehr and Schmidt, 1999：817）。尽管主流经济学界经常忽视（人们具有）社会性偏好这一事实，但是一些学者最近强调，当个体进行合作时，社会性偏好在互惠和公平方面具有不可估量的作用（Dufwenberg and Kirchsteiger, 2004；Fehr and Schmidt, 1999；Kahneman et al., 1986；Rabin, 1993）。

利用博弈论，我们可以研究在"一对一"的情况下的知识共享行为。在这样的模型中，两个个体基于他们对某种收益的期望，决定是共享知识，还是隐瞒知识。本文作者在研究中发现，当隐瞒知识带来的收益上升时，个体做出的贡献便会减少。此外，研究结果还显示，随着创新参与人数的增加，知识共享行为将增多（Oliver et al., 1985；von Hippel and von Krogh, 2003），而这意味着随着创新群体的壮大，搭便车问题将有所缓解。

知识共享的初始条件需要得到满足，只有这样，私人—集体创新模式才有可能出现。研究知识共享的初始条件，需要从以下两个方面入手：第一，社会性偏好将影响个体积极参与知识共享的意愿，而搭便车问题的存在，要求我们对这一影响进行差异化理解；第二，创新群体的规模对知识共享的影响应该得到进一步研究。在下面的内容中，我们会构建一个简单的模型，从而分析创新群体的规模如何影响私人—集体创新模式的出现。

5.2 利用模型分析知识共享行为

对于研究创新的大多数学者来说，在寻找能够解释创新者选择行为的理论时，也许博弈论并不是他们最中意的选择，但是，实践证明，在探索会对私人—集体创新模式的出现产生影响的具体因素——例如激励机制——时，博弈论的确有其独到之处。博弈论常被用于对社会决策的研究（Camerer, 2003；Dufwenberg and Kirchsteiger, 2004；Fehr and Schmidt, 1999；Rabin, 1993），学者们用它来研究：当每一个局中人均致力于实现自己的收益最大化时，他们会做出怎样的选择策略。纳什均衡（Nash equilibrium）指的是一种策略组合，在该组合下，任何一个局中人都无法单方面提高自己的收益，因为任何一方的选择都会影响另一方的收益（Gintis，2009）。

行为博弈论试图通过直观的效用函数来推测局中人在策略制订情境中的行为。然而，学界普遍对使用效用函数解释局中人偏好的研究方法持批评态度，原因在于，效用函数总是可以被修改从而适应不同的环境与条件，这使它可以被用来解释几乎任何事情，而这恰恰也是它的缺点（Camerer，2003）。需要指出的是，在博弈论中使用效用函数的目的并不是解释每一个可能的结果，而是尝试解释一些受心理因素影响的现象，同时推测局中人的策略（Camerer et al.，2004）。在之前的一些研究中，当使用效用函数时，学者们做出的假设是：所有局中人都只关心如何使自己的收益最大化。与此相反，近来的研究不再仅仅从收益的角度关注效用，而是也开始关注局中人获得的社会效用（Camerer，2003；Dufwenberg and Kirchsteiger，2004；Fehr and Schmidt，1999；Rabin，1993）。要想更好地研究私人—集体创新模式，就不能回避局中人同样关注社会效用这一事实，当研究对象是与公共产品相关的创新活动时（如开源软件项目），这一点尤为明显（Garriga et al.，2011；Stuermer et al.，2009）。

Gächter 等人（2010）在研究中使用了一种方法——由 Fehr 和 Schmidt 提出的不平等—厌恶理论（the inequality-aversion theory）（Fehr and Schmidt，1999；Fischbacher et al.，2001）来解释个人在知识共享方面的行为。该理论认为，个体愿意降低他们对收益的要求以提高平等程度。我们尝试运用博弈论来分析私人—集体创新模式出现的条件。在下面的模型中，我们将展示如何运用不平等—厌恶理论进行实验研究（Fehr and Schmidt，1999）。以该实验为基础，我们要尝试了解创新参与者的人数会对私人—集体创新模式的出现产生怎样的影响。

根据 Fehr 和 Schmidt（1999）的研究，除非创新参与者看到了合作带来的潜在好处，否则不合作才是这些参与者最常见的选择。为了将潜在好处概念化，不平等—厌恶理论的研究对象是局中人的收益以及这些收益的差异。不平等—厌恶理论还涉及"嫉妒和内疚"（envy and guilt）的概念（Camerer，2003），因为通常情况下，局中人更在意相较于其他人，自己得到的收益是多是少。此外，一些学者还指出，对不平等的厌恶正是局中人参与合作的关键动机（Fowler et al.，2005），这也解释了为什么在构建研究私人—集体创新模式的模型时需要用到不平等—厌恶理论。

Fehr 和 Schmidt（1999）利用效用函数模型分析了个体对不平等的厌恶及其获得的收益。其中，α 和 β 分别代表个体对（于自己）不利的和（于自己）有利的不平等现象的厌恶程度，π_i 则是该个体获得的收益。参见等式（1）：

$$U_i\ (\varphi_i,\ \varphi_j)=\pi_i-\alpha_i\cdot\ \max\ [\pi_j-\pi_i,\ 0]-\beta_i\cdot\ \max\ [\pi_i-\pi_j,\ 0] \quad (1)$$

在分析私人—集体创新模式时，不平等—厌恶理论根据个体 i 与个体 j 面对的具体情况来选择使用哪种效用函数。在等式（1）中，用 φ_i 来表示个体 i 选择共享知识还是隐瞒知识，用 φ_j 来表示个体 j 选择共享知识还是隐瞒知识。某一个体获得的效用取决于他做出的选择 φ、获得的收益 π 以及厌恶系数 α [代表对（于自己）不利的不平等现象的厌恶程度] 和 β [代表对（于自己）有利的不平等现象的厌恶程度]。不同个体的厌恶系数也有所差异（Revelt and Train，1998）。显而易见，Fehr 和 Schmidt（1999）提出的效用函数由三部分组成：对于个体 i 来说，第一部分是 π_i，第二部分是 $\alpha_i\cdot\ \max\ [\pi_j-\pi_i,\ 0]$，第三部分是 $\beta_i\cdot\ \max\ [\pi_i-\pi_j,\ 0]$。在检查该效用函数时，我们可以看到，它只能显示个体对于不平等的厌恶程度，却不能反映其他一些社会因素，例如互惠或惩罚，而这些社会因素都会对私人—集体创新模式产生影响（Shah，2006）。因此，我们认为，Fehr 和 Schmidt（1999）提出的（这一围绕不平等—厌恶理论建立的）模型只能部分地解释在私人—集体创新模式下个体之间发生的"共享/隐瞒知识"博弈，而这意味着我们还需要发掘其他一些理论和模型来对它进行补充（Garriga et al.，2012）。在本文中，我们首先介绍了围绕不平等—厌恶理论建立的模型 [见等式（1）]（Fehr and Schmidt，1999）。在接下来的内容中，我们将尝试对一种有利于私人—集体创新模式出现的知识共享环境进行模拟。

5.3 知识分享环境模拟

Gächter 等人（2010）构建了一个"共享/隐瞒知识"博弈模型，其中局中人（创新者）根据彼此之间的相互作用决定是共享知识，还是隐瞒知识，具体来说，即个体 j 对"共享/隐瞒知识"的选择取决于个体 i 的选择。[①] 该模型致力于通过对"共享/隐瞒知识"博弈的分析，找出私人—集体创新模式出现的条件。图 5-1 为读者描述了博弈的决策过程，其中个体 j 做出的决策取决于个体 i 在一开始做出的决策。两种可能出现的决策总是一样的——共享知识或隐瞒知识，而其中任何一个个体所获得的收益均取决于两个个体做出的决策组合，如等式（2）所示：

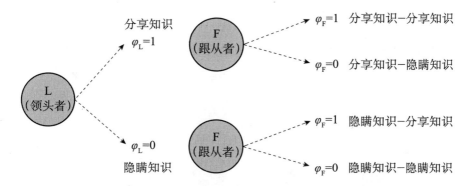

图 5-1　私人—集体创新模式下的"共享/隐瞒知识"博弈

$$\pi_i\ (\varphi_i,\ \varphi_j)=b+\varphi_i \cdot v_i+\varphi_j \cdot (1-\varphi_i)\ \cdot a_i \tag{2}$$

该收益函数具有预先设定好的基础收益（$b=10$）、分享知识带来的收益（$v_i=20$）、隐瞒知识带来的排他性收益（$a_i=\{0,\ 10,\ 20,\ 30\}$）（Gächter et al.，2010），还可以被简化为另一个等式［见等式（3）］。如果每一位局中人都只在乎货币性收益以及为正的排他性收益（$a_i>0$），那么该博弈便存在一种纯策略纳什均衡：（隐瞒知识，隐瞒知识）。而当 $a_i=0$

---

① 在 Gächter 等人（2010）的论文中，个体 j 指跟从者，个体 i 指领头者。为了简单起见，我们在本文中沿用了这一指代模式。

时，不存在纳什均衡。

$$\pi_i\ (\varphi_i,\ \varphi_j)=b+\varphi_i\cdot\ v_i \tag{3}$$

5.3.1 对 "共享/隐瞒知识" 博弈进行扩展

"共享/隐瞒知识" 博弈关注的是两位局中人的互动，其中一位局中人是领头者，另一位是跟从者。这种博弈模型过于简单，并不利于对私人—集体创新模式进行分析，因为它严格限制了局中人根据各种社会因素和偏好做出决策的能力。双人博弈模型为知识共享的脆弱性设定了一个"上限"（upper bound）。现实生活中，比如在一个开源软件项目中，可能会同时存在多个跟从者对领头者的决策做出回应。莱纳斯·托瓦兹（Linus Torvalds）在为 IBM 386 电脑开发操作系统（Linux 操作系统）时，曾向他人寻求过帮助，他的求助对象并不是某一个开发者，而是范围广泛的软件开发人员。对"共享/隐瞒知识"博弈进行扩展非常重要，因为这样一来，我们就可以同时分析一个领头者与多个跟从者的决策制订情况（见图 5-2）。在这种情况下，选择分享知识的人数与私人—集体创新模式的参与人数有关。

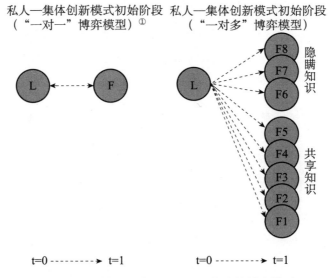

图 5-2　使用不平等—厌恶理论构建的博弈模型

注：L＝领头者；F＝跟从者。

---

① Gähter 等人（2010）构建的模型。

在分析私人—集体创新模式时，增加跟从者的数量会影响博弈结果。正如 von Hippel 和 von Krogh（2003）假设的一样，当一位跟从者与另一位跟从者分享知识时，他便无法独占全部收益。假设领头者已经决定分享知识，在此条件下，只要有一位跟从者也选择分享知识，其余的跟从者获得的排他性收益便会减少。从这个角度来看，在存在多位跟从者时，相互分享（mutual sharing）的条件更容易得到满足，原因在于，只要有一位跟从者选择分享知识，便可以认定该组局中人之间实现了相互分享。相反，如果没有任何一位跟从者选择分享知识，那么相互分享的条件便得不到满足，在这种情况下，每一位跟从者都会得到一定比例的排他性收益。

5.3.2　关于模拟实验的几点说明

在"共享/隐瞒知识"博弈中，局中人依据自己可能获得的排他性收益以及社会因素做出决策（Gächter et al.，2010）。将社会因素纳入思考范围的最普遍和最直接的理论之一便是不平等—厌恶理论（Fehr and Schmidt，1999）。根据该理论，局中人厌恶获得不公平的收益，他们关心的是彼此获得的收益的差异性。因此，在模拟实验中，我们基于不平等—厌恶理论构建了效用函数模型。当对不利的不平等现象的厌恶系数（α）的取值范围为 $0 < \alpha < 1$，且对有利的不平等现象的厌恶系数（β）的取值范围为 $0 \leqslant \beta$ 时（Fehr and Schmidt，1999），局中人 i 在做出"共享/隐瞒知识"决策时，不会将个人收益 a_i 纳入考虑范围，而局中人 j 在做出"共享/隐瞒知识"决策时，也同样会忽视个人收益 a_j。

我们通过模拟实验尝试对"共享/隐瞒知识"博弈进行拓展，从而考虑"一对多"博弈的情况。[①] 我们对简单的模拟流程进行如下概括：我们首先用 Fehr 和 Schmidt（1999）提出的效用函数进行 10 万次重复实验，然后运用 Gächter 等人（2010）的研究成果对社会因素进行估计。[②] 我们决定使用

---

　　①　在"一对多"博弈模型中，我们引入了一个领头者——个体 i，以及多个跟从者——个体 j。

　　②　根据 Fehr 和 Schmidt（1999）的研究，α 可以呈离散分布，30%的样本的 $\alpha=0$，30%的样本的 $\alpha=0.5$，30%的样本的 $\alpha=1$，10%的样本的 $\alpha=4$。

幂律分布（power law distribution）进行分析，之所以选择使用幂律分布，原因在于，之前一些学者在描述其他社会现象时常用到它（Maillart et al.，2008），它可以完美契合实验结果。我们还使用 Fehr 和 Schmidt（1999）所建议的离散分布（discrete distribution）对结果进行检验。接下来，在实验中，我们为每一位领头者随机分配了一定数量的跟从者。在完成分配后，局中人依据效用最大化的原则做出"共享/隐瞒知识"的决定。当共享知识和隐瞒知识带来的效用一样时，局中人会随机做出选择。在隐瞒知识带来的排他性收益取值 a_i 和 a_j 分别为 $a_i=\{0，10，20，30\}$ 和 $a_j=\{0，10，20，30\}$ 的情况下，我们根据 16 种不同的组合方式，进行了模拟。

5.4 模拟实验的结果

我们有兴趣研究跟从者的数量对"共享/隐瞒知识"博弈的结果产生的影响。正如上文所述，根据领头者的排他性收益 a_i 和跟从者的排他性收益 a_j 组成的不同组合，我们对"共享/隐瞒知识"博弈进行了模拟，并得出了结果，图 5-3 对这些结果进行了总结。四幅小图的纵轴均为知识的相互分享程度，以百分比表示，横轴则表示跟从者的数量。四幅小图分别展示了当领头者的排他性收益取不同值时出现的情况。每一幅小图中都存在四条曲线，每一条曲线描述了跟从者的排他性收益取某值时出现的共享知识情况。

我们得到的结果表明，随着领头者的排他性收益和跟从者的排他性收益的提高，知识的相互分享程度呈下降趋势，这与 Gächter 等人（2010）的研究发现一致。当局中人（包括领头者和跟从者）可以通过隐瞒知识获利时，他们会自然而然地倾向于降低知识的相互分享程度。

我们还获知了跟从者的数量对共享知识行为的影响。我们得到的结果表明，当跟从者的数量上升时，分享知识的边际收益会下降。因此，向一个小规模团体中加入一个跟从者，将会对该团体内部的知识的相互分享程度产生很明显的影响。而对于更大规模的团体来说，需要有更多的跟从者

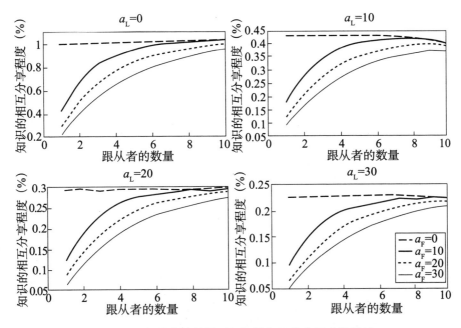

图 5-3　跟从者的数量对知识的相互分享程度的影响

加入，才会对知识的相互分享程度产生明显的影响。

最后，从这 4 幅小图中均可看出，随着跟从者的数量的增加，知识的相互分享程度会逐渐趋于一致。正如前文所述，知识的相互分享程度还会受到领头者和跟从者的排他性收益的影响。然而，在所有情况下，跟从者数量的增加都会提高知识的相互分享程度。实验结果还表明，特别是对于小规模团体（相对于大规模团体）来说，增加跟从者的数量将会显著提高知识的相互分享程度。必须指出的是，通过增加跟从者的数量来提高知识的相互分享程度，对于任何规模的团体来说，都具有一定的吸引力。

5.5　讨论和结论

在本文中，通过解释创新者的数量对其初始贡献和知识共享决策的影响，我们采用的模拟实验研究揭示了私人—集体创新模式初始阶段的运作方式。为了提供一个（与之前的研究相比）具有差异化的视角，我们设定了相对复杂的创新参与环境，并研究了在该环境下的知识共享程度。我们认为，个体参与者在做出关于"共享/隐瞒知识"的决策时，不仅仅要考虑个人的社会性偏好，还会受到社群中参与人数的影响，以及对参与行为有促进作用的（对他人决策的）预期的影响。实验结果表明，在某种程度上，参与人数的提高会引发更多的参与行为。要想使私人—集体创新模式顺利进行，不仅仅要搞清楚个体参与者如何权衡其参与行为所带来的预期收益或损失，还要正确判断参与者之间的相互作用会对个体效用函数产生怎样的影响。

在现实生活中，在不同的博弈环境下，创新者在做出决策时并不一定仅仅考虑自己将会从中获得怎样的效益。在我们的研究中，创新者可能会受到各种不同类型的偏好的影响，而这一情况通常会限制（本文所述的）这类模拟实验的结果的一般适用性。此外，相较于各种变量均受到控制的简单博弈模型，在引入了真实生活中存在的各种复杂而多变的社会因素的博弈模型中，创新者的行为模式必然会有所不同（Gintis，2009）。在利用效用函数模拟创新者行为的实验中，他们依据各种社会因素做出的决策可以为研究者提供指引，帮助后者通过分析了解在真实而复杂的环境中的各种变量之间的关联。因此，在本实验中，我们并没有试图解释在私人—集体创新模式初始阶段创新者的每一个行为，而是希望概述一些在未来的理论建设和研究中将会得到利用的重要参数。

许多私人—集体创新不得不面对参与者贡献不足和搭便车问题，"开源软件运动"便是这方面的例子之一（Garriga et al.，2011；Stuermer et al.，2009）。通常，激励机制是保证少数重要成员做出贡献的关键。当然，在使用激励机制时，需要考虑与某项技术、产品或流程相关的潜在参与者的数量。我们的模拟实验提供了一个重要的观点，即如果参与者认为自己无法通过隐瞒知识获得排他性收益，那么他们就更加倾向于分享知识。

我们的发现对那些注重培养自己管理的员工所具备的学习能力的经理们有一定的帮助。在现实中，一些公司试图鼓励员工记录与自己工作相关联的知识，这正是这些公司进行知识管理的表现。对于员工来说，"记录成本"相对较低，同时，员工记录知识的行为能给公司带来很大的好处。越多员工记录与自己工作相关联的知识，公司从中获益越多。知识共享则可以帮助公司克服在未来可能遇到的挑战和变化。为了鼓励这样的知识共享行为，经理应该尽量吸引足够多的知识分享者。IBM 公司的"创新即兴大讨论"（Innovation Jam）便是一个来自科技领域的例子，这是一个供员工们进行头脑风暴的在线平台，它在某种程度上帮助了该公司的员工进行知识共享（Bjelland and Wood，2008）。正如我们的研究结果所表明的，要想成功擦出共享知识行为的火花，经理们需要确定，手下的员工已经开始接收来自同事的"知识记录文本"。共享知识的参与者越多，对"知识记录文本"检索功能的要求就越高，这样才能使这类行为保持活力。只要有这类行为（例如，两个相互独立的产品组分享与销售相关的知识）的员工人数保持在一个相对较高的水平上，排他性收益和搭便车行为就会减少。

这些有关知识管理和激励机制的洞见非常有价值，特别是在知识匮乏的环境中。然而，未来的相关研究应该将重点放在如何在信息丰富的环境中激励员工分享"被需要的知识"。正如 Haas 和 Hansen（2001）指出的，掌握更多的知识并不一定能够使一家公司变得更具有效率。因此，研究者们不能仅仅关注知识共享，还应该关注效率。

最后，还需要重点指出的是，参加合作（如私人—集体创新模式）的人并不一定会组成同质性的团体，一些人的行为很可能与知识共享相对立，他们更像是搭便车者。与之相反，同一团体中的另一些人则怀有较高的社会性偏好，愿意舍弃物质利益，通过分享知识获得社会性的回报，比如好名声。同一团体中的不同个体会拥有不同的社会性偏好，这些偏好呈长尾分布（long-tail distributions）。未来的研究应该将重点放在私人—集体创新模式和公司如何吸引那些更易受社会性激励机制（互惠原则）影响的个人上，从而使这些人在公共产品的创造中发挥优势。我们可以看到，一些公司尝试在以安卓操作系统为基础的 App 平台上创造互惠环境，相较于其他平台（比如苹果公司旗下的 App Store 平台），在该平台上设计应用程序的参与者拥有较高的灵活性。我们的研究表明，利润最大化并不是进行知识共享的创新者所追求的唯一目标（Harhoff et al.，2003）。想要研究私人—集体创新模式中的社会性行为，我们需要找到更多的途径，包括吸收更多的理论观点和使用适用范围更广的方法论。该领域未来的研究将发现能够鼓励创新者参与私人—集体创新模式的新机制。然而，我们不应忘记，要想为私人—集体创新模式的发展提供更肥沃的土壤，不能仅仅关注如何吸引更易受社会性激励机制影响的个人加入创新社群，还要努力识别那些能够影响个体行为的因素。

备注

本文涉及的研究部分由瑞士国家基金会（the Swiss National Foundation）100014 _ 125513 项目资助。

参考文献

Argote, L., and P. Ingram. 2000. Knowledge transfer: A basis for competitive advantage in firms. *Organizational Behavior and Human Decision Processes* 82 (1): 150–169.

Baldwin, C. Y., and E. von Hippel. 2011. Modeling a paradigm shift: From producer innovation to user and open collaborative innovation. *Organization Science* 22 (6): 1399–1417.

Bjelland, O. M., and R. C. Wood. 2008. An inside view of IBM's "innovation jam." *Sloan Management Review* 50 (1): 32–40.

Camerer, C. 2003. *Behavioral Game Theory: Experiments in Strategic Interaction.* New York: Russell Sage Foundation.

Camerer, C., G. Loewenstein, and M. Rabin. 2004. *Advances in Behavioral Economics.* Princeton: Princeton University Press.

Combs, J. G., and D. J. Ketchen. 1999. Explaining interfirm cooperation and performance: Toward a reconciliation of predictions from the resource-based view and organizational economics. *Strategic Management Journal* 20 (9): 867–888.

Dufwenberg, M., and G. Kirchsteiger. 2004. A theory of sequential reciprocity. *Games and Economic Behavior* 47 (2): 268–298.

Fehr, E., and K. M. Schmidt. 1999. A theory of fairness, competition, and cooperation. *Quarterly Journal of Economics* 114 (3): 817–868.

Fischbacher, U., S. Gächter, and E. Fehr. 2001. Are people conditionally cooperative? Evidence from a public goods experiment. *Economics Letters* 71 (3): 397–404.

Fowler, J. H., T. Johnson, and O. Smirnov. 2005. Human behavior: Egalitarian motive and altruistic punishment. *Nature* 433 (7021): E1.

Gächter, S., G. von Krogh, and S. Haefliger. 2010. Initiating private-collective innovation: The fragility of knowledge sharing. *Research Policy* 39 (7): 893–906.

Garriga, H., E. Aksuyek, G. von Krogh, and F. Hacklin. 2012. Social preferences in private-collective innovation. *Technology Analysis and Strategic Management* 24 (2): 113–127.

Garriga, H., G. von Krogh, and S. Spaeth. 2011. Lecture notes in computer science. Social Computing, Behavioral-Cultural Modeling and Prediction. *In Open Source Software Development: Communities and Firms Impact on Public Good*, vol. 6589, 69–77.

Gintis, H. 2009. *The Bounds of Reason: Game Theory and the Unification of the Behavioral Sciences*. Princeton: Princeton University Press.

Haas, M. R., and M. T. Hansen. 2001. Competing for attention in knowledge markets: Electronic document dissemination in a management consulting company. *Administrative Science Quarterly* 46 (1): 1–28.

Harhoff, D., J. Henkel, and E. von Hippel. 2003. Profiting from voluntary information spillovers: How users benefit by freely revealing their innovations. *Research Policy* 32 (10): 1753–1769.

Hill, C. W. L. 1990. Cooperation, opportunism, and the invisible hand: Implications for transaction cost theory. *Academy of Management Review* 15 (3): 500–513.

Hughes, B., and J. Wareham. 2010. Knowledge arbitrage in global pharma: A synthetic view of absorptive capacity and open innovation. *R&D Management* 40 (3): 324–343.

Jefferson, R. 2006. Science as social enterprise: The CAMBIA BiOS initiative. *Innovations: Technology, Governance, Globalization* 1 (4): 13–44.

Kahneman, D., J. L. Knetsch, and R. Thaler. 1986. Fairness as a constraint on profit seeking: Entitlements in the market. *American Economic Review* 76 (4): 728–741.

Lee, J. N. 2001. The impact of knowledge sharing, organizational capability and partnership quality on IS outsourcing success. *Information & Management* 38 (5): 323–335.

Maillart, T., D. Sornette, S. Spaeth, and G. von Krogh. 2008. Empirical tests of Zipf's law mechanism in open source Linux distribution. *Physical Review Letters* 101 (21): 218701.

Monge, P. R., J. Fulk, M. E. Kalman, A. J. Flanagin, C. Parnassa, and S. Rumsey. 1998. Production of collective action in alliance-based interorganizational communication and information systems. *Organization Science* 9 (3): 411–433.

Mowery, D. C., J. E. Oxley, and B. S. Silverman. 1998. Technological overlap and interfirm cooperation: Implications for the resource-based view of the firm. *Research Policy* 27 (5): 507–523.

Nahapiet, J., and S. Ghoshal. 1998. Social capital, intellectual capital, and the organizational advantage. *Academy of Management Review* 23 (2): 242–266.

Oliver, P. E., G. Marwell, and R. Teixeira. 1985. A theory of the critical mass. I. Interdependence, group heterogeneity, and the production of collective action. *American Journal of Sociology* 91 (3): 522–556.

Olson, M. 1968. *The Logic of Collective Action.* New York: Schocken.

Ostrom, E. 1990. *Governing the Commons: The Evolution of Institutions for Collective Action.* Cambridge, UK: Cambridge University Press.

Ostrom, E. 1998. A behavioral approach to the rational choice theory of collective action. *American Political Science Review* 92 (1): 1–22.

Rabin, M. 1993. Incorporating fairness into game-theory and economics. *American Economic Review* 83 (5): 1281–1302.

Revelt, D., and K. Train. 1998. Mixed logit with repeated choices: Households' choices of appliance efficiency level. *Review of Economics and Statistics* 80 (4): 647–657.

Shah, S. 2006. Motivation, governance, and the viability of hybrid forms in open source software development. *Management Science* 52 (7): 1000–1014.

Spaeth, S., M. Stuermer, and G. von Krogh. 2010. Enabling Knowledge creation through outsiders: Towards a push model of open innovation. *International Journal of Technology Management* 52 (3–4): 411–431.

Stuermer, M., S. Spaeth, and G. von Krogh. 2009. Extending private-collective innovation: A case study. *R&D Management* 39 (2): 170–191.

Tsai, W. 2002. Social structure of coopetition within a multiunit organization: Coordination, competition, and intraorganizational knowledge sharing. *Organization Science* 13 (2): 179–190.

von Hippel, E. 1988. *The Sources of Innovation.* New York: Oxford University Press.

von Hippel, E. 2005. *Democratizing Innovation.* Cambridge: MIT Press.

von Hippel, E., and G. von Krogh. 2003. Open source software and the "private-collective" innovation model: Issues for organization science. *Organization Science* 14 (2): 209–223.

von Hippel, E., and G. von Krogh. 2006. Free revealing and the private-collective model for innovation incentives. *R&D Management* 36 (3): 295–306.

von Krogh, G., S. Haefliger, S. Spaeth, and M. Wallin. 2012. Carrots and rainbows: Motivation and social practice in open source software development. *Management Information Systems Quarterly* 36 (2): 649–676.

von Krogh, G., and S. Spaeth. 2007. The open source software phenomenon: Characteristics that promote research. *Journal of Strategic Information Systems* 16 (3): 236–253.

von Krogh, G., S. Spaeth, and K. Lakhani. 2003. Community, joining, and specialization in open source software innovation: A case study. *Research Policy* 32 (7): 1217–1241.

West, J., and S. Gallagher. 2006. Challenges of open innovation: The paradox of firm investment in open-source software. *R&D Management* 36 (3): 319–331.

第 6 章　通过社群性组织实现创新民主化

艾曼努尔·福沙尔　多米尼克·弗雷

　　有些时候，产品的消费者或用户会成为创新者，我们将这一情况称为创新民主化。埃里克·冯·希佩尔指出，用户之所以会成为创新者，主要原因在于，将对创新有用的信息传递给产品制造商的成本过高，所以，当他们自身拥有完成创新所需要的能力时，更合理的选择是自己动手进行创新，而不是将创新任务外包给制造商（von Hippel，1994）。虽然这种涉及市场失灵的说法可以解释为什么用户要进行创新，但是它无法充分解释为什么用户会自发形成社群以完成创新。在不同的领域均会出现用户社群，例如在体育用品领域，但是，结构化程度最高的、最常见的还要数出现在软件开发领域的用户社群，在这一领域，用户社群得到了蓬勃发展。这些社群通常是由个体组成的非正式组织，其成员通过合作为产品创新贡献自己的力量，实现创新后，他们则能够免费使用创新产品。一些文献已经指出，用户社群、用户个体、制造商在创新中各自具有不同的优势（Baldwin and von Hippel，2011；Baldwin et al.，2006）。到目前为止，这类文献一般都只会主要关注多种创新方式中的一种，并对所关注的创新方式中存在的问题进行研究。

　　在本文中，我们提出了一个疑问，即这些用户社群是否有能力成为持续性的创新来源。在试图解开这一疑问时，我们从经济学的角度出发，将用户社群视为一种组织形式——"社群性组织"（communal organizations）——来加以研究，这类组织通过纵向一体化（vertical integration）使用户加入创新过程之中，用户则为改进自己购买和使用的产品而贡献力量。以此为分析框架，通过对导致用户参与纵向一体化的市场失灵问题，以及用户社群不得不面对的其他潜在问题进行分析，我们对用户社群是否有能力在经济活动中作为一种组织形式持续存在这一问题，提出了自己的观点。在分析中，我们对组织的制度进行了研究，并参考了有关合作性组织的文献。长久以来，很多这类文献记录了消费者参与产品生产或销售环节的情况。

<h2>6.1 从经济学视角看用户社群</h2>

我们认为，作为一种组织形式，"社群性组织"至少有两个显著特征。第一，用户—生产者是"社群性组织"的剩余索取权人[①]（the residual claimants）。第二，"社群性组织"在经济意义上的本质是以用户参与生产环节为形式的纵向一体化。

因为从大体上看，"社群性组织"是一种合作性组织，所以，它最重要的特征是"用户拥有、用户控制和用户受益"（Cook and Chaddad，2004）。事实上，"'社群性组织'与其他商业性组织的最基本区别是，前者由其成员所拥有和控制，并致力于使其成员而不是外部投资者获益"（Sexton and Iskow，1988）。因此，"社群性组织"的目标是使其成员的利益最大化，而不是使外部投资者的利益最大化，在这一点上，它恰恰与"由投资者所拥有的公司"（investor-owned firm，IOF）相反。

因为"社群性组织"具有以上特征，所以我们说其成员（用户）是该组织的剩余索取权人。作为"社群性组织"的所有者，他们有权获得组织活动产生的剩余收益。他们还拥有剩余控制权（the residual control rights），这意味着他们有权决定组织是否应该从事某类活动。这类组织所具有的这些合作性的、社群性的属性是它与 IOF 显而易见的区别。首先，"社群性组织"中并不存在所有权与控制权的分离，民主的决策机制规避了委托—代理问题。事实上，"社群性组织"的成员无须为那些习惯于向别人

[①] 剩余索取权人指拥有剩余索取权的个人。索取权是一种重要的财产权，而剩余索取权一般指对资本剩余的索取权。——译者注

发号施令的外部投资者工作，这一点正是这类组织所具有的一个关键特征。他们自己决定要通过合作生产什么样子的产品，以及如何进行生产。结果是，"社群性组织"虽然凭借自身的属性有效避免了代理成本（agency costs），但不得不承担（成员间的）相互监督成本（mutual monitoring costs）。

其次，"社群性组织"成员所能够获得的好处通常是共享性的。事实上，这种好处不是在创新活动开始前便预先约定好的经济收益，而是在创新活动结束后发放的由成员们共同努力而得到的有价值的产品。举例来说，在软件创新结束后，成员可以获得能够完全满足他们特殊需要的软件。因此，"社群性组织"生产出来的产品不仅为参与者提供了一种激励，也是对他们所付出的努力的回报。结果是，"社群性组织"通常不需要担心组织成员追求不同的目标或拥有不一致的兴趣导致的问题（如消极怠工问题），而需要关注成果具有共享性特征导致的问题（如搭便车问题）。

6.2 生产环节的纵向一体化

要想识别合作性组织（如"社群性组织"）与其他类型组织的区别，并弄清它们在经济运行中所起到的作用，就需要额外理解一个概念——纵向一体化……合作性组织在经济意义上的本质就是纵向一体化（Sexton and Iskow，1988）。

由用户创新者组成的"社群性组织"实际上是（出现时间更早的）由消费者组成的合作性组织的一种较新的类型。当然，作为消费者纵向一体化的一种表现形式，"社群性组织"的一体化程度更高，同时也更为少见，之所以这么说，是因为在该形式中，用户通过后向一体化参与到了生产环节的创新之中。"社群性组织"的出现与用户参与生产环节的创新息息相关，而这为我们思考以下两个问题提供了一个新的视角：用户参与这类组织的动机是什么？这类组织在经济运行中所起到的作用是什么？虽然促成纵向一体化出现的原因多种多样，但是过去的主流观点认为，市场失灵是其中一个最为重要的原因。有学者发现，在历史上，消费者曾经通过后向一体化参与到了零售或分销环节之中，他们这么做的原因主要是为了与经销商进行对抗（von Weizsacker，2001）。现在看来，"社群性组织"的出现也是为了应对两类市场失灵。在第一类情况下，市场势力（marketpower）与卖方垄断力（monopoly power）的存在似乎推动了纵向一体化。Linux 社群的真实案例表明，产品制造商针对用户做出的那些投机取巧和讨价还价的行为，直接促成了纵向一体化的出现。第二类市场失灵同样推动了用户通过纵向一体化参与创新。由于成本过高，产品制造商不可能完美回应每位用户的需求，因此，市场未能为所有的用户提供他们所需的产品。这种成本源自用户难以或无法以合理的成本将关键信息传递给制造商，从而使之可以了解自己的需求并设计出可以满足该需求的新产品（von Hippel，1994）。这一说法虽然解释了用户创新的动机，但无法充分解释他们为何要自发形成"社群性组织"。另外，还要指出，只有当创新流程足够复杂时，才需要多用户通过协作参与进来。

"社群性组织"的出现与用户通过纵向一体化参与创新的过程密切相关，这为我们思考这类组织的效率提供了一个新视角。事实上，经济学中有关交易成本（transaction costs）的理论教会了我们这样一个道理：假如在市场中采取某一行为的交易成本非常之高，而选择在组织内部采取这一行为可以显著降低交易成本，那么，从经济学角度出发，纵向一体化（从而使在组织内部采取这一行为成为可能）将是一个合理的选择（Williamson，1981）。因此，如果用户认为他们可以通过纵向一体化并依靠自己的力量完成一项创新任务，从而达到降低交易成本的目的，或者说，如果他们认为他们有能力自行组织起来完成一项创新任务，而不必在市场中寻求制造商的帮助，那么，他们就会选择成立一个"社群性组织"。这表明，"社群性组织"在以下两种情况下会被建立起来：第一是在用户面对高昂的交易成本的情况下；第二是当用户在开展某一活动方面具有优势时（例如，用户掌握着与这一活动的成败密切相关的关键知识信息），或者当用户拥有某些独特的资源，有能力在极具竞争性的条件下开展活动时（Barney，1991）。此外，只有当组建"社群性组织"所带来的回报高于投入时，纵向一体化对于"社群性组织"的成员来说才是一个合理的选择。换句话说，如果相比于将他们的时间或资源花在别的地方，成立"社群性组织"带来的回报更高，那么他们选择组建这类组织的可能性就更高。

综上所述，我们不难得出结论：在符合以下两个条件时，组建"社群性组织"这一选择对用户更有吸引力。（1）与在市场中采取某一行为相比，组建"社群性组织"具有更高的效率。（2）"社群性组织"给其成员带来的回报至少可以与他们的投入（以时间、金钱为形式）持平；也就是说，如果用户选择别的方式，要想获得同样的回报就不得不承担更高的成本。在现实情况下，用户们经常可以通过组建"社群性组织"获得更好的学习机会、更多的乐趣以及更高的社会地位。所以说，参与用户社群往往是获得更高回报的有效途径。

6.3 "社群性组织"：是昙花一现，还是持续存在

相关文献似乎存在一种共识，即为了达成某一目标而进行的合作往往是短暂的，而不是可持续的（Cook，1995；Royer，1999）。近一段时期，当被问及一种特殊合作形式（如农业合作）面对的挑战和机遇时，研究这一领域的两位著名学者特别谈到了持续合作所面对的问题（Cook and Chaddad，2004）。Fulton 指出，外部因素（例如，技术进步、成员的个人主义倾向）是合作的障碍。与此相反，Cook 则认为，内部因素（例如，产权划分不清）才是导致合作破裂的原因所在。"社群性组织"的确具备合作性组织的一般特征，但也具备一些独特的属性（具体而言，它们会对某一产品价值链进行整合，并以创新为目标，而不是以销售为目标）。下面，我们将进一步检验会对"社群性组织"的可持续性产生影响的外部因素和内部因素。

6.3.1 可能消失的市场失灵

首先，市场失灵就是一种可能不会持续存在的因素，它的影响最终可能会大幅减弱或不再明显，这种情况常常出现在由消费者组成的合作性组织身上：

即使在那个年代（19 世纪末），卖方垄断力和卡特尔的势力也会受到限制。地区性的卖方垄断者或卡特尔将促使市场中的买方力量团结起来并组建合作性组织。事实上，由消费者组成的合作性组织成功地制衡了卖方垄断者与卡特尔，而农业类的合作性组织则成功地限制了中间商的权力。在第二次世界大战结束后，随着消费者流动性的增强，产品分销环节也出现了竞争。由消费者组成的合作性组织不需要继续发挥制衡卖方垄断者与卡特尔的作用了，这类组织渐渐变得与普通零售商毫无二致（von Weizsäcker，2001）。

基于以上对那段历史时期的论述，我们有理由相信，导致"社群性组织"出现的市场失灵并不会始终存在。

正如上文所述，第一类市场失灵指的是，制造商利用自己拥有的市场势力，迫使消费者接受一个非竞争性价格。市场中现存公司对自身行为的调整或者市场结构的彻底改变，均会让这类市场失灵得到缓解或消失。举例来说，一家卖方垄断企业会放弃维持垄断价格，转而制订一个相对较低的限价，以应对由消费者组成的合作性组织所施加的压力。结果是，只有当新进入市场的合作性组织拥有成本优势时，它才能够与垄断企业展开竞争，并成为一个持久的竞争者。已有学者指出，只有那些拥有独特能力或独特资源的合作性组织，才可能拥有这种成本优势（Barney，1991）。在那些合作性组织看似可以长期存在的行业（软件制造业）中，这类能力可能来自高素质的软件工程师或充满激情的程序员，也可能来自虚拟平台的低运营成本。垄断企业也可能采取新的运营模式与合作性组织展开竞争。例如，它们可能会通过提供服务获利，而不再通过出售产品获利。真实的案例表明，一家拥有垄断地位的软件公司可能向消费者免费提供软件，然后通过提供安装和培训服务赚钱，或者通过软件定制服务赚钱。

传统制造商（非用户制造商）无法完美满足每位用户的需求，这便是第二类市场失灵，它也会导致"社群性组织"的出现和用户参与创新。无法以有效的方式将知识转化为可供传递的信息所带来的成本，部分地导致了这类市场失灵。而这类成本在未来的变化，将对这类市场失灵的持续性产生重要影响。信息和通信技术的发展已经有效降低了这类成本，但是，它将被降低到何种程度仍有待观察。制造商正在寻找从消费者那里获取更多信息的方法，例如，更频繁、更广泛地与用户进行在线交流。在一定程度上，随产品配送的工具包也可能被视为对消费者差异性偏好的一种回应，因为它可以帮助消费者根据自身的特殊需求对产品进行微调。

6.3.2 "社群性组织"所独有的低效率性

在本文的开头，我们曾经谈到，与其他类型的经济组织相比，"社群性组织"既有优点也有缺点。相关文献均倾向于支持这样的观点，即"社群性组织"的存在常常伴随着这类组织所独有的低效率性。就这一问题，Royer（1999）曾有过以下表述：

> 许多研究者将关注的重点放在了那些会给合作性组织及其成员造成不利影响的问题上，而这类问题是合作性组织所固有的（Vitaliano，1983；Caves and Petersen，1986；Porter and Scully，1987；Staatz，1987；Cook，1995）。……他们认为，一些内生的本质属性使合作性组织无法有效参与竞争，并且最终还会威胁到其生存。

总体上看，合作性组织——特别是"社群性组织"——固有的产权结构会导致一些问题（Jensen and Meckling，1979；Gross-man and Hart，1986；Hart and Moore，1990；Cook，1995）。对于一个"用户拥有、用户控制和用户受益"的"社群性组织"来说，成员所拥有的剩余索取权通常受限于其成员资格的存续时间。一般来讲，成员所能获得的效用，主要来自由社群创造的"集体产品"所带来的好处，而不是来自（为了加入组织所必须付出的）初始投资所带来的回报。在一些情况下，社群成员在加入时根本不需要付出这类初始投资。换句话说，由组织所创造的价值通常会以某种红利的形式进行分配，如有权以较低价格购买产品、免费使用软件等。组织成员的红利通常是不可转让的，在一些传统的合作性组织中，退出的成员将自动放弃属于自己的红利，也不保留任何剩余索取权。

根据新制度主义经济学的观点，以上这种属性会阻碍"社群性组织"与IOF进行竞争（Porter and Scully，1987；Royer，1999；Staatz，1987；Cook and Iliopoulos，2000）。第一，在成员参加组织并付出后，如果他们得到的回报存在时间上的限制，那么组织成员就要面对时限问题（horizon problem）。我们的观点是，在这种情况下，组织成员不得不承担一定的风险，即他们对组织的投资从长期来看可能无法得到回报。Porter和Scully（1987）相信，时限问题的出现，解释了为什么合作性组织无法像IOF那样获得长期投资，尤其是无形资产投资。第二，"社群性组织"的产权结构使其成员无法自由购买或出售自己所持有的权益，而这会导致投资组合问题（portfolio problem）。所以，"社群性组织"的成员无法像IOF的投资者那样，合理搭配自己的投资组合。此外，不管组织经营得如何，股本通常以账面价值返还，所以，除非组织被解散或出售，否则其成员通常无法根据自己的投资获得相应（将溢价计算在内的）回报，而这又强化了成员不追加投资的倾向。第三，在成员将组织委派给职业经理人团队进行管理的情况下，组织无法通过发放股权或认股期权的方式补偿或激励经理人，自然也就不能吸引和留住优秀经理人或对他们施加正面的影响（Harte，1997）。同时，自由买卖股权机制的缺失，还会导致组织成员失去监测组织经营状况和评价经理人表现的有效方式（Royer，1999）。

除了以上谈到的这些，民主化的管理模式和共享成果的特征，则会给"社群性组织"带来另一些问题。

第一点，"用户控制"的属性会给"社群性组织"带来影响力成本（influence costs），即组织中的某些成员或团体试图通过采取某些行为对决策施加影响。影响力成本分为两类，第一类是影响行为所带来的直接成本，第二类是由影响行为导致的决策失误所带来的成本。在相关研究中，学者们倾向于假设"社群性组织"要承担更高的影响力成本，特别是当其成员的利益出现分化时（Staatz，1987）。"社群性组织"还可能要承担更高的相互监督的成本（mutual monitoring costs）。显而易见，当成员的利益出现高度分化时，相互监督必然会带来一定的成本。如果成员之间频繁而复杂的沟通对于执行组织活动来说是必需的，那么相互监督问题将更加棘手。此外，如果成员之间的能力相差悬殊，那么相互监督的成本会更高，这要么是由前期的协调成本所导致的，要么是由后期的控制成本所导致的。"社群性组织"所采用的民主化管理模式还存在一个重要的潜在缺陷，即与 IOF 相比，决策制定通常要花费更长的时间，而且会导致组织规模的过分扩张。

第二点，共享成果的特征会导致搭便车问题，原因在于，当用户在事前就知晓无论如何都能得到与其他人一样的回报时，他们就会倾向于做出更少的贡献或进行更少的投资。然而，如果规定为组织做出更多贡献的成员有权获得更多回报，那么这一问题有可能得到缓解。与之相反，如果连非成员都可以分享组织所获得的成果，那么这一问题将变得更难解决。

基于以上讨论，我们给出以下论点：在具备以下两个条件的市场中，"社群性组织"更容易存活下来。（1）当先进入市场的公司难以进行策略调整以应对新进入市场的"社群性组织"提出的挑战时（此时，交易成本将保持在较高水平，而该市场的缺陷也将继续存在）。（2）管理模式的选择和组织成员所具有的属性能够有效减轻"社群性组织"面对的效率低下的问题（这使组织所承担的成本得到控制）。

以上两个条件清楚地解释了为什么"社群性组织"在软件市场中（举例来说）可以存活下来，甚至得到了蓬勃的发展：（1）"开源软件运动"对传统软件制造商的盈利模式提出了巨大挑战，但这些传统的软件制造商却无法在短时间内做出改变；（2）在软件行业的"社群性组织"中，成员的兴趣和技能具有明显的同质性，而这有效控制了组织所承担的成本，与此同时，虚拟平台的使用显著降低了组织对资本性投资的需求，现代化信息技术的普及则降低了成员之间的沟通和协调成本，而用户对产品的持续使用、高贡献成员获得的高回报、创新活动对协调的较低需求也对组织的发展有益。总的来说，尽管有问题（搭便车）存在，软件行业的"社群性组织"仍然有能力承担成本。如果说软件行业属于一个"社群类市场"，那么这种情况是否也会发生在汽车市场中呢？表6-1总结了"社群性组织"在存续过程中可能要面对的有利或不利因素。

表6-1　　　　　　　　　　"社群性组织"在市场中面对的问题

问题	如有利于"社群性组织"的存续，其应满足的条件	如不利于"社群性组织"的存续，其应满足的条件
市场缺陷	先进入市场的企业无法迅速做出调整	先进入市场的企业能够迅速做出调整
组织的低效率性	缓解（有利于"社群性组织"存续）	加重（不利于"社群性组织"存续）
时限问题	离开组织的成员依然可以从组织获得好处；组织进行活动不需要投资或只需要很少的投资	只有仍在组织中的成员才可以从组织获得好处；组织进行活动需要大量投资
投资组合问题	进入组织时不需要进行资本性投资	进入组织时需要进行大量资本性投资
控制问题	成员的兴趣相似；充分了解成员的技能；挑选有资格加入的人	成员的兴趣不同；不了解成员的技能；任何人都可以加入
搭便车问题	只有符合条件的成员才能分享组织所获得的成果；做出更多贡献的成员有权获得更多回报	所有成员都可以分享组织所获得的成果；做出更多贡献的成员也无法获得更多回报

6.3.3　"社群性组织"所独有的好处

尽管前面强调了合作性组织潜在的低效率性，但我们还是要指出，这些组织也可以为其成员提供一些在别处无法获得的好处，或者只有在付出更多的前提下才能从别处获得的同样的好处。举例来说，农业领域的合作性组织帮助农民获得了更多的话语权。参加开源软件项目的软件工程师则获得了创新带来的乐趣或能够完全满足他们需求的软件产品。有些学者甚至认为，为成员提供这类直接利益，对合作性组织的生存至关重要，这也说明，对抗市场失灵的职能从长期看并不足以支撑这类组织存续下去

（Fulton，1999）。Staatz（1987）曾做出这样的论断："相比于 IOF，农业领域的合作性组织拥有更高的效率，这可以在一定程度上抵消这类组织高昂的决策成本……农民们创立或加入这类组织的目的不仅仅是为了降低交易成本，还可能是为了尝试重新分配他们所重视的权力。"因此，对于这类组织而言，至关重要的不仅是在确定的产权结构下，实现效率最优，而且要关注如何找到（得到那些有控制权的成员认可的）全新的权力分配模式。此外，这类组织还有必要了解在何种情况下，其能够为其成员提供（在其他组织中无法得到的或需要付出更多才能得到的）回报。

这些独有的好处可以促使合作性组织的成员重新评估参与这类组织的价值，从而影响到这些组织本身的可持续性。换句话说，如果有足够多的个人希望获得这些独有的好处，那么即使这类组织所需要承担的成本（稍）高于 IOF，它们仍然有可能存活下来。我们从研究产品差异化的霍特林模型（Hotelling model）中得到启发，并结合 Fulton（1999）的相关研究，提出了自己的理论（见图 6-1）。该图的横轴代表了一个潜在的用户群体对一个"社群性组织"所能提供的独有好处的偏好。越靠近图左侧（更接近 1 的位置），则用户个体对这类独有好处的偏好越高；越靠近图右侧（更接近

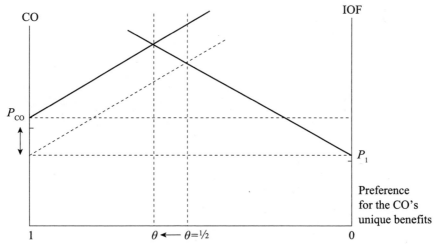

图 6-1　"社群性组织"与 IOF 的市场占有率

注：Preference for the CO's unique benefits——用户对于"社群性组织"所能提供的独有好处的偏好程度。

0 的位置），则用户个体对这类独有好处的偏好越低，这意味着他们更偏好 IOF 所能提供的其他类型的独有好处。对于恰好处于 θ 位置上的个体来说，是从"社群性组织"获得好处还是从 IOF 获得好处，无关紧要。左边的纵轴代表了"社群性组织"针对某一产品所提供的价格（P_{co}），右边的纵轴则代表了 IOF 针对同一产品所提供的价格（P_1）。在图中，我们将 P_{co} 定在了稍高于 P_1 的位置上（原因在于，若 P_{co} 比 P_1 高出许多，"社群性组织"将无法继续存在）。无论某一个体更偏好哪一类独有好处，我们均假设其偏好很强（表现为图中直线的斜率 λ 较大）。根据图 6-1 所展示的情况，我们可以得出如下论点：

用户对"社群性组织"所能提供的独有好处的偏好强度决定了在不同的价格水平上，该组织存续下去的可能性。只有当组织成员对该组织所能提供的好处非常看重时，或是无法从其他组织中获得同样的好处时，P_{co} 才有可能保持在稍高于 P_1 的位置上（价格劣势）。

6.4 "社群性组织"可能经历的发展轨迹

6.4.1 生命周期理论

许多合作性组织最终演变为受法律保护的新一代合作性组织（the new generation coop，NGC），这一情况支持了合作性组织的效率较低这一传统观点。在产权结构方面，与传统合作性组织相比，NGC 实现了很大的进步，而这也进一步说明产权结构问题导致传统合作性组织存在很大缺陷（Royer，1999）。进步之一便是，NGC 的成员有权自由购买或出售自己所持有的权益；另外，在 NGC 中，资本性投资往往与产品交付权挂钩。然而，与交付权挂钩的资本性投资也会给普通个体参与组织构成经济上的障碍，从这个角度看，NGC 也不是毫无缺点。

Cook 和 Chaddad（2004）认为，NGC 的出现，表明具有攻击性的合作性组织变得越来越常见了。具有攻击性的合作性组织的首要目标是增加其成员的资产价值（防御性的合作性组织则只致力于保护其成员的资产价值）。结果是，其成员在创立 NGC 时要进行资本性投资，并且"当他们以特定形式的资产（如无形资产）对组织进行投资时，他们的所有权结构会被重新调整"（Cook and Chaddad，2004）。因此，随着合作性组织的纵向一体化程度的加深，它们更深入地参与到了产品价值链的各个阶段之中，并逐渐从传统形式向 NGC 转变，以便重新调整产权结构与它们使用、控制、投资的激励机制，以及利益分配之间的关系。NGC 的出现证明了"用户利益与投资者利益之间的冲突"的确存在（Cook and Chaddad，2004）。换句话说，如果贡献高的成员只需要承担较低的机会成本（此处以时间而不是金钱衡量成本，指时间的机会成本很低，例如，成员只需要利用业余时间参与活动）便可以获得较高的回报，那么以下情况就将持续下去，即组织成员的贡献存在差异性而成果却有共享性。在其他情况下（当成员必须要承担高机会成本或组织无法提供有吸引力的独有好处时），贡献差异性与成果共享性将无法共存。

生命周期理论也可以被用来解释传统合作性组织向 NGC 的转变。一些学者指出，虽然合作性组织在最初出现时能够解决市场中的一些经济问题，但它们最终都会迫于强大的竞争压力而退出市场或进行重组（Royer，1999）。根据 Cook（1995）的模型，在阶段 1 时，合作性组织出现并解决先进入市场的公司无法解决的投机问题和套牢问题（holdup），然后，它如果能成功弥补由市场失灵所导致的负面经济影响，就将存活下来并进入阶段 2。然而，为了应对新进入市场的合作性组织，先进入市场的公司会采取措施并降低价格。在这一阶段（阶段 3），组织成员需要更加谨慎地考虑选择合作性组织而不是其他公司这一行为带来的短期成本。在组织刚进入市场并充满热情地"打击卖方垄断和买方垄断"时，这类成本通常不易被注意到，但现在，它已经不容忽视。正是产权结构上的模糊定义导致了这类成本的出现。而定义上的模糊还会引起有关剩余索取权和决策权的冲突——特别是当合作性组织的内部结构日趋复杂时。在阶段 4 时，组织成员会日益关注这些问题并开始讨论可行的解决途径：退出市场、继续坚持或做出改变。在阶段 5 时，组织成员会就这三种解决途径做出选择。基于相似的理论，在 Harte 的生命周期模型中，合作性组织最初作为一种能消除或降低市场失灵的"工具"而出现。然而，随着市场失灵得到缓解，以及先进入市场的公司做出了合理的调整，人们对这一"工具"的需求逐渐降低了。合作性组织在生命周期中所处的位置，将取决于特定市场的动态。只有在市场失灵长期存在的情况下，合作性组织才能长期地存活下去。

Fulton（1999）指出，只有当合作性组织为其成员提供的回报在别处无法获得时，或是当它从被创建出来起便一直具有攻击性时，或是当它最终会转变为具有攻击性的状态时，它才可能长期存在。以下便是 Fulton（1999）的表述：

由于在合作性组织最初成立时希望解决的市场失灵问题已经被解决，其成员的忠诚度将会下降，这时，组织面对着三种选择：第一，解散或将自己出售给其他公司；第二，采取策略成为市场中的低成本"玩家"；第三，找到并拥有某些与众不同的点，从而实现差异化。实现差异化的一条有效途径便是进入一个新的（不需要与 IOF 开展竞争的）产品领域。

举例来说，在甜菜种植行业，NGC 成功取代了 IOF（Harris et al.，1996）。然而，生产具有差异性的产品的成本很高，因此，传统的合作性组织无力承担这么高的成本，所以一般并不会采取差异性策略（Rogers and Marion，1990；Fulton，1999）。"即使这类组织（NGC）的产权结构允许其成员从其经营中直接获得收益，但是，相对较小的规模、对留存收益的依赖、对债务融资的需求也会导致它们无法采取这样的方式。"（Fulton，1999）

6.4.2 "社群性组织"进入发展轨迹每个阶段的时间

根据上文的论述，我们可以得出以下论点：

"社群性组织"在其发展轨迹中所处的位置主要取决于该组织（与市场中的 IOF 相比）在经营成本方面的承受能力与市场失灵的严重程度，以及它为其活跃成员提供独有好处的能力。

因此，当"社群性组织"无力承担过高的经营成本时，或是它无法为其活跃成员提供独有好处时，它都只能选择退出市场。在这种情况下，它也可以作为一个"爱好公司"[①] 而存在。而当它具有经营成本优势，并且能够为其活跃成员提供独有好处时，它便会得到发展，并与 IOF 一同存在于市场中。当它不但具有经营成本优势，还能够为其活跃成员提供独有好处，并且市场失灵持续存在时，它将蓬勃发展。以上提及的这些因素都会影响"社群性组织"与 IOF 展开竞争的能力。在表 6-2 中，我们结合这几个因素，总结了该组织可能经历的发展轨迹。

表 6-2　　　　　　　　"社群性组织"可能经历的发展轨迹

	市场失灵持续存在	市场失灵消失
"社群性组织"的经营成本大于 IOF 的经营成本	"社群性组织"转变为 NGC/"社群性组织"转变为 IOF	"社群性组织"消失或以"爱好公司"的形式续存下来/"社群性组织"消失
"社群性组织"的经营成本小于或等于 IOF 的经营成本	"社群性组织"蓬勃发展	"社群性组织"存续下来并与 IOF 共存于市场之中
	"社群性组织"能够提供独有好处/"社群性组织"无法提供独有好处	"社群性组织"能够提供独有好处/"社群性组织"无法提供独有好处

表中的哪一种情况更可能出现，是我们要讨论的下一个问题。对于传统的消费者合作性组织来说，由于先进入市场的公司为了与它们进行竞争而做出了调整，且市场情况的变化加剧了竞争的强度，所以市场失灵已经得到了很大缓解，但这些防御性的合作性组织无法为其成员提供独有好处。与传统的合作性组织相比，现在我们所讨论的合作性组织更深入地参与到了产品价值链的各个环节之中，它们已经吸取了历史教训，并成为更具进攻性的组织。现在回到我们的问题：表中的哪一种情况更可能出现？先进入市场的公司是否可以应对这类组织的竞争？这类组织与 IOF 相比，需要承担更高的、更低的还是相等的经营成本？为大

---

① 此处，作者应该是想表示，在这种情况下，其成员参与"社群性组织"完全是出于个人喜好，例如，有共同爱好的人会组成一些小团体。——译者注

众所熟悉的这类组织通常出现在软件开发行业，或是以百科类网站等形式出现。对于这些组织而言，由于具有开放性的特点，所以它们已经能够摆脱纷繁复杂的各类成本的桎梏。它们具有以下优势：仍然允许已经离开组织的成员继续从组织中获益；进入成本非常低（不需要成员进行过高的投资），从而缩小了投资与回报之间的矛盾；以极低的机会成本吸引成员（通常成员只需要在空闲时间参加组织活动）；使用在线平台，从而最大限度地减少活跃成员之间的沟通和协调成本；在实现创新的过程中，很少需要贡献者进行过多的协调。但是，有多少市场具备条件，可以让"社群性组织"建立起所有这些优势？在那些需要高额前期资本投资的市场，比如汽车行业，"社群性组织"是否能够存续并坚持下来？在这样的市场中，"社群性组织"如何才能解决投资上的异质性与成果上的共享性所带来的问题？

最后要提的一点是，"社群性组织"向前组织成员甚至非组织成员开放并提供好处往往会导致搭便车问题，但如果活跃的现成员拥有选择性的好处，如有权决定软件开发的方向（Harhoff et al.，2003），那么搭便车问题将得到缓解。获得乐趣、获取知识、向他人展示自己的能力、帮助他人而得到的满足感等，都是"社群性组织"能够提供给其成员的好处，并且这些好处往往很难在其他地方获得，所以这些好处也算得上是独有好处。但是，关于这一点，同样有问题摆在我们面前：是否在所有市场中，"社群性组织"都能提供这些好处？或者只有在那些"社群性组织"已经建立并存续下来的市场中，它们才能提供这些好处？

6.5　结论

在本文中，我们表达了自己的观点。鉴于"社群性组织"是合作性组织的一种形式（Rey and Tirole，2007），因此，针对它们的研究将帮助我们探寻用户社群以及创新民主化在未来的发展趋势。消费者合作性组织的出现与最终消费品市场中存在的市场失灵有关，而由于存在与产权结构相关的问题，许多这类组织最终都会退出市场或改变组织形式。相较于 IOF，"社群性组织"需要承担更高的（由产权结构所导致的）成本，而这甚至可能压垮这类组织。

在本文中，我们试图找出可能对"社群性组织"的发展产生影响的因素。我们认为，市场失灵的持续性、组织降低经营成本的能力、为其用户提供独有好处的能力是决定"社群性组织"在市场中存续、发展的重要因素。但是，当人们试图通过"社群性组织"实现创新民主化时，摆在他们面前的一个重要问题就是，是否所有市场都满足创建"社群性组织"并使之存续下去的条件？举例来说，当进入某一市场时，由于资本性投资的需求非常低，甚至不存在，所以"社群性组织"需要承担的大部分成本都可以得到有效降低，那么，在这样的市场中，这类组织就更容易存续下去。通常情况下，它们具有以下特征：其成员需要承担的机会成本很低，其创新产品存在无形性特征，其成员之间完全依靠虚拟手段进行沟通，其创新产品的生产实现了高度模块化。如果组织在生产创新产品的前期需要大量资本性投资，如果其成员之间需要进行面对面的交流，如果（由于其成员不具备能力）组织需要雇用具备能力的人员，那么，合作性组织还能否存续下来？

最后，相较于传统意义上的消费者合作性组织，"社群性组织"更具有攻击性，因此，从一开始，它们就拥有创造差异性产品或创新的优势，这使得它们的存续能力更强，而防御性的合作性组织主要是为了应对市场失灵而存在的，一旦市场失灵消失，它们将很难存续下去。

参考文献

Baldwin, Carliss, and Eric von Hippel. 2011. Modeling a paradigm shift: From producer innovation to user and open collaborative innovation. *Organization Science* 22 (6): 1399–1417.

Baldwin, Carliss, Christoph Hienerth, and Eric von Hippel. 2006. How user innovations become commercial products: A theoretical investigation and case study. *Research Policy* 35 (9): 1291–1313.

Barney, Jay. 1991. Firm resources and sustained competitive advantage. *Journal of Management* 17 (1): 99–120.

Caves, Richard, and Bruce Petersen. 1986. Cooperatives' shares in farm industries: Organizational and policy factors. *Agribusiness* 2 (1): 1–19.

Cook, Michael, and Fabio Chaddad. 2004. Redesigning cooperative boundaries: The emergence of new models. *American Journal of Agricultural Economics* 86 (5): 1249–1253.

Cook, Michael, and Constantine Iliopoulos. 2000. Ill-defined property rights in collective action: The case of US agricultural cooperatives. In *Institutions, Contracts and Organizations: Perspectives from New Institutional Economics*, ed. Claude Ménard. 335–48. Cheltemham, UK: Edward Elgar.

Cook, Michael. 1995. The future of US agricultural cooperatives: A neo-institutional approach. *American Journal of Agricultural Economics* 77 (5): 1153–1159.

Fulton, Murray. 1999. Cooperatives and member commitment. *Finnish Journal of Business Economics* 48 (4): 418–437.

Grossman, Sanford, and Oliver Hart. 1986. The costs and benefits of ownership: A theory of vertical and lateral integration. *Journal of Political Economy* 94 (4): 691–719.

Harhoff, Dietmar, Joachim Henkel, and Eric von Hippel. 2003. Profiting from voluntary information spillovers: How users benefit by freely revealing their innovations. *Research Policy* 32 (10): 1753–1769.

Harris, Andrea, Brenda Stefanson, and Murray Fulton. 1996. New generation cooperatives and cooperative theory. *Journal of Cooperatives* 11: 15–28.

Hart, Oliver, and John Moore. 1990. Property rights and the nature of the firm. *Journal of Political Economy* 98: 1119–1158.

Harte, Laurence N. 1997. Creeping privatisation of Irish co-operatives: A transaction cost explanation. In *Strategies and Structures in the Agro-Food Industries*, ed. Jerker Nilsson and Gert van Dijk, 31–53. Assen: Van Gorcum.

Jensen, Michael, and William Meckling. 1979. Rights and production functions: An application to labor-managed firms and codetermination. *Journal of Business* 52 (4): 469–506.

Porter, Philipp, and Gerald Scully. 1987. Economic efficiency in cooperatives. *Journal of Law and Economics* 30 (2): 489–512.

Rey, Patrick, and Jean Tirole. 2007. Financing and access in cooperatives. *International Journal of Industrial Organization* 25 (5): 1061–1088.

Rogers, Richard T., and Bruce W. Marion. 1990. Food manufacturing activities of the largest agricultural cooperatives: Market power and strategic behavior implications. *Journal of Agricultural Cooperatives* 5: 59–73.

Royer, Jeffrey S. 1999. Cooperative organizational strategies: A neo-institutional digest. *Journal of Cooperatives* 14: 44–67.

Sexton, Richard, and Julie Iskow. 1988. *Factors critical to the success or failure of emerging agricultural cooperatives. Report for the US Ministry of Agriculture. Giannini Foundation Information Series 88–3*. University of California.

Staatz, John M. 1987. Farmers' incentives to take collective action via cooperatives: A transaction cost approach. In *Cooperative Theory: New Approaches*, ed. Jeffrey Royer. ACS Service Report 18. 87–107. Washington, DC: US Department of Agriculture.

Vitaliano, Peter. 1983. Cooperative enterprise: An alternative conceptual basis for analyzing a complex institution. *American Journal of Agricultural Economics* 65 (5): 1078–1083.

von Hippel, Eric. 1994. Sticky information and the locus of problem solving: Implications for innovation. *Management Science* 40 (4): 429–439.

Von Weizsäcker, Christian. 2001. Conference communication.

Williamson, Oliver. 1981. The modern corporation: Origins, evolution, attributes. *Journal of Economic Literature* 19 (4): 1537–1568.

第7章 当埃里克·冯·希佩尔的创新理论遇上互联网化环境：分散式创新模式的机遇

尤查·本科勒

埃里克·冯·希佩尔对创新研究做出的独特贡献在于，他发现了用户在创新过程中所发挥的重要作用。甚至早在经济和社会实现互联网普及之前，他就提出了关于创新的有见地的理论。最初，他提出的理论建立在对科学仪器制造领域的研究经验之上，很快，他的研究领域拓展到了材料创新领域。通过对这些领域的案例进行研究，他提出了自己的核心观点：在某一特定领域或环境中的创新者所掌握的知识是完成创新的基础，这些知识包括用于满足创新需求和克服挑战的知识，以及用于进行创新实验的知识。除此之外，埃里克·冯·希佩尔还提出了其他一些能够影响创新取得成功的因素，包括特定创新环境下的需求和挑战、创新环境的高度多样性，以及在创新过程中对大量实验的需求，这些影响因素具有持久性和稳定性，它们在互联网普及之前就已经存在了，并且日后会继续存在。相比于以互联网为基础的创新，在实体世界中，各个复杂领域中的创新者本就不多，并且，他们的创新成果也很难得到广泛传播。此外，由于这些创新者之间的沟通较少，所以他们在创新过程中的重要贡献也很容易被人们忽视。事实上，在这个时代，想要复制爱迪生式的发明模式，是很困难的，像爱迪生一样的专业的商业化创新者，通常会将所有的资金用在实验上，全力寻求最优解决方案，然后为自己的创新成果申请专利保护，最后将之卖掉（虽然这样描述爱迪生的发明历程有失公允，但这里主要强调的是一种创新模式，而非针对爱迪生个人）。

从埃里克·冯·希佩尔发表第一篇有关科学仪器领域的用户创新的文

章算起，大约 25 年后，微软公司内部泄露了一份有关 Linux 的文档，而这起事故威胁到了微软在行业内的统治地位。美国电话电报公司（AT&T）曾经不得不面对反垄断诉讼，甚至存在被迫拆分公司的可能性。现在，这起泄露事故给微软带来的威胁使其也面临着类似的境况。这份被称为"万圣节备忘录"（Halloween Memo）的内部文档的泄露，标志着一个转折点的到来，它使公众——至少是商界——开始重新审视分散式用户创新的合理性和可行性。如果分散用户能够依靠未受到专利保护的软件模型，开发出新的操作系统，从而挑战 Windows 的统治地位（四年前，IBM 开发的 OS2 操作系统对 Windows 的挑战以失败告终），那么，新的时代也许就到来了。

1976—1998 年，用户创新逐渐发展成为创新领域的核心，这归因于以下两个重要转变。首先，在各类产品的"制造"和"分配"环节中，一些高科技设备——如电脑、照相机、录音设备等——逐渐得到普及。过去阻碍用户创新者将自己的创新成果推广至全世界的"壁垒"被这一趋势打破。其次，用户开展相互合作与沟通的能力也发生了巨大的转变，尤其是在创新内容和实验结果方面的沟通与合作。正是因为这一转变，用户通过群体性的、协作的方式使开发创新的能力得到加强，他们不需要像过去一样，单纯依靠个人的力量和知识水平独自完成创新。在信息化社会（以软件、新闻、图片、视频等为媒介传递信息）中，对于许多产品的开发者而言，拥有在他人创新的基础上进行再创新的能力，以及拥有"制造和分配"首个原型品的能力，是非常重要的，这种能力组合不但有助于实现用户创新，还有助于这种创新模式在网络化、信息化的社会中得到更大程度的发展。

在不久的将来，用户创新这一创新模式将继续发挥核心作用，它将取代自人类进入工业时代之后便一直扮演核心角色的，以机构为载体而进行的研发与设计（R&D）创新模式。为了支持这种模式下的广泛的实验与创新，需要一种全新的创新体系，此体系要完全不同于以往或目前存在的任何创新体系。在这个全新的创新体系下，无论是药物开发的高新技术还是好莱坞的明星经济模式，都将得到前所未有的发展。在这个过程中，我们需要的是强大的研究豁免权，而不是严格并强效的专利制度。在这种情况下，在创新领域，自由使用权比先用权（占用权）更重要。

7.1 需求和激情是发明之母；详细的信息和反复的实验是发明之父；而利润是发明的指引者吗？

埃里克·冯·希佩尔取得了一些令其他学者望尘莫及的成就——在一个与人类相关的基础性问题上，他做出了连续的、显著的，并且具有唯一可辨认性的贡献。随着时间的推移，人们越发清晰地意识到，发明和创新是满足物质需求的核心。半个多世纪以来，我们对创新这一话题已经有了一些了解。创新代表的不是高效率，也不是产品优化，它是（个人或公司）成长与发展的主要动力。创新领域存在这样一个传统观点，即大公司会利用创新来寻找市场并尝试垄断这个市场，但紧随其后进入市场的小企业（如果市场未被垄断的话），通常可以使创新进一步优化。此外，另一个传统观点指出，组织应避免走向过于僵硬的结构化，应注重构建创新的激励机制，并充分发挥组织财产和公共资金在推动创新市场化方面所能起到的作用。阿罗（Arrow）对公共产品的分析与德姆塞茨（Demsetz）对产权的研究都强化了以上观点。在有关知识产权法的研究领域内，第二种传统观点发挥着重要作用。而第一种传统观点在创新经济学领域受到了推崇，一些由其衍生出来的颇有见地的观点，常被用来解释科学与技术的关系以及创新活动的动力来源。

埃里克·冯·希佩尔的研究结果揭示出一个主要的创新源泉，但是，该创新源泉与以上两个传统观点并无关联。埃里克·冯·希佩尔的观点与新熊彼特派学者（neo-Schumpeterian）的最新观点的主要区别在于，前者的研究重点不是发生于（在不同市场环境下经营的）公司内部的创新，而是公司外部的个人用户和群体用户的创新，这些用户被认为是创新的引擎。埃里克·冯·希佩尔的观点与其他观点的主要区别在于，他研究的重点并不是存在于组织内部的创新激励，也不是知识产权在创新领域扮演的角色。

他指出，创新动机在很大程度上来自使用需求，而在研究创新时，最重要的任务是记录下创新的实际过程，并且始终意识到一点——创新是由需求和使用经验引发的。

埃里克·冯·希佩尔发现了一个在整个创新体系中占有绝对重要地位的创新类型，但是，该类型在之前的创新研究中却从未被发现。在他于1976 年发表的关于科学仪器的文章（von Hippel，1976），以及之后的几十个案例研究和两本主要著作中，埃里克·冯·希佩尔都对活跃于这个新的创新类型中的创新者进行了描述，而当时其他研究者都未发现这一类创新者。此外，埃里克·冯·希佩尔还指出，这类创新者比其他创新者具有更强的发明能力和创新性，这类创新者就是用户。用户可以指最终使用创新成果的个人或公司。这些用户在其他理论中，常被认为是最终产品的消费者。他们最多只会从消费者的立场出发对产品的改进提出建议，却从未被看作一个重要的发明来源。主流观点认为，创新既不会被激励机制影响，也不会被市场结构影响，（侧重于特定领域或特定背景的）知识和机会才是推动创新得以实现的真正因素。

对于用户创新者来说，需求与激情才是激发创新的因素。在一些例子中，农民的灌溉系统或者医生的医疗设备，都是在需求的驱动下才得到改进的。而在另一些例子中，发生在极限运动领域中的创新则是受到激情驱动的。创新成本对这些因素的影响并不大。在这些因素的驱动下，用户并不会特别有针对性地开发某些具有明确上市时间的产品，也不会吝啬地不愿分享自己的创新成果。此外，这些因素还会推动创新用户个体相互学习，帮助他们不断改进彼此的创新。然而，在研究知识产权制度的文献中，我们无法找到对需求和激情如何推动创新的有价值的分析。实际上，通过排他性的方式——无论是垄断还是专利特许权——来获得利润，既无法推动创新，也不会对创新产生任何积极的影响。如果说这些排他性的方式会对创新产生一些影响的话，那也是负面的，对于创新的改进，以及新一代创新的出现而言，它们是一种阻碍。我认为，针对市场与企业的研究，对于发现创新的动力而言，并不具有启发性，只有开展针对用户创新者的研究，才是发现创新影响因素的有效途径。

需求和激情可能会激发用户的创新潜能，但是，对于那些致力于向消费者销售创新产品的用户创新者来说，二者并不能为其提供比较优势。用户创新所具有的两个鲜明的特点才是用户创新者拥有的两大优势：第一，创新用户拥有关于产品需求和用途的知识；第二，创新过程中需要反复进行实践性的实验。埃里克·冯·希佩尔指出，用户创新者拥有的最主要的一个优势在于，他们比普通创新者掌握更多的特定领域的知识。事实证明，相比于那些能够被公司研究的事物来说，人类的行为和需求存在更明显的个体差异性且难以捉摸。对于公司来说，真实的产品使用环境太过多样化，也太过复杂，因此是难以被识别和研究的。埃里克·冯·希佩尔的创新理论指出，用户创新者在创新的最初阶段会先扮演需求的"探测器"角色。这些用户需求在被明确地加以表述并传达给第三方之前，通常已经存在很长一段时间；在常见的分析模型中，这里说的"第三方"指的就是那些典型的创新型公司。因此，在创新型公司获取有关用户需求的信息之前的很长一段时间里，创新用户有机会尝试解决自己的问题或满足自己的需求。此外，在现实世界里，每种产品的使用环境都是存在差异的。试图了解某种产品的使用环境，实际上是一个典型的信息传播问题。这些与需求相关的信息是隐性的，或者是不明确的，很难被完全整理出来，并传递给潜在的创新型公司。一方面，即使创新型公司一开始就掌握了用户的需求信息，想要将它们再传播给处在产业链下游的其他创新者和用户也并不容易，更何况这些公司并不是需求信息的原始持有者。另一方面，不难推断出，最初掌握这些需求信息的正是那些会从创新成果中受益的人，但是，这些人在将自己掌握的信息传递给创新型公司（位于产业链上游）时，也要面对不小的困难。（一旦我们认识到用户不仅是创新的来源还是创新成果的最终使用者，关于"上下游"的说法就不再适用了。在这种情况下，创新流程变成了一个闭环系统，而不再是一条由上而下的产业链。）

用户创新的第二个特点是在其过程中创新者需要进行反复实验。用户创新者可以使用自己的工具在自己的环境中工作，设计出创新成果的早期的模型，并对其进行反复调试，直至它能够正常运行或被使用。此外，由于用户的工作是彼此独立的，对于同一个问题，每个人都有着自己的解决方案，单一用户的实验失败并不会影响其他实验结果（但是，不得不说，实验失败对于个体用户来说，还是难以接受的，因为失败的实验无法给这位用户带来任何价值，这一点从有关山地自行车或者滑板的案例中可以看出）。与基于市场调研的、有计划的研究相比，这种普遍的、彼此独立的、相对低成本的用户创新实验体系与生物进化的模式更为相似，该体系很有可能会对消费者的需求产生影响。

在埃里克·冯·希佩尔的研究中，当创新快要完成的时候，公司就会参与进来。在这个阶段中，公司需要让创新成果更具专业性和标准性，然后对其进行包装并制订出一个有条理的流程计划，以推动创新成果的传播。在将创新成果转化成消费产品或可供用户使用和购买的标准化产品方面，公司发挥了关键的作用。但是，在广泛的真实案例中，公司并不是创新的主要来源，埃里克·冯·希佩尔和他的许多同事已经对这一观点进行了阐述与证明。

7.2　当埃里克·冯·希佩尔的创新理论遇上网络化环境

埃里克·冯·希佩尔认为，一方面，创新受制于创新的成本或实验的成本，另一方面，创新还受制于用户创新者之间的沟通成本。使用根据需求制造的工具和机器构建、修改、扩展成果和进行实验，能够降低创新的成本。用户创新者在这方面做得越好，他们通过合作所能完成的创新也就越多。此外，用户创新者之间的交流越多，他们相互分享的实验成果也就越多，也就越有利于建立彼此之间的合作关系，使创新变得更加高效。数字化、互联网化的趋势有利于低成本创新与合作创新的实现。首先，在以软件开发为代表的众多领域，计算机辅助设计可以加快创新进程并降低创新成本。即使创新对象是物化的，计算机的使用仍然可以降低构建和运用创新成果及对其进行测试和实验所需要花费的成本。其次，更重要的是，互联网化的环境允许用户相互连接，在这种情况下，用户可以相互分享他们的产品需求和实验结果，最终，还会相互分享他们的解决方案。开源软件的开发是对这一点最清晰的说明。当埃里克·冯·希佩尔在二十年前公布他的早期研究成果时，没人会想到他的理论可以解释免费软件开发的兴起。他在互联网化的环境还未出现的时候，就已经提出这一经典理论。

埃里克·雷蒙德（Eric Raymond）[①] 指出（Raymond，2000），开源软件的开发，解决了当时软件开发者们迫切希望解决的问题，这正是用户创新者以需求为导向进行创新的例子。在开源软件领域，软件缺陷报告（bug reporting）的使用，相当于以用户的角色去识别广泛而多样的需求，以及需要解决的潜在问题。那句"所有的软件缺陷都是易于解决的"意味着，只要有足够多的用户为解决某一个软件缺陷而努力，那么一定会出现一位用户在某一时刻解决了这一缺陷，然后，从那时起，这个解决方案将得到推广。在数字化、互联网化的趋势下，埃里克·冯·希佩尔开始将研究重点转到用户创新的合作和用户社群方面，而不再仅仅关注个体用户在自身需求方面所特有的信息优势。

以合作为基础的创新和创造性实践，特别是在互联网环境中进行的合作产品开发，与埃里克·冯·希佩尔的研究成果完美契合，这一点并不出乎我们所料。在互联网出现之前，当创新实践是由农民、外科医生和建筑承建商完成的时候，它们通常都很难被观察到。但是，现在，互联网的出现帮助我们加深了对它们的了解。自 1976 年埃里克·冯·希佩尔首次提出用户创新理论，至 21 世纪的第一个十年，这期间出现了两个关键性的转变：（1）在各类产品的"制造"和"分配"环节中，一些高科技设备——如电脑、照相机、录音设备等——逐渐得到普及。过去阻碍用户创新者将自己的创新成果推广至全世界的"壁垒"被这一趋势打破。（2）用户开展相互合作与沟通变得更加容易了，他们交换着有关创新的信息和产品改进的成果，以及在头脑风暴中产生的创意和解决方案。在这一过程中出现的用户社群，极大地提高了以用户所掌握的知识为基础而进行的创新的效率，并减少了不同个体实验

---

① 埃里克·雷蒙德，美国著名的计算机程序员，是"开源软件运动"的旗手，同时，也是开放源代码促进会（Open Source Initiative）的主要创办人之一。——译者注

者在重复发明同一类产品时发生的资源浪费。在信息化社会（以软件、新闻、图片、视频等为媒介传递信息）中，对于许多产品的开发者而言，拥有在他人创新的基础上进行再创新的能力，以及拥有"制造和分配"首个原型品的能力，是非常重要的，这种能力组合不仅有助于实现用户创新，还有助于这种创新模式在网络化、信息化的社会中得到更大程度的发展。

7.3 对于创新而言，自由使用权比先用权更重要

用户创新模式带给创新体系一项至关重要的影响——它强调了自由使用权比先用权更为重要。在提及"自由使用权"时，我指的是一种法律特权，拥有该权利的人在某些特定的范围内拥有技术的使用权，但是，这里所说的特权并不是一般意义上的利用法律强迫他人采取或放弃行动的权利。而这里谈到的"先用权"，指的是一种法律机制，该机制旨在利用法律的力量，防止其他人采取某些可能会损害某个人的即成利益的行动。这两个概念涉及相关的法律，尤其是有关知识产权法的问题；还涉及创新的标准流程并强调了创新成果的开放标准。此外，它们还涉及对互联网、平台和手机应用的控制，并指出：想要掌控创新成果使用权的人越多，参与用户创新的人就会越少。

在这里，我并不打算展开论述。但是，我在下文中所论述的内容，将让读者明白，从先用权到自由使用权的转变，对于用户创新模式来说究竟意义何在。

7.4 专利权

7.4.1 广泛的"实验使用例外原则"

在美国，"实验使用例外原则"（Experimental Use Exception）[①] 早已存

[①] "实验使用例外原则"并没有出现在美国的成文法规中，而是依据相关判例逐渐发展起来的。该原则通常指：以研究和实验为目的且不以营利为目的地使用或改进他人的专利发明的行为，不构成侵权行为。——译者注

在。并且，长期以来，评论家们都认为，法院并未严格地执行这一豁免原则。2002 年，在"麦迪（Madey）诉杜克大学（Duke）案"中，美国联邦巡回上诉法院的判决证实了评论家们的担忧，法院对"实验使用例外原则"做出了狭义的解释，使其实际上变得毫无意义。[1] 但是，颇具讽刺意味的是，当美国联邦最高法院（Supreme Court）对另外一个可能需要获得联邦药品管理局（Federal Drug Administration）批准的、有关医药产品的实验进行豁免裁决时，却又执行了该原则。[2] 并且，在这次判决中，法院甚至没有援引任何一项成文法律作为支持。法院的判词具有足够的灵活性，使"实验使用例外原则"的覆盖面得到了明显的扩大。当前，我们的确需要通过司法修订对该原则的覆盖范围进行界定。对"比尔斯基（Bilski）案"的判决显示，在商业方法专利和软件专利方面，美国的各级法院可能已经准备对专利法进行重新解读，使其更有利于自由使用权，而不是先用权。[3]

专利法规中找不到直接与用户创新相关的内容，"实验使用例外原则"则恰巧弥补了这一缺陷，它对专利法规进行了最清楚、最必要的重新解读，这对于判决与用户创新相关的案件，起到了很重要的作用。当我们将目光从（被看作创新来源的）销售专利产品的公司，转移到（被看作创新合作开发者的）最终用户时，一些情况就变得清晰起来。首先，许多看似存在违反专利法行为——基于现有创新技术进行再创新，或者正在进行与现有专利技术相似的创新——的人，其实是创新生态系统的重要组成部分。一些存在搭便车行为的人跟随领先的创新者进入某一市场，并没怀有什么不好的打算。这些人之所以会做出这些看似违反专利法规的行为，是因为目

---

① Madey v. Duke，307 F. 3d 1351（Fed. Cir. 2002）.

② Merck KGaA v. Integra Lifesciences I，Ltd.，545 US 193（2005）.

③ 根据 Bilski v. Kappos，130 S. Ct. 3218，561 US ＿，177 L. Ed. 2D 792（2010）的描述，美国联邦最高法院推翻了联邦巡回上诉法院对在商业方法专利和软件专利方面的开放性进行限制的判决。美国联邦最高法院对缩小商业方法和软件的专利范围的判决并没有异议；事实上，大法官史蒂夫斯（Stevens）赞同彻底地、完全地撤销商业方法专利，但是，他认为联邦巡回上诉法院在审理此案时使用的方法太过机械。虽然美国联邦最高法院并没有废除联邦巡回上诉法院重新提出的新的执行标准，但是从二者的意见中可以看出，缩小专利的覆盖范围是有道理的。更具体的讨论应围绕范围缩小的程度来进行。对于这一问题，我们可能会在未来几年内找到答案。

前存在于市场之中的产品并不能满足他们的需求，他们希望利用现有的技术进行产品的再创新，以解决自己在使用需求方面的问题。因此，他们基于现有的专利技术进行的实验是具有前瞻性的实验，并将推动新一代创新成果的产生。对于这些实验创新者来说，任何形式的专利使用费用，或产生专利使用费用的可能性，都将对他们构成几乎无法逾越的创新障碍。虽然许多拥有专利的公司都做出过承诺，愿意以一个合理且非歧视性（reasonable and nondiscriminatory）的价格授予创新者专利的使用权，但是，从公司视角来看相对合理的价格水平，对于个体创新者来说，仍然是难以承受的，这将成为他们进行创新的沉重负担。只有当创新者是一家公司时，它才可能有能力承担专利使用费。互联网的出现为创新提供了新的动力，也促成了用户社群的出现，而身处社群之中的任何一位个体创新者，显然都不愿也无力支付专利使用费，即使这笔费用是一家中型公司有能力支付的。我们不难看出，无论是创新者避免使用他人的专利，还是创新者试图寻找新的创新方式，都与设立专利制度的原意相违背。或者，我们将看到的是创新者公然侵犯他人的专利权，但最终这种创新者也必将受到法律的打击与抑制。

7.4.2 "实验使用例外原则"的拓展：非商业性的用户信息交换

虽然"实验使用例外原则"背离了现行的专利法规，但是它也的的确确是对专利法规的合理补充。要想进一步发挥这一职能，就需要对"实验使用例外原则"进行拓展，使其涵盖那些会产生后续创新的、非商业性的用户信息交换，否则，这类信息交换就将受到专利制度的限制。这一拓展很显然是与埃里克·冯·希佩尔提出的创新理论中有关合作和社群创新的观点相一致的。当用户就产品改进和创造性的解决方案相互交流时，他们也有可能会交流自己知晓的一些创新案例。在这个过程中，他们会对彼此、对创新的改进有所了解，并会进一步将新获得的信息融入自己的创新设计中。这些信息交换对用户创新的迅速发展至关重要，并且，在这一过程中，与创新流程相关的知识也将实现流动。要想实现这种信息交换，就应该对"实验使用例外原则"进行拓展，并且，"非商业性"（noncommercial）一词应该从广义上来理解，非商业性知识交流的内容甚至应该包括有关生产成本和销售成本的信息。需要明确的一点是，这里所倡导的非商业性信息交换不应该仅仅停留在创新社群内部成员之间的知识交流上，而应该打破专利制度对于创新者之间所有类似交流的限制。对"商业"和"非商业"，以及"打破限制"和"知识交流"这两组概念进行区分是非常重要的，所以，需要分别划清它们之间的界限。这类定义上的限制，在普通法中并不罕见。除此之外，法院在对此类案件进行裁决的过程中，还需要对（从事流程开发的）创新爱好者群体和（由被动的最终用户组成的）非正式群体进行区分，否则，后一类对创新没有贡献的群体反而会从中受益。

7.4.3 "实验使用例外原则"的拓展对后续创新活动的影响

只需要一定的司法解释，就可以对"实验使用例外原则"的适用范围进行扩展，使其涵盖非商业性的知识交流。然而，要想解决专利的拥有者由于种种原因而不愿意使用受专利保护的创新成果这一问题，恐怕就需要在真正的法律层面做出相应的规定了。造成这一问题的原因很多，有可能是专利持有者对于什么才算是真正意义上的使用，拥有自己独特的看法；也有可能是专利持有者已经退出了该专利产品所在的市场；还有可能是专利持有者已经对自己原来的创新进行了改进，并再次申请了新的专利，从而不再生产原来（已经过时）的产品。所有这些原因都可能导致出现以下两种情况：第一，专利持有者不愿意授权其他人或公司生产自己的创新产品；第二，专利持有者只愿意以高昂的价格授予专利使用权。这两种情况都反映了专利许可的授予所遇到的瓶颈。

就用户创新而言，在传统专利理论下应该由专利持有者承担的风险，事实上大部分是由用户创新者承担的。专利持有者所拥有的临时垄断权（专利权）通常被认为是对其在创新中的失败实验和错误尝试的一种补偿。与传统的创新模式不同，在用户创新模式下，高风险的探索和实验任务是由用户创新者独立完成的。因此，当正规化的公司进入该创新领域时，产品和产品市场已经被合理定义，留给这些公司的工作不过是创新生产、优化和营销，显然，这些工作的风险性并不高。

如果一个领域出现了典型的用户创新行为，并且施行着一套会对后续创新产生影响的、具有产权性质的规则，那么，在该领域内，专利持有者凭借该规则所获得的好处就会高于合理水平。这样的领域更适合施行一种以责任为导向的规则，在 Reichman（2000）和其他一些研究创新的文献中，我们不难找到这类规则的例子。通常情况下，用户创新者在完成初步创新后可以寻求与制造商进行合作，后者负责将创新成果转化为实实在在的产品，在这种情况下，制造商实际上"强制性地"从用户创新者那里获得了专利授权，从而可以开展后续创新，因此，制造商可能对用户创新者造成的（专利权利方面的）利益损害应该得到评估。虽然，此时用户创新者处于被套牢（holdup）的状态（被迫"授予"专利使用权），并且在创新过程中的风险实际上也是由他们承担的，但是，这种具有"强制性质"的专利授权还是应该具有效力。实际上，一般认为，即使是具有"强制性质"的专利授权，也在一定程度上体现了不妨碍后续创新的基本原则。从美国联邦最高法院对"默克（MercExchange）公司诉易趣公司（eBay）案"的判决中，也可以看出这一点，法官们对是否应该签发专利禁止令［以禁止后续创新者（可以是制造商）使用专利］持非常谨慎的态度。存在一种基本的思路，它认为应该分别评估每一次侵权行为可能对专利整体价值造成的损害比例，这一点在过去几年中提出的一些专利法规改革草案中有所体现。虽然 2011 年美国专利法（America Invents Act）的修正并没有将这一思路加进去，但是，该思路显然不同于传统的、具有产权性质的专利保护体系，并且具有一定的价值。该思路将创新看作一个持续不断的分步积累过程（由不同的创新者完成不同的步骤），因此，应该分别保护每一个步骤产生的价值。

7.5 关于"先前技术"概念的使用

还有一项独特的且意义重大的变革，可能并不需要在法律层面上做出规定，只需要对美国专利法中有关"先前技术"（prior art）的概念进行一定的扩展，并要求美国专利商标局（Patents and Trademarks Office）或法院在工作中采用这一扩展后的概念。大量证据表明，用户创新是普遍存在的，正是因为这一点，美国专利商标局在授予专利时，法院在重新审核专利时，都应该考虑到"先前技术"所覆盖的各种形式的用户社群实践行为。因为这些"先前技术"不具有可专利性，所以，专利审查员往往很难找到有关它们的资料。又因为它们可能不会出现在科学或者行业期刊上，所以，人们在正常的索引库搜索中可能也很难找到它们。然而，随着越来越多的用户社群开始以互联网为载体进行创新，这就使得至少一部分用户社群开发的"先前技术"可以很容易地在网上被搜索出来。与此同时，法院在判决有关专利侵权的案件时，也应该将用户社群的口碑作为考虑因素之一。当一个制造商对用户社群的创新成果进行优化，并且为以该成果为基础制造的产品申请了专利时，显然，这样的专利有可能会导致这个用户社群在将来对该成果进行进一步完善时受到限制。

这项改革中的"先前技术"概念适用于任何广泛存在用户创新行为的领域。想要打破这一概念所设定的限制，专利申请者或持有者实际上不得不对先前发生的用户创新行为进行必要的调查，并证明其准备申请专利的创新确实具有足够的新颖性，且与其他创新成果之间并不存在明显的相关性。如果一个领域内，存在一个正常运行的活跃的用户创新社群，那么，一方面，社群外部的人不大可能对该社群所在领域的需求和环境有充分了解，自然也就难以完成什么真正意义上的创新；另一方面，社群内部的人也不大可能在没有从社群内部获得足够的知识的情况下，进行专利申请。因为外部的人不太可能拥有充足的信息来完成创新，而内部的人也不太可能独立成为专利申请者，所以，在申请专利时，如果该领域存在一个活跃的用户创新社群，那么显然有必要对已经存在的社群创新行为进行深入了解，这样才能规避"先前技术"所设定的限制。

7.6 过于强硬的制度必将难以持久

当下，用户社群的常见创新成果是软件，在这种情况下，对软件进行改进会变得很容易实现。与此同时，一些人指出，已经全面施行的对于软件的专利保护制度没有理由被继续执行，应该被废除。已经有很多人对这方面的内容做出了详细的阐述，在这里我不再对此进行重复。

7.7　著作权：网络上的创新和文化创新

埃里克·冯·希佩尔最初研究的重点在于实体产品的创新，彼时，在该领域中，涉及专利的知识产权阻碍了创新，但是，随着互联网的产生与发展，用户创新获得了新的动力。由互联网带动的最重要的创新的例子是开源软件的兴起。现在让我们将关注点转向另一领域，文化创意和新闻报道通常都不被视为真正意义上的创新，虽然，看似与实体产品的创新完全不同，但是，它们与埃里克·冯·希佩尔所关注的创新概念亦有相似之处，并且也会牵涉与专利相关的法规。在该领域，混合型的特征（既具有一些实体产品创新的特点，也具有一些自身的不同之处）催生出许多有争议的问题，同时，也衍生出许多改革建议。

著作权法的各项法规给用户创新留下了足够的空间。一个非常重要的例子很好地体现了这一点：法院或多或少接受了这样的观点，即如果复制计算机程序的目的是通过逆向工程获取继续开展创新所需要的知识，那么这样的行为并不违反著作权法。法院在这方面遵循"合理使用原则"（fair use doctrine）。总有一些人会想方设法抵制他人利用逆向工程获取与创新有关的知识，这实际上是利用先期的创新来约束随后的创新，但逆向工程获得法院的认可，实际上是自由使用权战胜先用权的一个典型例子。自 1988 年 4 月起[①]，至 20 世纪 90 年代，美国的许多巡回上诉法院在受理相关案件时，都主张保护软件开发商的权利，允许其在一定程度上"违反"著作权法。例如，某开发商做出了一个未经授权的软件副本或衍生产品，但是，只要这次开发是整个逆向工程的一部分，它的行为就不会被认为是违反著作权法的。也就是说，如果是为了了解某个软件的工作原理，以便更好地

----

① 　Vault Corp. v. Quaid Software Ltd. ，847 F. 2d 255，270（5th Cir. 1988）.

使用它，或是为了创建一个全新的、需要与这个软件实现互用性（inter-operability）的新软件，那么，开发商使用逆向工程的行为就可以得到允许。①

在美国于 1988 年通过了《千禧年数字版权法案》（the Digital Millennium Copyright Act，DMCA）后，这一被广泛采用的方法受到了冲击，越来越多的软件开发者在《最终用户许可协议书》（End User Licensing Agreements，EULAS）中明确规定，禁止使用逆向工程。与此同时，《千禧年数字版权法案》的核心条款限制了规避原始技术保护措施的行为。该"反规避"条款回应了著作权所有者关心的问题，他们希望通过对数字化信息产品进行加密，来保持并加强对这类产品的控制权，这样他们就可以避免自己开发的产品在未经授权的情况下被复制。除此之外，著作权所有者还执行差别化定价的策略，例如，在美国销售 15 美元的数字音乐产品，在欧洲的售价会有所不同，可以定为 15 欧元；或者，根据产品使用次数的不同，进行差别定价。然而，为了打破"反规避"条款的限制，一些软件开发人员会使用一些方法来绕开著作权所有者对产品的加密。为了应对这种行为，《千禧年数字版权法案》规定，任何规避加密保护的行为，以及制作或者分发相应的规避工具的行为，都是违法行为，行为人要承担民事和刑事责任。该法案发布没多久，一些公司就开始使用这些条款来阻碍竞争者进入其所在的市场。在这方面，两个最重要的案例分别是"张伯伦集团有限公司案"和"利盟国际公司（Lexmark International）案"。在"张伯伦集团有限公司案"中，该公司为了限制对手的竞争，设计并出售了一款车库门禁装置。后来，该公司在争端中声称竞争对手擅自更换了安装在车库门上的自己公司的产品。② 在"利盟国际公司案"中，利盟国际公司试图借助《千禧年数字版权法案》的条款来防止竞争对手制造可供利盟打印机使用的盗版墨盒。因此，利盟国际公司在墨盒中安装了一个微型芯片和一个软件，这样就使得竞争对手生产的盗版墨盒无法在利盟打印机中工作。然而，另外一

---

① 关于软件专利扩展的相关案例与问题，请参见 Cohen and Lemley（2001）。
② 381 F. 3d 1178（Fed. Cir. 2004）（应用《第七巡回法》中的描述）。

家名为史丹迪（Static）的公司，创造了一款兼容的、未经授权的微型芯片，它可以装在其他公司制造的墨盒中，从而使这些产品重新获得与利盟国际公司生产的正版墨盒进行竞争的资本。为了设计出这种微型芯片，史丹迪公司必须先研究利盟国际公司开发的正版微型芯片，在对其进行复制之后，试图找到方法，规避该芯片所提供的保护措施。[①]

"利盟国际公司案"的发生促使法院决定对自由使用权的适用范围进行规范，实际上，一直以来，这都是法院所关注的问题。首先，应该进一步缩小并明确著作权的适用范围。在审理这类案件时，法院应该根据经典的判例，以及成型的框架，对被指控侵权的产品的功能特性进行分析，而不是频频援引"合理使用原则"作为判决的依据，因为该原则界限模糊，往往会导致判决无法令人信服。著作权法并不涵盖对表达方式的限制，也就是说，任何人都可以自由地使用不同的语言表达相同的想法。根据著作权法的这一基本原则，第六巡回上诉法院曾经做出过一些判决，这些判决构建了一个相对广泛的、宽松的、能自由借鉴先期创新成果的环境。如此一来，在后期进行创新的创新者就可以不再仅仅依靠界限模糊的"合理使用原则"为自己辩护了。需要注意的是，使用"合理使用原则"需要同时满足四个要素，因此，它具有较高的相对不确定性，还可能会引起进一步的法律纠纷。在对"利盟国际公司案"进行判决时，法院对《千禧年数字版权法案》的条款做了狭义的解释，并强调史丹迪公司开发的程序是为了实现互用性。法院对于较早发生的"张伯伦集团有限公司案"的判决表明，只要试图规避技术保护措施的行为不违反著作权法，就不违反《千禧年数字版权法案》。也就是说，只要某项设备的技术保护措施不是依据著作权法建立的，那么规避该措施的行为就不会被视为违反《千禧年数字版权法案》。这样的原则确保在后期进行创新的创新者在使用受著作权保护的产品的功能、想法或材料时（仅仅出于创新行为本身对技术的需要），不会被视为侵权者。从保护用户创新者的角度来看，这样的原则是至关重要的，它可以保证用户创新者在对先期创新成果进行借鉴时，不用担心法律对于这

---

① Lexmark International，Inc. v. Static Control，387 F. 3d 522（6th Cir. 2004）.

类行为的限制。

与"张伯伦集团有限公司案"和"利盟国际公司案"得到的判决不同，第八和第九巡回上诉法院对"暴雪娱乐公司（Blizzard Entertainment，以下简称暴雪）案"的判决走向了相反的方向，对用户创新的自由非常不利。在暴雪和 BnetD 的著作权之争中，暴雪作为一家知名的电脑游戏公司，编写了一个代码，使那些玩该公司在线多人游戏的玩家只能使用暴雪自己运营的服务器。BnetD 则是一个开源项目，它帮助这些玩家使用非暴雪运营的服务器。BnetD 的参与者都是暴雪游戏的玩家，他们希望建立一个新的服务器来提升玩家体验，而不是被强制地要求只能使用暴雪运营的服务器。暴雪指出，帮助玩家在非暴雪运营的服务器上玩暴雪游戏的行为，违反了双方订立的《最终用户许可协议书》，该协议书明令禁止使用逆向工程获取暴雪产品的技术。虽然法院认为，BnetD 要想完成自己的创新任务，逆向工程方法是"必要的"，但是，法院更愿意支持暴雪，并认为根据著作权法，暴雪有权禁止一些侵害其权利的行为。要想坚持这一点，法院必须假设，用户创新者通过逆向工程获取技术的行为并不受到鼓励，然而，法院也没有明确地禁止使用逆向工程方法。但是，当回顾"沃特公司（Vault）案"时，我们会发现，法院实际上支持了《最终用户许可协议书》中的条款，禁止使用逆向工程方法。最终，受理"暴雪案"的法院做出了如下判决：在一个安全且受控的游戏环境中，暴雪对游戏软件的使用拥有控制权。这样一来，便限制了新的创新者和行业进入者，尤其是用户创新者建立新的服务器的可能性。

最近，在一个涉及暴雪旗下《魔兽世界》（*World of Warcraft*）游戏的案件——"暴雪娱乐公司诉 MDY 公司（MDY Indus.）案"——中，MDY 公司创建了一款名为 Glider 的外挂，《魔兽世界》的玩家在购买并安装这款外挂后，能够比其他玩家更快地获得游戏经验。因此，暴雪反过来创建了一个名为 Warden 的程序，旨在找出那些使用外挂的玩家，并强制他们退出游戏。此外，暴雪还表示，使用外挂的玩家违反了游戏的服务条款，并且损害了其他玩家的游戏体验。随后，MDY 公司开发了一个新版本的 Glider 以规避 Warden 的监测。暴雪指控 MDY 公司违反了《千禧年数字版权法案》。对此，第九巡回上诉法院表示支持暴雪，最重要的是，法院拒绝做出与"张伯伦集团有限公司案"一样的判决。该法院认为，某一项规避技术保护措施的行为即使不违反著作权法，也有可能违反《千禧年数字版权法案》的"反规避"条款。这一判决与"张伯伦集团有限公司案"得到的判决有明显的不同，这些相互矛盾的判决造成了对"反规避"条款的解释在标准上的差异。无论技术保护措施所保护的产品是否受到了知识产权的保护，规避该措施的行为都有可能被认为违反了《千禧年数字版权法案》的"反规避"条款。[①]

这两类不同的案例，从根本上呈现了法院在限制自由使用权方面的两种完全不同的立场，这里主要涉及以下三种产品的自由使用权：本身受著作权保护的产品、采取技术保护措施的产品，以及采取了内嵌技术保护措施的软件产品。已经认识到用户创新价值的法官们，应该关心如何保证后续创新者拥有足够的自由使用权。具体而言，"张伯伦集团有限公司案"和"利盟国际公司案"这两个案例（先于"暴雪娱乐公司案"发生），都涉及逆向工程方法的使用，并且，涉案公司都利用相关规章制度有力地捍卫了自由使用权，这对于随后的创新者和普遍意义上的创造者，尤其是用户创新者而言，是非常有益的。

● 实际情况与法规表述

利盟国际公司指控的侵权行为，实际上是为了实现互用性。无论利盟国际公司最初开发的微型芯片具有怎样的独创性，一旦它被用来作为一种技术保护措施，那么，仿制该芯片的行为就是实现互用性所无法避免的。也就是说，在考虑法规时，要将实际情况考虑进去。存在这样一个事实：要想使新开发的产品具有互用性，就不得不使用那些受到产权保护的先期创新的元素。

---

① MDY Indus. LLC v. Blizzard Entertainment, Inc. and Vivendi, Inc. , CA 9 December 2010. 参见 http: //docs. justia. com/cases/federal/appellate — courts/ ca9/09 — 15932/ 920101214/。

● 使后续创新免于受限

法院应该维护后续开发者对先期创新成果的自由使用权，使先期创新不会阻碍后续创新。

● 限制《千禧年数字版权法案》的"反规避"条款

以"张伯伦集团有限公司案"的判决为依据，限制《千禧年数字版权法案》"反规避"条款的适用范围，合理允许一些规避技术保护措施的行为，使这些行为不至陷于违反版权法的境地。

● 扩大《千禧年数字版权法案》"反规避"条款的豁免范围

在过去的几年中，美国国会图书馆馆长（the Librarian of Congress）已经采取了一些措施，设法扩大"反规避"条款的豁免范围，例如，允许对DVD 中的某些内容进行合理使用，以及允许智能手机用户通过"越狱"（jailbreaking）来安装一些未经操作系统开发者或 App Store 运营者允许的程序。这一豁免规则应该得到拓展，进而允许任何类似"越狱"的行为，从而帮助用户打破系统开发者所设定的限制，使他们可以安装并运行一些未经授权的合法软件。与这类"越狱"行为有关的争论，正是与创新相关的两种相互对立的价值观的直接碰撞。受控体系（controlled-systems）指那些由开发者负责设计的平稳运行的创新体系，而开放的、以用户为中心的创新体系则是一个永恒的学习系统。如果我们希望埃里克·冯·希佩尔笔下的（用户）创新体系可以像过去 20 年一样，继续在数字设备创新领域扮演重要角色，那么，用户创新者就必须获得对正在使用的设备的合理访问权。在一个对专有设备拥有绝对控制权的商业环境中，大部分与计算机相关的产品都受到"反规避"条款的严格限制。如果能够允许用户对诸如iOS 和 Windows 8 这样的产品进行合理的改动，那么，这些对于"反规避"条款的豁免将允许用户调整其设备，同时实现分享和重复使用，这对于未来的创新而言是至关重要的。

● 设定法定赔偿上限

从最终用户的角度来看，著作权法是一项特别不受欢迎的法律——允许法定赔偿。对于那些不是市场参与者的用户创新者而言，法院依据著作权法颁发的一项禁止令便可以使他们停止目前正在做的事情。然而，更大的风险在于，高额的法定赔偿将损害用户创新者的合法权益。法官在判定法定赔偿方面有很大的酌处权，每项违规行为的罚款从最少的 750 美元到最多的 15 万美元不等，这取决于它们是否被认定为故意侵害，以及法院在其他方面的"考虑"。法院应注意到用户创新的巨大价值，并应尽量减少用户创新者需要支付的法定赔偿款。

7.8　结论

35 年前，埃里克·冯·希佩尔用了半辈子的时间从事与创新相关的研究。在这个过程中，他揭示了一种新的创新模式，在此之前，这种创新模式从未出现在任何有关创新和知识产权的文献中。随着互联网时代的到来，用户创新的成本也随之降低，全球各地的创新社群能够更快、更有效地实现创新，在这样的背景下，埃里克·冯·希佩尔笔下的创新模式已经成为创新体系中不可或缺的一部分。因为用户创新模式在很长一段时间里都未曾为人们所了解，所以现行的制度——尤其是法律制度，以及组织实践和思维习惯——在建立之初并未将其考虑进去。在过去的 15 年间，互联网的出现使这一情况变得更加明显，而它对整个创新体系的相对作用也越来越明显。专利法和著作权法必须做出适当的调整，以适应埃里克·冯·希佩尔提出的用户创新模式。

参考文献

Cohen, Julie E., and Mark Lemley. 2001. Patent scope and innovation in the software industry. *California Law Review* 89 (1): 1–57.

Raymond, Eric. 2000. The cathedral and the bazaar. http://www.catb.org/~esr/writings/homesteading/cathedral-bazaar/.

Reichman, Jerome H. 2000. Of green tulips and legal kudzu: Repackaging rights in subpatentable innovation. *Vanderbilt Law Review* 53 (6): 1743–1798.

von Hippel, Eric. 1976. The dominant role of users in the scientific instrument Innovation Process. *Research Policy* 5 (3): 212–239.

第 3 部分
用户创新与社群创新的法律问题

第8章 关于改进产品的自由

帕梅拉·塞缪尔森

人们对人造工件进行小修小补的历史可以追溯到工件刚刚被原始人类发明的时代。人们之所以进行这类修补，有很多原因，比如为了获得乐趣或单纯为了好玩，为了了解某项事物的运作方式，为了实现自己的梦想，为了修复或改进工件，为了使工件可以发挥新的作用，或者偶尔，就是单纯想毁掉某个工件。[1]

埃里克·冯·希佩尔进行了一系列重要的实证研究，记录下了用户对产品的小修小补逐渐演变为广泛的创新技术的过程（von Hippel，2005）。[2]通常，这类小修小补的行为只会出现在用户的思维没有受到过多限制的情况下。与知识产权相关的法规可能会对小修小补的行为产生影响。对产品进行修补的用户创新者通常并不会为他们的创新寻求知识产权上的保护。正如埃里克·冯·希佩尔（2005）所展示的，大多数用户创新者都渴望与他人自由分享他们的创新。

在本文中，我们将讨论一些对知识产权法规的灵活性解读，正是这种灵活性催生了在许多情况下发生的修补行为。一般情况下，保护专利、商业秘密和商标的法律允许用户创新者对产品进行一定范围内的修补。具体到版权法，虽然这类法规也允许人们对现有产品进行适度的修补，但相较于其他与知识产权相关的法规，它对这类行为的限制要更严格一些。用户创新者特别关注版权法对用户修改计算机程序的限制，原因在于，近些年

---

[1] Fisher（2010）曾对用户对技术进行"修补"的动机进行过一番讨论。

[2] 在创造者大会上，用户创新者有机会将自己的创新展示给他人。参见 http://maker-faire.com/。

来，软件与越来越多的技术联系在了一起。由于用户创新一般可以促进科学和实用技艺的进步，所以知识产权法规应该在必要时加以修改，从而使用户能够行使受宪法保护的创新权利。[①]

8.1 允许产品所有者进行修改的知识产权法规

在美国，存在一条重要的与知识产权相关的规则，它保护了用户对他们所拥有的工件进行修补的权利，这就是为人们所熟知的"首次销售"（first sale）规则。[②] 根据这条规则，即使某种产品完全或部分地受到知识产权法规的保护[③]，那些在市场上购买产品的人也可以（在很大程度上）根据自己的意愿使用、修改和转售这些产品。根据"首次销售"规则，某类产品知识产权的所有者有权控制该产品的首次销售，但是，该产品的再售或使用通常不会继续受到知识产权所有者的控制。在国际上，这一概念通常被解读为：受到产权保护的创新产品在进入市场并经过首次销售之后，知识产权所有者的权利便已"耗尽"，因此他无权继续控制该产品的（再次）销售与使用（Van Hou-weling，2011）。[④]

---

① US Const.，art. I，§ 8，cl. 8.

② 可参见 Adams v. Burke，84 US 453（1873）（从司法层面确认了"首次销售"规则）；Bobbs-Merrill Co. v. Straus，210 US 339（1908）（从司法层面确认了：在未经著作权人许可的情况下，买方有权转售图书）。版权法中收录了"首次销售"规则，见 17 USC § 109（a）。

③ 通过允许后续创造者（如用户创新者）为自己修改的产品申请专利，专利法促进了对现有产品的创新性修改。当然，这类在已有专利产品之上进行创新的行为也受到了一定的限制。如果后续创造者的创新无法脱离原专利产品而独自存在，那么他就需要获得原专利产品的专利权人的授权。总的来说，这样的设定会产生好的结果，原因在于，当后续创造者为自己修改的产品申请专利时，他需要与原专利权人就授权事宜进行谈判，这时双方基本拥有同等地位。埃里克·冯·希佩尔所关注的那类无法获得专利的用户创新者，并不能从这样的设定中获益。

④ 各国对权利"耗尽"的解释不尽相同。根据欧盟的规定，知识产权"耗尽"的原则适用于所有成员国，但不适用于非成员国。一些国家拥有具有国际效力的权利"耗尽"法规。而美国对在美国境外合法生产的产品是否也受权利"耗尽"原则的限制，并没有明确规定。关于这一点，可以比较两起案例：Kirtsaeng v. John Wiley & Sons，Inc.，133 S. Ct. 1351（2012）（关于版权纠纷）、Jazz Photo Corp. v. Int'l Trade Comm'n，264 F. 3d 1094（Fed. Cir. 2001）（关于专利纠纷）。

除了这里提到的权利耗尽原则（the exhaustion doctrine），当用户对受到产权保护的产品进行修改时，他们还会面对其他一些挑战。在一些与此相关的诉讼中，原告声称被告在从事未经授权的改进活动，被告则表示，自己只是在修补自己拥有的产品。① 知识产权所有者有权控制（受该知识产权保护的）产品的制造和（首次）销售过程，但无权控制产品被出售后发生的事。由于对产品的小改动通常停留在很浅显的层面，所以它并不侵犯产品的知识产权。

让我们回顾一件具有典型意义的发生于 19 世纪中叶的案件——威尔逊（Wilson）诉辛普森案（Simpson）。在该案件中，专利所有者指控一名产品使用者侵权，因为该使用者更换了一台机器的刀片，而该机器受到专利权的保护。② 虽然这种机器的使用寿命可以有几年，但每隔 60～90 天，它所使用的刀片便会变钝或者损坏。美国联邦最高法院判决威尔逊更换刀片的行为并未侵犯辛普森对机器所持有的专利权。

一个多世纪之后，卡斯（Kuther）案诉威尔伯-埃利斯公司（Wilbur-Ellis Co.）③，同样出现了对受到专利保护的机器进行改进的行为，美国联邦最高法院则需要对这一行为的合法性进行判决。威尔伯-埃利斯公司从卡斯处取得了鱼罐头装填机的专利，并对该机器进行了重大改进，包括调整了几处零件的大小。美国联邦最高法院认为，"为了使旧的罐头装填机具备新的用途，威尔伯-埃利斯公司对该机器进行的改进已经超出了'修复'的范畴，然而，它的所作所为意在使新机器可以装填更大规格的罐头，且已经就这样的行为向原专利所有者支付了费用"④，因此，该公司对该机器进行的改进不侵犯卡斯拥有的专利权

出现在以上这两个案例中的威尔逊和威尔伯-埃利斯公司，只是那些对受专利保护的产品进行修改的人和公司中的两个例子。它们改进产品，要

---

① 参见 Aro Mfg. Co. Convertible Top Replacement Co.，365 US 336（1961）（区分合法修改和非法重造）。

② 50 US（9 How.）109（1850）.

③ 377 US 422（1964）.

④ Id. at 425.

么是为了延长该产品的使用寿命，要么是为了使其具备新的用途。[①] 不难从中发现，正是由于权利耗尽原则的存在，专利法规才在允许用户对产品进行改进方面取得了很大的进步。

商业保密法规也允许用户在改进自己拥有的产品方面拥有一定的自由。无论个人还是公司，都有可能将购买回来的产品拆开并进行研究，用各种方法测试产品，试图弄清它们是如何工作的，以及它们的用处。这类通常被称为逆向工程（reverse engineering）[②] 的行为有如下定义：从人工制造的工件中获取专有技术和知识的过程（Samuelson and Scotchmer，2002）。商业保密法规视逆向工程为获取专有技术的合法途径，然而，被研究的产品的制造商则认为这些技术是商业秘密。[③]

商业保密法规允许逆向工程行为，存在许多方面的原因。站在经济学的角度来看，逆向工程能够促进竞争和持续创新，但也的确会使那些掌握产品本身秘密的制造商面对更大的风险，因为随着产品进入市场，其他竞争者会对产品进行研究，制造商的竞争优势则会逐渐被侵蚀殆尽。当然，要想通过逆向工程行为获得蕴藏在产品中的专有技术和知识，后进入市场的公司或用户创新者需要耗费相当可观的时间、金钱和精力。[④] 这些创新者常常能够看到在先进入市场者生产的产品的基础上进行创新的机遇，而一旦他们抓住这一机遇，那么社会福利就将提高（Samuelson and Scotchmer，2002）。虽然商业保密法规中没有隐含权利耗尽原则，但长期以来，这类法规始终承认采取逆向工程行为是获得产品秘密的合法途径。也许其中的部分原因在于，购买包含秘密的产品的消费者获得了这些产品的产权，

---

① 参见 Bottom Line Mgmt.，Inc. v. Pan Man，Inc.，228 F. 3d 1352（Fed. Cir. 2000）（重新涂刷不粘涂层是对不粘锅的合法修复）；Hewlett-Packard Co. v. Repeat-O-Type Stencil Mfg. Corp.，123 F. 3d 1445（Fed. Cir. 1997）（更换未使用的打印机墨盒相当于修复行为）；Sage Prods.，Inc. v. Devon Indus.，Inc.，45 F. 3d 1575（Fed. Cir. 1995）（更换医疗产品的内部器件是合法的修复）。

② 参见 James Pooley，Trade Secret Law §5.02（1997）（其中讨论了作为一种合法手段，逆向工程方法被用于探究商业秘密）。

③ 参见 KewaneeOilCo. v. BicornCorp.，416 US 470，476（1974）。

④ 有些产品明显比其他产品更容易被逆向工程方法所研究。

而这些产权允许他们通过使用或拆卸来发现其中蕴含的知识。[1] 通过允许用户对产品采取逆向工程行为，商业保密法规还鼓励创新者为自己的新创造、新发明申请专利。[2]

当然，并不是在所有情况下，商业保密法规都允许逆向工程行为。如果合同不允许消费者采取逆向工程行为，或使用不正当手段（如盗窃或欺骗）获得产品的秘密，那么一旦有人违反合同，其就要承担窃取商业秘密的责任。[3] 然而，大体上讲，商业保密法规还是很好地保护了消费者修改自己拥有的产品的自由。

与商业保密法规一样，商标法规也致力于保护知识产权所有者不受某些形式的不正当竞争的侵害。但是，用户创新者并不需要担心商标法规会阻碍他们对产品进行改进，因为这类法律并没有规定消费者应如何处置自己购买的产品，它的存在是为了让消费者明白某件产品的制造商是谁。如果一位用户创新者修改了一家公司的产品，然后仍然试图以这家公司的名义转售产品，那么他就侵犯了后者的商标权利。[4] 但是，只要这位用户创新者在市场中转售修改后的产品时，坦诚地向购买者说明了该产品的原制造者是谁，以及现修改者是谁，那么他的行为就不触犯商标法规。[5]

直到最近，至少就美国来说，改进作品问题很少与版权法规联系起来。[6] 第一个原因是，版权法规并没有对技术进行保护的传统（Samuelson，2007），而埃里克·冯·希佩尔和其他学者所研究的用户创新又只涉及针对

---

① Uniform Trade Secrets Act，§ 1，cmt. 2，14 ULA 437，438 (1990)．

② Kewanee，416 US at 489 - 90. 如果使用逆向工程方法研究未申请专利的产品也是违法的，那么，这样的规定赋予商业秘密所有者的权利就比专利法规给予的还要多，并且商业秘密所有者还不需要依据专利法规的要求，通过披露秘密来获得对创新的专有权利。

③ 参见 Restatement（Third）of Unfair Competition，§ 43（1995）。

④ 参见 Bulova Watch Co. v. AllertonCo.，328 F. 2d 20（7th Cir. 1964）（裁定违反商标权利，因为存在无法确定产品来源的可能性）。

⑤ 参见 Prestonettes，Inc. v. Coty，264 US 359（1924）（修改原产品者在转售新产品时向消费者明确说明了自己对原产品的修改，由此被判定没有侵犯商标法规）。

⑥ 即使在市场中出售了作品的副本，原作者依然有权保护自己作品的完整性，而这一权利限制了对受版权保护作品的修改行为。参见 infra notes 26 - 31，以及其附带文本中对这一权利的讨论。

技术的改进。① 第二个原因是，与专利法规一样，版权法规也遵从权利耗尽原则。长期以来，美国的法院认为，即使一件作品受到版权保护，但如果某个人只是修改了自己手上的副本，此行为也并不存在问题。同样，重新粉刷和转售由另一位艺术家创造的艺术品的行为也受权利耗尽原则的保护②，而用有（受版权保护的）图案的面料做床单也是一样③。第三个原因是，版权法规遵从一条公平使用原则，允许用户创新者对（自己购买了的）产品进行修改，例如，曾有一位艺术家购买了美泰公司（Mattel）生产的芭比娃娃，然后给这些娃娃穿上了儿童不宜的服饰。④

除美国外，在世界上的许多国家，即使是对自己购买了的作品进行修改，也会被视为一种侵权，破坏了原版权所有者的作品完整性权利。确保产品以不被修改的形式持续存在，不仅保护了原版权所有者的非经济权益，也维护了原版权所有者的名誉。⑤ 在加拿大发生的斯诺（Snow）诉伊顿中心有限公司（The Eaton Centre Ltd. ）案表明，作品完整性权利限制了买方修改（受到版权保护的）作品的复制品的权利。⑥ 雕塑家斯诺起诉伊顿中心有限公司侵犯了他的作品完整性权利，并且胜诉。事情是这样的：在冬季假期期间，伊顿中心有限公司将一条红色彩带系在了雕塑鹅（斯诺的作品）的脖子上，而这尊雕塑一直被放在公司门口展示。

长期以来，美国法律界一直拒绝承认作品完整性权利，其中一部分原因在于，这个国家在运用版权法规方面有很浓的功利色彩。⑦ 美国曾经不愿意加入《保护文学和艺术作品伯尔尼公约》（the Berne Convention for the Protection of Literary and Artistic Works），该公约要求其签约者保护作者

---

① 参见 von Hippel（2005：20）（识别了 8 个技术领域，在这些技术领域中，用户创新已经非常常见）。

② 参见 Blazon v. DeLuxe Game Corp. ，268 F. Supp. 416（SDNY 1965）。

③ 参见 Precious Moments，Inc. v. LaInfantil，Inc. ，971 F. Supp. 66（DPR 1997）及 Mirage Editions，Inc. v. Albuquerque A. R. T. Co. ，856 F. 2d 1341（9th Cin 1988）（艺术书籍的购买者将书中的图片贴在瓷砖上并出售，是侵犯版权的行为）。

④ 参见 Mattel，Inc. v. Pitt，229 F. Supp. 2d 315（SDNY 2002）。

⑤ 参见 Kwall（2010）（解释道德权利的基本原理）。

⑥ （1982），70 CPR（2d）105（Can. Ont. HCJ）.

⑦ 参见 Adler（2009）。

的作品完整性权利。① 为了对抗该公约，美国在 1990 年颁布了《视觉艺术家权利法案》（the Visual Artists Rights Act，VARA）。根据一项极其狭义的对视觉艺术作品的定义，该法案赋予视觉艺术家一项受到严格限制的权利，"防止会损害艺术家的荣誉或声誉的，任何故意歪曲、篡改或其他形式的修改行为"②。这项权利不适用于合理行为（比如，把胡子放在画上单纯为了搞笑），且受到其他一些条件的制约。③ 因此，迄今为止，对视觉艺术作品的修改行为很少被起诉④，但是，我们也应承认，相比于《视觉艺术家权利法案》出台之前的情况，这类修改行为触犯法律的概率的确变高了。

8.2 法规限制下的修改行为

除去《视觉艺术家权利法案》，四项与版权保护相关的最新发展，也从法律角度限制了对受版权保护的产品进行修改的行为。第一，版权法规已经开始保护一种重要的技术——计算机编程。虽然相关法律允许对软件进行一些修改，但是，对于软件可以在何种程度上被合法地加以修改，法律已经进行了严格的限制。第二，数字技术的出现使修改受版权保护的产品变得更加容易。利用数字技术，电影和录音资源可以被混剪成由用户自己创作的新资源，并被发布到网上。当然，这类运用数字技术对受版权保护的资源进行修改的行为也会惹上一些官司。第三，版权所有者已经学会使用合同和技术限制的手段，抑制用户对产品的修改行为。第四，版权所有者会利用技术保护措施（technical protection measures，TPMs）防止自己的作品受到未经授权的访问或复制，而美国国会在 1998 年通过了《千禧年

---

① Berne Convention for the Protection of Literary and Artistic Works，art，6bis，Sept. 9，1886，as revised July 24，1971 and as amended Sept. 28，1979，102 Stat. 2853，1161 UNTS 3（1989 年 3 月 1 日在美国生效）。

② 17 USC §106A（a）（3）（2012）. 对视觉艺术作品的定义极其狭隘。Id.，§101.

③ 17 USC §106A（a）（2012）. 当改动是"时间的推移或材料的固有性质所造成的结果"或是"保存、公开展示（涉及照明和放置）所造成的结果"时，此改动也不违反完整性权利。Id.，§106A（c）.

④ 参见 Chapman Kelley v. Chicago Park District，635 F. 3d 290（7th Cir. 2011）（一位概念派艺术家控告芝加哥政府改变了自己设计的一所公园）。

数字版权法案》，对规避这些技术保护措施的行为、工具进行了限制。① 下面，我们将逐一介绍这几项发展。

8.2.1　计算机程序的修改行为

早在 1980 年，美国国会便认定，与那些以有形的表达形式展现出来的原创作品一样，计算机程序也应该得到版权保护。② 虽然一些国家曾经考虑过用一种不同的方式保护软件开发者的权益③，但是，在 1994 年，利用版权保护计算机程序开发者的权益还是成了国际上的标准做法。④ 这种版权保护的范围，不但覆盖了可被人类识别的源代码程序指令，而且覆盖了可被机器执行的程序指令。⑤

通过法院对一些案件的判决结果，我们可以看出，只要是出于合法目的（例如，研究 A 程序只是为了开发出 B 程序，并使二者可以实现交互操作），通过逆向工程的方式研究一家公司开发的计算机程序便是合法的。⑥

相关的法律规定还在一定程度上允许购买了软件副本的消费者为了某些目的而修改该副本。⑦ 美国国会认为，在某些情况下，消费者应该有权根据正当的理由修改自己购买的软件，例如，为了修复某些程序错误，为了使该软件与某个计算机系统兼容，为了创建一种能将数据输入计算机数据库的新手段，等等。⑧ 虽然出于这些目的的软件修改是被允许的，但是，法律禁止一家公司购买另一家公司所拥有的软件，然后，为了某种用途而

---

① Pub. L. No. 105 – 304，§ 103，112 Stat. 2860，2863—76 (1998) (codified at 17 USC § § 1201 – 1205)．

② Act of Dec. 12，1980，Pub. L. No. 96 – 517，94 Stat. 3015 (codified at 17 USC § § 101，117)．参见 Samuelson (2011) (讨论了为什么在 20 世纪 70 年代，将版权保护扩展到软件领域的案例相当匮乏)。

③ 参见 Karjala (1984，61 – 70) (描述了日本对软件的特殊保护措施，包括缩小保护范围和缩短保护期限)。

④ Agreement on Trade-Related Aspects of Intellectual Property Rights，art. 10 (1)，April 15，1994，1869 UNTS 299，33 ILM 1197 (1994)．

⑤ Id.

⑥ 参见 Sega Enterp. Ltd. v. Accolade, Inc.，977 F. 2d 1510 (9th Cir. 1992) (合理使用反汇编方法获得目标源代码并提取交互信息)。

⑦ 17 USC § 117 (a)．例见 Samuelson (1988，188 – 93)，discussing Section 117。

⑧ 参见 Krause v. Titleserv, Inc.，402 F. 3d 119 (2d Cir. 2005) (允许此类软件修改)。

修改该软件，或是转换软件的编程语言，最后，在市场上出售修改后的版本以获取经济利益，因为这种程度的修改侵犯了原开发者所拥有的抑制衍生软件开发的权利。[①] 在云计算时代，软件产品将逐渐转变为一种服务，因此，即使是对于具有极高技术能力的软件工程师来说，对软件进行修改也将变得非常困难。在未来，软件将通过远程服务器进行服务，而用户只有有限的访问权限（Samuelson，2011）。

8.2.2 通过加载项程序与过滤器程序进行修改

当然，即使不直接修改某家公司所拥有的软件的源代码，也可以修改其功能，利用程序加载项就可以做到这一点。程序加载项可以为现有程序提供兼容功能（例如，使一个拼写错误检查软件与另一个文字处理软件相互兼容），或者以其他方式更改该程序的功能（Black and Page，1993）。

第一个遇到版权纠纷的程序加载项是"金手指"（Game Genie），它可以让任天堂（Nintendo）游戏机的玩家对游戏进行少量临时修改（例如，延续游戏中角色的生命）。任天堂公司认为"金手指"直接侵犯了其衍生产品的权利，因为它修改了任天堂出品的游戏的玩法。任天堂公司进一步指出，"金手指"还间接侵犯了公司的另一项权利，因为它为消费者提供了一种工具，使后者可以对游戏进行未经授权的修改。但是，美国联邦第九巡回上诉法院驳回了任天堂公司的侵权指控。[②]

第九巡回上诉法院指出，"金手指"并没有修改任天堂游戏的源代码，它只是（在玩家有意识的操作下）用自己的指令取代了游戏原本的指令。这一事实使法院认为，"金手指"并没有创造衍生产品。玩家只能使用"金手指"对游戏的玩法进行少量的改动，法院认为这样的行为在合理的范围之内。同样重要的是，"金手指"的出现并没有使任天堂游戏的市场占有率下降，因为只有那些已经购买了任天堂游戏的消费者才会去使用"金手指"。除非与游戏一同使用，否则"金手指"毫无用处。作为"金手指"的

---

① 17 USC § 106（2）（2012）. 衍生作品指"基于一项或多项原本存在的作品（如翻译文件、音乐编曲、戏剧、虚构小说、电影、录音、艺术品、删减本图书或任何其他形式的作品）改写、改编而成的作品". Id.，§ 101.

② 964 F. 2d 965（9th Cir. 1992）.

开发者，路易斯·加鲁伯玩具有限公司（Lewis Galoob Toys，Inc.）决定继续开发这类加载项程序。

与路易斯·加鲁伯玩具有限公司开发的"金手指"类似，ClearPlay 公司开发了一个过滤器程序，以帮助那些拥有电影 DVD 的消费者自己"制作家庭友好型"电影（例如，删去那些令人反感的性和/或暴力场面）。[①] 而正在围绕"金手指"的官司悬而未决之际，美国国会通过一项著作权法修正案，确认了这类程序的合法性。[②]

在索德伯格（Soderbergh）诉 Clean Flicks 公司案中，我们可以观察到对电影 DVD 版权的更为直接的挑战。[③] 在购买了电影的 DVD 拷贝后，Clean Flicks 公司会删去影片中包含性和暴力的内容以及令人反感的语言，然后在市场上出售删减后的电影版本。当电影版权的所有者起诉 Clean Flicks 公司侵权时，该公司以"首次销售"规则作为自己的武器进行自卫，它指出自己修改了的 DVD 全部都是付钱买回来的。然而，法院认定，将电影内容上传到数据库中，然后对电影进行重新编辑并制作成 DVD 的行为，侵犯了电影的版权。

8.2.3　限制修改行为的条款

由于对以数字形式呈现的受版权保护的作品进行复制和修改的成本很低，而这种复制和修改也很容易做到，所以，那些不希望消费者对自己开发的数字产品进行改动的版权所有者更依赖法律的保护。除此之外，他们通常还会采取一些附加保护措施，例如，版权所有者会自己设定一些大众市场许可证（mass－market license）条款，从而声明，那些被允许使用产品的公司或个人均不被允许使用逆向工程的手段研究和修改受版权保护的产品。与此同时，版权所有者还会利用技术保护措施严格限制消费者对受版权保护的作品进行修改（Cohen，1998）。

---

① ClearPlay 公司要求法院做出判决，认定该公司开发的过滤器程序并不侵犯版权。参见 Huntsman v. Soderbergh，No. 02-M-1662（D. Colo.，filed Aug. 29，2002）。

② Family Movie Act of 2005，Pub. L. No. 109－9，Title Ⅱ，119 Stat. 218，223（2005）（codified at 17 USC §110（11）（2012））．

③ 433 F. Supp. 2d 1236（D. Colo. 2006）．

从上文可以判断出，这类许可证对逆向工程使用的限制具有强制性质（这显然使购买了作品副本的公司无法自由修改该作品）。但受理沃特公司（Vault）诉魁德软件有限公司（Quaid Software Ltd.）案的法院却拒绝强制实施此类限制。[①] 沃特公司出售了一款受版权保护的软件 PROLOK，该软件具有的功能可以帮助软件开发者为自己开发的软件提供技术保护，以防止消费者（在未购买软件副本的情况下）随意复制软件。魁德公司则开发了一个叫作 Ramkey 的计算机程序，帮助消费者绕过 PROLOK 软件的防复制功能。魁德公司利用逆向工程的方法研究并破解了 PROLOK 软件的防复制功能。沃特公司认为这样的行为侵犯了自己拥有的版权，并且也违反了PROLOK 软件包装上注明的条款——禁止使用逆向工程的手段研究和修改程序代码。法院认定，魁德公司并没有侵犯版权，许可证的确禁止使用逆向工程的手段进行研究、修改和复制，但由于它干涉了消费者所具有的（由版权法规所赋予的）权利，所以法院不会强制执行许可证的规定。不过，从其他判例中可以看出，也有一些法院愿意强制执行这类限制性条款的规定，至少是当逆向工程侵犯了其他公司开发的软件的版权时。[②]

发生时间离今天更近的欧特克有限公司（Autodesk，Inc.）诉弗农（Vernor）案也涉及大众市场许可证的强制性问题，这起案件也与计算机软件有关。[③] 法院认为，无论是弗农，还是向他出售（欧特克有限公司开发的）软件的副本的建筑公司，都不是软件副本的所有者，而只是受到软件附带的限制性条款约束的被许可者。制订限制性条款的欧特克有限公司有权控制旗下软件的销售渠道。[④] 法院的裁决意味着，欧特克有限公司有权控告弗农侵犯了其版权，因为后者在 eBay 上销售欧特克有限公司开发的软件的行为，侵犯了该公司控制其软件销售渠道的专有权利。虽然这起案件并不涉及对欧特克有限公司旗下软件的擅自修改行为，但是，法院的确认定，根据该软件附带的限制性条款，欧特克有限公司有权控制其软件的销

---

① 847 F. 2d 255（5th Cir. 1988）.
② 参见 Bowers v. Baystate Technologies，320 F. 3d 1317（Fed. Cir. 2003）。
③ 621 F. 3d 1102（9th Cir. 2010）.
④ 17 USC §§109（a），117（a）（2012）（允许副本的所有者进行转售）。

售渠道，而这在某种意义上意味着，法院也可能会支持（同为限制性条款的）大众市场许可证条款对擅自修改行为的限制。[①]

当然，只要对软件的改动没有被软件版权所有者发现，没有什么判决能阻止购买者修改软件。一家公司如果修改了欧特克有限公司旗下的软件，但只在公司内部使用修改后的版本，那么后者显然无法获知这一违反反修改条款的行为。即使欧特克有限公司通过某些渠道获知了这一行为，但只要修改软件的公司没有公开或直接在市场上销售修改后的版本，欧特克有限公司就无法采取任何措施。然而，如果一位用户创新者希望与他人分享自己在修改数字产品过程中所获得的知识，那么他就要冒违反反修改条款的风险。[②]

8.2.4 针对修改的技术性限制与《千禧年数字版权法案》的反规避条款

想要阻止用户修改受版权保护的数字内容，不一定非要利用大众市场许可证条款。实现这一目标的更安全的方法是，利用技术保护措施限制用户的行为。普通用户往往既不具备精湛的技术，也不愿意花时间规避技术保护措施。而那些精通技术的人——包括潜在的侵权者——很可能既拥有足够高的技术水平，又有规避技术保护措施的动机。

美国国会通过了《千禧年数字版权法案》，从而在法律层面上禁止用户规避技术保护措施。[③] 根据这一条款，规避技术保护措施的行为成了非法行为。[④] 并且，向公众提供以规避技术保护措施为目的的工具也是违法行为。[⑤] 举例来说，在我们上文提到的案例中，魁德公司开发 Ramkey 程序的目的是规避 PROLOK 软件的技术保护措施，在以上法规出台后，这样的行为便是违法的。

---

① Perzanowski and Schultz（2011）（主张在法律层面，权利耗尽原则的适用范围应大于首次销售规则的适用范围）。

② MDY Industries, Inc. v. Blizzard Entertainment, Inc., 629 F. 3d 928（9th Cir. 2010）[强制通过协议限制用户使用"电脑玩家"（bots）玩游戏]。

③ 关于这些法律制定的历史，以及这些法律覆盖范围的讨论，可参见 Samuelson（1999）。

④ 17 USC § 1201（a）（A）（2012）.

⑤ 17 USC § 1201（a）（2），（b）（1）（2012）.

第一起涉及反规避条款的重要案件要数环球影业（Universal City Studios）诉莱默德斯（Reimerde）案了。① 莱默德斯及其他几个黑客在自己的网站上放出了一个名叫 DeCSS 的程序，这个程序是由一位挪威程序员开发的，目的是规避内容干扰系统（content scramble system，CSS），而该系统实际上就是一种技术保护措施，它被广泛应用在电影 DVD 光驱以及 DVD 播放机上。环球影业以及其他一些制片公司都在使用该系统，从而在技术上限制用户对电影进行未经授权的改动，例如，防止用户将电影拷贝到计算机硬盘上。环球影业起诉三个涉案黑客，认为他们违反了反规避条款，并称内容干扰系统可以有效帮助自己保护电影版权，而 DeCSS 的唯一作用就是规避该系统提供的保护。这些黑客将 DeCSS 发布在网站上的行为，是在向公众提供非法的规避工具。环球影业认为这样的行为触犯了《千禧年数字版权法案》。黑客们则辩称反规避条款违反美国宪法。②

主审法官同意环球影业的主张，认为将 DeCSS 发布在网站上的行为违反了反规避条款。唯一出席庭审的被告埃里克·科利（Eric Corley）辩解称，电影 DVD 的所有者有权规避内容干扰系统，因为他们购买 DVD 的行为赋予了他们遵循"首次销售"规则的权利。而根据他的观点，DeCSS 为消费者行使自己的合法权利提供了帮助。卡普兰（Kaplan）法官把这一观点描述为"滥用'首次销售'规则"③。埃里克·科利还指出，《千禧年数字版权法案》的覆盖范围过大，导致许多本来合理的做法也变成了违法行为。卡普兰法官同样驳斥了这一说法，他表示，国会已经审议并否决了关于"允许出于合理目的而规避技术保护措施"的建议。④ 卡普兰法官对《千禧年数字版权法案》进行了解读，无论违反反规避条款的行为是否造成

① 111 F. Supp. 2d 294（SDNY 2000），aff'd sub nom.，Universal City Studios, Inc. v. Corley，273 F. 3d 429（2d Cir. 2001）.

② 黑客们声称，美国宪法的第一修正案赋予了他们发布 DeCSS 的自由。他们还认为，反规避条款违反宪法，因为其限制了太多合法修改受版权保护产品的做法。虽然一审法院和二审法院都认为软件受到宪法第一修正案的保护，但它们并不认同黑客们的说法。Corley，273 F. 3d at 446—58.

③ Reimerdes，111 F. Supp. 2d at 317，n. 137.

④ Id. at 319，337－38.

了对版权的侵犯，它本身都是违法行为。这位法官认为，这一法案从根本上改变了对侵犯版权行为的界定。[①]

因为卡普兰法官认定内容干扰系统是一种技术保护措施[②]，所以，他认为任何试图规避内容干扰系统的用户，都是在违反反规避条款，即使这位用户的初衷是合理使用电影内容，也不例外。试想一下，用户从电影《断背山》（*Brokeback Mountain*）和电影《回到未来》（*Back To The Future*）中剪辑片段并重新拼接成自己的"电影"——《回到断背未来》，影片讲述的是（《回到未来》中的人物）布朗医生和马丁彼此产生了爱慕之情。[③] 几乎可以肯定，合成这样内容的用户使用了 DeCSS 或类似的程序，从而规避了内容干扰系统对影片的保护。虽然，从严格意义上讲，根据反规避条款和版权针对衍生作品的限制，这部合成的"电影"是违法的，但毫无疑问，舆论会一边倒地认为这类用户生成内容（User-Generated Content，UGC）算不上违法（Lee，2008；Van Houweling，2005）。事实上，尽管卡普兰法官对《千禧年数字版权法案》进行了非常严格的解读，但这部《回到断背未来》和数以千计与之类似的非商业性的"用户生成内容"（用从网站获取的电影、电视节目和音频记录的片段合成的内容）恰恰说明了什么是"出于合理目的规避技术保护措施"的行为。

许多研究计算机安全的学者一直在研究技术保护措施的运作模式及其有效性，然而，环球影业诉莱默德斯案的判决结果并不鼓励这样的行为。在 2000 年，计算机科学家爱德华·费尔滕（Edward Felten）和他的一些同事及学生决定破解一项运用于唱片业的技术保护措施，而音乐行业正在考虑采用该技术保护措施保护音乐版权。爱德华·费尔滕及其团队这样做的目的并不是希望赢得一万美元的破解奖金，而是希望根据破解过程写一篇论文。当唱片业的代表了解到这一点后，他便威胁要起诉爱德华·费尔滕

---

① Id. at 323.

② Id. at 317. 有关为何在《千禧年数字版权法案》的定义下，内容干扰系统以及其他一些被广泛使用的技术保护措施被视为一种对修改行为的限制，参见 Reese（2003）。

③ 参见 "Brokeback to the Future," YouTube video, 2：13，由 Gillian Smith 发表，Feb. 1，2006，http：//www.youtube.com/watch? v=8uwuLxrv8jY。

及其团队，还有他所就职的大学和将收纳这篇论文的委员会，甚至还有该委员会的成员所就职的机构。

唱片业的代表认为，爱德华·费尔滕的论文将成为一件以规避技术保护措施为目的的"工具"，因为它包含了大量有关如何规避技术保护措施的细节。一旦这篇论文被公开发表，拥有足够高的技术水平的侵权者就会利用文中的具体内容，采取大规模的侵权行为。从环球影业诉莱默德斯案的判决来看，唱片业代表的诉求看上去很有道理（Samuelson，2001）。

在唱片业代表的威胁下，爱德华·费尔滕及其团队从论文委员会撤回了论文。但是，在此之后，他们又向法院提出请求，希望后者判决出版这篇论文不违反反规避条款。最终，唱片业代表不再反对这篇论文的发表，而爱德华·费尔滕及其团队也发表了这篇论文（Craver et al.，2001）。然而，这起风波的确使与此类似的研究停滞了一段时间。①

在另一起案件——张伯伦集团有限公司（Chamberlain Group，Inc.）诉 Skylink 科技有限公司案——中，合理规避技术保护措施以及合理修改受这些措施保护的产品的行为得到了法院的认可。② 张伯伦集团有限公司起诉 Skylink 科技有限公司违反了《千禧年数字版权法案》，因为后者更换了（由张伯伦集团有限公司生产的）车库门禁装置，从而规避了身份验证程序。张伯伦集团有限公司指出，这一程序与车库门禁装置的安全性息息相关。受理该案的法院认定张伯伦集团有限公司的论点缺乏说服力。相比受理环球影业诉莱默德斯案的法官，在审理此案的法官的眼中，反规避条款的适用范围要小得多。鉴于没有证据能够证明 Skylink 科技有限公司的做法导致了侵权，法院裁定，该公司并没有违反《千禧年数字版权法案》。③ 法院相信消费者有权自主选择购买哪一类车库门禁装置，并有权根据自己的意愿使用这一车库门禁装置，毕竟他们才是该装置的所有者。法院认为

---

① 一些规避技术保护措施的行为被视为违法行为，对此类现象的讨论可参见 Samuelson（2001）。美国国家科学院研究委员会发表的一份报告指出，《千禧年数字版权法案》的反规避条款存在明显缺陷，不利于对计算机安全的研究（Computer Science and Telecommunications Board 2000，311-321）。

② 381 F. 3d 1178（Fed. Cir. 2004）.

③ Id. at 1204.

《千禧年数字版权法案》的制定是为了同时保护版权所有者和消费者二者的利益，并且此法案在一定程度上允许消费者出于合理目的或其他合法目的规避技术保护措施。[1]

8.3 结论

张伯伦集团有限公司诉 Skylink 科技有限公司案的判决开创了一个重要的先例，它表明，只要规避技术保护措施以及修改受这些措施保护的产品的行为不以侵权为目的，就应该得到允许。然而，要说该案的判决抵消了环球影业诉莱默德斯案的判决所带来的影响，恐怕还为时尚早。[2]

该案表明，现行法规致力于在为版权所有者提供合理保护的同时，不扼杀用户进行创新的机会。[3] 保护专利、商业秘密和商标的法律允许用户享有一定程度的修改产品的自由。在版权领域，由于用户创新行为出现时间较短，所以与之相关的案例较少。

展望未来，如果法院能够更加合理地界定版权法规的适用范围，那么用户将获得更大的对受版权保护的产品进行修改的自由，只要他们的行为是为了满足个人层面的需求，而不是故意侵犯版权（Perzanowski and Schultz，2012）。对"合理修改行为"的界定，可以为用户创新者修改产品的行为提供一定的保护。如果法院在界定版权所有者的衍生产品权利时更加严格，而在界定"合理修改行为"时更加宽松，那么用户创新将能够得到更好的促进。[4] 此外，如果法院能够拒绝执行（严格限制修改行为的）大众市场许可证条款，那么用户创新者将受益更多。[5] 埃里克·冯·希佩

---

① Id. at 1196 - 97.

② 参见 MDY Indus. v. BlizzardEntm't，Inc.，629 F. 3d 928（9th Cir. 2010）（否认此案影响了张伯伦集团有限公司诉 Skylink 科技有限公司案的判决）。

③ Fisher（2010，1474 - 76）（针对如何修改知识产权法规以使之能够促进对社会有价值的用户创新行为）。

④ 参见 Samuelson（2013）。

⑤ 参见 Lemley（1999）（为实现这一目标提出可行的理论）。

尔的研究成果已经促使知识产权领域开始关注用户创新以及他们对产品的修改行为。是时候要求知识产权领域的专家和法院对知识产权法规进行一些调整了，这些法规应该被更加灵活而合理地解读，从而不再阻碍科学和实用技艺的不断进步。

备注

"自由修改"的概念得到了越来越广泛的关注，这离不开爱德华·费尔滕教授的努力，他在 freedom-to-tinker. com 网站上设立了自己的博客。而这一概念与埃里克·冯·希佩尔提出的令人信服的用户创新模型也有互通之处。

参考文献

Adler, Amy M. 2009. Against moral rights. *California Law Review* 97 (1): 263–300.

Black, Edward G., and Michael H. Page. 1993. Add-on infringements: When computer add-ons and peripherals should (and should not) be considered infringing derivative works under *Lewis Galoob Toys, Inc. v. Nintendo of Am., Inc.*, and other recent decisions. *Hastings Communications and Entertainment Law Journal* 15 (3): 615–652.

Cohen, Julie E. 1998. *Lochner* in cyberspace: The new economic orthodoxy of "rights management." *Michigan Law Review* 97 (2): 462–563.

Computer Science and Telecommunications Board (CSTB), National Research Council. 2000. *The Digital Dilemma: Intellectual Property in the Information Age.* Washington, DC: National Academy Press.

Craver, Scott A., John P. McGregor, Min Wu, Bede Liu, Adam Stubblefield, Ben Swartzlander, Dan S. Wallach, Drew Dean, and Edward W. Felten. 2001. Reading between the lines: Lessons from the SDMI challenge. In *Proceedings of the 10th USENIX Security Symposium.* ftp://ftp.cs.princeton.edu/reports/2002/657.pdf.

Fisher, William W., III. 2010. The implications for law of user innovation. *Minnesota Law Review* 94 (5): 1417–1477.

Karjala, Dennis S. 1984. Lessons from the computer software protection debate in Japan. *Arizona State Law Journal* 1984 (1): 53–82.

Kwall, Roberta Rosenthal. 2010. *The Soul of Creativity: Forging a Moral Rights Law for the United States.* Stanford, CA: Stanford University Press.

Lee, Edward. 2008. Warming up to user-generated content. *University of Illinois Law Review* 2008 (5): 1459–1548.

Lemley, Mark A. 1999. Beyond preemption: The law and policy of intellectual property licensing. *California Law Review* 87 (1): 111–72.

Perzanowski, Aaron, and Jason Schultz. 2011. Digital exhaustion. *UCLA Law Review* 58 (4): 889–946.

Perzanowski, Aaron, and Jason Schultz. 2012. Copyright exhaustion and the personal use dilemma. *Minnesota Law Review* 96 (6): 2067–2143.

Reese, R. Anthony. 2003. Will merging access controls and rights controls undermine the structure of anticircumvention law? *Berkeley Technology Law Journal* 18 (2): 619–665.

Samuelson, Pamela. 1988. Modifying copyrighted software: Adjusting copyright doctrine to accommodate a technology. *Jurimetrics Journal* 28 (Winter): 179–221.

Samuelson, Pamela. 1999. Intellectual property and the digital economy: Why the anti-circumvention regulations need to be revised. *Berkeley Technology Law Journal* 14 (2): 519–566.

Samuelson, Pamela. 2001. Anti-circumvention rules: Threat to science. *Science* 293 (5537): 2028–2031.

Samuelson, Pamela, and Suzanne Scotchmer. 2002. The law and economics of reverse engineering. *Yale Law Journal* 111 (7): 1575–1663.

Samuelson, Pamela. 2007. Why copyright law excludes systems and processes from the scope of its protection. *Texas Law Review* 85 (7): 1921–1978.

Samuelson, Pamela. 2011. The uneasy case for software copyrights revisited. *George Washington Law Review* 79 (6): 1746–1782.

Samuelson, Pamela. 2013. The quest for a sound conception of copyright's derivative work right. *Georgetown Law Journal* 101 (6): 1505–1564.

Van Houweling, Molly Shaffer. 2005. Distributive values in copyright. *Texas Law Review* 83 (6): 1535–1579.

Van Houweling, Molly Shaffer. 2011. Touching and concerning copyright: Real property reasoning in *MDY Industries, Inc. v. Blizzard Entertainment, Inc. Santa Clara Law Review* 51 (4): 1063–1085.

von Hippel, Eric. 2005. *Democratizing Innovation*. Cambridge: MIT Press.

第 9 章　知识产权的边界

凯瑟琳·J. 斯特兰德堡

在今天，重要的创造性工作——无论是商业性的还是非商业性的——既不是通过在市场中进行受法律保护的知识产权交易来完成的，也不是在公司内部自上而下的任务管理机制的指导下完成的，而是在自主创新管理机制的指导下完成的。[①] 举例来说，研究用户创新的学者已经发现，在用户创新型组织中，人们通常会将自己掌握的信息无偿分享给其他人，从而也就不再需要专利提供的保护（von Hippel，2005）。这些新型的创新管理制度与传统知识产权理论谈及的层级组织型公司（hierarchically organized firms）所应用的创新管理制度完全不同。新型的创新管理制度通常受限于一些非正式的规则组合（包括声誉奖励和惩罚）、更正式一些的管理机制和互惠机制［埃里克·冯·希佩尔称为专有技术交易（know-how tradings）］（von Hippel，1987）。

由于获取知识产权需要承担申请成本和时间成本，所以无论是从法律层面出发，还是从实际操作层面出发，创新者在获取知识产权并得到其保护时都会遇到困难，正是在这种情况下，创新者倾向于采用自主创新管理机制。然而，许多创新团体——显然包括创新组织——即使在有能力获取

---

① 本文的目的是向埃里克·冯·希佩尔致敬，他被视为发现和研究用户创新的先驱者（von Hippel，2005）。他的关于"规范的知识产权制度"（norms-based intellectual propertysystem）的开创性论文甚至对烹饪界的菜谱的使用与复制产生了影响，在法律学者中也具有同样的影响力（Fauchart and von Hippel，2008）。本文重点研究的是这样一种情形——在创新过程中，创新组织的内部行为准则取代了具有法律效力的知识产权制度。文章还进一步探究了这类内部准则对知识产权制度产生了哪些潜在影响（Raustiala and Sprigman，2012）。本文内容涉及的研究存在如下轨迹：对自然资源的共同治理的研究（Ostrom，2005）启发了对知识的共同治理的研究（Frischmann et al.，2014），而后者催生了本文的研究。

知识产权时，也表现得并不积极，甚至会主动倡导摒弃对它的依赖。举例来说，在专注于医疗程序和方法创新的医疗行业中，虽然可以为这类医疗方法创新申请专利（至少在美国可以），但是，150 年来，医生群体中一直存在着一种道德约束，使申请专利的行为受到了限制。然而，在为药品和医疗器械申请专利方面，并不存在相似的道德约束（Strandburg，2014）。

本文关注的对象正是这样一类群体，相较于申请受法律保护的专利，他们更青睐使用自主创新管理机制。正如我将在本文第一部分阐明的那样，我们有理由期待，这种替代性机制可以比正式的知识产权保护手段更有效地鼓励一些创造性群体开展创新活动。自主创新管理机制与以知识产权为基础的市场均有各自的边界（适用范围），而这一边界正是本文重点关注的问题。对于维持自主创新管理机制的稳定性来说，对于使（在创新组织之外的）普通人也能够从（创新组织发明的）对社会有价值的创新中获益这件事来说，以及对于跨边界合作的可能性来说，发生在这些边界区域的情况都显得至关重要，并值得我们去研究。除了大学技术转让的情况以外，自主创新管理机制与以知识产权为基础的市场之间的边界区域已经得到了学者的重点关注。例如，就在最近，针对用户创新的学术研究开始把重点放在用户创业（Agarwal and Shah，2014）以及用户创新的传播（Kuusisto et al.，2013）方面。当自主创新管理机制与以知识产权为基础的市场发生重叠时，会出现一些问题，本文将为读者们呈现这些问题。在本文得出的结论中，针对二者之间的相互作用将如何影响整体创新环境这一问题，作者将为未来的进一步研究提供一些建议。

9.1 利用法律手段保护知识产权方面存在的缺陷

专利权所带来的一个简单的、被反复提及的好处——在创新开始前为创新活动提供一种激励，从而在社群中剔除搭便车者[①]——实际上不仅站

[①] 对于与专利权相关的传统激励理论的讨论，参见 Blair and Cotter（2001）、Eisenberg（1989）、Strandburg（2004）。

不住脚，还会导致一些问题，并且由于种种原因，这些问题会愈演愈烈。知识产权理论有以下三条假设：

假设一：创造性的工作需要大量的前期投资。

假设二：搭便车行为将使这些投资无法获得足够的回报。

假设三：法律对知识产权的保护是规避搭便车行为或使对创造性工作的投资获得合理回报的唯一且最有效的方式。

然而，这些假设都存在争议，特别是在涉及社群和团体的创造性时，更是如此。

9.1.1 假设一： 创造性的工作需要大量的前期投资

设计创新商品和服务可能需要对以下几方面进行大量投资：（1）工作中需要的人力资本；（2）实现创造性工作需要用到的工具（实验设备、画笔、计算机等）；（3）组织协同创新工作；（4）针对可用的产品模型编辑信息；（5）生产和测试产品模型；（6）推广创新产品。其中，必要的投资因创新者正在从事的具体项目而异。此外，正如针对用户创新的研究所重点指出的那样，至少在某种程度上，创新活动有时只是其他一些活动的"附属品"，在这种情况下，通常不需要进行大量的投资。在一些创新团队中，比如在用户创新组织中，推广创新成果的成本并不高，原因在于，这些社群的成员本身就是一批容易接触的、对成果感兴趣的受众。

此外，数字技术的迅速发展使许多原本较高的成本出现了根本性的下降（Benkler，2006）。在数字产品领域，这种下降尤为明显，并且，由于3D打印等技术的出现，制造一些有形产品的成本也在迅速下降。当然，人们可能夸大了这种趋势的重要性。对于一些创造性的工作（比如科学研究）来说，虽然数字技术的发展降低了旧有成本，但是，随着研究对象的复杂程度变得越来越高，还会不断出现一些之前没有的成本，旧有成本下降的效果很可能会和新出现的成本相抵消。尽管如此，创新必然需要大量投资的假设，在很大范围内并不成立，其适用范围甚至还在不断缩小。

9.1.2 假设二： 搭便车行为将使这些投资无法获得足够的回报

根据支持保护知识产权做法的传统观点，如果参与创新竞争的人能够以较低的成本复制创造性产品，并可以以一个非常低的价格将其出售，且该创造性产品的原开发者无法承受如此低的价格，因为这样一来便无法收回在开发产品的过程中付出的投资，在这种情况下，搭便车行为便会出现。当预见到这一问题可能发生时，创新者通常就不愿意付出投资，或者，只有在他们确认自己能够在不公开产品知识信息的情况下，利用创造性产品获利时，他们才愿意进行投资。通过赋予创新者合法权利来限制他人利用创新者开发的产品获利，从而使该产品的价格高于竞争水平，知识产权达成了这一目的。请注意，假设一与假设二实际上是交织在一起的：创造性工作所需要的投资越少，搭便车行为影响投资意愿的可能性就越低。当创意成本足够低时，先入优势①（它为先进入市场的人提供了一段优势期）也许足以保证创造了新产品的创新者收回前期的投资（然而，具备技术优势的竞争者可以利用自身优势降低复制创造性产品的成本，从而削弱先入优势）。

搭便车问题会阻碍创造性活动的假设在某些情况下可能是错误的。在别人复制并使用创新者开发的产品时，只要创新者仍然能够获得有价值的回报，那么，即使他在前期的投资并不特别低，他也愿意付出该投资。有些创新者获得的回报是非排他性的，比如，通过创作音乐作品或美术作品而获得的回报，可能就是欣赏蕴藏在这些作品中的美的机会。音乐作品或美术作品的作者所获得的这类回报是非排他性的，甚至，当别人也能够看到其作品中的美时，作者所获得的回报会更高。由此我们不难看出，有些创新产品的使用价值具有"不可降低性"，甚至使用它的人越多，其价值越高。

另外，虽然有些回报并不具有非排他性，但是，搭便车行为却无法损害到这类回报。在某种程度上，成为第一个发现某项事物的人所带来的独一无二的满足感的确具有排他性，但是，这种满足感是与创造者具有的"第一"属性结合在一起的，也就是说，搭便车者无法获得这种只有创造者本人才能获得的满足感。声誉奖励能够决定一个人的地位或带给他职业发展机会，从这个意义上说，这类回报具有排他性。但是，声誉奖励通常是

---

① 对创新者收回其创造性投资的各种方式的讨论，参见 Cohen et al.（2000）、Levin et al.（1987）、Arundel（2001）、Harabi（1995）和 Sattler（2003）。

与具体的创造性成就挂钩的，所以，他人对该创造性成就的应用，并不会降低（甚至有可能提高）创新者所获得的声誉奖励。

存在这样一种情况：创新者在对创新成果保密的情况下也可以利用其赚钱，而知识产权的作用就是鼓励创新者披露自己的创新成果，即使他们可能要面对潜在的搭便车行为。然而，知识产权带来的鼓励，并不是创新者公开自己成果的唯一动力，特别是对于一些创新组织的成员来说。公开成果带来的回报可能包括声誉奖励、使用他人创新成果的机会、实现创新合作的机会，以及在他人帮助下完善自己的创新成果的机会（Harhoff et al.，2003；Strandburg，2008）。在一些情况下，如果一个人试图隐瞒自己的创新成果，那么他有可能很难或根本无法加入一个创新组织。如果加入创新组织能够带来足够大的回报，大到足以抵消隐瞒创新成果带来的回报，那么加入社群的动机将鼓励创新者公开自己的成果。

总的来说，在很多情况下，有可能出现的搭便车行为都不会阻碍创造性活动的开展，也不会影响创新者公开和推广自己的创新成果。当创新组织能够通过自主创新管理机制提供奖励（如具有排他性的声誉奖励）时，更是如此。

9.1.3 假设三：法律对知识产权的保护是规避搭便车行为或使对创造性工作的投资获得合理回报的唯一且最有效的方式

根据受法律保护的知识产权来（为创造性工作）分配奖励可能不是唯一且最有效的方式。举例来说，有很多创造性工作是由以营利为目的的商业公司主导的，这些公司在市场中与外部创新者进行知识产权交易，与此同时，它们会利用其他机制——薪资、奖金、晋升等——为内部员工的创造性努力提供奖励。它们并没有以知识产权交易的方式为内部员工提供奖励，我们大致可以推测出其中的原因：这样做的交易成本太高。[1] 在学术领域，相关机构通常也依据学术出版和学者评审机制来为创造性工作分配奖励，而不是根据知识产权来决定如何分配奖励。在这些情况下，知识产

---

[1] 事实上，版权法规针对这一问题有明确的"雇佣作品"（work for hire）原则。关于这一原则以及知识产权和公司理论的讨论，参见 Burk（2004）。

权与奖励分配之间的联系是很弱的。

相关的例子并不罕见。针对不以知识产权为基础（non-IP-based）的创新管理机制（替代性创新管理机制）的研究表明，许多创意团体在创造活动中分配奖励时，并不会牵涉（反而经常刻意回避）知识产权。为什么有一些创新组织更愿意选择不以知识产权为基础的创新管理机制呢？首先，以利用知识产权的方式来管理创造性工作的成果，成本很高，因为它限制了非排他性成果的推广与应用，造成了无谓的社会损失。而许多不以知识产权为基础的创新管理机制选择为创新者提供非排他性的奖励，比如声誉奖励，这样的奖励并不会限制创新成果的推广与应用。知识产权体系一般牵涉很高的交易成本，首要原因在于，我们很难界定知识产权所有者的权利界限（Dorfman and Jacob，2011；Bessen and Meurer，2008）。而不以知识产权为基础的创新管理机制不存在这类成本。其次，定义和授予知识产权，必然要根据一套（被社会广泛接受的）一般性规则，但是，创新组织的每个成员可能对各种创造性贡献的相对价值有专门的评价标准，因此，创新组织制定的奖励规则可以（相较于知识产权）更准确地鼓励创新行为。

由于知识产权体系存在以上提到的这些内生性问题，创新组织会选择一些不以知识产权为基础的创新管理机制来规范创新过程，同时解决搭便车问题。既如此，这一事实也就不会那么令我们感到惊讶了。

当然，在寻找另一种创新管理机制时，人们需要兼顾该机制的成本与回报。要想找到另一种管理机制来替代以知识产权为基础的创新管理机制，创新组织必须拥有一些可行的方法来定义和执行新的管理机制。有很多途径可以帮助创新组织实现这一点。有一些群体——如高级厨师（Fauchart and von Hippel，2008）或极限运动爱好者（Franke and Shah，2003）——人数少且凝聚力强，他们可以利用一些在本群体内部达成共识的非正式规则来进行有效的创新管理。有一些群体——如 Debian[1] 开发者（Coleman，2013）、学者（Strandburg，2009；2010）、医生（Strandburg，2014）——

---

[1] Debian 原指一个致力于创建自由操作系统的组织，也可引申代指该组织开发的操作系统。——译者注

有更系统化的治理机制，包括筛选新人并向其灌输本群体规范的机制，以及群体内部的（与声誉和其他利益相关的）强制执行机制。还有一些群体（社群）——如维基百科——采用正式的治理和争端解决机制（Mehra and Hoffman，2009）。虽然，理论上，集体行动问题和交易费用限制了这类新管理机制的出现，然而，实际上，它们出现得相当有规律性，且在促进创新方面，正在取代以知识产权为基础的创新管理机制。

9.2　知识产权在边界问题中扮演的角色

对于创新组织为什么会选择放弃以知识产权为基础的创新管理机制，转而采用其他类型的创新管理机制，我们有了越来越深入的了解。但是，这也带来了另外一些刚刚引起学者们关注的新问题。当创新组织（或其成员）需要与外部创新者交易时会发生什么呢？在以下几种情况下，需要进行这类交易：（1）无论是有意的还是无意的，创新组织都使用了由外部创新者开发的成果；（2）外部人或组织使用了创新组织开发的产品，或者创新组织希望对外部人或组织使用自己产品的方式施加控制；（3）希望吸引外部人或组织加入创新流程，例如，创新组织希望与制造商展开合作，共同生产并推广创新产品。当创新组织内部的激励机制不足以鼓励其成员为实现社会层面的价值而努力时，边界问题造成的困扰便会显现出来，例如，明知向组织外人员（外部人）披露和传播创造性工作的成果可以带来社会性价值，创新组织却因无法从中获得回报而不愿意这样做。

采用自主创新管理机制的创新组织在与外部人就边界问题进行谈判时，知识产权扮演了一个"桥梁"的角色。举例来说，知识产权通常能够推动公司之间就边界问题达成协议与交易。然而，它也不是总能发挥促进交易的作用。原因在于，根据知识产权法规中的相关条款，创新组织无法通过与外部人进行交易来获取知识产权。即使它们能够获得知识产权，法律界定的知识产权制度与社群内部的信息治理机制之间仍然可能存在不相容的情况。许多现实案例表明，试图利用知识产权交易的手段来解决边界问题，甚至会对社群已经采用的创新管理机制产生不利影响。

在下面的内容中，我将简要分析一些可能出现的交易场景，并以此作为对边界问题开展进一步研究的基础。

9.2.1　使用外部人创新成果的情况

有些创新组织能够独立完成创新，在这种情况下，它们在实现创新的过程中用到的所有资源都来自社群内部，但是，也有一些创新组织在实现创新的过程中需要在一定程度上依靠外部人提供的资源。事实上，一些创新者——比如同人小说家和跨界艺术家——经常在其他创新者的成果上进行再创作。而这些外部成果很可能具有受法律保护的知识产权。即使这些同人小说家和跨界艺术家在进行创作时并不是有意识地借鉴了他人的作品，这些作品的所有者也可能会主张自己的权利，控告他们侵犯了自己的知识产权。

在有些情况下，创新组织不得不处理与外部人的知识产权纠纷，而其陷入这种纠纷的程度不仅仅取决于创造性活动本身，还取决于判定侵权与否的相关原则。举例来说，在判断某一行为是否侵犯著作权时，先要判断该行为是否为抄袭，从这个角度来说，一位作家在创作小说时，不应该借鉴他人作品中受著作权保护的细节内容，这样一来，至少可以从理论上避免出现侵权行为。然而，在判断某一行为是否侵犯专利权时，就不能仅仅依据是否存在抄袭（复制）行为了，况且，即使是独立创新者，也难免在无意之间侵犯他人的专利权。著作权的公平使用原则促进了某些类型的创造性活动，然而，只有非常有限的个别案例可以避免触犯严格的专利法规。

总的来说，大部分创新组织在进行创新时，难免需要用到一些受知识产权保护的外部资源。涉及信息资源的交易往往困难重重，并且议价成本也非常高。由于各种原因，对知识产权进行定价极其困难，而困难就包括上文提及的边界问题。

对于那些采用了不以知识产权为基础的创新管理机制的创新组织来说，在从事这种交易时可能会遇到特殊困难。显而易见的是，如果一个创新组织没有充分利用申请知识产权的方法来保护自己的创新成果，那么，它自然无法通过"产权对等交换"的方式与外部人达成交易，进而也就难以吸引外来的创造性投入。如果一个创新组织向公众无偿公布自己的创新成果，那么，外部人（或组织）不需要通过交易便能够使用该成果；而当该创新组织希望通过交换的方式获得外部资源时，它已经无法提供有价值的成果了。当然，如果一个创新组织想要使用某项受知识产权保护的外部资源，它永远都可以通过支付一笔费用来获得授权。但是，那些不以营利为目的的创新组织恐怕很难拿出足够的钱来购买外部资源的使用权。

无意之间侵犯版权的行为可能带来更为严重的问题，原因在于，当被侵犯的知识产权与创新成果密切相关时，（在意识到侵权行为后）为了改正过错而要承担的成本甚至比（在最开始时）避免侵权要承担的成本还要高，这将导致套牢问题（holdup problems）（Henkel and Reitzig，2010；Lemley and Shapiro，2007）。即使是在拥有尖端技术的商业领域（如软件开发行业），从业者也会因为模糊的知识产权界限和对知识产权制度的忽视而在无意中侵犯知识产权。

某些类型的创新组织很容易在无意中侵犯知识产权。在这些创新组织中，成员做出的贡献相对较小，他们没有获得足够的激励以避免侵权。此外，教会每个成员如何避免侵权行为的成本也相当高。例如，维基百科似乎就投入了大量的资源来对其员工进行教育，使他们更加了解有关版权的问题并熟悉处理版权问题的程序。[①] 一些创新团体会汇总所有成员的贡献，从而形成一个统一的、集合的成果，在这种情况下，要避免侵犯知识产权几乎是不可能的，因为即使参与创新的每一位成员都能够确定自己的成果不侵权（这种情况不太可能发生），也难以确定统一的、集合的成果不侵权。即使创新组织中存在一个专门的知识机构，能够准确评估创新成果是否侵权，但是，创新过程所具有的不断累积和不断变化的性质也将很快使这种评估过时。

由于无意识的侵权行为也会招致起诉，所以一些商业公司会着手构建自己的"专利武器库"以应对这类起诉。然而，那些不曾申请过知识产权的创新组织很难实施这一策略。正是由于这个原因，Linux 开源操作系统

---

① 参见 http：//en. wikipedia. org/wiki/Wikipedia；Copyrights。

的企业用户创建了一个非营利性组织来积累各种专利权利，从而在受到起诉时可以实现自保甚至反诉。① 然而，这一策略对那些不受反诉威胁的非专利实施实体（nonpracticingentities）② 效力有限。

然而，一些有创造力的创新组织在处理无意识侵权方面也具有优势。一旦它们的侵权行为被发现，独有的合作模式能够使它们灵活地避开知识产权的制约，重新设计创新产品。侵权行为可以被视为一种"问题"，而根据林纳斯定律（Linus's law），"只要有足够多的眼睛，就可让所有问题浮现"（Raymond，2000）③。另外，有些创新组织不以营利为目的，而这恰恰为它们提供了一种优势，因为它们没钱支付侵权赔偿，所以那些希望通过诉讼获得赔偿的知识产权所有者就不会控告它们。因此，在侵犯外部人拥有的知识产权时，创新组织所承担的风险，主要取决于该组织的创造性活动的类型、采用的创新管理机制、避开知识产权并重新设计创新产品的难度，以及其成员的身份和经济实力。

9.2.2 外部人无偿使用创新组织成果的情况

虽然一个创新组织采用的自主创新管理机制可以处理好对创造性贡献给予内部奖励的问题，并同时惩罚违规行为，但是，它无法限制外部人无偿使用该组织的创新成果。当然，该组织如果愿意与外部人无偿分享自己的创新成果，就不会遇到这方面的问题。然而，一些创新组织倾向于控制外部人对自己创新成果的使用，并试图向其收取费用。在这种情况下，仅仅是外部人无偿使用创新成果的可能性，就足以使组织内部人员降低对最终奖励的预期，如果这些内部人员看重的是物质上的回报，那么这就很可能造成搭便车问题，进而影响到创新成果的开发。

显而易见，如果创新组织希望通过出售创新成果获得收益，那么外部

---

① http：//www.openinventionnetwork.com.

② 非专利实施实体指的是那些拥有专利却不从事专利产品生产的机构，这些机构主要以出售专利授权许可为主要盈利模式。——译者注

③ 林纳斯定律指的是林纳斯·本纳第克特·托瓦兹（Linux 内核的发明人）所说的一句话，其意思是，只要有足够多的共同开发者，所有问题都会在很短的时间内被发现，也能在很短的时间内被解决。引申到文中所指，即为：只要有足够多的共同创新者，侵权问题就能被提前意识到并得到解决。——译者注

搭便车者的出现就会压低这种收益。即使创新组织的成员寻求的是非物质奖励，如声誉奖励，外部人无偿使用创新成果也可能使这类奖励失去原有的价值。如果外部人对组织的创新成果的无偿使用被认为是不公平的，或与组织的目标相违背，那么组织成员就会失去进行创新的动力。我们很容易就能理解，即使是那些怀有无私动机的人，在意识到自己的成果可能被他人无偿或胡乱地使用之后，也不愿意继续为创新付出努力。[①]

让我们以用户创新社群为例，看看会出现什么情况。假设有一个制造商利用用户创新社群的成果生产了一种该社群成员愿意购买的产品。该制造商将生产该产品的边际成本与该产品包含的知识产权的价值相加，从而制定了该产品的售价。如果在社群成员眼中，知识产权赋予制造商的权力过于宽泛，以至于它从中获得的好处比社群成员凭借自己的贡献所获得的好处还要多，那么，他们就会认为该制造商制定了一个过高的价格。如果这种情况反复发生，那么，该创新社群的成员就会对制造商的行为产生看法，而这些看法会降低他们在该创新管理机制下做出贡献的意愿。虽然创新产品是由创新社群的成员开发出来的，但是他们不得不以一个并不合理的高价从制造商手中购买该产品，这将产生一个更为直接的后果——这些创新成员不愿意为取得其他创新成果而继续付出努力。

总之，在很多情况下，外部人无偿使用创新组织成果的情况都将导致组织内部成员获得的回报减少。就像一些个人或公司时刻都在提防内部搭便车者一样，创新组织也要利用各种手段防止外部人的搭便车行为。在这些手段中，只有一部分（如利用知识产权法规和商业保密法规）可以帮助创新组织非常细致地控制外部人对创新成果的使用，而一些组织非常看重这一点。在通常情况下，开源软件的开发者必须依赖与版权相关的手段来控制外部人对软件的使用（例如，开源代码使用许可和知识共享协议）。[②]

---

① 事实上，人们有这样的想法并不罕见。例如，一些用户会订立知识共享协议，以此鼓励大家分享受版权保护的产品，然而，在大部分情况下，这类协议只会批准共享那些不具有商业价值的内容。参见 https：//wiki. creativecommons. org/Metrics/License _ statistics。

② 关于开源代码使用许可，参见 http：//www. opensource. org/licenses/category。关于知识共享协议，参见 http：//creativecommons. org/licenses/。

然而，这类手段并不能帮助所有创新组织解决问题。原因在于，这类方法的有效性取决于两个因素：第一，原开发者无须经过申请便可以自动获得专利；第二，未经（原开发者）授权的（对产品的）修改（"衍生品"）无法获得专利。但是，现行的专利法规并不能满足这两点要求，专利法规中并没有类似著佐权（copyleft）[1] 授权的条款（Schultz and Urban，2012）。此外，我们也没有理由指望开源代码使用许可具有的特性能够满足所有创新组织的需求。

9.2.3 与外部人合作的情况

有时，创新组织的成员可能希望或需要与那些拥有某些特殊专长或资源的局外人展开合作。这种合作的目的可能是制作和传播组织的创新成果，或者是共同开展一个全新的创造性项目。创新组织并不总是需要通过与局外人合作来制作和传播组织的创新成果。例如，开源软件的制作和传播可以完全由创新社群独立完成。用户创新社群通常依赖其成员以在线方式或口头方式来传播创新成果。有时，用户创新社群也会在内部开展协作，为社群成员（甚至外部人）收集、编纂和提供有关创新成果的信息。同行评议期刊、生物资源中心、各类数据库、业内会议、开放源码软件储存库和非正式交易机制等，都为这类信息的交流提供了平台。[2]

一个创新组织即使需要依赖外部资源来完成创新，也可能不会与外部人开展真正意义上的跨界合作，而是选择通过订立合同开展有限合作。在这种情况下，为了达成合作并获得来自外部的专门知识，创新组织需要与外部人订立复杂而详细的合同，或者为后者支付薪水。创新组织需要的诸如编辑、网站设计和出版等服务，通常以这种方式获得。自定义制造技术的进步，包括最重要的 3D 打印技术的问世，正在使创新成果的制造和传播

---

[1] 著佐权这一概念产生自"开源软件运动"，它要求开源软件的使用者必须将在原软件基础上开发出的衍生品以同等的授权方式释出以回馈社会。如果说版权这一概念是为了限制他人随意修改某一产品，那么著佐权这一概念就是为了保护他人修改产品的自由。——译者注

[2] 在这里，我几乎已经列举了所有想得到的平台。科学团体在收集和维护材料和数据方面的确面临着不小的困难，它们常常在组织、管理这类工作以及为其提供适当的信贷支持方面苦苦挣扎（Stern，2004；Murray，2010；Uhlir，2011）。

变得更加方便，创新组织只要愿意支付合理的报酬，便可以从外部机构获得这方面的服务。

但是，在某些情况下，靠订立合同来获取服务是不够的。创新组织的成员需要与外部人进行真正意义上的合作。例如，当每一方（内部成员和外部人）均拥有"黏性"知识时，或者当在事前评估外部人的贡献很难时，双方就会需要展开真正意义上的合作。通过解决阿罗悖论（Arrow's para-dox）、分散风险，以及降低订立合同的成本，知识产权的存在成功促进了创造性合作。[①] 在分配合作项目的奖励时，知识产权体系也会发挥自己的作用。然而，近期的研究表明，即使是对于以营利为目的的公司来说，知识产权体系的作用也不是不可或缺的，利用它并不足以帮助创新组织克服在分配合作项目的奖励方面遇到的困难（Burstein，2012；Gilson et al.，2009）。

对于那些采用了不以知识产权为基础的创新管理机制的创新组织而言，实现跨界合作是非常具有挑战性的。举例来说，如果一个创新组织能够贡献给一个合作项目的资源已经可以被大众免费获得（因为不拥有知识产权），那么在就合作条件进行谈判时，该组织就会处于劣势。此外，由于采用了不以知识产权为基础的创新管理机制，所以这类组织在内部分配奖励时会遇到困难和争议，而在跨界合作中产生的任何新知识产权，都会使这些困难和争议变得更加难以解决。创新组织的成员是否应该获得一部分在跨界合作中产生的新知识产权？假如在合作中产生的新成果（新知识产权）是在创新组织之前成果的基础上得到的，那么，作为一个整体，该组织是否也应该分得一部分（与新知识产权相关的）利润？假如创新组织的成员能够从跨界合作中分得一部分经济回报，那么他们是否还会遵守（采用了不以知识产权为基础的创新管理机制的）组织内部的奖惩机制呢？这些问题都有可能挑战甚至破坏创新组织内部的信息管理机制（information governance regime）。

9.2.4 使创新组织的激励机制反映社会性价值

虽然一个创新组织所采用的创新管理机制可能在为组织内部成员分配

---

① 关于这方面的研究，参见 Barnett（2011）。

奖励方面表现得很出色，但是，在某些情况下，该机制所提供的内部激励措施只能鼓励组织成员创造、披露和传播其创新成果，却不能使它们更多地关注成果的社会性价值。要想让创新成果展现出更大的社会性价值，往往需要进行更大规模的投资。例如，设法使创新成果以一种可供外部人使用的形式呈现，使外部人也能接触到该创新成果，然而，这对内部成员并没有什么吸引力。

比如，在一个由领先用户组成的社群中，向普通用户披露和传播创新成果可能需要承担额外的成本，而组织内部也许不存在有效的激励机制鼓励领先用户选择承担这类成本。又比如，学术研究人员可能无法获得足够的激励，因此，不愿意想办法使自己取得的学术研究成果具备现实意义——转变为可被使用的科学技术。人们普遍认为，创建维基百科的社群成员拥有一种内在的动机，这种动机鼓励他们创建和编辑大量的条目，并鼓励他们与尽可能多的人分享自己的成果。然而，这些成员恐怕没有足够的动力来支付维持服务器和其他基础设施运转的费用，特别是当这些费用非常之高时。事实上，维基百科已经进行过向公众筹款的活动，希望获得那些从该网站上获益的外部人提供的经济上的支持。①

如果创新组织找不到合适的手段来获得外部人的投资，那么其成员恐怕就很难拥有足够的动力来参与开发和传播任务，更不用说承担巨额费用了。知识产权的存在提供了一种潜在的激励，增加了创新组织披露和传播其成果的动力。

在我看来，发生在大学中的技术转让为我们提供了一个兼具启发性和警示性的使用知识产权的例子。在 20 世纪 80 年代，美国国会颁布了《拜杜法案》（the Bayh - Dole Act）②，该法案鼓励学术研究者为自己的发明申请专利。其目的是给学者们提供一种激励，使他们竭力弥合学术科学和商业市场之间的不协调。然而，其有效性却存在很大争议。③

---

① http：//article. wn. com/view/2012/01/03/Wikipedia _ gets _ 20M _ in _ annual _ fundraising _ drive _ 5/.

② 35 USC § § 200 - 212.

③ Lemley（2008）总结了近一段时间这方面的研究成果。

《拜杜法案》背后的理论依据是，在学术成果取得专利后，将特许使用权授予以营利为目的的企业，可以激励其为将该学术成果转化为可被利用的实体产品而进行投资。然而，这一理论却忽视了这样一个事实，即一般来说，在企业将某一项学术成果转化为可被利用的实体产品后，该企业便可以获得该产品的专利。基于这样的事实，该理论也就自然无法清楚解释这样一个问题——为什么企业还需要获得上面提到的激励（Strandburg，2005）？

另一种支持《拜杜法案》的理论建立在这样一个假设之上：要想弥合学术科学和商业市场之间的不协调，需要学者先将自己的研究成果转化为可以被企业理解的形式。然而，专利法规是否在这方面存在有效的促进作用，似乎并不十分明确。学术机构的内部管理机制要求学者定期公开发表自己的学术成果，而在这一过程中，学者就需要将自己的研究成果转化为（至少）可以被同行理解的形式。另外，那些对将学术成果转化为可被利用的实体产品感兴趣的企业，一般都会雇用一些专业学者，这些学者则可以充当"翻译"的角色，将学术化的语言转化为可被企业理解的形式。看上去，专利所能提供的激励并不能超过"公开发表"机制所能提供的激励。

也许有人认为需要利用知识产权来鼓励学者们将自己掌握的隐性知识转化为可被大众理解的形式，从而弥补公开发表所不能提供的激励作用。对于这种观点，我们应该持怀疑的态度。实际上，在学术界和商业实践领域之间，隐性知识的转移和传播从未中断，因为大部分博士生最终都会就职于商业公司。但如前文内容所述，在大学中推广专利权申请机制虽然可以促进学术界和产业界之间的合作研究，但是，这种研究依靠的是来自商业公司的资金，而这就带来了一个问题：这些公司之所以提供资金支持，目的在于推动学术研究更直接地向能产生更多商业利益的方向发展，而不是旨在将现有学术知识商业化。

无论在大学中推广专利权申请机制是否（在一些情况下）能够激励学者和商业公司共同努力，减少学术界和商业实践领域之间的不协调，有一点是可以肯定的：有迹象表明，一些大学为学术成果申请专利，只是单纯为了获得专属权力，从而在最短的时间内，将可以被利用的科学发现转化为收入（Lemley，2008）。事实上，怀疑论者指出，与其说在大学中推广专利权申请机制帮助学术成果实现了商业化，不如说它反而增加了针对这些成果的维权与索赔诉讼。如果真的是这样的话，那么该机制无疑会使学者和企业家都不再关注如何使学术成果转换为可被利用的产品，转而关心如何利用学术研究的专利权本身牟利，正如出现在医疗行业的一些例子所显示的那样。这类学术研究通常从公共层面（政府拨款）获得资金，而将之转换为可被利用的产品的开发过程则并不需要多少额外投入。[1] 在这种情况下，在大学中推广专利权申请机制无疑会帮助大学和学者获得大笔收入，然而，它却无法帮助建构学术界和商业实践领域之间的桥梁（最近，美国联邦最高法院限制了学术研究成果的"可专利性"[2]，这会给学术成果的商业化带来怎样的影响，还需要进一步观察）。

现在看来，虽然《拜杜法案》原本希望利用在校园中推广专利权来实现社会性价值，但是学者们却倾向于利用专利权来实现学术团体的目标。与此同时，对专利权本身的追逐还扭曲了学术团体原本的目标，对此，我们似乎并不应该感到惊讶。所有类型的跨界合作都需要双方展开一场谈判，在其中，每一方都力图将自己的利益最大化。学者们主要从发现和发表尖端科研成果中获得激励和回报。他们或许正是因为看重这类回报，才选择从事学术研究工作的。虽然专利权可以为他们提供一种"边研究边挣钱"的方法，但这种附加收入（无论是直接收入，还是转化为科研预算的收入）不可以与他们主要从事的研究活动相冲突。

显而易见的是，如果通过为研究成果申请专利，可以在第一时间将其商业化，同时还可以获得奖励，那么科研人员就可以"拥有自己的蛋糕并吃掉它"，他们会毫不犹豫地这样做，这也能够使他们免于为了构建学术界和商业实践领域之间的桥梁而投入时间和精力。与此同时，专利权的存在

---

① 在这里，我将由医药公司和医疗设备公司资助的临床研究排除在外，而实际上，在很多学术型医院和医学院校中，这种资助形式并不罕见。临床研究的费用显然很高，它们与我在本文中关注的学术性医疗研究并不一样。

② Mayo Collaborative Servs. v. Prometheus Labs. ， Inc. 566 US ＿ ＿ （2012）；Ass'n for Molecular Pathology v. Myriad Genetics，Inc. ，569 US ＿ ＿ （2013）.

将鼓励他们转向那些既存在学术价值也拥有商业价值的领域〔所谓的巴斯德象限（Pasteur's Quadrant）① 中的问题〕（Stokes，1997）。只有在存在巨大的外部回报的情况下，学者才有可能将大量精力放在应用型科技的开发上，而不考虑该科技是否具有学术价值。

让我们将视线从学术领域移开，转而在更加广阔的范围内进行思考。一般的观点认为，一个创新组织如果想要向大众公开和传播自己的创新成果，往往需要进行一笔投资，而该组织的内部成员通常没有意愿承担这一投资。知识产权本身就是一种手段，试图激励这类投资行为。然而，正如上文中对学术领域的分析所展示的，知识产权与创新组织的内部管理机制的相互作用，影响了利用它来提供激励的有效性。

在一些情况下，存在一种风险更小的方法：通过降低向外部人公开和传播创新成果的成本来改变创新组织的激励机制。显而易见，互联网和其他科技手段的出现大大降低了这类成本，使得创新组织不仅可以吸收更多的成员加入，还能惠及更多的外部人。然而，许多创新组织的内部经验也清楚地表明，仅仅降低沟通成本是远远不够的。为降低这类成本而开发新的管理机制也是一项重要任务，虽然创新组织可能愿意，也可能不愿意采取这种措施。〔事实上，即使新的管理机制可以为组织内部的目标服务，新旧管理机制的转换过程对于组织来说也是具有挑战性的（Frischmann et al.，2014）。〕

商标在创新组织和外部人的互动中所起到的作用可能也是值得探讨的。在保护创新成果方面，商标所起到的作用与专利权和版权并不一样。也许正是出于这个原因，它至少被一类（用户）创新创业者视为一种合理的选择，这类人通过商业市场使外部人也可以获得自己开发的成果（O'Mahony，2003），他们常常活跃于开源软件行业。

9.2.5 知识产权对替代性创新管理机制稳定性的潜在影响

对于那些采用了替代性创新管理机制的创新组织来说，如果其成员能

---

① 普林斯顿大学的学者唐纳德·斯托克斯（Donald Stokes）提出了"科学研究的象限模型"，每一个象限代表一个科学研究类型，其中的一个象限被称为巴斯德象限，代指既寻求知识拓展又注重应用价值的研究类型。——译者注

够申请知识产权，那么他们的行为就将损害该机制（与之相违背）。创新组织的成员能够通过知识产权获得回报，这显然可以显著降低他们退出该组织的成本。那些有可能获得外部奖励的成员通常不太遵守创新组织的内部规范。这一点表现得尤为明显，特别是在这种情况下：知识产权制度使一位组织成员获得了一定的（来自组织外部的）奖励，而在该组织内部，该成员的贡献的价值却并没有得到充分肯定。如果有足够多的成员退出了组织，那么该组织的内部创新管理机制就会失效。

在一些情况下，某一行业的内部人会抵制行业内（其他同行）的专利申领行为，其部分原因也许就在于，这些人担心本行业采取的替代性创新管理机制会失去稳定性。让我们来看一个有趣的"保护"本行业替代性创新管理机制的例子，这个例子发生在医疗行业。一位医生就某项受专利保护的医疗程序向违权者索赔，却遭到了来自同行的激烈抵制，最终，法院没有要求违权者对这位医生进行赔偿（Strandburg，2014）。这个判例虽然具有明确的适用范围，但是自判决生效以来，却很少被援引，原因也许在于，由这个案子引发的博弈催生了一条不成文的"行业准则"，即医疗创新者可以对医疗程序进行改进，但是，其有关权益最终必须归属整个行业，而非个人。

通过观察可以了解到，如果创新组织的成员可以申请知识产权，那么他们退出组织的成本将降低，而这引出了一系列问题，例如：针对不同情况，创新组织会选择怎样的创新管理机制（以知识产权为基础或不以知识产权为基础）？在什么条件下，知识产权的出现能够对组织的替代性创新管理机制产生显著的负面影响，甚至使其完全失效？在何种情况下，知识产权可以被用于解决边界问题，同时其负面影响又不至于使替代性创新管理机制完全失效？

在开源软件行业，知识产权被很好地利用了起来，它不仅重塑了创新组织，还与创新管理机制进行了有效结合。让我们想一想开源软件的使用授权书［通用公共许可证（the general public license，GPL）］上的著佐权条款所发挥的效用。① 著佐权条款规定，对于任何修改后的软件版本来说，

---

① http：//www.gnu.org/copyleft/gpl.html.

其使用授权书中必须包含著佐权条款。在通常情况下，这类开源软件会提供一份源代码副本，并明确允许使用者可以根据自己的意愿对其进行修改。

有一种观点认为，著佐权是为了防止开放源代码被外部人（特别是以营利为目的的公司）"私有化"（O'Mahony，2003）。但是，这种说法似乎站不住脚。原因在于，无论外部人对开源软件做了什么，他们都没有权力限制开源软件的开发者继续保持原始软件的开源性质，他们也无权阻止开发者继续修改和改进原始软件，事实上，外部人的活动不会对开发者及其原始软件的开源性质产生任何影响。换句话说，任何外部人都无法通过任何途径将开放源代码"私有化"。

著佐权条款只对一种极为具体的搭便车行为进行了严格的限制——一个人如果在对原始软件进行修改的过程中，并没有为"对象池"（common pool）提供有价值的源代码，就无权推广经修改得到的新软件。该条款做出这样的限制并不是为了避免源代码被"私有化"，而是为了防止开发者的随意退出行为。根据相关研究（O'Mahony and Ferraro，2004；von Hippel and von Krogh，2003），著佐权条款发挥了两种不同的作用：第一，帮助创新组织建立合理的内部行为准则；第二，当有外部人不想遵守该条款时，向他们展示（如版权一样的）强制力。著佐权条款的存在，可以确保结构松散的创新组织的成员保持一种互惠关系，并始终致力于开源软件的开发。著佐权条款可以被视为一种巧妙的机制设计，它将原本属于创新组织成员的私人版权汇集到了一个"版权池"中，从而使这些成员无法随意退出或者利用私人版权瓜分组织的利益。著佐权的出现实际上帮助我们规避了一个问题：何时以及如何利用知识产权才能帮助创新组织强化替代性创新管理机制？

虽然相关经验表明，知识产权体系的确立会对一些创新组织的信息管理机制产生负面影响，但从社会性价值的角度出发，这也许算不上坏事。因为至少在一定程度上，创新组织的信息管理机制仅服务于当前成员的（排他性）利益，与此同时，牺牲了范围更大的其他社会群体的利益。中世纪时期盛行于西方世界的行会制度被普遍视为这类机制的一个例子（Merges，2004）。出于各种各样的原因——包括性别或种族歧视——一些个体被排除在创新组织之外，无法享受组织内成员获得的利益。由政府管理的知识产权体系成了一种有用的工具，帮助外部人强行进入创造性领域，扰乱竞争对手之间相对友好的关系［当然，这又引发了"专利流氓"（patent troll）问题］或打破由各种偏见构建的障碍。从这个意义上讲，知识产权体系的确限制了卡特尔的出现，但是，它也会对替代性创新管理机制产生负面影响。

9.3　未来的探究方向在何处

在认识到不以知识产权为基础的创新管理机制所具有的重要性之后，原本已经非常困难的评估和设计知识产权法规的任务变得更加艰巨了。知识产权制度所具有的社会性价值不仅取决于它是否很好地平衡了上游创新者（学术机构和个人）与下游创新者（制造商）以及产品用户之间的平衡，还取决于它是否为那些有助于实现社会性价值的替代性创新管理机制留有足够的发展空间。因此，我看到了两大未来的探究方向。

第一，很明显，我们需要更多关于创新组织的实证信息：它们如何进行内部管理？它们如何与外部人互动？它们与知识产权体系的关系怎样？如果那些不围绕知识产权体系运作的创新组织真的在创新领域扮演了重要的角色，那么学术界在进行关于知识产权体系的研究时，就必须重新审视这些原本（在研究中）被边缘化的群体，而这一学术上的变化正在悄悄发生。与此同时，还必须认识到，如果那些选择替代性创新管理机制的组织与以知识产权为基础的市场拥有紧密的联系，那么专注于研究这类组织的学者就不能将视线仅仅放在其内部管理机制上。这样的跨学科研究，不仅需要精通知识产权的学者的参与，还需要研究创新领域的学者的参与。

第二，尽管缺乏确凿的实证资料，在进行关于知识产权学说及其（准备实施的）改革的讨论时，政策制定者和法律学者必须将制度性元素纳入讨论的范围。比如，一方面，长期以来，相关法规禁止对科学理论授予专利权，但另一方面，开放的科学研究管理机制拥有自己的制度界限（适用范围），进行知识产权交易的市场也有自己的制度界限（适用范围）。因此，在讨论二者的界限时，禁止对科学理论授予专利权的规定的合理性就应该得到进一步的商榷。此外，在讨论知识产权法规改革的时候，我们不应该仅仅考虑上游创新者（学术机构和个人）与下游创新者（制造商）之间的关系，还应该考虑不同创新机构之间的关系。

备注

我衷心感谢来自 Filomen D'Agostino 研究基金以及 MaxE. Greenberg 研究基金的资助。

参考文献

Agarwal, Rajshree, and Sonali K. Shah. 2014. Knowledge sources of entrepreneurship: Firm formation by academic, user and employee innovators. *Research Policy* 43 (7): 1109–1133.

Arundel, Anthony. 2001. The relative effectiveness of patents and secrecy for appropriation. *Research Policy* 30 (4): 611–624.

Barnett, Jonathan M. 2011. Intellectual property as a law of organization. *Southern California Law Review* 84 (4): 785–858.

Benkler, Yochai. 2006. *The Wealth of Networks*. New Haven: Yale University Press.

Bessen, James, and Michael J. Meurer. 2008. *Patent Failure: How Judges, Bureaucrats, and Lawyers Put Innovators at Risk*. Princeton: Princeton University Press.

Blair, Roger D., and Thomas F. Cotter. 2001. Rethinking patent damages. *Texas Intellectual Property Law Journal* 10 (1): 1–94.

Burk, Dan L. 2004. Intellectual property and the firm. *University of Chicago Law Review. University of Chicago. Law School* 71 (1): 3–20.

Burstein, Michael J. 2012. Exchanging information without intellectual property. *Texas Law Review* 91 (2): 227–282.

Cohen, Wesley M., Richard R. Nelson, and John P. Walsh. 2000. Protecting their intellectual assets: Appropriability conditions and why U.S. manufacturing firms patent (or not). Working paper 7552. NBER. *http://www.nber.org/papers/w7552.*

Coleman, E. Gabriella. 2013. *Coding Freedom: The Ethics and Aesthetics of Hacking*. Princeton: Princeton University Press.

Dorfman, Avihay, and Assaf Jacob. 2011. Copyright as tort. *Theoretical Inquiries in Law* 12 (1): 59–97.

Fauchart, Emmanuelle, and Eric von Hippel. 2008. Norms-based intellectual property systems: The case of French chefs. *Organization Science* 19 (2): 187–201.

Franke, Nikolaus, and Sonali K. Shah. 2003. How communities support innovative activities: An exploration of assistance and sharing among end-users. *Research Policy* 32 (1): 157–178.

Frischmann, Brett M., Michael J. Madison, and Katherine J. Strandburg. 2014. *Governing Knowledge Commons*. New York: Oxford University Press.

Gilson, Ronald J., Charles F. Sabel, and Robert E. Scott. 2009. Contracting for innovation: Vertical disintegration and interfirm collaboration. *Columbia Law Review* 109 (3): 431–502.

Harabi, Najib. 1995. Appropriability of technical innovations: An empirical analysis. *Research Policy* 24 (6): 981–992.

Harhoff, Dietmar, Joachim Henkel, and Eric von Hippel. 2003. Profiting from voluntary information spillovers: How users benefit by freely revealing their innovations. *Research Policy* 32 (10): 1753–1769.

Henkel, Joachim, and Markus G. Reitzig. 2010. Patent trolls, the sustainability of "locking-in-to-extort" strategies, and implications for innovating firms. Working paper. SSRN. *http://ssrn.com/abstract=985602.*

Kuusisto, Jari, Jeroen P.J. de Jong, Fred Gault, Christina Raasch, and Eric von Hippel. 2013. Consumer innovation in Finland: Incidence, diffusion and policy implications. Report 189. Proceedings of the University of Vaasa.

Lemley, Mark A., and Carl Shapiro. 2007. Patent holdup and royalty stacking. *Texas Law Review* 85 (7): 1991–2049.

Lemley, Mark A. 2008. Are universities patent trolls? *Fordham Intellectual Property, Media and Entertainment Law Journal* 18 (3): 611–631.

Levin, Richard C., Alvin K. Klevorick, Richard R. Nelson, Sidney G. Winter, Richard Gilbert, and Zvi Griliches. 1987. Appropriating the returns from industrial research and development. *Brookings Papers on Economic Activity* (3): 783–831.

Madison, Michael J., Brett M. Frischmann, and Katherine J. Strandburg. 2010. Constructing commons in the cultural environment. *Cornell Law Review* 95 (4): 657–710.

Mehra, Salil, and David Hoffman. 2009. Wikitruth through Wikiorder. *Emory Law Journal* 59 (1): 151–210.

Merges, Robert P. 2004. From medieval guilds to open source software: Informal norms, appropriability institutions, and innovation. Working paper. *http://ssrn.com/abstract=661543.*

Murray, Fiona. 2010. The oncomouse that roared: Hybrid exchange strategies as a source of distinction at the boundary of overlapping institutions. *American Journal of Sociology* 116 (2): 341–388.

O'Mahony, Siobhan. 2003. Guarding the commons: How community managed software projects protect their work. *Research Policy* 32 (7): 1179–1198.

O'Mahony, Siobhan, and Fabrizio Ferraro. 2004. Managing the boundary of an "open" project. Working paper 03–60. SSRN. *http://ssrn.com/abstract=474782.*

Ostrom, Elinor. 2005. *Understanding Institutional Diversity*. Princeton: Princeton University Press.

Raustiala, Kal, and Christopher Sprigman. 2012. *The Knockoff Economy: How Imitation Sparks Innovation.* New York: Oxford University Press.

Raymond, Eric. 2000. The cathedral and the bazaar. http://www.catb.org/~esr/writings/homesteading/cathedral-bazaar/.

Sattler, Henrik. 2003. Appropriability of product innovations: An empirical analysis for Germany. *International Journal of Technology Management* 26 (5/6): 502–516.

Schultz, Jason, and Jennifer M. Urban. 2012. Protecting open innovation: The defensive patent license as a new approach to patent disarmament. *Harvard Journal of Law & Technology* 26 (1): 1–67.

Stern, Scott. 2004. *Biological Resource Centers: Knowledge Hubs for the Life Sciences.* Washington, DC: Brookings Institution Press.

Stokes, Donald E. 1997. *Pasteur's Quadrant: Basic Science and Technological Innovation.* Washington, DC: Brookings Institution Press.

Strandburg, Katherine J. 2004. What does the public get? Experimental use and the patent bargain. *Wisconsin Law Review* (1): 81–155.

Strandburg, Katherine J. 2005. Curiosity-driven research and university technology transfer. In *University Entrepreneurship and Technology Transfer*, ed. Gary D. Libecap, 93–122. Amsterdam: Elsevier.

Strandburg, Katherine J. 2008. Users as innovators: Implications for patent doctrine. *University of Colorado Law Review* 79 (2): 467–544.

Strandburg, Katherine J. 2009. User innovator community norms at the boundary between academic and industrial research. *Fordham Law Review* 77 (5): 2237–2274.

Strandburg, Katherine J. 2010. Norms and the sharing of research Materials and tacit knowledge. In *Working within the Boundaries of Intellectual Property*, ed. Rochelle C. Dreyfuss, Harry First, and Diane L. Zimmerman. Oxford: Oxford University Press.

Strandburg, Katherine J. 2014. Legal but unacceptable: *Pallin v. Singer* and physician patenting norms. In *Intellectual Property at the Edge: The Contested Contours of IP*, ed. Rochelle C. Dreyfuss and Jane Ginsburg. New York: Cambridge University Press.

Uhlir, Paul F., ed. 2011. Designing the microbial research commons: *Proceedings of an International Workshop.* http://www.nap.edu/catalog.php?record_id =13245.

von Hippel, Eric. 1987. Cooperation between rivals: Informal know-how trading. *Research Policy* 16 (6): 291–302.

von Hippel, Eric. 2001. Innovation by user communities: Learning from open-source software. *MIT Sloan Management Review* 42 (4): 82–86.

von Hippel, E., and Georg von Krogh. 2003. Open source software and the "Private-collective" innovation model: Issues for organization science. *Organization Science* 14 (2): 209–223.

von Hippel, Eric. 2005. *Democratizing Innovation.* Cambridge: MIT Press.

第10章　废除专利权是否可以促进创新？

——一项生物技术领域内的尝试

安德鲁·W. 托兰斯

创新出现于错综复杂的法律体系之下。在众多会对创新产生影响的法律中，最直接、关系也最紧密的法律便是知识产权类法律，尤其是专利法规。《美国宪法》（The United States Constitution）第一条第八款，对授予创新者专利权（和版权）的目的进行了说明——"通过确保作者和发明者在有限的时间内获得各自作品和发明的专利权，以达到促进科学和实用技术进步的目标"。虽然，宪法的制定者们坚信，专利制度能够带来社会福利的提高，但是，近期有越来越多的评论家表示出对专利制度的不满，他们认为，当前正在被使用的专利制度程序复杂、效率低下，甚至还阻碍了创新的发展（von Hippel，2005；Benkler，2006；Bessen and Meurer，2006；Jaffe and Lerner，2006；Boldrin and Levine，2008；Torrance and Tomlinson，2009；Burk and Lemley，2009；Torrance and Tomlinson，2011）。事实上，专利权肯定会给开放式创新和用户创新的发展带来阻碍。此外，von Hippel（2005）和 Strandburg（2008）也表示，用户创新者尤其是个人用户创新者，在申请专利的过程中往往会遇到很多困难，甚至会受到伤害。

专利制度是否能够实现鼓励创新这一初始目标呢？目前，很难找到充分的实证证据对这一问题进行回答（Torrance and Tomlinson，2009；2011）。即使是美国国会，也对专利权有可能会阻碍创新发展表示担忧，从2011年颁布的《美国发明法案》（America Invents Act，AIA）的第30条就可以看出这一点，该条款提醒各方注意专利保护在帮助中小企业和个人发明者免于侵权行为的侵扰的同时，很有可能会导致创新的停滞。尽管有些人呼吁废除现行的专利制度(Boldrin and Levine,2008),但是美国的政策制定者们仍然在致力于专利制度的建设与完善,最近出台的《美国发明法案》就证明了这一点,并且自从美国在 1995 年正式批准了《世界贸易组织协议》(World Trade Organization Agreement)中的《与贸易有关的知识产权协定》(Trade-Related Aspects of Intellectual Property)以来,美国始终义务保障该协定所覆盖的知识产权及其有效性。因此,美国在未来很有可能会继续维持专利制度的存在。然而,《美国发明法案》第 33 条可能会为创新者们提供一个罕见的且有价值的机会,帮助他们探索如何在没有专利法规保护或限制的情况下实现创新(尤其是开放式创新和用户创新)。

2011 年 9 月 16 日,《美国发明法案》在美国总统贝拉克·奥巴马(President Barack Obama)签署后生效,自此,在生物技术领域,一些特殊类别的创新在获得专利保护方面受到了限制。前任总统乔治·沃克·布什(George W. Bush),在 2008 年的国情咨文中呼吁国会通过一项立法,禁止诸如为与人类生命有关的创新申请专利的做法。《美国发明法案》第 33 条规定,禁止向针对或包含人类机体的发明授予专利。虽然,自该法案生效起,这类专利将不会再被授予,但是,该法案无权撤销在 2011 年 9 月 16 日之前便已授予的专利权的有效性。虽然,美国专利商标局(United States Patent and Trademark Office)在过去经常会向"与人类生命有关"(涉及人体器官、组织、细胞、基因和生理过程中的化学产物)的发明授予专利,但是现在,这类生物技术领域的发明在法院越来越难以成功地获得认可(Torrance,2008;2009;2010a;2013)。目前,我们还无法确切地知道美国专利商标局和法院将对"第 33 条"做出何种解读。但是,有关人类基因、人类胚胎干细胞(human embryonic stem cells,hESCs)、人类在生理过程中的化学产物,以及人类思想(尤其是与诊断和治疗有关的人类思想)的专利的有效性、执行情况和侵权行为的大量司法案例,确实能够为我们提供关于"第 33 条"的有价值的见解。这些司法案例表明,与人体及人体机能相关的发明,目前不属于可取得专利的范畴。从法院裁决的结果来看,在限制与人体和人体运作相关的发明获得专利方面，"第 33 条"发挥着至关重要的作用。

"第 33 条"的颁布所导致的例外情况并没有被正式纳入专利法规，但其影响却不容忽视。随着"第 33 条"的颁布，从法律解释和司法判例中都可以看出，实际上，"与人类生命有关"的发明基本上打破了专利体系所施加的限制，该领域的创新者不再担心自己的发明会侵犯他人的专利权了。这种专利侵权的"豁免规定"虽然只存在于"第 33 条"所描述的有限范围内，但还是促进了这个领域的创新实验。实际上，颁布"第 33 条"的初衷也许并非是为了促进与人类相关的生物技术的发展，其原意更有可能是为了限制可能会促进"与人类生命有关"的创新的生物实验。然而，"第 33 条"创造的特殊环境，恰巧为我们带来了一个意想不到的附加好处——进一步理解专利保护与创新（尤其是用户创新和开放式创新）的微妙关系。另外，在这种罕见的专利真空环境下，创新（尤其是用户创新和开放式创新）有可能会蓬勃发展。

对生物实验的严格控制，以及严格的法律限制（特别是在与生物安全和知识产权相关的领域），阻碍了生物技术领域的开放式创新和用户创新的发展（Torrance，2010b）。然而，实际上，在"第 33 条"创建特殊的专利真空环境之前，开放式创新和用户创新模式已经取代传统的实验室创新模式，成为生物技术领域创新的主要模式。分子生物学技术的详细实施方法早已可以通过互联网获得。生物技术领域所需的机器、仪器、化学试剂和生物材料的价格出现了上涨，而外包服务（在基因测序与合成领域）的兴起，以及在 2008 年大量生物技术公司因为经济衰退而破产，都加速了这一趋势。BioBricks 基金会组建了标准生物模块登记库（Registry of Standard Biological Parts）并对外提供广泛的服务，该登记库收录了大量完好的、像乐高玩具一样的标准化生物模块（被称为"BioBricks"），并且该登记库会随着生物模块的不断发现而不断扩展。国际遗传工程机器（International Genetically Engineered Machine，iGEM）基金会每年都会在麻省理工学院举办 iGEM 大赛，参赛者会利用 BioBricks 完成基因工程研究。在该赛事的影响下，全世界很多本科生，甚至高中生都参与到了合成生物学（synthet-ic biology）领域的研究当中（Torrance，2010b；Torrance and Kahl，2014）。在民间，一些生物学组织，如 BioCurious，被建立了起来。在这些组织中，任何有兴趣学习或实践生物技术的人都可以共享实验室并分享专业知识，从而实现了生物知识获取和实践的民主化。

过去，只有大型的、资金雄厚的大学、政府和商业实验室才能够涉足生物技术研究领域，并且，基本上只有达到一定学术高度的人（如取得博士学位的人）才可以进入这些机构进行该领域的相关研究。如果"第 33 条"的颁布能够使与人类相关的生物技术领域产生更多的用户创新和开放式创新，那么，它所带来的这种专利真空模式，或许就有利于专利体系的改革，将来，其他一些科技领域也能够采取同样的模式。传统观点认为，专利体系能够激励更多创新的产生，然而，现在看来，专利体系不但没有促进创新，反而有可能对创新产生负面影响。还有一种可能性就是，无论专利制度是否存在，整体创新率都不会产生任何显著的变化。这个结论与早期的实证研究结果相一致。早期的学者们就创新率，在具有专利制度和不具有专利制度的国家都进行过实证研究。结果表明，这两类国家的创新率基本一致。但是，还有另一点发现：在没有专利制度的国家中，人们对商业保密措施的依赖程度更高（Moser，2005）。可以肯定的是，无论在何种专利体系下，"第 33 条"所传达的法律层面的变革，都将为专利政策制定（以推动创新为目标）提供一些独特的、有价值的见解。

本文会对美国专利制度进行全面介绍，包括《美国发明法案》对专利法规体系产生的一些重大影响。本文还会对知识产权法规给人们带来的困扰进行讨论。然后，本文将探讨法院对为"与人类生命有关"的创新（涉及人类基因、hESCs、生理过程中的化学产物，以及与诊断和治疗疾病有关的人类思想）申请专利这一行为的看法。本文会在最后指出，"第 33 条"提供了一个难得的打破专利限制的实验性机会，而这场实验的结果有可能为将来的专利制度改革（向着更有利于开放式创新和用户创新发展的方向进行）提供指导。

10.1　美国的专利体系

美国的专利体系在许多方面都与其他国家的专利体系有所不同。在《美国发明法案》颁布之前，制度保护第一个实际获得专利权的人，而不是最早提起专利申请的人。此外，与其他许多国家相比，美国的专利体系在判定个人层面的、非商业层面的、教育和研究层面的专利侵权行为时，标准更低。

10.1.1　申请专利的要求

一项发明必须在符合《专利法》（Patent Act）规定的若干法律要求后，才可以获得专利。而且，这项发明还必须处于可申请专利的范畴，并且是有用的、新的发明［既要在字面上具有新颖性，又要具备非显著性（non-obvious）］；还有，在专利申请的过程中，申请者还需要对发明的有用性、新颖性进行充分地描述。此外，发明者必须小心谨慎地定义好某项发明的专利保护范围和界限。如果专利申请人可以向美国专利商标局证明他的专利申请满足这所有的要求，那么，在办理了一系列正式的手续过后，美国专利商标局将会向该申请人颁发这项专利，在定义该项专利时，会对专利所有人所拥有的垄断权进行描述。

10.1.2　可申请专利的范畴

《专利法》第 101 条列举了一些有资格获得专利保护的发明类别，即"任何新的并且有用的技艺、机器、制造类产品以及合成物，或任何新的并且有用的针对技艺、机器、制造类产品以及合成物的改进"。1980 年，美国联邦最高法院在审判戴蒙德（Diamond）诉查克拉巴蒂（Chakrabarty）专利诉讼案的过程中，接受了一份国会委员会报告对《专利法》第 101 条的解释："太阳下的任何人为事物均可获得专利保护"。尽管如此，法院还是强调了"自然规律、物理现象和抽象思想"是不可以申请专利的。在对不可申请专利的范畴进行解释时，法院只对少数发明类别的专利适格性[①]

---

① 拥有专利适格性，表示一项发明处于可申请专利的范畴，可以依法获得专利保护。——译者注

(patent eligibility) 做出了限制,其中包括法院特别关注的一类技术性发明,即有关人体器官,以及人类身体部位的替换物或替换过程的发明。法院倾向于将这类发明视为最不可能获得专利保护的发明。"第 33 条"的出台则进一步规范了这类发明的不可专利性。

10.1.3 专利的排他性

如果美国专利商标局颁发了一项专利,那么根据《专利法》第 271 条法规的规定,除该专利所有者之外,任何人都禁止制造、使用、销售、许诺销售,或进口任何受这项专利权保护的发明。这种排他性的垄断权是一种强大的权利,它背后的法律依据是严格责任原则(strict liability)。根据该原则,是否发生了侵权行为是最为重要的,侵权的内容和意图则没有那么重要。即使某项发明是由创新者独立完成的(未参考受专利保护的前期发明),依然会被视为侵权行为。因此,专利所有者可以成功地起诉任何侵犯专利权的人,无论这种侵权是有意识的还是无意识的、蓄意的还是偶然的、出于商业目的的还是不出于商业目的的,甚至,用于教育或研究的专利侵权行为也可以被起诉。其他国家的专利法规对不出于商业目的的以及用于教育或研究的专利侵权行为更加宽容,与此相比,美国的专利法规显得更为严苛。除了少数例外情况(例如,为了获得某种专利药物的监管批准,而不得不进行的实验),专利侵权责任的认定完全取决于侵权行为的证据。

无论是从个人层面来说,还是从企业层面来说,与专利侵权相关的法律对开放式创新者和用户创新者的限制都是非常严格的。通常情况下,专利诉讼费用都是非常昂贵的,往往不低于 300 万美元(Torrance,2007)。相比个人,企业通常拥有更强的经济实力,在利用法律手段摆脱侵权诉讼的时候,拥有更大的优势,因此,个人是专利诉讼案件中受影响最大的群体。专利侵权诉讼只会让用户创新者和开放式创新者的创新行为变得越来越少。与此同时,判断某一创新是否侵权,也是一件极具挑战性的事情。此外,在进入诉讼流程前,对某项专利权进行解释往往也是很难的(Bessen and Meurer,2008),这就使得创新者难以在侵权行为发生前,就提前采取措施调整自己的行为以避免侵权。

即使创新的目的是为了对已经受到专利保护的产品进行改进，或者是为了提高社会福利，这样的行为也有可能招致侵权诉讼。与之相似，创新即使是为了满足个人需求，且没有商业性的目的，也同样有可能产生侵权。用户创新者和开放式创新者在这方面并不具有任何特权，他们也无法逃避由侵权所导致的法律责任。在这种情况下，这些创新者会对发明所带来的利益和受到侵权诉讼所带来的损害进行权衡，一旦后者高于前者，那么用户创新者和开放式创新者的数量就有可能大量减少。虽然大型的商业主体拥有丰富的经济资源，但是，它们更有可能因为专利侵权而被起诉；与此同时，较小的主体（如个人用户创新者）也会担心受到侵权指控，虽然这种可能性并不大，但是，指控一旦发生，便会为他们带来灾难性的损害。

10.1.4 2011 年颁布的 《美国发明法案》

多年来，美国国会一直致力于对专利法规实施全面的改革。国会自从 1952 年对《专利法》做出最后一次重大修订后，又陆续对其做出了许多较小的修改。例如，为了响应世界贸易组织的《与贸易有关的知识产权协定》，美国在 1995 年对《专利法》进行了修订，并规定自专利申请之日起，为专利所有者提供 20 年专利保护，而不再是之前规定的 17 年专利保护。不但对专利法规的个别修改一直未曾间断，而且在过去的 10 年中，进行大规模专利制度改革的势头也在不断增长，这些改革最终促成了《美国发明法案》的颁布。

《美国发明法案》对美国专利体系做出了许多改变，其中有些变化有助于美国的专利法规与世界其他国家所实践的专利法规保持一致。其中一些变化甚至能够使用户创新者和开放式创新者从中受益。根据对《专利法》第 102 条的修改，新的"发明人先申请制"（first-inventor-to-file rule）鼓励发明者一旦完成了发明就尽快去填写专利申请表，因为只有第一个填写专利申请表的发明者才有资格获得该项专利。第 102 条还规定了一项新的绝对新颖性（absolute novelty）标准：如果任何第三方在发明者提交专利申请之前就已经披露了该发明者的发明，那么该发明者就有可能完全丧失此项发明的专利权。这项改革的一个好处是，有关新发明的详细信息有可能会更早地向公众公开，这样有利于后续创新的出现与完善。

《专利法》的另一个重大变化是设立"授权后重审程序"（post-grant review procedure）（参见第 321~330 条）。这是一种新的、潜在的有力手段，它对专利授权的持续有效性提出了挑战。这项法规类似于欧洲的专利异议制度，该程序将在美国专利商标局内实施，任何人都可以利用它对某项专利权发起挑战。"授权后重审程序"比传统的法律诉讼速度更快、成本更低。另外，根据修改后的《专利法》的第 273 条，在某些情况下，第一发明人虽然丧失了获得专利权的机会，但是可以在原有范围内继续实施该项专利技术，而不会被认定存在侵权行为。如上文所述，"第 33 条"对"与人类生命有关"的创新在申请专利时的限制，也是专利制度改革的一部分。

以上这些针对专利制度的改革都会对用户创新者和开放式创新者产生影响。尽管在法院就具体案例对《美国发明法案》做出解释之前，这些法规的实际效果还有待观察，但是，早日消除不良专利的影响，加速专利申请进度（同时也会缩短专利时效）、"第一发明人抗辩"在商业领域内的应用，以及为某些类型的生物技术创新构建免受专利制度束缚的环境，都将有利于用户创新和开放式创新的快速发展。

10.2 "与人类生命有关"的创新专利制度

为"与人类生命有关"（无论是人的整体还是人的某一部分）的创新申请专利的行为，会令许多人反感。依照法律规定，人不可被视为一种财产（或知识财产）。在过去的《专利法》中，与人的某些组成部分（如基因）相关的创新是可以申请专利的，这种法规可能会唤起"人们发自内心的恐惧，因为企业在利益的驱使下会主张对人身体的所有权"（Crease and Schlich, 2003）。法律明确规定，人不可被视为一种财产。《美国宪法第十三修正案》禁止将人作为财产而获取利益，同理，也不可以将人作为知识财产。并且，在 1987 年的《动物的可专利性政策声明》（Policy Statement on Patentability of Animals）中，美国专利商标局宣布："授予与人类相关的有限但专属的权利是被《美国宪法》所禁止的。"这一问题甚至已经成为最高级别的政治话题。美国前总统乔治·沃克·布什于 2008 年 1 月 29 日发表他任内的最后一篇国情咨文时，敦促"国会通过立法，禁止不道德的做法，例如……为与人类生命相关的创新申请专利"。与人类本身、人体或人体部位，以及人类机体运作相关的发明，都不可以申请产权专利或知识产权专利。

10.2.1 财产层面

英美法系禁止对人及其身体主张所有权。根据《美国宪法第十三修正案》所传达的精神，人不可被视为一种财产。并且，法律也的确一直禁止将人体视为财产的组成部分（Madoff，2010）。售卖人体器官是非法的〔无论这些人体器官来自活人（Rao，2007）还是死人（Goodwin，2006）〕。与人类及人体有关的发明都很难获得知识产权，即使获得了，专利拥有者在主张权利时，也难以在法庭上占到便宜。

对于大多数人而言，以人作为生物实验的对象，这种行为必然触碰伦理和道德的底线。在限制此类行为方面，美国的《专利法》也做出了一定的贡献——禁止任何人为"与人类生命有关"的创新申请专利。而与犯罪、卫生、侵权行为、家庭和堕胎行为有关的法律，都为这类行为设定了更直接、更有力的法规约束。除了美国国会对为"与人类生命有关"的创新申请专利的行为的限制，其他层面的法律、道德和伦理原则在这类创新的规范化方面，可能发挥着更具决定性的作用。

10.2.2 知识财产层面

许多发明都与人的生命有关，或多或少地涉及人的机体（如基因、蛋白质、细胞、组织或器官）。一些专利——如美国第 6200806 号专利〔"灵长类动物胚胎干细胞"（Primate Embryonic Stem Cells）〕——与人类生命有很明显的联系。长期以来，此类"与人类生命有关"的创新都可以从美国专利商标局和欧洲专利局（European Patent Office，EPO）获得专利授权。然而，虽然任何行政机构（如专利局）都可以对此类发明进行专利授权，但是，法院和立法机构仍有权取消已被授予的专利。

在"第 33 条"通过之前，美国国会颁布的临时法规、法院的司法意见、专利商标局执行的政策，以及总统发布的相关声明，均对"与人类生命有关"的专利的授予进行了严格的限制。下面的一些例子有助于说明这种情况。在 1972 年的"戈特沙尔克（Gottschalk）诉本森（Benson）案"中，美国联邦最高法院认定，任何"纯粹的人类思想"都不具有可专利性。《专利法》第 287 条对医疗人员和医疗机构在使用医疗方法时所产生的专利侵权责任做出了限定。美国专利商标局已宣布，人类基因与非人类基因之间的杂交或嵌合都不具有可专利性。自 2004 年起，历届美国国会都会对《韦尔登修正案》（Weldon Amendment）进行修改和更新，这样的修订最终形成了这样的表述："根据本法规定而拨付或以其他方式提供的资金，都不得用于直接或间接与人类机体相关的专利授权。"美国专利商标局编写的《专利审查程序手册》（Manual of Patent Examining Procedure，MPEP）明确指出："如果一项专利申请保护的发明与人类生命有关，那么，根据案例 35 U. S. C. 101 的判决，这项专利申请应该被拒绝，因为该创新并不处于可申请专利的范畴之内。"在 2000 年，美国前总统克林顿（William Jefferson Clinton）和英国前首相布莱尔（Tony Blair）联合呼吁，处于生物技术行业的公司和机构不应为涉及人类基因的发明申请专利。

尽管在"第 33 条"通过之前，美国《专利法》对"与人类生命有关"的专利的申请行为并没有明确禁止，但是，法院已经成功限制了涉及人类基因、hESCs、生理过程中的化学产物，以及人类思想的创新的可专利性。此类司法判例，对有效解释"第 33 条"起到了很大的作用。

10.3　直接或间接"与人类生命有关"的专利

四类"与人类生命有关"的生物技术发明的专利申请行为会在法庭上引起相当大的关注：人类基因、hESCs、生理过程中的化学产物和人类思想。根据美国联邦最高法院的解读，在《美国发明法案》颁布之前，这四类"与人类生命有关"的生物技术发明均具有可专利性。然而，下级法院、联邦政府的行政部门和国会都在致力于限制这类专利的授予。

10.3.1 涉及人类基因的专利申请

Jensen 和 Murray（2005）的研究结果表明，人类基因组中大约有 20％的已知基因已经获得了美国专利商标局的专利授权。允许利用这种专利谋取利益的行为，已经受到了人们在道德层面上的谴责（Hollon，2000）。Heller 和 Eisenberg（1998）对此提出告诫，他们认为，过度的基因专利授权可能会导致遗传研究领域出现反公共地悲剧[①]（tragedy of the anticommons）。在发表于《纽约时报》上的文章中，Michael Crichton（2007）表达了他对这一行为的极度恐惧："你或你爱的人可能会因为基因专利而受害……目前基因专利被用于中断医学研究、阻碍医学测试。"简而言之，在过去的十年中，有关人类基因的专利申请已经引起了普通民众、政治家和法官的关注。目前的形势对于那些想要获得人类基因专利的人来说更加不利，司法判决的结果也有助于限制与人类基因相关的专利权的授予。

2005 年，美国联邦巡回上诉法院对一起案件做出了判决。这起诉讼的焦点在于，一项关于基因片段［或被称为"表达序列标签"（expressed sequence tags，ESTs）］的专利是否具备必要的实用性，并且是否进行了有效的披露。最终，美国联邦巡回上诉法院认定，该案件涉及的基因片段专利无效，而这一判决使人们重新开始思考基因片段是否具有可专利性。在 2007 年，美国众议院的两名议员——来自加利福尼亚州的民主党议员泽维尔·巴塞拉（Xavier Becerra）和来自佛罗里达州的共和党议员戴夫·韦尔登（Dave Weldon）——提出了《基因研究和可行性法案》（Genomic Research and Accessibility Act）。该法案的第 106 条表示，"不允许向与核苷酸序列相关的创新授予专利"。如果该法案经表决通过，那么与基因（无论是来自

---

① "反公共地悲剧"理论于 1998 年由美国密歇根州立大学的迈克尔·赫勒（Michael Heller）教授提出。该理论认为，如果同时存在多个权利人，且他们都有权阻止其他人使用同一资源，或相互设置使用障碍，就会导致资源利用不足、资源闲置和福利损失。公共牧场过度放牧、公海过度捕捞、河流污染以及旅游资源过度开发等都属于这一现象。——译者注

人类还是来自其他有机体）相关的专利将彻底被禁止授予。国会虽然最终并未通过该项法案，但在 2007 年年底确实就基因专利的问题举行了听证会。

2009 年，美国公民自由联盟（the American Civil Liberties Union, ACLU）代表一些女性患者和相关组织，通过提起法律诉讼，要求废除与基因和基因诊断方法相关的专利权。该组织起诉美国专利商标局，指出后者授予与基因相关的专利的行为是不应被法律所允许的。原告还起诉了一家位于美国犹他州的生物技术公司——Myriad Genetics 公司——和犹他大学研究基金会（University of Utah Research Foundation），原告希望法院判定它们所拥有的基因专利无效，而犹他大学的一项基因专利与 BRCA1 和 BRCA2 基因突变有关，它对有关乳腺癌和卵巢癌的研究很有帮助。原告表示：

> 每一个人的身体都含有人类基因，这些基因来自他们的父母。并且，这些基因部分地决定了每一个人身体的结构和功能。对每一个人都拥有的最基本元素（人类基因）授予专利的行为，是违法的，并且是违宪的。

令许多人感到惊讶的是，地方法院坚决地支持了美国公民自由联盟的诉讼请求，法院认为人类基因和基因测试均不属于受专利保护的范畴。并且，本案的主审法官斯威特（Sweet）认为，基因“包含的序列是自然产物……不存在可专利性”。随后，本案的被告向美国联邦巡回上诉法院提起上诉。2010 年 10 月，联邦政府向联邦巡回上诉法院提交了一份“法庭之友陈述”（amicus curiae brief），其中指出，“经分离的，但是未受改变的”人类基因，依照法律法规的确不具有申请专利的资格，这一举动使原告和被告都颇感意外。在 2011 年 7 月，在“分子病理协会（Association for Molecular Pathology，AMP）诉 Myriad Genetics 公司案”中，美国联邦巡回上诉法院的三位法官并不认同斯威特法官对“美国公民自由联盟诉 Myriad Genetics 公司案”的判决，他们认定人类基因具有可专利性。然而，在 2012 年 3 月 26 日，美国联邦最高法院驳回了对“分子病理协会诉 Myriad

Genetics 公司案"的判决，并责成美国联邦巡回上诉法院依照"梅奥
（Mayo）诉普罗米修斯公司（Prometheus）案"（该案于一周前由美国联邦
最高法院做出裁决）的判决结果，对人类基因是否可以获得专利保护这一
问题进行重新判决。在"梅奥诉普罗米修斯公司案"中（下文会做进一步
讨论），美国联邦最高法院的法官们一致认定，使用人类代谢物进行诊断和
治疗的方法不具有可专利性。美国联邦最高法院驳回"分子病理协会诉
Myriad Genetics 公司案"的判决，并责成美国联邦巡回上诉法院依照"梅
奥诉普罗米修斯公司案"的判决重审案件的做法，使人们开始重新思考人
类基因是否具有可专利性。人们的这一疑惑在 2013 年 6 月 13 日被彻底打
消，当日，美国联邦最高法院裁定，"分子病理协会诉 Myriad Genetics 公
司案"的被告所申请的专利无效，因为该公司的专利涉及"经分离的"人
类基因。需要指出的是，仍然有些人坚持认为，至少"合成的"基因具有
可专利性。

10.3.2 涉及 hESCs 的专利申请

1998 年，威斯康星大学校友研究基金会（University of Wisconsin's
Alumni Research Foundation，WARF）提交了一系列有关 hESCs 的专利申
请，它们涉及 hESCs 的提取方法、hESCs 在治疗过程中的各种各样的用途
以及在其他方面的应用（Rimmer，2008）。这些专利申请是以詹姆斯·汤
姆森博士（James Thomson）和他在威斯康星大学的研究团队所进行的基
础性研究为基础的。汤姆森博士和他的同事是发现并培养多能性人体胚胎
干细胞（pluripotent hESCs）的专家。随后，在 1999 年，美国专利商标局
的局长托德·迪肯森（Todd Dickenson）在参议院拨款委员会（Senate Ap-
propriations Committee）下属的劳工、卫生和公共服务、教育以及相关机
构小组委员会（Congressional Subcommittee on Labor，Health and Human
Services，Education and Related Agencies）上发表讲话，阐明 hESCs 在现
行《专利法》下确实有资格申请专利保护。2001 年 3 月，汤姆森博士在该
领域的研究获得了第一项专利（美国第 6200806 号专利）。这项专利保护的
对象是 hESCs 的分离方法和 5 种 hESCs 细胞系。下文会根据汤姆森博士及

其研究团队所进行的研究，对其他相关的 hESCs 专利进行介绍。

随后，WARF 将专利授权给一家名为 Geron 的公司，这是一家专门从事再生医学产品和治疗方法开发的生物技术公司。hESCs 专利的反对者〔包括公共专利基金会（Public Patent Foundation）在内〕，通过使用美国专利商标局的复查程序对 WARF 的专利提出了复查申请。在第一轮复查中，WARF 的三个最主要的专利都被认定为无效。为了重新获得这些专利，WARF 被迫修改并缩小了这些专利的覆盖范围。这种让步标志着，有关胚胎发育的后期阶段（如着床后的胚胎生殖细胞）、较早期阶段的细胞（如着床前的胚胎或人类囊胚），以及人类胚胎的体外细胞培养技术的专利申请不再能够获得认可。事实上，这种让步使得与人类胚胎有关的，或者与胚胎发育的后期阶段有关的创新都难以获得专利权。经过之后几轮的复查，WARF 被迫进一步缩小了所持专利的覆盖范围，最终，该组织所持有的专利变得无法覆盖培育（能够发育为完整人类胚胎的）hESCs 的技术。因为围绕着 hESCs 存在着许多伦理层面的争议，所以，WARF 所持有的这些专利，以及其他与 hESCs 有关的专利申请，很有可能都会持续地面对是否具有可专利性的质疑。

在限制与 hESCs 有关的专利方面，欧洲的专利法规往往比美国的专利法规更严厉。例如上文提及的 WARF 所持有的专利，在美国专利商标局的复查中，只需要最大限度地缩小专利的覆盖范围即可，而在欧洲的专利制度下，这些专利则会直接被宣告无效。在 1998 年欧盟发布的《关于生物技术发明的法律保护指令》（European Union Directive on the Legal Protection of Biotechnological Inventions）的第五条和第六条，提出了禁止向涉及 hESCs 的发明授予专利的若干理由。在 2002 年，欧洲委员会（European Commission）下属的欧洲科学与新技术伦理组织（European Group on Ethics in Science and New Technologies）曾经就 hESCs 的专利授予行为所存在的伦理问题，提醒人们注意"这种经分离的细胞非常接近人类胚胎，因为它们就是从人体、胎儿或胚胎中分离出来的，并且，有关它们的专利授予行为，可能被认为是利用人体（器官）牟利的一种形式"。此外，《欧洲专用，而这些成果又受到了专利制度的限制，那么，本文提到的以"第 33 条"为代表的一系列法规，便能够为它们提供一个摆脱专利制度桎梏的环境，从而推动此类创新的发展。以"第 33 条"为标志的改革实验向我们证明，专利可以促进创新的假设有可能是错误的（该假设在生物技术领域内备受推崇），同时，还为我们提供了一系列证据，表明专利保护无法推动创新发展。

10.4.3 将"与人类生命有关"的发明视为一种"特许技术"

对于创新来说，上文提到的专利制度改革实验所扮演的角色可能与"特许城市"（charter cities）类似。Fuller 和 Romer（2010）指出，特别改革区（或被称为"特许城市"）可能是为了实现某个有益的目的——如促进善政实践、确保公民自由、促进经济繁荣——而被划定出来的。他们认为，任何希望改善其管理方式和经济体制的国家，都可以建设一座"特许城市"，引进、创建并实施一套新的政策（在其他地方已经获得成功的管理政策），然后邀请欣赏这些政策的人自愿移居到这个新的城市。在可被信任的法律和经济机构的支持下，一个"特许城市"将为一个国家提供一个机会，进行一场改革实验，对新的和旧的——或好的和坏的——管理政策进行比较。一方面，如果在实验中，"特许城市"表现出色，那么，它所采用的政策就应该得到推广，使这个国家的制度获得相应的改善。另一方面，如果"特许城市"表现不佳，那么，这个国家也可以吸取教训，避免进行不必要的或有害的改革。

"第 33 条"的作用可能与"特许城市"的作用相类似，"与人类生命有关"的生物技术发明在更广泛的生物技术领域中就如同"特许技术"一般。如果在没有专利保护的情况下，"特许技术"获得了超乎寻常的迅速发展，那么，这一模式就可以被视为一种有效机制。美国国会可以推广这一模式，这样一来，其他技术领域也可以摆脱现有专利制度的桎梏，也许同样可以在创新层面获得大进步。如果在"与人类生命有关"的生物技术领域，开放式创新和用户创新在没有专利保护的情况下获得了蓬勃发展，这就会为决策者提供强有力的论据，以重新考虑专利制度是否真的可以起到鼓励技术创新的作用。

10.4.4 设计创新政策的新范式

一些针对专利制度的批评指出，技术创新速度的加快和质量的提高可能会反过来促进无专利保护趋势的发展（von Hippel，2005；Benkler，2006；Boldrin and Levine，2008）。至少在生物技术领域的研究范围内，"第 33 条"为我们提供了验证这一说法的机会。这项实验的结果，可以帮助人们更加明智地选择能够促进创新的法律工具，进而影响未来创新领域的公共政策。在没有专利保护的情况下，"与人类生命有关"的生物技术创新可能会获得蓬勃的发展，也可能不会。某些在专利保护下的技术创新，可能比其他在无专利保护下的技术创新，获得更好的发展。如果在没有专利保护的情况下，创新的速度或质量出现下降，那么，这就证明了当前普遍存在的一个观念——专利有助于推动创新的发展——的正确性。无论实验结果如何，"第 33 条"都是可行的，它是一项非常值得实施和学习的技术创新实验。它为我们提供了一个难得的机会，来打破创新政策的平衡，使我们在摆脱专利保护的情况下，拥抱开放式创新和用户创新。

参考文献

Benkler, Y. 2006. *The Wealth of Networks: How Social Production Transforms Markets and Freedom*. New Haven: Yale University Press.

Bessen, J., and M. Meurer. 2008. *Patent Failure: How Judges, Bureaucrats, and Lawyers Put Innovators at Risk*. Princeton: Princeton University Press.

Boldrin, M., and D. K. Levine. 2008. *Against Intellectual Monopoly*. New York: Cambridge University Press.

Burk, D. L., and M. A. Lemley. 2009. *The Patent Crisis and How the Courts Can Solve It*. Chicago: The University of Chicago Press.

Crease, D., and G. Schlich. 2003. Is there a future for "speculative" gene patents in Europe? *Nature Reviews. Drug Discovery* 2 (5): 407–410.

Crichton, M. 2007. Patenting life. *New York Times*, February 13: A2.

Fuller, B., and P. Romer. 2010. Cities from scratch: A new path for development *City Journal* (New York) 20 (4).

Goodwin, M. 2006. *Black markets: The Supply and Demand of Body Parts*. New York: Cambridge University Press.

公司，而是为了满足自己对产品的使用需求（Shah and Tripsas，2007）。令人惊讶的是，用户创业现象在许多行业中都频繁出现。2004 年，在美国创立，并能够持续经营五年的企业中，有 46.6% 是由用户创新者建立的（Shah et al.，2011）。

在本文中，我们将通过开发用户创业理论，来对文中所提出的不同的实证结果进行理解和分析，并说明用户创新者在何时才有可能将其创新成果商业化，而不仅仅是用来满足自身的使用需求。具体而言，对于此问题的研究将分成以下两种情况：一是用户创新者和制造商都有可能进入产品市场的情况，二是用户创新者和制造商都没有可能进入产品市场的情况。在我们建立的模型中，与用户创新者和制造商相关的两个因素，即用户创新者和制造商对进入产品市场的预估经济回报和预估最低盈利阈值①（profit thresholds），对模型起到了关键的作用。用户创新者和制造商对这两个因素的预估值，可能会因为获得的补充资产不同、信息不对称，以及对可用信息所产生的不同解释而有所不同。最终，从该模型的结果中我们可以看到，在以下三种情况下，用户创新者最有可能将其创新成果转化为商业化产品：（1）当用户创新者可以获得诸如分销渠道之类的补充资产时（Teece，1986）；（2）当用户创新者所拥有的信息优势，能够使他们识别出那些被其他公司低估的、独一无二的盈利机会时；（3）当用户创新者在创业过程中所获得的利润高于其时间机会成本时。这个模型有助于解释为什么用户创新者有可能会催生出新的产品市场，甚至创造出新的产业。在接下来的内容中，我们将通过体育用品行业的例子来对这个模型进行说明。

11.1　用户创新现象

许多不同领域的杰出研究都对用户创新行为的重要性进行了记录（von Hippel，1988；Oudshoorn and Pinch，2003）。几十年来，关于用户创新的案例在文献中都有相关的描述，但是，von Hippel 在 1988 年出版的《创新

---

① 最低盈利阈值：用户创新者或制造商所获得的最低盈利值。——译者注

的源泉》（*The Sources of Innovation*）一书中，首次对用户创新的概念进行
了系统性记录和理论性开发。我们从该书的详细内容可以得知，用户是创
新的重要来源，存在频繁的创新行为，他们的创新横跨不同的产品领域，
并且他们的创新与制造商相比存在本质上的不同。von Hippel 在书中还提
到，很少有用户会将自己的创新成果商业化，然而，在过去十年中出现的
实证证据，证明这一假设是错误的。接下来，我们会对每一个实证证据进
行逐一回顾。

在过去 30 年中所进行的大量研究，对不同行业的用户创新行为的重要
性进行了介绍，并提出了以下三个重要的观点。（1）许多重要的创新都是
由用户开发的。用户在广阔的产品领域中创造出大量的（甚至是大多数的）
关键性创新，这些领域包括：医疗器械、科学仪器、半导体、软件和运动
器材（von Hippel，2005）。例如，有 76％的科学仪器领域的重要创新
（von Hippel，1976），67％的半导体和电子组件制造设备领域的重要创新
（von Hippel，1977），以及 60％的运动器材领域的重要创新（Shah，2005）
是由用户开发的。（2）大部分用户都存在创新行为。许多人都是通过创新
来满足自己独特的产品需求，由此便产生了大量的创新成果（Morrison et
al.，2000；Franke and Shah，2003；Franke and von Hippel，2003；Lüthje
et al.，2005）。其中，有 26％的图书馆信息系统的用户（Morrison et al.，
2000），19％的阿帕奇安全软件的用户（Franke and von Hippel，2003），以
及不少于 38％的运动爱好者品牌的用户（Franke and Shah，2003；Lüthje
et al.，2005）表示，他们是为了满足自己对产品的使用需求而进行创新
的。即使在普通人群中，用户创新行为也非常常见，在最近针对英国 2 019
名消费者的调查中，有 6.2％的受访者表示他们正在进行用户创新（von
Hippel et al.，2012）。（3）用户创新所涉及的产品领域较为广阔。我们从
先前的研究中可以得知，用户跨越不同的产品类别、行业和科学领域，创
造出了许多具有突破性和发展性的创新产品（Nuvolari，2004；Shah，
2005；von Hippel，2005）。除了上文所提到的领域，用户的创新行为还涉
及汽车、天文设备（例如，望远镜）、医疗设备和制铁高炉设计等多个不同

的 领 域 （Allen，1983；Kline and Pinch，1996；Franz，1999；Ferris，2002；Chatterji and Fabrizio，2011）。

现有的研究还表明，用户创新的内容不同于制造商创新的内容：在对科学设备创新的研究中，用户创新往往体现出更为新颖的功能，即用户创新倾向于创造出一种全新的产品，制造商创新则更倾向于获得消费者的广泛认可（Riggs and von Hippel，1994）。领先用户（Lead user）理论更进一步认为，一些源自用户的创新将预示着新的市场机会的产生。领先用户（1）比普通用户早数月或数年面对未来市场的需求，并且（2）他们可以从满足自身需求的解决方案中获得好处（von Hippel，1986）。除此之外，与制造商相比，领先用户所开发的产品理念往往拥有更高的评价，并且，对制造商而言，领先用户所开发的产品更有利可图（von Hippel，1986；Urban and von Hippel，1988；von Hippel et al.，1999）。

最后，在过去的理论中，用户创新者不会通过对创新产品进行专利申请或实现商业化来从事经济活动。而 von Hippel 认为，用户开发的创新，会被现有的制造商或相关设备的制造商发现并改进，该创新如果具有商业价值，还会被这些制造商引入市场（von Hippel，1988）。[①] 早期实证研究的结果似乎支持这一观点。例如，在科学仪器领域，用户创新的成果包括电子显微镜、调节好的高压电源和高温样品台，这些创新成果在后期都被制造商引入市场并成为一项商业化产品。而且，早期的用户创新者（通常是学术科学家或技术人员），往往都是通过著作出版、研讨会，以及访问其他用户，将自己的想法传达给其他人（von Hippel，1988）。除此之外，针对半导体和印刷电路板在组装过程中的创新，von Hippel（1988）还注意到，虽然，用户创新者和制造商之间信息交流的细节并没有被完整地记录下来，但是，通过这些不完整的记录我们还是可以看出，用户创新者（大多数是创新公司的雇员）会将自己所掌握的信息免费分享给其他创新公司

---

① 在有关技术的历史学和社会学文献中，这种情况是相似的：虽然用户可能会将其产品需求传递给制造商，甚至有可能会为了满足自己的需求而亲自进行产品创新，但是，在这里我们主要假设用户不从事经济或商业活动（Oudshoorn and Pinch，2003）。

和制造商公司的员工。

以上这些研究似乎支持着这样一个假设：用户进行创新，但并不从事创新成果商业化的活动。然而，我们认为，这些早期的研究结果基于特定背景下的研究：在前 25 年中所进行的许多研究，都集中在企业员工或作为学术科学家的用户所做的创新上。这些用户在创建公司之初会面临巨大的机会成本，因此，他们更愿意将自己的想法传达给制造商，并使之将此想法整合到未来的产品中。此外，竞业禁止协议可能会对这些用户创新者的创业机会起到限制作用，限制他们在与其雇主类似的领域中进行创业。并且，由于许多学术科学家都希望仅仅成为一名单纯的科学家（Stern，2004），或者专业领域中的文化规范致使他们无法进行创业，这便降低了作为学术科学家的用户进行创业的可能性。由此可以看出，在早期的研究中，大多数用户创新者可能会将他们的创新行为仅仅局限于产品创新，并且，他们也不会将自己的创新产品进行专利申请或实现商业化。需要指出的是，经过对早期用户创新文献的仔细阅读，我们发现，在少数情况下，用户（虽然并不一定是发明出该创新产品的用户）也会成为设备制造商（von Hippel，1988：24）。

最近的理论研究和实证研究都表明，用户创新者存在创业行为（Franke and Shah，2003；Shah，2005；Baldwin et al.，2006；Mody，2006；Shah and Tripsas，2007；Shah and Mody，2014）。接下来，我们会对用户创业的普遍性和重要性进行简要的介绍。然后，我们会通过一个模型来对用户在何时会成为一名创业者这个问题进行预测。对该模型中的参数的应用，将有助于我们了解：在用户创业现象已经较为普遍的情况下，为什么早期有关用户创新的研究对用户创业行为的记录很少？

11.2 用户创业的普遍性和重要性

最近进行的几项研究，使用户创业行为为人们所了解。这些研究阐述了用户创业行为的普遍性以及用户创业作为一种（将创新引入产业体系的）

机制的重要性。

11.2.1　普遍性

最近的一项研究表明，2004 年，在美国由用户创立的企业中，有 10.7％的初创企业和 46.6％的创新型企业，都已经持续运营了五年之久（Shah et al.，2011）。此外，用户创业行为会发生在截然不同的行业中。诸如，医生经常会使用新颖的医疗器械（创新商业化的成果）来治疗他们的病人：在美国，有 29％的医疗器械创业公司是由医生创建的（Chatterji，2009）。在婴幼儿医疗用品行业（生产婴幼儿产品的公司，如婴儿推车、汽车儿童座椅、尿布等），在 2007 年，该市场上有 84％的公司是由婴幼儿产品的用户创办的，即由婴幼儿的父母、祖父母或保姆创办。

11.2.2　技术上的重要性

用户创业有助于将技术变革引入产业体系中。从更高的层面上来说，与其他初创企业相比，由用户创建的创新型初创企业更有可能拥有专利权——这表明此类公司拥有可用来申请专利的技术性知识（Shah et al.，2011）。其中一些用户创业者会选择将改良后的产品重新进行商业化包装再投入市场，而另外一些用户创业者，他们更愿意将具有突破性的新产品引进市场，并且此类新产品还有可能激发诸如极限运动（Shah，2005）和原子力显微镜（Mody，2006）等新产业的形成。在极限运动领域中，有 43％的关键性创新产品的商业化，最先是由该领域的用户创新者实现的（Shah，2005）。在原子力显微镜领域中，早期的所有公司（一共有三家公司）都是由用户创新者或者与用户创新者相关的个人创建的（Mody，2006）。在排版行业的三大技术革命中，由用户创业者开发并引入市场的产品是其中两项技术革命的导火索（Tripsas，2008）。此外，第一部商业化引擎电影（Machinima）是由用户创业者生产出来的，这是一种将电脑游戏拍摄成电影的新电影类型（Haefliger et al.，2010）。与此同时，Winston Smith 和 Shah（2014）发现的证据也表明，用户创业者为产业体系的发展引入了非常新颖的见解。以上提到的这些研究，都强调了由用户创新者创建的企业对社会和商业市场所做出的创新贡献。

11.2.3 经济上的重要性

用户创业者创立的公司，与普通的创业公司以及其他创新型公司相比，存在着意义上的不同（Shah et al.，2011）。[①] 专业用户创业者（professional user entrepreneurs）——在其先前的工作或业务中应用自己的创新成果的用户——创建的公司，不太可能是在家中成立的，此类公司的创办很少会依赖于自筹资金，并且它们获得盈利的可能性会很大。与上文提到的其他两个创业群体创建的公司相比，由专业用户创业者创建的公司会获得更高的收入。有研究表明，专业用户创业者可能拥有较高的技术水平，这就使他们有可能通过创业获得大量的经济收益。

相比之下，由最终用户创业者（end-user entrepreneurs）——过去经常将创新成果用于个人使用的用户——创建的公司，可能就拥有较少的资源，并且在公司成立之初资金较为紧缺。由最终用户创业者创建的公司，通常拥有较少的员工和较低的营业收入，这些公司在自成立至未来五年的时间内，办公地点都更有可能是最终用户创业者的家中，成立五年后，它们更多的是自负盈亏，并且很有可能无法从银行获得融资。最终用户创业者更有可能是女性，或是少数族裔中的一员。具体来说，他们更有可能是美洲印第安人、阿拉斯加原住民或黑人，但不太可能是亚洲人。这种创业方式可能是这些社会群体成员所拥有的少数几个创业途径之一，因此，它作为一种能够为人们带来有意义的职业选择和经济上自给自足的途径，值得人们进行进一步研究。

尽管存在着这些差异，但是，专业用户创业者和最终用户创业者创办的公司，都会将新颖的或定制的产品引入市场，并且，有可能比其他公司获得更多的风险资本融资，与其他同类公司相比还有可能获得更多的专利权。具体而言，根据研究，在公司第一个五年的运营中，获得风险资本融资的公司，有 5.8% 为专业用户创业者成立的公司，4% 为最终用户创业者成立的公司，1.1% 为初创公司，3.7% 为其他创新型公司。这是一个引人注目的发现：这些数据表明，与其他创业者相比，用户创业者更有可能将

---

① 其他创新型公司，指的是那些在创立的第一年中便开始执行研发工作的公司。

其（具有高市场潜力的）创新成果商业化。

11.3 用户创业理论

接下来，我们将开发一个模型，用来预测用户创新者在何时会将自己的创新成果（通过专利授权、专利转让或进入产品市场的方式）商业化，从而获取适当的商业利益，而不仅仅是通过使用自己的创新成果，或者通过制造商开发该创新成果的潜在商业价值而获得好处。我们将制造商广泛地定义为：任何制造商，通常是在（与用户创新者所处行业）相同或相关行业运营的，或拥有补充资产的公司。[①] 我们的模型的核心是，用户创新者和制造商在两个关键维度上存在差异，即它们对进入产品市场后的预估经济回报，以及预估最低盈利阈值。根据这些差异的大小，我们提出了新的有关产品商业化的结论。

11.3.1 用户创新者和制造商产生不同的预估经济回报的原因

潜在的市场进入者在决定是否将自己的创新成果商业化的同时，会根据多个因素估算其经济回报，这些因素包括：预计的市场规模和增长率、客户需求、竞争环境，以及公司的独特能力，最后这一点将有助于增加其创新成果的价值。用户创新者和制造商对于同一款商业化产品的利润增长率，可能会得出不同的估算值，产生这种情况的原因有许多，包括它们所获得的补充资产不同、信息不对称，以及对现有信息存在着不同的解释。

在产品市场中，任何技术类产品实现商业化都需要借助补充资产（例如，分销渠道、品牌认知或者制造能力）的帮助（Teece，1986）。当必要的补充资产被现有的制造商控制，并且潜在的新进入者无法获得这些资产时，进入一个新的市场对于这些新进入者而言是非常困难的，即使他们拥

---

① 概念模型也可以用来分析非用户创新者创建的初创公司在何时可以实现用户创新成果的商业化。这类公司在它们所掌握的信息方面，以及它们的创新盈利潜力方面，有可能介于用户创新者和制造商两者之间。

有优越的技术解决方案（Tripsas，1997；Gans and Stern，2003）。在这种情况下，用户创新者将处于劣势，而制造商的预估利润将超过用户创新者。与此同时，如果制造商能够利用现有的资本密集型制造设施或其他经济优势（如配送）来实现成本最优，那么，它们会获得更高的预估利润（Teece，1986；Baldwin et al.，2006）。

此外，用户创新者和制造商的预估利润存在差距的另一个原因是信息不对称。长期以来，信息优势一直被认为是创业机会的来源（Shane and Venkataraman，2000）。Schumpeter（1934）认为，如果经济持续地运行在非均衡状态，并由此产生了信息分布不均衡的现象，那么，具有信息优势的行为者就更容易赚取创业利润。同样地，知识分布不均衡将导致创业者获得的潜在利润不对称，进而使得最先"发现"创业机会的一方进入市场（Hayek，1945）。

由于用户创新者对产品市场有着独特的个人理解，所以，在创新机会识别和创新成果商业化方面，用户创新者往往优于制造商。尤其是在新兴市场中，用户创新者有着明显的信息优势。新兴市场中的信息呈现出以下三个特点：演进速度快、黏着性强，以及验证难度大。在一个新兴市场中，用户创新者的需求是不确定的，也是在不断发展着的（Clark，1985）。然而，对一个新兴市场的潜在的消费者来说，他们并没有使用过这个新兴市场中的产品，因此就难以明确地阐述自己对产品的偏好，制造商也就难以对市场潜力进行衡量（这是公司最热衷的市场研究主题之一）（von Hippel，1986；Nonaka and Takeuchi，1995）。无论如何，只有通过对产品的使用，人们才能够真正地了解到产品的可靠性、耐用性、哪些产品特征是有价值的，以及该产品如何与其他产品结合使用。与此同时，对于一家新公司而言，实验是管理其不确定性的重要途径（Murray and Tripsas，2004），当然，公司是通过对产品的使用来进行实验的。因此，有使用经验的用户很有可能是最了解这些新产品的人，并且，还会是对其产生购买和使用需求的人。除此之外，用户创新者还有一个优势，即他们的需求信息可能具有"黏着性"。这是指，即使信息发送者和接收者都致力于信息的传输，但是，在新的领域搜集、传输和使用该信息时他们却需要支付高昂的成本（Pola-nyi，1958；von Hippel，1994；Szulanski，1996；Tyre and von Hippel，1997）。

用户创新者也可以通过参与创新社群，实现创新的创造、改进、推广以及定价（Franke and Shah，2003；Shah，2005；Baldwin et al.，2006）。社群成员可能会为用户创新成果的改进和完善提供帮助，进而使产品在设计和功能上获得改良。如果该创新成果被许多社群参与者采用，那么，用户创新者可以借机观察该创新成果的价值，并对他人的支付意愿进行考量。事实上，一些用户创业者在收到多个想要购买其创新成果的请求之前，并没有想到要将自己的创新成果出售给其他人（Shah，2005）。

除了获得信息的优先访问权，用户创新者还可以站在制造商的角度对创新的相关信息进行解读。有着不同背景的个人创新者，能够从相同的技术中发现不同的价值，这也就突出了在创业机会识别（Shane，2000）和构建新产品类别（Benner and Tripsas，2012）方面，先前经验的重要性。此外，对于现有的制造商所处的行业体系而言，用户创新者处于该体系之外，因此，他们对创新潜在价值的解释可能也会有所不同。

11.3.2 用户创新者和制造商拥有不同的最低盈利阈值预估的原因

我们认为，平均而言，用户创新者的最低盈利阈值要低于制造商，这样才能保证其进入产品市场的合理性。相对更低的盈利阈值，可能来自用户相对更低的机会成本，或者其他非经济因素（例如，个人偏好和法律约束）。

机会成本——用户为了创业所需要放弃的另外一些东西的最大价值——将因职业的不同而有所不同。举例而言，与一位"狂热的"自行车爱好者（靠打零工支撑其在运动上的开支）相比，一位身为整形外科医生的自行车爱好者，创办一家自行车公司的机会成本更高，因此，医生会期望从创业中获得更高的经济回报。对此，Amit 等人（1995）提供了一项拥有大量样本的实证研究来支持这一现象。除此之外，一位用户创新者也可能会选择在他业余的时间创办一家公司。那么，这种做法通常会降低业务所需要的最低盈利阈值,因为,在这种情况下,创业所产生的收益将被视为该用户创新者的额外收入来源而不是主要收入来源。

大量的研究表明,许多创业者的创业驱动力,至少在一定程度上,来自非经济性的目标,包括从自主创业或他们所喜欢的工作中得到满足感(Smith and John,1983;Lafuente and Salas,1989;Gimeno et al.,1997;Scott-Morton and Podolny,2002)。创业可能是用户创新者用来实现这些目标的工具。通过自主创业或在他们热衷的领域内开展工作所产生的效用,可能会使得用户创新者对热衷的事业的追求,多过对金钱的追求(Douglas and Shepherd,1999)。

一般情况下,人们会认为制造商的最低盈利阈值高于个人用户创新者,因为在评估投资项目的过程中,个人用户创新者所获得的非货币的好处不会被认为是总利润的一部分。而项目投资被看作一种争夺潜在项目资源的竞争行为。许多公司甚至都设有"最低预期资本回报率"(hurdle rate),新的项目只有超过了这一回报率,才可以收回投资的成本(Bower,1970;Brealey and Myers,1984)。

11.4 用户创新行为的商业化成果

在本节中,我们使用体育用品行业的例子来描述用户创新行为的商业化成果[1](见图 11 - 1)。体育用品行业更适合作为本文创新研究的目标,这主要基于以下两个原因。第一,新的体育运动的产生较为频繁。因此,我们可以通过对主要的数据进行收集(包括与早期的创新者和其他参与者进行讨论),来研究新的体育运动在经济和社会层面上的历史。第二,与其他行业相比(如制药业),体育用品行业相对来说是政府监管较少的行业,这就使得那些愿意承担更高法律或金融风险的企业或机构,能够进入这个市场开展用户创新。

---

[1] 有关体育用品行业的创新及其产品商业化历程的例子,来自 Franke 和 Shah(2003)以及 Shah(2005)的描述和分析。

11.4.1 区域 I：创新成果不会被商业化

在图 11-1 的区域 I 中，我们预测用户创新成果不会被商业化，因为该创新成果的预期收益低于用户和制造商的最低盈利阈值。当创新成果只是用来满足特殊的用户需求时，这种情况就会出现，并且，在这种情况下，用户和制造商也不会再有更高的需求（Franke and von Hippel, 2003）。同样地，实现用户创新成果的商业化，相对于这类创新成果的总体价值而言，只是增加了少许的商业化价值，并不会对用户或制造商产生任何吸引力。但是，这些创新成果即使没有被商业化，也仍然有可能在用户之间获得推广。这就是说，如果该创新成果变得足够受欢迎，制造商可能会在稍后的时间里，考虑将该创新融入他们的产品设计。

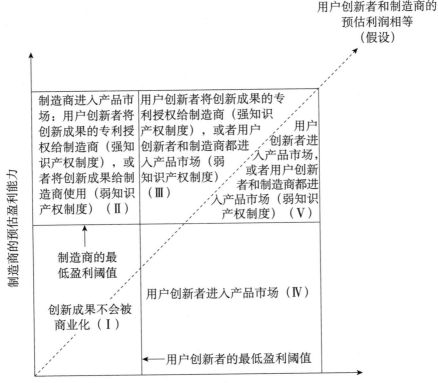

图 11-1　用户创新行为的商业化成果

11.4.2　区域Ⅱ：制造商进入产品市场：用户创新者将创新成果的专利授权给制造商（强知识产权制度），或者将创新成果给制造商使用（弱知识产权制度）

在图 11-1 的区域Ⅱ中，用户创新者进入产品市场的预估利润值低于其最低盈利阈值，但是，制造商进入产品市场的预估利润值却高于其最低盈利阈值。在研究用户创新的文献中，前 20 年的文献所记录的许多创新行为都属于这个模式，例如：在科学仪器领域中就存在着这种创新模式，该领域的科学家通常都面临着创业的高机会成本，所以，该领域内创新成果的商业化大多是由制造商来完成的（von Hippel，1976）。此外，当成熟的公司控制了必要的补充资产时，也有可能产生这种创新模式，从而既有可能导致用户将创新成果交由制造商实现商业化，也有可能导致用户在知识产权制度①下以专利授权的方式将创新成果的使用权转让给制造商。由于制造商在进入产品市场后的预估利润高于其最低盈利阈值，所以，他们应该愿意购买该创新成果的专利授权。

舍曼·波彭（Sherman Poppen）是区域Ⅱ中典型的用户创新者。滑雪板"真正的"历史开始于波彭雪上冲浪［Poppen's Snurfer，简称雪上冲浪（snow surfer）］（Stevens，1998）。波彭是一名在密歇根州马斯基根（Muskegon，Michigan）的全职的化学气体工程师，有一些工业气体专利是以他的名字命名的。对他而言，创业的机会成本非常高，但是，他的本职工作可能会使他对专利申请和授权的程序非常熟悉。因此，波彭将自己开发的关于雪上冲浪的设计专利，授权给一家儿童玩具制造商。随后，雪上冲浪在商业上取得了相当大的成功。实际上，许多后来的在滑雪板领域的创新者，都会来体验这项刺激的运动，像孩子一样体验雪上冲浪所带来的乐趣。

舍曼·波彭的专业背景和行为表明了未来研究的潜在领域：是否对知识产权制度有事先了解的用户创新者，比其他用户创新者更有可能为自己

---

①　我们在这里所说的知识产权制度，主要是指在用户的行业背景下，正式的知识产权机制（例如，专利权或版权）的有效性。参见 Cohen，Nelson 和 Walsh（2000）所讨论的知识产权制度的优势如何因行业的不同而不同。

的创新申请专利保护，然后授权给其他用户或制造商呢？这样的创新者是否会同样愿意与他人分享自己的创新呢？还是他们会更不愿意与他人分享自己的创新，从而也不太可能从参加社群活动中受益呢？

11.4.3 区域Ⅲ：用户创新者将创新成果的专利授权给制造商（强知识产权制度），或者用户创新者和制造商都进入产品市场（弱知识产权制度）

在区域Ⅲ中，用户创新者和制造商的预估利润都高于他们的最低盈利阈值；但是，制造商有可能比用户创新者获得更高的经济回报。这些条件为用户创新者既提供了进入市场的机会，又提供了将创新成果的专利授权给制造商的机会。

在这种情况下，用户是进入产品市场还是将创新成果的专利授权给制造商，取决于以下三个因素：创新的知识产权制度起到的作用、市场的新颖性，以及制造商和用户创新者之间的预期利润的差额是否足够支付创新成果的专利授权费。接下来，我们将对这三个因素分别进行讨论。

在产品领域，如果知识产权制度对创新所起到的作用较强（例如，当专利权是有效的时候），那么，这个市场就是一个理想市场（Gans and Stern，2003），并且用户创新者可以尝试将其创新的专利授权给其他主体。如果知识产权制度对创新所起到的作用较弱，那么，想要实现创新成果的商业化，用户创新者进入产品市场就是其唯一的选择。此外，申请专利和执行专利的成本，有可能高于创新成果的专利授权费，那么在这种情况下，放弃进入产品市场，将是用户创新者最好的选择。

当市场相对较新的时候，专利授权的成本可能会很高，这是因为在这样一个新的市场中，不仅相关人员需要花费大量的时间和精力来解释技术特点和描述市场前景，还存在着由于市场的高不确定性而产生的紧急情况。如果专利授权的成本较高，那么用户创新者更有可能去成立一家公司，而不是尝试去将自己的创新成果的专利授权给制造商。

最终，如果创新成果的专利授权看起来是可行的（由于知识产权制度的强作用和专利授权的低成本），那么，制造商和用户创新者之间的谈判将决定用户创新者是进入产品市场，还是将自己的创新成果的专利授权给制造商。由于在区域Ⅲ中，制造商对市场的预估利润高于用户创新者，因此，制造商通过协商很有可能会获得用户创新成果的专利授权。我们认为，在区域Ⅲ中，大多数的用户创新者都会选择将自己的创新成果的专利授权给制造商。然而，在某些情况下，制造商对获得创新成果的专利授权并不感兴趣，那么，用户创新者想要从自己的创新成果中获得经济收益，就需要以创业者的身份进入市场。与此同时，制造商也可以选择进入市场，尤其是在那些知识产权制度作用较弱的行业。

在风帆运动领域中，一位用户创新者在 20 世纪 80 年代被授予了一项名为弧形引导器（camber inducers）的专利，该产品被用于保持船帆的前端稳定，进而使帆船在整体上产生更大的稳定性和动力。在这一点上，风帆虽然是一个新兴的运动，但是已经形成了自己的市场，制造商也对该创新市场的价值表示认可，并且，这些制造商期望通过弧形引导器的商业化来获得利润，他们会将该创新产品作为一个风帆部件进行出售。在这种情况下，制造商可能会期望从该创新产品的商业化中获得更高的利润，此利润甚至高于用户创新者自己出售该创新产品所获的利润。所以，通常用户创新者会选择将自己的创新专利授权给一家大公司。然而，当制造商的管理层发生变更或合作关系结束时，授权费也会停止支付。虽然此类案件曾被提交至法院，并且法院的最终判决也更有利于案件中的用户创新者，但是，事实上，该案件中的用户创新者依旧没有收到全部的授权费。这个例子展示了，用户创新者在将自己的创新成果授权给拥有经济和法律资源的大型成熟公司时所遇到的困难。如果该用户创新者当初选择自己进入产品市场，而不是将创新成果的专利授权给制造商，结果或许会比现在的更好。

11.4.4　区域Ⅳ: 用户创业者进入产品市场

在图 11-1 的区域Ⅳ中，我们认为用户创新者会选择进入产品市场。因为，用户创新者的预估利润超过了其最低盈利阈值，而制造商的却没有超过，所以，用户创新者进入产品市场是其创新成果实现商业化的唯一途径。

　　根据下文对"夏威夷人"（the Hawaiians）的创新行为的描述，我们认为"夏威夷人"的创新行为具有三个特点，即创新性强、娱乐性强和竞争优势大，这三个特点足以让其创新成果进入产品市场。"夏威夷人"在成立后的前 20 年中，一直都是以一种由四到七人组成的小组的形式存在的。从 1970 年开始至 20 世纪 80 年代早期，这些小组成员一同居住在夏威夷凯卢阿（Kailua，Hawaii）的一所房子里。他们每天在住所附近的海滩冲浪。他们在体验了这个地区非常常见的大风和大浪，并试验了各种新的风帆技术和技巧之后，便产生了新的需求（他们发现，现有的设备已无法满足自己的需求）。为了使冲浪设备能够更适合当地大风大浪的自然条件以及他们正在开发的技术，他们开始进行创新。当人们看见或听说他们先进的冲浪技术或设备并要求购买时，起初"夏威夷人"是在自己的房子里售卖其手工制品（在最初的三到四年间），后来他们拥有并开始经营一家小店面。最终，他们的品牌成为风帆行业最受欢迎的品牌之一。

　　为什么是"夏威夷人"——而不是一个成熟的制造商——将他们的创新成果商业化了呢？因为，"夏威夷人"比制造商更看重创新的商业潜力，并且他们的最低盈利阈值更低。事实上，据我们所知，"夏威夷人"曾经将他们早期的创新产品介绍给当时的制造商，并要求制造商考虑生产他们的创新产品，并且，他们并没有要求经济上的回报。但是，制造商在当时拒绝了他们的请求。在那之后，"夏威夷人"便开始与夏威夷的游客们分享他们的原创设计，目睹人们从风帆运动中获得的乐趣，并为此撰写了一篇关于早期爱好者如何进行创新的文章。最终，他们了解到一些爱好者想要购买该创新产品的需求；这些需求表明了该创新产品在当时新兴的商业市场中具有潜在的盈利能力。此外，"夏威夷人"拥有最低盈利阈值和较低的创业机会成本；为了能够在夏威夷岛过上享受运动的生活，其中大多数人的工作都属于旅游业或建筑业。

11.4.5　区域 V: 用户创新者进入产品市场, 或者用户创新者和制造商都进入产品市场 (弱知识产权制度)

在区域 V 中, 创新成果的商业化价值超过了用户和制造商的最低盈利阈值, 并且, 用户创新者有可能比制造商获得更高的经济回报。只有当潜在的市场机会被低估时, 制造商才有可能获得创新成果的专利授权, 否则, 无论知识产权制度的作用如何, 用户创新者都更愿意自己进入产品市场, 而不是将其创新成果的专利授权给他人。然而, 在这个区域中, 制造商也发现进入产品市场更具吸引力, 此外, 如果该行业当前的知识产权制度的作用较弱, 那么制造商也会选择进入该产品市场, 这样他们不仅可以自由地抄袭用户的创新成果, 还可以随意地生产与用户创新成果相类似的产品。

11.4.6　外延

我们在这里所提供的模型是一种简单的并且有固定模式的模型, 它可以用来说明商业化结果随着时间的变化以及知识产权制度的变化会相应地产生哪些变化。随着时间的推移, 用户创新者和制造商可能会调整其预估利润率, 进而做出进入或退出产品市场的抉择。特别是, 如果市场并未出现增长, 那么当初参与建立这个新市场的许多用户就有可能选择退出该市场, 然而与此同时, 许多制造商则有可能因为观察到市场小幅度的增长而选择进入。这个问题在行业形成的早期阶段更为明显, 在这个阶段, 区域 I 和 IV 的用户创新者更有可能在商业上采取行动。随着行业的愈加成熟, 制造商会选择进入产品市场 (在区域 III 和 V 中) 并开展商业活动。然后, 进入市场的制造商会逐渐增加他们在该市场中的市场份额; 随着制造商市场份额的逐步上升, 他们的盈利能力也在逐步提高 (进入区域 II), 当他们的盈利能力高于其最低盈利阈值时, 制造商就会选择对用户的创新成果进行商业化。针对运动器材行业和电影行业的近期研究, 为这些预测提供了初步的理论依据 (Shah, 2005; Haefliger et al., 2010)。

11.5 讨论和总结

用户创业现象的重要性、频繁性和普遍性表明，用户创业是创新生态系统的重要组成部分，值得在未来被进一步研究，未来的用户创业理论和概念将与现有的创新理论和经济变革理论相融合。在本文中，我们提出了用户创业理论，并阐述了在何种情况下用户创新者可能会选择将其创新成果商业化，而不仅仅是供自己使用。我们从两个维度审查了用户创新者和制造商之间的差异，同时也考虑到了独占性机制（appropriability regime）的优势，即它们对进入产品市场后的经济回报预估，以及最低盈利阈值预估。本文建立的模型展示了用户创新者何时可以与制造商自由地分享创新成果、何时可以将创新成果的专利授权给制造商，以及何时可以尝试独立地实现创新成果的商业化。通过对商业化决策的基本驱动因素的分析，我们发现该模型的结果与现有的有关用户创新的文献内容相一致，这些文献主要涉及现有的制造商将用户创新成果商业化的现象和用户创业的现象。

此外，该模型还帮助我们识别有助于用户创业的产品特征或创业环境。这包括：开放式产品设计、模块化产品架构、行业生命周期的早期阶段，以及小型、初生的企业能够理解和遵守的政府监管。为了使用户创新者对产品有一个更便捷的体验，开放式产品设计和模块化产品架构将有助于用户创新者开展创新，从而实现用户创业。此外，模块化产品架构的组件之间的接口都是标准化的、有记录的，这就使得更多的参与者和公司能够加入创新的行列（Langlois and Robinson，1992；Baldwin and Clark，2000）。行业生命周期的不同阶段，或多或少会为用户开创公司制造一些困难；一般而言，整个行业生命周期中一直会存在有利于用户创业者的条件，但是，只有在行业发展的早期阶段，用户创业者才会比成熟的公司更占优势（例如，作为模块化产品领域的零部件供应商）。最后，如果政府监管大大增加了新公司进入市场的障碍，那么，这种政府监管也可能会导致用户创新和用户创业水平低下。为此，一些国家的政府机构在经济上降低了初创公司的监管审批成本，以在促进行业竞争的同时，为消费者提供产品质量的保障。

11.5.1 理论上的贡献

在文中，我们创建的模型，对创新、创业和产业进化理论都有一定的影响。创新——以及创新推广——对经济发展而言至关重要（Solow，1957）。对用户创新的商业化方式进行深入的研究，将有助于我们更进一步了解如何支持创新想法的商业化推广。关于用户创新者所拥有的创新知识与其他来源的知识的不同之处，迄今为止，只有两项研究对这方面的内容进行了记录（Riggs and von Hippel，1994；Winston Smith and Shah，2014）。而根据我们的模型——尽管是间接的——可以看出，用户创新者的创新知识比其他来源的知识，在内容上更具新颖性。

许多研究创业的学者，更关注现有公司的分拆（也称为员工创业）（Klepper and Sleeper，2005；Franco et al.，2009）。在一项研究中，他们针对初创公司与其母公司之间所存在的不同进行研究。员工创业公司中有很大一部分是用户创业公司，通常母公司会允许其员工在不与其产生竞争关系的前提下进行创业；这些员工甚至还有可能成为其母公司的供应商［该观点的相关数据请参见 Shah et al.（2011）］。最后，对用户创业者行为的分析，使我们对创业理念和创业驱动因素的理论有了进一步的认识。尤其是，用户创业现象所表现出的社会互动的重要性，以及在识别和创造创业机会方面，过往经验的重要性（Shah，2005；Shah and Tripsas，2007；Shah and Mody，2014）。过去的研究主要强调的是以往行业经验的重要性（Shane，2000；Benner and Tripsas，2012），而对用户创业的研究强调的是用户创新者和制造商之间相互关系的重要性。

许多公司在行业发展的早期或"流动"阶段，会在进入该行业之后又选择退出该行业，然而，这类公司在现有的研究中却很少被提及（Tushman and Anderson，1986；Utterback and Suarez，1993；Fligstein，2001；McKendrick and Carroll，2001；Agarwal and Gort，2002）。此外，从上文

的内容中可以得知，在现实生活中至少有一些公司是由用户创新者创建的，而且，用户偏好的快速发展和不断变化，创新社群的参与，以及从实验和使用中获得的不同的知识，都使得用户创业者比其他创业者更具信息优势。除此之外，用户创新者和用户创业者还有可能导致技术创造的不连续性或者空白期的产生。未来，我们会对这些领域进行进一步的研究。

11.5.2 政策启示

许多政府政策、企业战略和学术研究都基于同一个假设，即由利润驱动的公司，在强大的知识产权制度的支持下，将推动产品创新及其商业化的实现（Schumpeter，1934；Demsetz，1967；Dosi，1988）。[1] 正如我们所看到的，用户创业者也从事着产品创新及其商业化的活动，但是，用户创新者的创业动机却并不相同。因此，对于这些政策对用户创新者和用户创业者的影响，我们需要进行仔细研究。首先，虽然知识产权制度应该保护具有创新行为的用户和制造商的权利，但是，我们仍然有必要更加仔细地了解知识产权制度是否在实践中真正地维护了用户创新者的权利，以及知识产权制度的保障措施或其他相关政策是否已经落实到位，以防止不平等情况的产生。其次，用户创新者不太可能在创新完成后立即申请发明专利，而是会选择先与他人分享自己的创新。一些用户创新者有意将其创新内容发布到公共领域，以便根据其他用户所提出的意见逐步改进自己的创新。因此，如果他们在披露创新细节后的第一年内没有提出专利申请，那么，在法律上他们有可能就无法获得该创新的专利。虽然，现有的体制并不鼓励这种形式的分享，但是，这些行为有助于人们产生对创新产品的兴趣，进而有助于形成新的产品市场。政策制定者在希望通过制定鼓励和支持创业活动的计划和政策，来刺激经济增长的同时，也应该考虑到用户创业者的普遍性、技术重要性，以及行为独特性。那么，在用户创新者的最低盈

---

[1] 尽管这种假设常常用于对政策和实践的指导，但是，仍然有许多学者、政策制定者和从业者对这一假设的有效性提出疑问。有兴趣了解更多有关专利激励创新的读者，可以从近期美国国家科学院国家研究委员会（National Research Council of the National Academies）（2003）发布的报告，以及 Tomlinson 和 Torrance（2009）近期发表的一篇名为《专利与实用艺术的回归》（*Patents and the Regress of the Useful Arts*）的文章着手。

利阈值低于制造商时，谁将使用户创新者的创新成果商业化呢？

备注

感谢 Rajshree Agarwal，Janet Bercovitz，Glenn Hoetker，Andrew Torrance 和 Charlie Williams 对这篇文章做出的深思熟虑的评论。

参考文献

Franke, N., and S. Shah. 2003. How communities support innovative activities: An exploration of assistance and sharing among end-users. *Research Policy* 32 (1): 157–178.

Haefliger, S., P. Jäger, and G. von Krogh. 2010. Under the radar: Industry entry by user entrepreneurs. *Research Policy* 39 (9): 1198–1213.

Harhoff, D., J. Henkel, and E. von Hippel. 2003. Profiting from voluntary information spillovers: How users benefit by freely revealing their innovations. *Research Policy* 32 (10): 1753–1769.

Henkel, J. 2006. Selective revealing in open innovation processes: The case of embedded Linux. *Research Policy* 35 (7): 953–969.

Hienerth, C. 2006. The commercialization of user innovations: The development of the rodeo kajaking industry. *R&D Management* 36 (3): 273–294.

Hill, C. W. L., M. A. Hitt, and R. E. Hoskisson. 1992. Cooperative versus competitive structures in related and unrelated diversified firms. *Organization Science* 3 (4): 501–521.

Lakhani, K. R., and E. von Hippel. 2003. How open source software works: "Free" user-to-user assistance. *Research Policy* 32 (6): 923–943.

Luo, J., D. E. Whitney, C. Y. Baldwin, and C. L. Magee. 2012. The architecture of transaction networks: A comparative analysis of hierarchy in two sectors. *Industrial and Corporate Change* 21 (6): 1307–1335.

Markides, C. C., and P. J. Williamson. 1996. Corporate diversification and organizational structure: A resource-based view. *Academy of Management Journal* 39 (2): 340–367.

Max Bögl Bauservice GmbH und Co. KG. 2001. Neue Tochter im Firmenverbund: Die WÜWA Bau GmbH. *Kundenmagazin Max Bögl*: 30–31.

Shah, S., and M. Tripsas. 2007. The accidential entrepreneur: The emergent and collective process of user entrepreneurship. *Strategic Entrepreneurship Journal* 1 (1/2): 123–140.

Teekanne GmbH & Co. KG. 2007. *125 Jahre Teekanne*. Düsseldorf: Teekanne.

von Hippel, E. 1988. *The Sources of Innovation*. New York: Oxford University Press.

Dosi, G. 1988. Sources, procedures, and microeconomic effects of innovation. *Journal of Economic Literature* 26 (3): 1120–1171.

Douglas, E. J., and D. A. Shepherd. 1999. Entrepreneurship as a utility maximizing response. *Journal of Business Venturing* 15 (3): 231–251.

Ferris, T. 2002. *Seeing in the Dark: How Backyard Stargazers Are Probing Deep Space and Guarding Earth from Interplanetary Peril*. New York: Simon and Schuster.

Finkelstein, S., and E. von Hippel. 1979. Analysis of innovation in automated clinical chemistry analyzers. *Science and Public Policy* 6 (1): 24–37.

Fligstein, N. 2001. *The Architecture of Markets*. Princeton: Princeton University Press.

Franco, A., M. Sarkar, R. Agarwal, and R. Echambadi. 2009. Swift and smart: The moderating effects of technological capabilities on the market pioneering-firm survival relationship. *Management Science* 55 (11): 1842–1860.

Franke, N., and S. K. Shah. 2003. How communities support innovative activities: An exploration of assistance and sharing among end-users. *Research Policy* 32 (1): 157–178.

Franke, N., and E. von Hippel. 2003. Satisfying heterogeneous user needs via innovation toolkits: The case of Apache Security software. *Research Policy* 32 (7): 1199–1215.

Franz, K. 1999. Narrating automobility: Travelers, tinkerers, and technological authority in the twentieth century. PhD thesis. Brown University.

Gans, J., and S. Stern. 2003. The product market and the market for ideas. *Research Policy* 32 (2): 333–350.

Gimeno, J., T. B. Folta, A. C. Cooper, and C. Y. Woo. 1997. Survival of the fittest? Entrepreneurial human capital and the persistence of underperforming firms. *Administrative Science Quarterly* 42 (4): 750–783.

Haefliger, S., P. Jaeger, and G. v. Krogh. 2010. Under the radar: Industry entry by user entrepreneurs. *Research Policy* 39 (9): 1198–1213.

Hayek, F. A. 1945. The use of knowledge in society. *American Economic Review* 35 (4): 519–530.

Klepper, S., and S. Sleeper. 2005. Entry by spinoffs. *Management Science* 51 (8): 1291–1306.

Kline, R., and T. Pinch. 1996. Users as agents of technological change: The social construction of the automobile in the rural United States. *Technology and Culture* 37 (4): 763–795.

Lafuente, A., and V. Salas. 1989. Types of entrepreneurs and firms: The case of new Spanish firms. *Strategic Management Journal* 10 (1): 17–30.

Langlois, R. N., and P. L. Robinson. 1992. Networks and innovation in a modular system: Lessons from the microcomputer and stereo component industries. *Research Policy* 21 (4): 297–313.

Lüthje, C., C. Herstatt, and E. von Hippel. 2005. The dominant role of "local" information in user innovation: The case of mountain biking. *Research Policy* 34 (6): 951–965.

McKendrick, D., and G. Carroll. 2001. On the genesis of organizational forms: Evidence from the market for disk arrays. *Organization Science* 12 (6): 661–682.

Mody, C. C. M. 2006. Universities, corporations, and instrumental communities: Commercializing probe microscopy, 1981–1996. *Technology and Culture* 47 (1): 56–80.

Morrison, P. D., J. H. Roberts, and E. von Hippel. 2000. Determinants of user innovation and innovation sharing in a local market. *Management Science* 46 (12): 1513–1527.

Murray, F., and M. Tripsas. 2004. "Understanding the Exploratory Processes of Entrepreneurial Firms," in Advances in Strategic Management, Vol. 21, editors Joel Baum and Anita McGahan, JAI-Elsevier, 2004.

National Research Council of The National Academies. 2003. *Patents in the Knowledge-Based Economy*. Washington, DC: National Academies Press.

Nonaka, I., and H. Takeuchi. 1995. *The Knowledge-Creating Company*. New York: Oxford University Press.

Nuvolari, A. 2004. Collective invention during the British Industrial Revolution. *Cambridge Journal of Economics* 28 (3): 347–363.

Oudshoorn, N., and T. Pinch. 2003. How users and non-users matter. In *How Users Matter: The Co-Construction of Users and Technology*, ed. T. Pinch and N. Oudshoorn. Cambridge: MIT Press.

Polanyi, M. 1958. *Personal Knowledge: Towards a Post-Critical Philosophy*. Chicago: University of Chicago Press.

Riggs, W., and E. von Hippel. 1994. Incentives to innovate and the sources of innovation: The case of scientific instruments. *Research Policy* 23 (4): 459–469.

Schumpeter, J. 1934. *The Theory of Economic Development*. Cambridge: Harvard University Press.

Scott-Morton, F. M., and J. M. Podolny. 2002. Love or money? The effects of owner motivation in the California wine industry. *Journal of Industrial Economics* 50 (4): 431–456.

Shah, S. K., and C. C. M. Mody. 2014. *Creating a Context for Entrepreneurship: Examining How Users' Technological and Organizational Innovations Set the Stage for Entrepreneurial Activity*. Oxford: Oxford University Press.

Shah, S. K. 2005. Open beyond software. In *Open Sources 2: The Continuing Evolution*, ed. C. Dibona, D. Cooper, and M. Stone, 339–60. Sebastopol, CA: O'Reilly Media.

Shah, S. K., and M. Tripsas. 2007. The accidental entrepreneur: The emergent and collective process of user entrepreneurship. *Strategic Entrepreneurship Journal* 1 (1–2): 123–140.

Shah, S. K., S. Winston Smith, and E. J. Reedy. 2011. *Who Are User Entrepreneurs? Findings on Innovation, Founder Characteristics and Firm Characteristics*. *Kauffman Foundation Report*. Kansas City, MO: Kauffman.

Shane, S. 2000. Prior knowledge and the discovery of entrepreneurial opportunities. *Organization Science* 11 (4): 448–469.

Shane, S., and S. Venkataraman. 2000. The promise of entrepreneurship as a field of research. *Academy of Management Review* 25 (1): 217–226.

Smith, N. R., and M. R. John. 1983. Type of entrepreneur, type of firm, and managerial motivation: Implications for organizational life cycle theory. *Strategic Management Journal* 4 (4): 325–340.

Solow, R. 1957. Technical change and the aggregate production function. *Review of Economics and Statistics* 39 (3): 312–320.

Stern, S. 2004. Do scientists pay to be scientists? *Management Science* 50 (6): 835–853.

Stevens, B. 1998. *Ultimate Snowboarding*. New York: Contemporary Books.

Szulanski, G. 1996. Exploring internal stickiness: Impediments to the transfer of best practice within the firm. *Strategic Management Journal* 17 (special issue): 27–43.

Teece, D. J. 1986. Profiting from technological innovation: Implications for integration, collaboration, licensing and public policy. *Research Policy* 15 (6): 285–305.

Torrance, A. W., and B. Tomlinson. 2009. Patents and the regress of useful arts. *Columbia Science and Technology Law Review* 10:130–68.

Tripsas, M. 1997. Unraveling the process of creative destruction: Complementary assets and incumbent survival in the typesetter industry. *Strategic Management Journal* 18 (special issue): 119–142.

Tripsas, M. 2008. Customer preference discontinuities: A trigger for radical technological change. *Managerial and Decision Economics* 29 (2–3): 79–97.

Tushman, M. L., and P. Anderson. 1986. Technological discontinuities and organizational environments. *Administrative Science Quarterly* 31 (3): 439–465.

Tyre, M. J., and E. von Hippel. 1997. The situated nature of adaptive learning in organizations. *Organization Science* 8 (1): 71–83.

Urban, G. L., and E. von Hippel. 1988. Lead user analyses for the development of new industrial products. *Management Science* 34 (5): 569–582.

Utterback, J., and F. Suarez. 1993. Patterns of industrial evolution, dominant designs, and firms' survival. In *Research on technological innovation, management and policy*, ed. R. Rosenbloom and R. Burgelman, 47–87. Greenwich, CT: JAI Press.

Utterback, J. M. 1994. *Mastering the Dynamics of Innovation*. Boston: Harvard University Press.

von Hippel, E. 1976. The dominant role of users in the scientific instrument innovation process. *Research Policy* 5 (3): 212–239.

von Hippel, E. 1977. The dominant role of the user in semiconductor and electronic subassembly process innovation. *IEEE Transactions on Engineering Management* 24 (2): 60–71.

von Hippel, E. 1986. Lead users: A source of novel product concepts. *Management Science* 32 (7): 791–805.

von Hippel, E. 1988. *The Sources of Innovation*. New York: Oxford University Press.

von Hippel, E. 1994. "Sticky information" and the locus of problem solving: Implications for innovation. *Management Science* 40 (4): 429–439.

von Hippel, E. 2005. *Democratizing Innovation*. Cambridge: MIT Press.

von Hippel, E., S. Thomke, and M. Sonnack. 1999. Creating breakthroughs at 3M. *Harvard Business Review* 77 (5): 47–57.

von Hippel, E. A., J. de Jong, and S. Flowers. 2012. Comparing business and household sector innovation in consumer products: Findings from a representative study in the UK. *Management Science* 58: 1669–1681.

Winston Smith, S., and S. K. Shah. 2014. Do innovative users generate more useful insights? An analysis of CVC investment in the medical device industry. *Strategic Entrepreneurship Journal* 7: 151–167.

第 12 章　当用户成为服务创新者

——基于医疗和金融服务行业的研究

佩德罗·奥利维拉、海伦娜·坎豪

　　提到服务，通常就会涉及服务的提供者和服务的使用者。举例来说，在医疗服务中，医疗专业人员是服务的提供者，患者是服务的使用者，但是，患者同样可以为自己提供力所能及的医疗服务，从而应对疾病或残疾。在有关服务的文献中，不难找到关于后一种情况的详细记载。Vargo 和 Lusch（2004：2）将服务定义为"为了另一个主体或自身的利益，通过行为、过程和表现来应用专业能力（知识和技能）的过程"。

　　由于用户在许多情况下可以"为自己提供服务"，所以用户为了给自己提供服务而进行创新的行为，看上去似乎是合理的。尽管存在着这种可能性，并且服务具有不容忽视的经济重要性，但是，在大多数关于创新来源的研究中，研究者一般更关注由服务提供者完成的服务创新过程（den Hertog，2000；Menor and Roth，2008；Tether et al.，2001；Oliveira and Roth，2012a，2012b）。事实上，在传统上，针对服务的研究会将新服务的开发看作一个以生产者为中心的过程，类似于以生产者为中心的产品开发。这些研究习惯性地将研究重点放在"服务提供者应该如何开发新服务"上，却忽视了在服务创新的过程中，服务的使用者所起到的不容小觑的作用。根据通常意义上的多步骤创新方法，如果某家公司想要提供一项新的服务（例如，医疗机构和银行领域的服务），那么，它会根据该方法的要求对用户进行研究，以便能够更好地辨识和了解用户对服务的（明确的和不明确的）需求。然后，该公司的研发人员将根据用户的需求进行新服务的创新和测试（Shostack，1981，1984；Storey and Easingwood，1995；Flikkema et al.，2003）。一些文献详细地介绍了用户被公司当作"共同开发者"（co-creators）的情况，并指出用户应该被邀请与公司的服务开发人员共同工作（Lengnick-Hall，1996；Prahalad and Ramaswamy，2002；Moller et al.，2008；Payne et al.，2008；Skiba and Herstatt，2011；Nambisan and Baron，2009）。例如，Moller 等人（2008）提供了用户与公司合作开发服务的模式，并提出了通过协作能力和合作精神成功地进行服务开发的指导方针。同样地，Prahalad 和 Ramaswamy（2002）及 Payne 等人（2008）也提出了一个框架，用来说明公司如何能够更好地了解消费者的观点，以及公司如何能够与他们进行更好的合作，以便开发出新的服务解决方案。Lüthje（2000）对（公司与用户）合作开发服务这一方法的潜在效用持有积极看法，并指出，在合作开发过程中最能提供帮助的用户，是那些能够提供具有高度商业潜力的、新的服务理念的"领先用户"（lead users）。尽管如此，服务的使用者（用户）在没有生产者积极参与的情况下仍然不能被视为潜在的服务开发者。在本文中，我们提出的证据表明，当最终生产者参与服务的开发过程时，慢性病患者（用户）在疾病治疗和医疗器械开发过程中可以发挥重要的作用，并且银行的客户在新的金融服务开发过程中也同样发挥着举足轻重的作用。

以上文阐述的情况为背景，在下文中，我们首先要对用户在新服务开发过程中的作用进行回顾，然后，我们将讨论一些文献所呈现的、出现在服务领域的用户创新的实证结果，最后，我们要对这些研究结论对于创新方法管理的价值进行讨论。

12.1　用户在开发新服务的过程中的作用

服务的使用者是期望从服务的使用中受益的公司或个人，而服务的提供者是期望从服务的销售中受益的公司或个人（von Hippel，1998）。从这个角度来说，如果服务开发者期望从服务的使用中受益，那么，这类服务创新就属于服务使用者开发型；如果服务开发者期望从服务的销售中受益，那么，这类服务创新就属于服务提供者开发型（Oliveira and von Hippel，2011）。

在研究服务领域用户创新的文献中，可以找到描述用户在某些领域中进行新服务开发的例子。例如，Voss（1985）在其研究中提到了用户在开发软件过程中的作用，还发现，在一些情况下，用户有可能成为新软件开发的引领者。von Hippel 和 Riggs（1996）对用户开发出新颖的银行业务的案例进行了描述，该业务建立在早期的、依托于电话渠道的电子家庭银行的基础之上。他们通过发送电子邮件的方式，邀请那些有可能接受调查的领先用户参与此项研究——大约有 1 300 名受雇于电信公司的研发工程师参与了此项研究。在研究中，这些受访者被问道，他们是否"……发现了一个新的方法，可以使他们通过电子家庭银行满足自己对个人银行服务的需求。例如，……通过编写或改编一个家庭软件程序来实现手动程序的自动化，或者通过一种新的方法来使用银行提供的服务以满足新的需求（而不是该服务原本可以满足的需求），或设计出一个新的用于支付账单或保存记录的程序"（von Hippel and Riggs，1996：7）。"其中，有 15 位受访者对该问题做出了回复，从这些回复中可以找到一些描述，这些描述概括了他们为了满足自己的使用需求而自行开发新家庭银行服务的情况。Skiba 和 Herstatt（2009）对互联网和报纸上的报道进行了研究，并找出了三个在商业层面取得成功的重要例子。在这三个例子中，用户为了满足自己的使用需求而进行服务开发，然后，这些用户创新者还依靠自己实现了服务的商业化。其中一个例子讲述的是，一家提供减肥服务的公司是如何实现服务商业化的。情况是这样的：1961 年，一位名为珍·尼德奇（Jean Nidetch）的美国家庭主妇，因为频繁的减肥失败而感到沮丧。随后，她与同样备受减肥困扰的朋友们找到了一个方法，即每周举办一次小组活动，这在当时来说是一种新的做法，小组活动提供了一种点对点的支持服务，从而提高了她们的减肥效率（相比于之前独自减肥的方法）。对于参加小组活动的成员来说，这种自主开发并自主提供的服务是非常有效的。在 1963 年，珍·尼德奇成立了一家减肥中心（现在已经发展为一家优秀的减肥服务提供商），使自己发明的减肥服务实现了商业化，并对其进行了广泛的推广。

Oliveira 和 von Hippel（2011）首次对用户创新者在新金融服务的开发中所起到的作用进行了研究，该研究收集了发生在 1975—2010 年的银行系统服务创新数据，其中既包括零售银行服务创新，又包括企业银行服务创新。Oliveira 和 von Hippel 发现，这些银行服务的使用者在银行开始向他们提供服务之前，经常会为了满足自己的使用需求而进行自主的服务开发。例如，在 20 世纪 50 年代早期，约瑟夫·里昂食品公司（J. Lyons and Co.）——一家英国大型的烘焙和餐饮公司——开发出了一款数字化的薪酬管理自助服务（Ferry，2003）。在此之后，其他公司也相继开始使用这一服务。直到 20 世纪 80 年代，银行才开始向企业客户提供同类服务。该研究的结果进一步表明，在银行或其他类型的服务提供商向用户提供某项自助服务之前，这些用户可能已经自行开发并使用了相似的服务。例如，在 20 世纪 80 年代，一些"黑客"（hackers）为了满足自己的需求，开发出了一种通过计算机汇总跨机构的账户信息的方法（Hemenway and Calishain，2004）。一位"黑客"对这项服务的介绍如下：

> 很快地，我对在网上办理银行业务感到了厌烦，因为，我每天不得不进入我的银行网页登录、浏览我的多个账户，并逐一查看每个账户的余额。后来，通过使用 Perl 模块（Perl module）（Finance：：Bank：：HSBC），我可以对每个账户实现同时访问并查看账户余额，所有这些操作都可以通过编写代码来实现。此外，通过编写更多的代码，我可以做一些银行不允许我做的事情，比如，我可以把我的账户整合成为一个虚拟的整体账户，而不再需要分别处理单个账户，并且可以得知我的账户里总共还有多少钱，以及可用于开销的总额和欠款总额分别是多少（Hemenway and Calishain，2004：62）。

非银行系统供应商优得利（Yodlee）于 1999 年开始提供类似的服务（Spiotto，2002），而直到 2006 年，才有银行开始为零售客户提供此类服务（Bruene，2006）。通常情况下，一项银行服务的非数字化版本都会出现在数字化版本之前，而其初始开发者基本上是普通用户。Oliveira 和 von Hippel（2011）曾经对银行服务的数字化进程进行过研究，并在研究中提到了美国银行（Bank of America）于 2005 年开始提供的"不找零"服务的例子（Tufano and Schneider，2009）。用户在申请获得美国银行的数字化"不找零"服务后，就授权了该银行自动将每张借记卡账户上的"零钱"从活期存款账户转入储蓄账户。根据 Oliveira 和 von Hippel（2011）对美国银行的一位高级执行官的访谈，我们可以得知，这项服务的想法来自一位参加焦点小组座谈的女士，她当时已经开发出了该项服务的原型版本。

12. 2　用户创新在服务开发方面的实证研究概述

在本节中，我们将对发生在不同领域的用户创新的实例进行总结，这些例子来自医疗服务和金融服务领域，更具体地说，来自众筹领域和手机银行领域。

12. 2. 1　作为医疗行业创新者的患者

让我们一起来观察发生在医疗行业的用户创新案例。在医疗行业中，许多患者及非专业的护理人员会通过开发新的治疗方法、策略和设备来帮助自己（或他们所关心的人）应对疾病或残疾，我们将这部分人定义为"患者—创新者"（patient-innovators）。由于疾病具有很高的复杂性，所以人们传统上认为病患似乎不太可能开发出具有影响力的创新，但是，近期的研究表明，他们确实拥有创新能力。据记载，几项由患者开发的创新都对相关疾病的治疗产生了很大的影响，有些创新甚至代表了当前最先进的技术水平（Habicht et al.，2012；Oliveira et al.，2015）。有这样一个案例：塔尔·格勒斯沃西（Tal Golesworthy）是一位工艺工程师，在 1992 年被诊断出患有马方综合征（Marfan syndrome），这是一种罕见的疾病，会导致大动脉的功能和弹性降低。塔尔被告知必须进行手术，并且，术后他需要终生接受抗凝血治疗。这时，摆在他面前的两个选项，一个是做手术，一个是不做手术，这令他坐立难安。作为一名工程师，他决定为自己开发一种更合适的解决方案："所以，我对自己说，我是一名研发部门的工程师。这只是一个管道问题而已。我可以做到，我可以改变现状。"他发明了外部主动脉根部支架（external aortic root support，EARS），该支架可以与患者的主动脉相匹配，使患者不再需要使用抗凝血药物。2004 年，塔尔成为第一位植入 EARS 的患者。2014 年，在他庆祝自己创新成功 10 周年之际，已经有 46 位患者同样成功地植入了 EARS。

因为对以上这个案例和其他一些类似案例颇感兴趣，所以，Oliveira 等人（2015）发起了一次实证研究，研究对象是由患者以及非专业护理人员完成的与疾病相关的创新。这几位研究者对 500 名患有罕见疾病的病人以及照顾他们的非专业护理人员进行了一项电话调查，其中 53％的受访者表示，他们开发出了一种能够有效缓解疾病的方法，并且，他们都认为自己的方法是全新的并且是独创的。经过初步筛选，研究者剔除了其中 81 个"新方法"，留下了 182 个（以患者总数 500 为基数，占比约为 36％）。然后，经过医疗评估专家的进一步评估，结果显示，留下的 182 个方法中有 8％的方法被认为是真正的"新方法"。这些医疗评估专家认为，其余通过初步筛选的方法都属于翻新方法，即这些患者眼中的新方法，在医学上并不是第一次被提出。如表 12 - 1 所示，这 182 个方法中有 22％同时被两位评估专家认定是新方法，这些创新大大提高了患者和非专业护理人员的生活质量。虽然剩余 78％的方法对于开发它们的患者来说是新方法，但是在医学领域，与之类似的方法当时已经被开发出来了。

表 12 - 1   **医疗方法的类型和新颖性**

	患者（开发者）眼中的新方法（$n=142$）	在医学意义上的新方法（$n=40$）	总计（$n=182$）
与医疗设备相关的方法	4（3％）	15（37％）	10％
与医疗服务相关的方法	138（97％）	25（63％）	90％
总计	142（78％）	40（22％）	100％

资料来源：Oliveira、Zejnilovic、Canhão 和 von Hippel（2015）。

研究结果显示，患者实现创新的可能性会随着其受教育程度的提高而增加，与此同时，随着疾病为患者带来的不便越来越多，患者进行创新的可能性也就会越来越大。此外，这项研究还表明，患者很少向医学专业人士展示他们的创新成果。事实上，患者很少会对自己的创新方法进行公开宣传。从这项研究中我们还可以看出，自主创新对受访者的总体生活质量的提高，有着显著并且积极的影响。

全世界有数以亿计的人曾受到罕见疾病的折磨，患者及其护理人员可能是非常重要的、潜在的、与疾病相关的创新成果和创新知识的来源。这些创新成果和创新知识对于其他许多同样遭受病痛折磨的人来说，是非常有用的。研究者认为，对于患者及其护理人员所开发的、已知的最佳创新成果，改善其传播方式将会使更多的患者从中获得帮助。

但是，患者及其非专业护理人员所开发的创新并不局限于罕见疾病。1969 年 10 月，Ⅰ型糖尿病患者理查德·伯恩斯坦（Richard Bernstein）通过一则广告接触到了他人生中的第一部血糖仪。该广告称，仅使用一滴血就可以在一分钟内测量出血糖值，该设备被医院急救人员用于区分昏迷的糖尿病患者和昏迷的醉汉。这款仪器的重量为三磅，成本为 650 美元，而且仅供经认证的医生和医院使用。伯恩斯坦为了监控他当前的血糖情况，请身为医生的妻子为自己订购了一台广告中的血糖仪。之后，伯恩斯坦每天大约测量五次血糖，很快他便发现，自己的血糖值在一天之内会呈现出剧烈的波动。因此，为了使血糖值更加稳定，他对自己的胰岛素注射方案做出了调整，从每天注射一次调整到两次，并尝试调整自己的饮食习惯，特别是减少了碳水化合物的摄入。令人遗憾的是，在三年内，虽然伯恩斯坦持续地监测着自己的血糖值，但是他的并发症却仍然困扰着他，此后，他又开始阅读有关糖尿病的科学文章。伯恩斯坦作为一名"使用者"，通常被认为是第一个进行血糖值自我监测的个人，并且是糖尿病患者自我监控的早期倡导者（Bernstein，2007）。伯恩斯坦只是许多为了控制自己的疾病而自主开发解决方案的用户之一。

在最近的研究中，我们要对用户为自己开发的治疗方法进行更进一步的探索，尤其是慢性疾病，例如囊性纤维化（cystic fibrosis，CF），这是一种致命的疾病，这种疾病会使患者的肺部产生非常多的黏液，可导致危及生命的肺部感染。我们对患有囊性纤维化的患者样本进行了分析，该样本中的患者（用户）都为自己开发出了大量的替代性疗法（见表 12 - 2）。人们发现，这些自主开发的治疗方法（以及药理和手术措施）能够使患者的预期寿命增加 5～37 年，并提高他们的生活质量。这方面的例子包括：（1）一对夫妻发现，患有囊性纤维化的女儿在一天之内多次玩蹦床后，就可以免于接受额外的肺部引流治疗，由此，他们意识到可以将儿童蹦床作为一种理疗工具，提高女儿的心肺机能，并改善她的身体状况。（2）一位身患囊性纤维化的澳大利亚冲浪运动员在不经意之间发现，在练习冲浪的过程中不慎吸入的少许海水可以使她的病痛得到缓解，于是她意识到这可以成为一种治疗囊性纤维化的方法，这种方法在改进后被称为高渗盐水吸入疗法。（3）一位囊性纤维化患者在参加一场音乐会时，恰巧坐在一台大扬声器附近，这导致他不断咳嗽，因此他不得不提前离场。然而，也正是因为这次经历，他发现了低频震动对自己病情的帮助，最终开发出了低频震动支气管引流法。（4）一位开发出了电动打击器的母亲对研究者这样说：

> 我们的女儿只有 26 岁，患有囊性纤维化，她的日常生活不得不依靠我们，我们帮她做胸部理疗以缓解病痛对她的折磨。久而久之，她的独立能力越来越差，并且，她自己也非常讨厌这种状态。另外，因为种种原因，我们并不能总是帮她进行最好的理疗。当然，这些情况都是显而易见的……所以，我一直在想，是否存在一种简单的方法，让她能够在无须他人帮助的情况下，获得良好的理疗。让我感到高兴的是，我让这一想法成了现实。我的女儿一直都在使用我发明的 eper 100（这是一种电动打击器，从"100"这个数字就可以看出我曾经做出多少尝试）。据我的女儿说，相比之前我所开发的打击器，这个更好用，并且她自己就可以使用，无须借助他人的帮助。
>
> ［汉娜·博古斯瓦夫斯卡（Hanna Boguslawska），娜塔莉亚（Natalia）的母亲，eper 公司的创始人。］

表 12 - 2 治疗囊性纤维化的医疗创新

治疗方法 （设备和技术）	创新者类别 U＝用户 P＝生产者	创新者的详细信息
使用低频震动的支气管引流技术	U（患者）	路易斯·普兰特（Louis Plante），囊性纤维化患者，工程师
高渗盐水吸入疗法	U（患者）	埃米莉·哈格（Emily Haager），囊性纤维化患者，冲浪运动员
使用儿童蹦床	U（非专业的护理人员）	囊性纤维化患儿的父母〔依照 J.K. 斯坦格尔医生（J. K. Stanghelle）的指导〕
使用电动的胸部打击器	U（非专业的护理人员）	汉娜·博古斯瓦夫斯卡（囊性纤维化患者的母亲）
在治疗期间，借助游戏的帮助	U（非专业的护理人员）	戴维·戴（David Day）（囊性纤维化患者的父亲）
Pedi-neb 奶嘴雾化管	U（护士）	护士
使用清除黏液的震颤装置	P（医生）	帕特里克·奥尔索斯（Patrick Althaus）医生，理疗师
体位引流法	P（医生）	威廉·尤尔（William Ewart）医生
背心疗法/胸外按压法	P（医生）	W. 沃里克（W. Warwick）医生，囊性纤维化病研究者

　　Shcherbatiuk 和 Oliveira（2012）除了对与呼吸系统疾病（囊性纤维化、哮喘和睡眠时呼吸暂停）相关的创新进行了研究外，还研究了与另外两种慢性疾病——癌症、糖尿病——有关的创新，并对其医疗设备和治疗方法进行了探究。尽管在收集样本的过程中存在一些局限性，他们仍然发现，超过一半的（54％）新型医疗设备和治疗方法，都是由患者或其家人和朋友开发出来的。他们的研究结果显示，由患者开发的治疗方法和医疗设备，在治疗某类疾病的所有创新中的占比分别为：囊性纤维化占 42％、哮喘占 50％、睡眠时呼吸暂停占 50％、癌症占 47％、糖尿病占 79％。此外，在该研究的样本中，有 53％的患者从用户创新者变为创业者，创建了自己的公司并生产了自己所开发的创新成果。用户创新者会通过创业使自己开发的医疗设备和治疗方法商业化，但这类创新者所占的比例会依疾病的种类而存在差异。尽管在收集样本的过程中存在一些限制，但实证证据表明，患者在开发新的治疗方法和医疗设备方面起着重要的作用。就医疗这个大约占美国 GDP 总值 17％的领域来说，以上这些发现是非常重要的。

12.2.2 用户是金融服务行业的创新者

在表 12-3 中，我们列出了三种数字化的企业银行服务类型，并将分别对这三种不同的服务创新进行定义。在（银行或非银行）金融服务供应商提供某项商业服务之前，如果一个或多个用户/公司已经自主开发并使用了这项服务，那么，我们就将这项服务定义为"由用户开发的"（user-developed）；而如果没有任何一个用户/公司使用过这项服务，那么，我们就将这项服务定义为"由生产者开发的"（producer-developed）；如果该服务创新是由（银行或非银行）金融服务供应商和用户共同开发出来的，那么，我们就将这项服务定义为"由生产者和用户联合开发的"。

表 12-3　　　　数字化企业银行服务的创新者分布

企业银行服务（$n=20$）	创新者类别 U＝用户 P＝生产者 J＝生产者和用户联合
A. 信息服务和服务方案制订	
1. 多机构的信息汇总	U
2. 企业的在线论坛和社区	U
3. 企业税务核算服务	U
4. 通过电话/电子邮件发出的警告、通知或提醒	P
B. 银行产品服务、交易服务和安全性管理	
1. 薪资处理服务	U
2. 付款处理服务	J
3. 发票处理服务	U
4. 远程付款/薪资服务	U
5. 企业工资账户	J
6. 银行存款箱	J
7. 同一银行不同账户间的资金归集服务	J
8. 不同机构间的资金归集服务	U
9. 零余额账户处理	U
10. 风险评估/数字化	U
11. 透支保护	P
12. 商户服务和银行卡方案	U
13. 异地存款	J
C. 获得银行服务的渠道	
1. 直接获取银行数据	J
2. 电话银行（通过语音应答技术）	P
3. 网上银行	P

资料来源：Oliveira 和 von Hippel（2011）。

在表 12-4 中，我们依然按三个服务类别进行分析：（A）信息服务和服务方案制订，（B）银行产品服务、交易服务和安全性管理，（C）获得银行服务的渠道。Oliveira 和 von Hippel（2011）发现，在由用户开发的服务类别中，A 类服务占比最高，C 类服务占比最低。在我们看来，这似乎是很好理解的，与开发 A 类服务相比，在开发 C 类服务时，用户获得所需要的创新信息和访问权限的难度更大，并且获取成本更高。

表 12-4   数字化企业银行服务的各类创新者所占比例

服务类型	由用户开发的服务占比（%）	由银行开发的服务占比（%）	由用户和银行共同开发的服务占比（%）
A. 信息服务和服务方案制订	75	25	0
B. 银行产品服务、交易服务和安全性管理	54	8	38
C. 获得银行服务的渠道	0	67	33
总计	55（10）	15（4）	30（6）

资料来源：Oliveira 和 von Hippel（2011）。

在我们所调查的 20 项企业银行服务中，有 6 项服务的来源相同——最初，它们是最早的电子数据交换（electronic data interchange，EDI）系统的一部分，该系统是由通用汽车公司（General Motors，GM）及其几家主要供应商共同开发的。20 世纪 80 年代初期，在金融领域的服务创新方兴未艾之时，银行尚未加入这些服务的开发过程，因为缺少实际的金融交易，EDI 系统中的信息交换服务根本派不上用场。1985 年，有 8 家银行加入，至此，通过 EDI 系统，通用汽车公司及其主要供应商之间的实际付款信息和交易信息才得以实现流通。根据历史记录，我们可以推断出，扮演主要开发者角色的是通用汽车公司及其主要供应商，而并非银行。尽管如此，在进行调研时，本着谨慎的原则，我们还是将这些服务创新归为用户和银行联合开发的类型（发票处理服务除外）。但不得不在此提一句，最初的发票处理服务并不涉及货币交易，并且银行也并未参与该项服务的开发。

除了上文所提到的 6 项企业银行服务是由用户和银行联合开发的以外，表 12-3 中所列出的其余 14 项企业银行服务要么是由用户独立开发的，要么是由银行独立开发的。例如，薪资处理服务——适用于与工资相关的税务核算和其他事项——最早是由约瑟夫·里昂食品公司（J. lyons and Co.）

在 20 世纪 50 年代出于自用的目的开发出来的。约瑟夫·里昂食品公司——一家主要经营烘焙和餐饮的英国公司——一直扮演着用户创新者的角色，独立地从事着创新活动。该公司的软件都是自主开发的，并仅供公司内部使用。在美国，通用电气公司也致力于自主创新，在 20 世纪 50 年代早期，该公司为了满足自己的需求开发出一款可以在通用自动计算机（UNIVAC）上使用的薪资软件。

为了满足自己的需求，个人客户可能会在银行提供某项数字化服务之前，选择自主开发此项服务，乍一听，这种可能性似乎微乎其微，然而，正如表 12-5 和表 12-6 所示，在我们所调查的样本中，有 44% 的零售银行服务是由用户开发的。我们以"多机构账户信息汇总"服务为例做一下说明，该服务会自动访问某位用户在多个金融机构开设的账户，利用用户的账户密码登录这些账户，然后对账户信息（如余额）进行收集，再将这些信息汇总为一张方便用户查看的表格。这项服务的商业化版本最初是由一家初创型公司提供的（Yodlee 在 20 世纪 90 年代末开始对外提供此项服务），后来才被银行采用。实际上，在 20 世纪 90 年代末之前，许多用户已经开始手动查询自己的账户，并将所有账户的信息汇总到一个表格中。其中一些用户甚至开发出了能够完全或部分自动完成这项工作的方法，这些方法与最终银行提供的"多机构账户信息汇总"服务十分类似。用户为获取数据所使用的最为基础的方法是"截屏"（screen scraping）。

表 12-5　　　　数字化零售银行服务的创新者分布

零售银行服务 （n = 16）	创新者 U=用户 P=生产者 J=用户和生产者联合
A. 信息服务和服务方案制订	
1. 多机构账户信息汇总	U
2. 关系声明	U
3. 客户的在线论坛和社区	U
4. 通过电话/电子邮件发出的警告、通知或提醒	P
B. 银行产品服务、交易服务和安全性管理	
1. 电子个人对个人（P2P）资金转账	U
2. 个人预算规划	U

续前表

零售银行服务（$n = 16$）	创新者 U＝用户 P＝生产者 J＝用户和生产者联合
3. 手动/自动支付账单	P
4. 同一银行不同账户间的资金归集服务	P
5. 不同机构间的资金归集服务	U
6. "不找零"项目	P
7. 透支保护	P
8. 频繁的密码更新	P
C. 获得银行服务的渠道	
1. 电话银行	P
2. 短信服务	P
3. 网上银行	P
4. 移动银行	U

资料来源：Oliveira 和 von Hippel（2011）。

表 12 - 6　　数字化零售银行服务的各类创新者所占比例

服务类型	由用户开发的服务占比（%）	由银行开发的服务占比（%）	由用户和银行共同开发的服务占比（%）
A. 信息服务和服务方案制订	75	25	0
B. 银行产品服务、交易服务和安全性管理	38	62	0
C. 获得银行服务的渠道	25	75	0
零售银行服务总计	44（7）	56（9）	0（0）

资料来源：Oliveira 和 von Hippel（2011）。

　　我们进一步将零售银行服务分成三大类：（A）信息服务和服务方案制订，（B）银行产品服务、交易服务和安全性管理，（C）获得银行服务的渠道（见表 12 - 6）。与企业银行服务的情况一样，我们发现，零售银行服务的用户创新，在 A 类服务中占比最高，在 C 类服务中占比最低。同样地，这也是因为在开发 C 类服务时，用户获得所需要的创新信息和访问权限的难度更大，并且成本更高。

　　然而，有趣的是，手机银行是由用户最先开发出来的，该服务属于 C 类服务。银行渠道的搭建确实需要渠道两端都做好准备，这样才能使系统中的信息发送者和信息接收者相互联系起来。在开发一个全新的渠道时，渠道的两个终端需要同时付出努力，开展搭建工作，这种情况下的渠道创新应该被认为是联合创新。但是,在有些情况下,出于某些原因,某一渠道的一端会被预先搭建起来,此时,负责搭建这一端的一方可以利用该渠道挂接其他服务,而不需要与另一方展开合作,通过手机登录的网上银行(手机银行)就是一个能够反映这种情况的例子,在表 12-5 中,我们将这类创新服务定义为用户创新(而不是联合创新)。当智能手机拥有上网功能后,用户就获得了使用手机访问已经存在的网上银行的技术基础。最初,用户发现这一点很难做到,但经过坚持不懈的努力最终还是实现了这项服务创新。因为网上银行的开发者并未料到用户会通过手机访问网上银行,所以,在设计界面时,只考虑到了计算机显示器的大小,当银行意识到用户开始使用手机访问网上银行时,它们便设计出了能够适应手机屏幕尺寸的网络页面。

12.2.3 众筹案例研究

"众筹"一词由"众包"衍生而来。众包,指将原本需要由公司内部员工执行的任务外包给公司外的人员执行。如果你想开创一个 T 恤品牌,那么,一方面,在 T 恤设计上你可以选择寻求公众的帮助(众包);另一方面,那些颇受欢迎的 T 恤设计还可以吸引来自公众的投资(众筹)。Lambert 和 Schwienbacher(2010:6)通过对 Kleemann 等人(2008)所提出的"众包"概念进行进一步扩展,给出了"众筹"的定义。他们认为,众筹是"为了实现某个特定目标,公开寻求经济上的支持〔可以是以捐赠的形式,也可以是以有偿的形式(在有偿形式下,支持者可获得某种形式的奖励或投票权)〕的一种行为,主要以互联网为平台"。实际上,"众筹"一词也指公司或慈善机构募集资金(Lawton and Marom,2010)的行为,但是,由于目前金融系统对小微融资的监管较为严格,所以,"众筹"这个词在大多数情况下都指为创造性工作进行筹款的行为。社交网络的兴起促进了众筹的发展,有了这种新型的融资模式,即使是普通人,也可以在互联网平台上吸引众多的追随者,当一个项目缺少资金时,他可以向这些人寻求经济上的支持。

我们对众筹这项新服务的起源与发展历程进行了深入研究,最终发现,用户是这项服务真正的开发者。1997 年,英国海狮合唱团(Marillion)乐队计划通过欧洲巡演来宣传他们的新专辑，但是随后，该乐队的键盘手马克·凯利（Mark Kelly）在网上发布了一条消息，称由于其唱片公司无法提供资金支持，所以他们无法兑现原定在美国举办巡演的承诺。得知这一情况后，乐队的粉丝们为他们筹集了至少 6 万美元的经费，这帮助该乐队举办了自 1991 年以来最大的一场北美巡回演唱会。自那时起，在粉丝的支持下，海狮合唱团乐队成功举办了多场巡回演唱会，并发行了多张专辑。这种充满激情的、来自粉丝的支持，使海狮合唱团乐队摆脱了传统音乐行业的限制，另辟蹊径。这是通过网络实现"群体筹资"（crowd funding）最早的例子之一，粉丝和消费者们利用这种自下而上的策略驱动和指引了音乐市场的发展。目前，在音乐行业，这一做法已经得到推广。在海狮合唱团乐队这则案例中，最值得注意的一点是，那些首先开发出众筹〔在当时被称作"粉丝资助"（fan-funding）〕这一全新的筹资方式的粉丝，实际上属于用户群体。我们之所以能够做出这一论断，原因在于，他们是通过使用自己开发的方式——而不是通过出售自己开发的方式——获益的（成功帮助海狮合唱团乐队前往美国举办巡演）。与此同时，这种由用户主导的新融资模式仍在不断发展和变化着。2013 年，世界银行（the World Bank）被委托开展了一项研究，该研究涉及如何在国际范围内应用众筹，以及众筹在发展中国家的创业领域存在着哪些潜在的影响力。这项研究预测，到 2025 年，众筹的市场规模将达到 930 亿美元。

12.2.4 手机银行案例研究

如果说需求是发明之母，那么，新的产品和新的服务自然会在最需要它们的环境中出现。Van der Boor，Oliveira 和 Veloso（2014）对发展中国家用户创新的情况以及这些创新在全球范围内的价值进行了研究。通过使用实证性调查的方法，这几位研究者分析了（通过手机提供的）金融服务方面的创新情况。他们根据全球移动通信系统协会（global system for mobile communications association，GSMA）在其报告中所列出的移动金融服务的类别，对这些服务在开发和创新过程中的详细情况进行了调查。他们的研究结果表明，在这一领域中，有 85％的创新出现在新兴市场国家。与此同时，他们还发现，至少有 50％ 的移动金融服务是由用户最先开发出来的。此外，由用户开发的服务更容易被市场接受，其传播速度要比由生产者开发的服务速度的两倍还快。最后，他们还指出，那些出现在新兴市场国家的创新有 3/4 会被推广到经济合作与发展组织（organization for economic co-operation and development，OECD）的成员中，从这个意义上讲，这些（用户）创新可以称得上具有全球意义的创新。

12.3　总结

本文通过对不同领域（医疗服务领域和金融服务领域）的服务创新情况进行研究，对 von Hippel 早期提出的用户创新的理念与服务创新之间的相关性（von Hippel，1986，1988，1994，2005）进行了阐述。现有的关于用户创新的实证研究表明，在许多行业中都存在着用户创新的现象（von Hippel，2010）。但是，到目前为止，很少有学者对由患者及其护理人员完成的创新进行系统性研究。我们提出了"患者—创新者"（patient-innovators）这一概念，以此指代那些为了应对疾病而对治疗方案、行为策略、技术性救援方法或医疗器械进行改进或开发的患者及其护理人员（包括其父母、配偶或其他家庭成员）（Shcherbatiuk and Oliveira，2012）。全世界有数以亿计的人曾经或正在遭受慢性病（无论是罕见的还是非罕见的慢性病）的折磨，患者及其护理人员可能是非常重要的、潜在的、与疾病相关的创新成果和创新知识的来源，这些创新成果和创新知识对于许多同样遭受病痛折磨的人来说，是非常有价值的。

对于金融服务领域而言，von Hippel 和 Riggs（1996）曾对用户开发的银行服务进行过深入的研究。与此同时，Oliveira 和 von Hippel（2011）相对近期的研究表明，在银行或非银行金融服务提供商提供某些服务之前，银行服务的使用者为了满足自己的需求，可能已经自主开发出了这些服务。通过进一步的实证研究，这两位学者证实了他们的想法，即在许多不同的领域和不同的条件下，用户所需要的许多服务（自助服务）的初始开发者都是用户本人（van der Boor et al.，2014）。对于出现这一情况的原因，有以下三个解释。第一，用户通常比生产者更了解自己的需求。因为，用户掌握着需求信息，并且在通常情况下，用户将其所掌握的需求信息传递给生产者的成本较高（von Hippel，1994）。第二，那些在日后很有可能会变成普遍需求的需求，往往最先来自领先用户。在需求出现的初期阶段，其性质和内容尚不确定且并不普遍，因此，在这个阶段，微乎其微的潜在商业利益对于生产厂商而言并没有任何吸引力（von Hippel，2005）。第三，只有那些拥有特定需求的用户群体，才能够以极低的成本为自己开发服务创新。这类用户本身就拥有专业的知识与工具，最重要的是，在他们所处的用户环境中，他们具备进行低成本试验和试错试验的能力，因此，在实现创新方面，他们具有一定的优势（Lüthje et al.，2005）。

每一项独立的服务创新实际上都可以被视为一个更大的创新体系中的模块，而这些模块只有在完整的互联系统中才能体现实用性。在某种创新出现的初期，其市场需求是很小的、不稳定的，在这种情况下，系统层面的开发者通常都是领先用户（von Hippel，1977）。

这些发现与人们普遍持有的观点（认为服务创新是以生产者为中心的）有很大的不同。如果用户在服务创新过程中担任重要角色的现象确实非常普遍，那么，这将是一个非常值得研究的方向。当今，对于发达经济体而言，75%的国内生产总值来自服务行业，因此，对服务创新的过程进行深入理解是非常有益的。

本文所列出的这些发现对于那些致力于向客户提供新服务的服务提供商来说，具有明确的实际意义，领先用户通常是服务创新的开路先锋，认识到这一点是非常有必要的（Oliveira and von Hippel，2011；Shcherbatiuk and Oliveira，2012；van der Boor et al.，2014；Oliveira et al.，2015；Zejnilovic et al.，2014；Zejnilovic，2014）。Skiba（2010）发现，40%的跨行业的服务创新都是由领先用户完成的；并且，整合这些创新解决方案的大多数服务公司都认为，这些创新最主要的价值在于"原创性""可生产性"和"使用价值"。这有可能会促使服务提供商积极地搜寻由用户所开发的服务创新。一旦企业将用户创新成果作为其产品或服务开发的借鉴对象，就表明它们获得了有关领先用户需求的关键信息。同时，它们还获得了能够满足用户需求的原型品的相关设计信息，以及这些（由用户开发的）原型品在实际运用中所产生的使用价值信息。

领先用户所完成的（在功能上具有新颖性的）服务创新对于服务提供商而言具有非常高的价值。与生产者相比，领先用户最大的优势在于，他们掌握着具有黏性的需求信息，因为这些需求信息就来自用户。如果投放到市场之中的服务缺少功能上的新颖性，这就意味着，此项服务在开发的过程中并没有采纳领先用户的意见（Riggs and von Hippel，1994）。

在现实环境中，许多单一服务都属于一个规模更大的、内部相互关联的"服务和产品体系"。因此，某个服务提供商如果想要发现新的商机，就需要对"服务和产品体系"进行探索，努力识别那些随已经被提供的服务（组成模块）而出现的新需求。举例来说，在用户使用银行服务后，他们就知道了如何通过访问与银行相关的数据来实现其他目的，比如，他们有可能使用这些数据编制预算或申报税金。对于银行来说，在一个范围广阔的"服务和产品体系"中，发现这些"衍生需求"并不容易，因此，必须对这些服务创新行为进行有目的地识别和探索。

当用户放弃自主开发服务，转而选择使用服务提供者投放到市场中的服务时，需要面对一种有趣的效应，即这一选择通常会使用户丧失对服务进行修改和调整的自由。在过去，当用户将他们每个月的银行业务整合为一个统一账目报表时，他们可以根据自己的喜好来设置、调整和分析这个账目报表，从这个意义上讲，这属于一种可以被用户根据个人喜好进行调整的服务。但是，在银行推出多账户对账单服务后，出于方便的考虑，用户纷纷放弃了原先使用的老方法，转而使用银行的标准化服务，这也就意味着他们放弃了根据个人喜好对服务进行调整的可能性。

当服务提供者向市场投放自己开发的标准化服务时，它们应该考虑到以"工具箱"的形式向用户提供这些服务，从而保留用户自己修改和更新这些服务的权力。如果用户可以根据服务提供商所提供的服务进行自主修改和改进，那么，一定会有更多的用户选择该项服务。服务提供者则可以对用户自己设定和改进的服务进行研究，从而获得改进服务的宝贵信息 (Franke and von Hippel，2003)。

此外，如上文所述，在医疗领域，患者可以通过创新来改善自己的生活质量和健康状况。一个重要的研究结果表明，虽然罕见的慢性病患者及其护理人员往往会通过开发新的医疗方法来大大改善他们的生活质量，但是他们的创新却很少会被推广给其他患有同样疾病的患者，并且这些创新者也从未想过要推广自己的创新 (Oliveira et al.，2015)。鼓励患者及其护理人员推广自己创新的一个方法就是降低推广成本，同时建立一个网上资源库，将患者及其护理人员开发的解决方案集中起来。基于这一想法，我们开发了一家名为患者创新的网站（https：//patient-innovation.com），这是一个非营利性的、国际性的、多语言的开放平台，旨在让患者及其护理人员展示并分享他们为了对抗疾病而开发的创新解决方案，并促进患者、护理人员和其他人之间的协作。提高患者的创新率及创新的推广速度也是该平台的目的。许多机构和业界专业人士——包括几位诺贝尔奖的获得者、杰出学者——和世界各地的患者协会已经对这一平台表示了认可。该平台在成立的前 16 个月内（2014 年 2 月至 2015 年 5 月），已经收集了 300 多种创新治疗方案，这些方案是由来自 30 个国家的患者和护理人员开发出来的。

▌参考文献 ▌

Bernstein, R. K. 2007. *Dr. Bernstein's Diabetes Solution*. New York: Little, Brown.

Bruene, J. 2006. Bank of America is first major U.S. bank to integrate personal finance into online banking. *Netbanker*, December 26.

Den Hertog, P. 2000. Knowledge intensive business services as co-producers of innovation. *International Journal of Innovation Management* 4 (4): 491–528.

Ferry, G. 2003. *A Computer Called LEO: Lyons Tea Shops and the World's First Office Computer*. Hammersmith, UK: Harper Perennial.

Flikkema, M. J., A. J. Cozijnsen, and M. Hart. 2003. The innovation climate as a catalyser of innovation in services. [in Dutch] *Holland Management Review* 91 (September/October): 68–82.

Franke, N., and E. von Hippel. 2003. Satisfying heterogeneous user needs via innovation toolkits: The case of Apache Security software. *Research Policy* 32 (7): 1199–1215.

Habicht, H., P. Oliveira, and V. Shcherbatiuk. 2012. User innovators: when patients set out to help themselves and end up helping many. *Die Unternehmung* 66 (3): 277–294.

Hemenway, K., and T. Calishain. 2004. *Spidering Hacks*. Cambridge, MA: O'Reilly Media, Inc.

Kleemann, F., G. G. Voß, and K. Rieder. 2008. Un(der)paid innovators: The commercial utilization of consumer work through crowdsourcing. *Science, Technology and Innovation Studies* 4 (1): 5–26.

Lambert, T., and A. Schwienbacher. 2010. An empirical analysis of crowdfunding. SSRN. http://papers.ssrn.com/sol3/papers.cfm?abstract_id=1578175.

Lawton, K., and D. Marom. 2010. *The Crowdfunding Revolution: Social Networking Meets Venture Financing*. Scotts Valley: CreateSpace.

Lengnick-Hall, C. 1996. Customer contributions to quality: A different view of the customer oriented firm. *Academy of Management Review* 21 (3): 791–810.

Lüthje, C. 2000. *Kundenorientierung im Innovationsprozess—Eine Untersuchung der Kunden-Hersteller-Interaktion in Konsumgütermärkten.* Wiesbaden: Deutscher Universitäts-Verlag.

Lüthje, C., C. Herstatt, and E. von Hippel. 2005. User-innovators and "local" information: The case of mountain biking. *Research Policy* 34 (6): 951–965.

Menor, L. J., and A. V. Roth. 2008. New service development competence and performance: An empirical investigation in retail banking. *Production and Operations Management* 17 (3): 267–284.

Moller, K., R. Rajala, and M. Westerlund. 2008. Service innovation myopia? A new recipe for client-provider value creation. *California Management Review* 50 (3): 31–48.

Nambisan, S., and R. A. Baron. 2009. Virtual customer environments: Testing a model of voluntary participation in value co-creation activities. *Journal of Product Innovation Management* 26 (4): 388–406.

Oliveira, P., and E. von Hippel. 2011. Users as service innovators: The case of banking services. *Research Policy* 40 (6): 806–818.

Oliveira, P., and A. V. Roth. 2012a. The influence of service orientation on B2B E-service capabilities. *Production and Operations Management* 21 (3): 423–443.

Oliveira, P., and A. V. Roth. 2012b. Service orientation: The derivation of underlying constructs and measures. *International Journal of Operations and Production Management* 32 (2): 156–190.

Oliveira, P., L. Zejnilovic, H. Canhão, and E. von Hippel. 2015. Innovation by patients with rare diseases and chronic needs. *Orphanet Journal of Rare Diseases* 10: 41.

Payne, A. F., K. Storbacka, and P. Frow. 2008. Managing the co-creation of value. *Journal of the Academy of Marketing Science* 36 (1): 83–96.

Prahalad, C. K., and V. Ramaswamy. 2002. The co-creation connection. *Strategy and Business* 27 (2): 50–61.

Riggs, W., and E. von Hippel. 1994. The impact of scientific and commercial values on the sources of scientific instrument innovation. *Research Policy* 23 (4): 459–469.

Skiba, F. 2010. *Service Users as Sources for Innovation: An Empirical Study in the German Services Industry*. Hamburg: Books on Demand.

Skiba, F., and C. Herstatt. 2009. Users as sources for radical service innovations: Opportunities from collaboration with service lead users. *International Journal of Services Technology and Management* 12 (3): 317–337.

Skiba, F., and Herstatt, C. 2011. Users as sources of radical service innovation: A closer look into opportunities for integrating service lead users in service development. In *Practice-Based Innovation: Insights, Applications and Policy Implications*, ed. H. Melkas and V. Harmaakorpi, 233–53. Heidelberg: Springer.

Shcherbatiuk, V., and P. Oliveira. 2012. Users as developers and entrepreneurs of medical treatments/devices: The case of patients and their families and friends. Working paper. Carnegie Mellon Portugal.

Shostack, G. L. 1981. How to design a service. *European Journal of Marketing* 16 (1): 49–63.

Shostack, G. L. 1984. Service design in the operating environment. In *Developing New Services*, ed. W. R. George and C. E. Marshall, 27–43. Chicago: American Marketing Association.

Spiotto, A. H. 2002. Financial account aggregation: The liability perspective. Emerging Payments Occasional Paper series, Federal Reserve Bank of Chicago.

Storey, C., and C. J. Easingwood. 1995. Determinants of new product performance: A study in the financial services sector. *International Journal of Service Industry Management* 7 (1): 32–55.

Tether, B. S., C. Hipp, and I. Mile. 2001. Standardization and particularization in services; evidence from Germany. *Research Policy* 30 (7): 1115–1138.

Tufano, P., and D. Schneider. 2009. Using financial innovation to support savers: From coercion to excitement. In *Insufficient Funds: Savings, Assets, Credit and Banking Among Low-Income Households*, ed. R. Blank and M. Barr, 149–90. New York: Russell Sage.

Van der Boor, P., P. Oliveira, and F. Veloso. 2014. Users as innovators in developing countries: The global sources of innovation and diffusion in mobile banking services. *Research Policy* 43 (9): 1594–1607.

Vargo, S. L., and R. F. Lusch. 2004. The four service marketing myths: Remnants of a goods-based, manufacturing model. *Journal of Service Research* 6 (4): 324–335.

von Hippel, E. 1977. The dominant role of the user in semiconductor and electronic subassembly process innovation. *IEEE Transactions on Engineering Management* EM-24 (2): 60–71.

von Hippel, E. 1986. Lead users: A source of novel product concepts. *Management Science* 32 (7): 791–805.

von Hippel, E. 1988. *The Sources of Innovation*. New York: Oxford University Press.

von Hippel, E. 1994. "Sticky information" and the locus of problem solving: Implications for innovation. *Management Science* 40 (4): 429–439.

von Hippel, E., and W. Riggs. 1996. A lead user study of electronic home banking services: Lessons from the learning curve. *Working paper. Sloan School of Management, MIT.*

von Hippel, E. 1998. Economics of product development by users: The impact of "sticky" local information. *Management Science* 44 (5): 629–644.

von Hippel, E. 2005. *Democratizing Innovation*. Cambridge: MIT Press.

von Hippel, E. 2010. Open user innovation. In *Handbook of the Economics of Innovation*. vol. 1, ed. B. H. Hall and N. Rosenberg, 411–27. Amsterdam: Elsevier-North Holland.

Voss, C. 1985. The role of users in the development of applications software. *Journal of Product Innovation Management* 2 (2): 113–121.

Zejnilovic, L., P. Oliveira, and F. Veloso. 2014. Employees as user innovators: An empirical investigation of an idea management system. Working paper. Carnegie Mellon Portugal.

Zejnilovic, L. 2014. Essays in user innovation. PhD dissertation. Carnegie Mellon University, Pittsburgh/Universidade Católica Portuguesa and Universidade de Lisboa, Lisbon.

第 13 章　技术创新

克里斯托夫·翰奈斯

人们总是非常关注有形产品的创新，但是，实际上，有形产品的价值在很大程度上取决于你能用它做什么。无论是工具还是设备，人们不过是用它们（工件）来展示自己的技术。因此，技术创新可以对工件的开发产生影响，反之亦然。

在过去的 30 年里，来自不同领域的研究表明，用户是创新的源泉，无论是新产品、新流程、新服务还是新技术的出现都离不开用户的贡献（Baldwin et al.，2006；Franke and von Hippel，2003；Herstatt and von Hippel，1992；Jeppesen and Frederiksen，2006；Lettl et al.，2008；Lüthje et al.，2005；Morrison et al.，2004；Urban and von Hippel，1988；von Hippel，1988）。用户创新的例子涵盖了广阔的领域和各种各样的类型，比如体育设备、医疗设备、开源软件、药品、化学制品、乐器和 IT 解决方案。相关研究表明，用户经常在社群中分享自己的创意和创新成果（Baldwin et al.，2006；Franke and Shah，2003；Franke and von Hippel，2003；Jeppesen and Frederiksen，2006）。针对领先用户的研究表明，具有特定特征的个人可以实现突破性的创新，但是，只有在一段时间之后，这些创新的价值才会得到市场和公司的认可（Morrison et al.，2004；Urban and von Hippel，1988；von Hippel，1986，1988，2005）。

虽然我们掌握了关于不同类型的用户创新和不同类型的用户创新者所具有的不同特征的信息，然而，针对用户创新的研究，一般都将注意力放在创新成果上。用户的创新行为看上去就像是理所当然的，并没有引起研究者的关注，与之相反，创新成果——通常为一个有形产品或解决方案——则得到了更多的关注。这一情况实际上是令人惊讶的，原因在于，针对创新进程的具体描述和案例分析，恰恰应该关注用户采用的新颖方法。此外，用户主要依靠使用创新成果来获得好处，而这些好处与用户在实现创新时采用的方法（如一种新技术）是密切相关的（von Hippel，1988）。由常识可知，只有创新技术——而不是可重复的、已经存在的技术——才能带来新的价值。因此，新技术对新工件的发展具有怎样的影响，以及运用新技术对实现创新期望具有怎样的影响，都是值得我们思考的问题。本文将对这些问题进行研究，结构如下：在 13.1 节中，我会给出技术创新的定义，然后对重点研究用户创新中的新技术问题的文献进行分析。在此之后，我将简要分析两个说明性的案例，再重点分析另一个主要案例，解析其经济学层面的意义，并据此讨论进一步的研究方法。

13.1 何谓技术创新

　　因为技术创新一词不曾出现在用户创新领域，所以，看上去有必要先讨论一下（在该领域内）"技术"与其他一些看似可以相互替换的词（比如，流程、过程、实践、服务）有什么不同。《牛津字典》（*Oxford Dictionary*）和《韦氏词典》（*Merriam-Webster*）为我们提供了有用的见解：服务和实践可能与这里分析的内容没有太密切的关系。实践指重复性的、习惯性的活动（缺少创新元素）；服务则明显是为第三方做的事，并不是用户为了自己的利益而寻找的创新解决方案。流程和过程的含义和定义相当接近，它们通常是一系列活动中的各个步骤的合称，而技术并不一定涉及步骤。再者，流程和过程都可以指标准化的方法，即已经建立起来的解决某一问题的方法，而技术听上去更自由化、个体化。除此之外，在这三者之中，只有技术与人的关系最为紧密，而流程和过程可以是与机器或电脑相关的，例如，自动化制造流程这个词就显然与机器有关，而与人无关。

　　总结以上这些不同的方面，将新颖的元素考虑进去，技术创新可以有如下定义：

（1）技术创新是一种新的活动/行动（"做某事的新方法"）；

（2）技术创新是由人做出的，无论是以个体为基础，还是以公司为基础；

（3）技术创新是一种有技巧的、有计划的活动；

（4）技术创新可能直接与有形设备相关；

（5）技术创新的实施可能离不开特定工件所属的环境。

还需要特别指出的一点是，任何程序都离不开传播的过程，即创新成果被其他人接受，技术创新也不例外。因此，一种仅仅被用来满足个人需求，并且没有为他人所使用的个性化的新技术，并不能称为技术创新，而那些为他人所接受的新技术，才能称得上是技术创新。

13.2　关注技术创新问题的用户创新文献

在给出技术创新的定义之后，我们要看看，这个问题是否引起了研究创新——特别是用户创新——的学术研究者的兴趣。下面列举的文献内容表明，用户的行为（以运用新技术为表现形式）通常与硬件创新相关。例如，Shah（2000：11）研究了开发帆板设备的用户的创新活动：

> 当他们试验并检测各种各样的帆板技术，试图在大风大浪的情况下帮助帆板快速航行时，一种新的、现有技术无法满足的需求出现了。他们利用新技术创造了新的帆板设备，从而解决了他们所面对的问题。

Shah 在文章中对这一创新进行了详细介绍。文章里提及的用户表示，正是创造性的新技术带来了新的帆板设备，而新的设备往往又能够反过来催生新的技术。虽然用户创新者是根据自己的亲身体验来改进设备的，但是创造性的新技术才是创新行为背后的真正基础（Shah，2000：12）：

> 访谈数据显示，12 位充满热情的运动装备的使用者，急切地寻找和开发新的技术，从而完成设备创新。在某些方面，他们与计算机黑客类似：通过技术和设备创新，不断挑战自己的运动极限。

与此相似，Lüthje 等人（2005：954f.）记录了一群山地自行车运动爱好者如何利用自己的创新性技术，改进现有的产品和装备：

> 即使是在商业企业（批量）制造的山地自行车进入市场后，山地自行车运动爱好者也没有停止他们的创新活动。他们不断推进山地自行车运动，挑战更为极限的环境，同时还不断发展新的与该运动相关的技术（Mountain Bike Magazine，1996）。一些爱好者开始尝试骑自行车从屋顶和水塔顶跳下，以及其他形式的特技行为。正如他们所做的那样，他们一步一步地探寻着改进装备的需求；也正如我们将在这篇文章中看到的，他们中的一些人通过创新满足了这些需求。

也有其他一些研究关注设备创新，但缺乏有关创新性技术与设备创新关系的详细信息（Franke and Shah，2003：1580）。Hienerth 和 Lettl（2011）虽然清楚地描述了在医疗设备和体育装备等制造领域，领先用户所掌握的创新性技术，但其文章的重点是这些领域的设备开发和商业化过程。

如果学者们没有对新技术进行分析，我们又如何判断它与设备创新之间是否存在关联呢？基本上，如果技术创新对工件的发展有明显的影响，那么二者之间就应该是存在关联的（反之亦然）；如果技术创新领先于工件的发展，并且可以利用这一点来预测工件的发展趋势，那么二者之间就应该是存在关联的；如果用户创新者所付出的努力与其他类型的创新者所付出的努力一样重要，那么也可以说明二者之间存在关联。因此，作为第一步，我们先建立了一个适用于不同发展情况的框架，以分析技术和产品创新。

13.3 技术创新与产品创新框架

如上文所述，到目前为止，学界一直重点关注用户对新工件和新产品的开发。用户之所以从事开发类活动，目的是满足未被满足的需求并解决自己遇到的问题。引入和研究技术创新的概念，帮助我们加深了对此类用户创新过程的理解：可以通过不同途径来满足需求和解决问题，一个简单的涉及不同发展类型的模型对这些途径进行了总结（见表 13 - 1）。第一，用户可以利用现成的工件以某种新的方式完成某一任务（纯粹的技术创新，类型 B）。第二，用户可以尝试开发一种新的工件来满足需求，却不必开发使用该工件的全新方法（纯粹的设备和硬件创新，类型 C）。第三，技术创新和工件创新同步进行（类型 D）。第四，既不存在技术创新，也不存在工件创新（类型 A）。

表 13 - 1　　　　　　　与工件和技术相关的不同创新类型

满足需求或解决问题		工件	
		已存在的	新的
技术	新的	类型 B	类型 D
	已存在的	类型 A	类型 C

有两个案例可以被用来说明技术创新会随着产品创新和工件创新的出现而出现，或者反过来（类型 B 和 C）。

13. 4　由产品创新带来的技术创新：印象画派

众所周知，在 19 世纪中后期，印象派画家莫奈（Monet）、毕沙罗（Pissarro）、雷诺阿（Renoir）创建了（在当时看来）极为新颖、激进的画派。有趣之处在于，这一新的流派需要不断通过新出现的（与绘画相关的）产品来更好地展现自己流派的特色，随新产品而来的则是新的技术（绘画技巧）。在阿尔贝蒂娜博物馆（Albertina in Vienna）举办的画展以及之后出版的《光线：印象派绘画的隐藏技巧》（*Painting Light*：*The Hidden Techniques of the Impressionists*）（Schaefer et al.，2008）一书对 19 世纪头十年出现的绘画领域的新产品进行了系统梳理。

当时被新开发出来的一种重要绘画工具（新产品）是软性锡管。它最初是由艺术家（用户）约翰·戈夫·兰德（John Goffe Rand）在 1841 年发明的，后来，颜料生产商亚历山大·列弗朗（Alexander Lefranc）为这种颜料容器加上了螺旋盖。在此之前，艺术家们一直使用猪膀胱来随身携带颜料，它们很容易泄漏颜料，并且难以保证同种颜料具有一致的质量、色调和色彩强度。软性锡管的出现，为画家们提供了简便的、易携带的颜料储存器，并且可以避免颜料受到氧气、光和湿气的影响。亚历山大·列弗朗的公司从 1850 年起开始销售这种软性锡管。从那以后，画家们才能够到户外绘画；在此之前，他们一直被牢牢地限制在画室之中。另一项重要的开发是新颜色的发明创新。在 19 世纪初，大概只有十几种基础颜色可供画家使用，在化学和矿物学领域的创新带来了一系列的新颜料，特别是黄色颜料，用这些新颜料调出的颜色比以前已知的有限颜色更亮、更持久。进一步的创新——例如，移动画架、形状新颖的画笔、预涂底漆的画布——大大推动了绘画技巧的革新。快速增长的画作销售网络促进了这些创新的传播。1850 年的巴黎贸易手册中出现了 276 个画作经销商。当时的一些颜料生产商到今天仍然存在，例如法国的申内利尔公司（Sennelier）和英国伦敦的温莎·牛顿公司（Winsor & Newton）。

在之后的一些年中（第一次印象派画展于 1874 年举行），新的绘画技巧出现了爆炸式的发展，画家们开发出了外光派画法（plein air painting），一系列的画作——如莫奈（1891）的《干草垛》（*the Haystacks*）系列——对光对于绘画对象的作用进行了探索。画家们利用颜色实现了新的亮度表现手法。为了描绘对象形状的整体印象，他们使用了新的细节表现方式和着色方法，并开始使用调色板刀（palette knifes）进行绘画。通过建立这些新技巧，印象派画家打破了一系列由卡拉瓦乔（Caravaggio）和伦勃朗（Rembrandt）等大师在 17 世纪创立的绘画传统。虽然，在那个时代，印象派画家的风格并不为大众所接受，然而，他们开创的新技巧为之后表现主义运动的技巧创新以及现代艺术的出现打下了基础。

13.5 由技术创新带来的设备创新：麻醉医疗技术的发展

在第一个与麻醉有关的医疗设备出现之前，以减轻疼痛为目的的麻醉技术在历史上经历了几个阶段的发展。第一次提到该技术的文献可以追溯到 2 000 多年前。一些医学历史类书籍（Schüttler，2003）引用的几个例子均来自《圣经·旧约》（*Old Testament*）：

> 耶和华神使他沉睡，他就睡了；于是取下他的一条肋骨，又把肉合起来。（《圣经·旧约·创世记》）

虽然这段文字看上去与麻醉似乎没有多少关联，但是医学历史学家仍然认为，它说明生活在公元前 5 到公元前 4 世纪的人，已经认识到存在一种技术可以使人暂时失去意识。在之后的几个世纪里，不同的麻醉方法被记录了下来，包括利用药物与各种天然物质（草药、草药汁液）进行麻醉，甚至包括催眠的方法（Zorab，2003）。麻醉治疗方面的开创性新技术的主要发展发生在 19 世纪，当时的医生开始使用一氧化二氮（笑气）或氯仿对病人进行麻醉。这些物质最初的使用场合并不是医疗领域（富裕阶层为了寻求刺激，常用它们作为致幻药物）。1824 年，马修·B. 迦勒（Mathew B. Caleb）发表了第一篇研究人类吸入乙醚气体之后的表现的论文。然而，直到 1844 年，牙医霍勒斯·威尔斯（Horace Wells）通过麻醉成功地在没有痛苦的情况下拔掉了自己的一颗牙齿，以及更加为人所熟知的威廉·莫滕（William Morten）在马萨诸塞州总医院（Massachusetts General Hospital）做出使用乙醚作为麻醉剂的尝试后，麻醉才开始成为一种医疗技术（Bynum，2008；Magner，1992）。必须强调的是，医生群体并没有发明麻醉剂，他们所做的是发明一些新的技术来使用这一类物质：他们必须了解针对不同病症使用哪些物质进行麻醉，找出麻醉物质与氧气的合理比例，以明确如何使用正确剂量的麻醉剂，使其效果恰好可以在手术期间维持。在之后的 30 余年中，医生们一直在反复试验并开发新的使用一氧化二氮和氯仿的技术。在他们的努力下，一些简单的医疗设备——比如一些内嵌涂有麻醉液的海绵的玻璃或金属面罩——被最先制造了出来。第一台协助混合氧气和一氧化二氮的机器于 1887 年由弗雷德里克·休伊特爵士（Sir Frederick Hewitt）研制成功。该机器更复杂的版本（允许控制麻醉剂的剂量和配比）于 1910 年问世（Schirmer，1998）。一个与之非常相似的发展模式出现在了抗菌剂领域，医生们使用各种化学物质（例如，苯酚）进行了试验，并开发了使用抗菌剂的新型技术，以避免伤者的开放性伤口感染

(Ackerknecht，1982)。与麻醉剂和抗菌剂相关的技术创新为突破性的设备创新打下了坚实的基础，为现代外科手术的发展做出了贡献。

以上这些说明性案例向我们展示了一些创新发展类型，而针对更为复杂的创新发展情况的研究将会更加有趣，这些复杂的创新将涉及表 13 - 1 中所列出的 B、C、D 三种类型。

13. 6　主要案例研究：皮划艇漂流运动的技术和装备发展

研究这一主要案例的目的，是让我们可以在一个信息丰富的领域内，探索技术创新和硬件/设备创新的发展情况。主要案例的研究需要具备外部有效性，也就是说，从该研究中获得的收获应该是可以推广到其他案例分析之中的（Yin，2009；Eisenhardt，1989）。皮划艇漂流运动本身具有一些特性，这些特性恰恰可以帮助我们对技术创新及其与硬件/设备创新的相互关系进行研究。这两种创新类型均由来已久，而针对二者之间联系的研究也已经有 50 余年的历史了。此外，在皮划艇漂流运动领域，技术创新和硬件/设备创新的发展情况相对简单，因此，针对它们的研究相对容易，不至于受其他因素的干扰，从而使我们可以在剥离隐藏影响因素或其他原因造成的偏差的情况下，研究二者的发展受到哪些因素的影响。

为了识别技术创新与硬件/设备创新，并研究开发这两类创新所涉及的支出，我们收集和分析了以下数据：

（1）Hienerth（2006）曾使用过的竞技皮划艇行业的完整的一手数据和二手数据。

（2）休·塔夫脱（Sue Taft）于 2001 年出版的《河流追逐者》（*The River Chasers*）一书以及由肯特·福特（Kent Ford）执导的一部关于皮划艇漂流运动的历史纪录片《河流的召唤》（*The Call of the River*）中的关于该领域创新的历史数据。

（3）自 1955 年开始发行的《美国皮划艇协会杂志》（*American White-*

water Association Magazine）上的有价值的信息，以及《划艇与皮艇杂志》（*Canoe and Kayak Magazine*）自 1975 年开始的针对皮划艇"零件"的专栏分析。

（4）为了确定自 1950 年起皮划艇漂流运动领域的创新类型、创新支出和创新动机，我们（于 2010 年 4 月至 6 月）进行了在线调查，共有 340 人参与。

这些数据概括了自 20 世纪 50 年代以来皮划艇漂流运动领域出现的不同类型的创新。利用这些数据，我们可以识别该领域的某个具体的发展阶段，或是某项重要的或主要的硬件/设备创新，这些创新塑造了该领域的市场。这些可被识别的硬件/设备创新主要涉及以下方面：皮划艇艇身（例如，长度、形式和空气动力学原理）、皮划艇内部（配件）、皮划艇周边产品（服装、头盔、保护装备和救生衣）、艇桨。而可被识别的技术创新主要包括漂流技术和自由式技术（freestyle techniques）。漂流技术指根据河流的湍急程度和河道走势选择合理的转向和操纵技术；自由式技术指在漩涡和水浪中做出特殊动作的技术。

13.7　对皮划艇漂流运动产业发展阶段的描述

13.7.1　早期皮划艇漂流运动（自 20 世纪 50 年代塑料皮划艇出现到 70 年代末至 80 年代初这一阶段）

玻璃纤维皮划艇最早主要由皮划艇俱乐部制造，一些对这项运动感兴趣的"划友们"（paddlers）所拥有的非常小的公司也会为大家提供制造所需的材料。在欧洲，激流回旋运动开始兴起，这项运动需要使用一种新的复合皮划艇，它拥有又长又薄的艇身，可以穿过设置在河中的漂浮门，还可以逆流划行。在美国，这项运动一开始并不受欢迎（20 世纪 50 年代至 60 年代）。当时，皮划艇俱乐部会组织成员勘探一些河流，而被勘探河流的湍急程度则不断增加。在这一过程中，成员们不断开发新的漂流技术，主要包括在漩涡中划行、摆渡过河以及运用船桨撑河岸和礁石的技术。与此同时，他们不断缩短艇身长度，从而使之可以更加适合在湍急的河流中划行，并且大大缩短了触礁后需要花费的修理时间。早期皮划艇漂流运动的数据见表 13-2。

表 13-2	早期皮划艇漂流运动的数据
创新者与消费者数量	领先用户的数量增加至 200 人；创新者的数量增加至 5 000 人；尚未出现真正意义上的消费者
行业内公司数量	最初只有少数家庭式公司，后来出现了 14 家专营皮划艇的公司
装备创新的数量与种类	51 种装备创新（均由用户发明），主要包括：皮划艇艇身长度的缩短、第一批专业服装创新、第一批专业零件创新
技术创新的数量与种类	56 种技术创新（均由用户发明），主要包括：漂流技术、撑桨技术、划行技术、激流回旋技术

13.7.2 "塑料革命"（由行业外公司开发的塑料皮划艇及其在 70 年代末至 80 年代末的发展情况）

继 20 世纪 60 年代兴起的滑雪热之后，皮划艇漂流运动被视为又一项新兴的户外运动。这项运动十分受欢迎，以至于两大塑料制造巨头——Uniroyal 公司（使用热成型技术制造皮划艇）和 Hollowform 公司（使用旋转模塑成型技术制造皮划艇）——都进入了这一市场并开始生产第一批塑料皮划艇。而原本存在于该市场的公司都太小，无力承担测试新材料和使用新技术的成本。1973 年，Hollowform 公司生产出了第一艘滚塑塑料皮划艇——"河流追逐者"（river chaser）（该艇艇身长 13 英尺，含税和运费售价 129.95 美元）。然而，几年之后，由于业务和管理的变化，Hollowform 公司退出了该市场，并将其模具卖给了 Perception 公司，后者后来成为传统复合皮划艇的最大生产商。在使用新材料制作的皮划艇问世之后，划友们便可以探索更湍急、更危险的河流，而在探索的过程中，他们又掌握了新的技术：当他们从高处冲入水中时，皮划艇的一端会扎入水中，另一端则会抬起，离开水面，这便是第一个自由式技术动作。在 1977 年 6 月，一位名叫乔·伦纳德（Joe Leonard）的皮划艇零售商决定在爱达荷州的斯坦利（Stanley，Idaho）举办一场比赛，让那些热衷皮划艇漂流运动的人们可以展示自己的漂流技术和自由式技术。最终，第一届斯坦利竞技赛（the Stanley Rodeo）共吸引了 26 名选手参赛。一年之后，另一项活动——塞蒙河节（the Salmon River Days）——开始举办。现在，越来越多的皮划艇漂流运动爱好者们加入这些活动之中。"塑料时期"皮划艇漂流运动的数据见表13-3。

表 13-3　　　　　　　　"塑料时期"皮划艇漂流运动的数据

创新者与消费者数量	领先用户的数量为100～200人；创新者的数量为2 000～4 000人；消费者的数量为60 000～10 000人
行业内公司数量	专门制造复合材料皮划艇的公司数量为5～20家，专门制造塑料材料皮划艇的公司数量从2家增加至10家
装备创新的数量与种类	26种装备创新（其中20种由用户发明，6种由公司发明），主要包括：皮划艇艇身形制多样化、安全性能提高
技术创新的数量与种类	29种技术创新（均由用户发明），主要包括：转弯技术、撑桨与划行技术、第一批自由式技术、溪流划行技术

13.7.3　复合材料的复兴［80年代末90年代初喷艇（Squirt Boating）的兴起与发展］

在20世纪80年代早期，许多皮划艇漂流运动爱好者并不喜欢在市场中销售的塑料皮划艇。原因在于，这些塑料皮划艇又大又笨重，用户无法根据自己的需求改装它们，也无法使之适应多变的河流环境。这样的船体适合直线划行以及角度不大的转弯，但无法让划船的人做出一些高难度的、娱乐性的动作，然而，有些寻求刺激的用户想要使用的正是这些新颖的技术。由于制作塑料材料的模具需要投入大量资金，所以一些爱好者开始自己使用复合材料制作皮划艇。根据他们想要测试（练习）的技术（动作），他们可以非常容易地使用复合材料制作具有不同特点的皮划艇。喷艇就是这么出现的。这是一种新颖的皮划艇，它根据划船者的体重量身定制。有了它，爱好者们第一次成功地使用了垂直划桨技术。然而，这种新皮划艇并没有获得市场的欢迎。一方面，使用者不仅要始终挤在狭窄的船体中，还要忍受船体大部分时间都浸泡在水中的痛苦，对此，大多数使用者感到非常不适。另一方面，大多数消费者并不习惯自己亲手修理损坏的皮划艇以及更换它的材质。因此，喷艇成了少数爱好者的选择。然而，必须承认，几乎全部与垂直划桨技术相关的特技动作都是在这一阶段被开发出来的。"喷艇阶段"皮划艇漂流运动的数据见表13-4。

表 13 - 4　　　　　　　　"喷艇阶段" 皮划艇漂流运动的数据

创新者与消费者数量	领先用户的数量为 2~4 人；创新者的数量为 1 000 人；不存在真正意义上的消费者
行业内公司数量	只有 1~2 家公司专门制造领先用户设计的喷艇
装备创新的数量与种类	12 种装备创新（其中 10 种由用户发明，2 种由公司发明），主要包括：皮划艇艇身扁平化、短小化
技术创新的数量与种类	21 种技术创新（均由用户发明），主要包括：垂直划桨技术、浸没划桨技术

13.7.4　竞技皮划艇与自由式技术（90 年代末至今，新设计的兴起与市场的发展）

在 20 世纪 90 年代初，喷艇的出现带来了垂直划桨技术，皮划艇样式则不断推陈出新。塑料材料的应用催生了一些在湍急河流和小型瀑布河段使用的漂流技术。一些皮划艇用户发现，可以将喷艇和塑料皮划艇的优点结合起来，设计出一种全新的皮划艇，使得人们在驾驶它时，可以用上所有类型的技术，它便是竞技皮划艇。它至少结合了四种重要的设计元素，允许使用者使用垂直划桨技术、划水技术、速划技术、瀑降技术。第一，竞技皮划艇的艇身要比传统塑料皮划艇短。第二，它的空气动力学设计更合理，这一点与喷艇一致。第三，它更注重艇舱内部的空气动力学设计，允许使用者更好地控制艇身，同时增加了安全性。第四，它的底部很平，这有利于使用者施展划水技术。由于竞技皮划艇的设计比较新，所以还需要进一步地改进，以优化它在湍急和漩涡水域的表现。在随后的一段时期内，多种多样的皮划艇设计层出不穷，艇身尺寸则出现了差异化趋势。最终，在 90 年代中后期，塑料皮划艇的品类出现了爆炸式增长，其数量是之前阶段（自 1973 年塑料皮划艇问世至此次爆炸式增长这一时期）总和的三倍（见表 13 - 5）。

表 13 - 5　　　　　"竞技皮划艇阶段" 皮划艇漂流运动的数据

创新者与消费者数量	领先用户的数量为 200~400 人；创新者的数量为 4 000~10 000 人；整个皮划艇漂流运动市场中的消费者数量已经上升到 100 万人

续前表

行业内公司数量	专门制造复合材料皮划艇的公司数量为 3~6 家，专门制造塑料材料皮划艇的公司数量为 10~15 家，这些公司一般都是由 20 世纪 90 年代便接触该运动的领先用户创立的
装备创新的数量与种类	39 种装备创新（其中 13 种由用户发明，26 种由公司发明），定义了竞技皮划艇的规制
技术创新的数量与种类	42 种技术创新（29 种由用户发明，13 种由公司发明），主要包括：垂直划桨技术、空中技术、划水技术

通过对皮划艇硬件/设备创新的总结，可以归纳出以下这条发展轨迹：

- 皮划艇的艇身长度缩短到 3 米左右（20 世纪 60 年代至 70 年代中期）

- 开始使用塑料材料制造皮划艇（20 世纪 70 年代中期）

- 喷艇出现（20 世纪 80 年代）

- 竞技皮划艇出现（20 世纪 90 年代末至 21 世纪初）

利用在本案例研究过程中收集到的数据，我们还可以确定以下这条漂流技术发展轨迹：

- 在河流中转弯的技术（20 世纪 50 年代至 80 年代）

- 艇身滚动技术（仍在持续发展，但最初的标准技术形成于 20 世纪 50 年代至 70 年代早期）

- 瀑降技术（20 世纪 70 年代至 80 年代）

- 淹没式划行技术（使皮划艇的一端或两端浸入水中）（20 世纪 80 年代至 90 年代早期）

- 空中技术（使皮划艇全部或部分跃出水面）（20 世纪 90 年代末至 21 世纪初）

以上这两条与皮划艇漂流运动有关的技术创新与设备创新的发展轨迹，以及之前内容中对印象画派和麻醉医疗技术的案例分析均表明，技术创新与设备创新之间存在着有趣的相互联系和相互依赖性。

13.8　体现在案例中的不同创新类型

本文中列举的主要案例和两个说明性的案例展示了几种与工件和技术

相关的互不相同的创新类型。通常情况下，创新始于用户满足自己需求或解决问题的尝试，解决问题则会用到表 13-1 中列出的几种创新途径。

在上文的主要案例中，我们分析了皮划艇漂流运动领域出现的几种设备创新与技术创新，其中，我们不难发现二者同步进行的类型 D，也能看到由技术创新引导的类型 C，还能看到由工件创新引导的类型 B。

在皮划艇漂流运动刚刚出现的阶段（20 世纪 50 年代），始终存在对新技术和新设备的持续性探索（类型 D）。在那一阶段，这项运动的爱好者们一直在尝试不同的漂流技术，与此同时，他们也在致力于改进自己的漂流装备，这主要体现为使皮划艇变得更短、更坚固。另一个（类型 D）例子出现在喷艇出现的 80 年代。这一时期，许多领先用户不仅发明了新的技术，还设计出了新的皮划艇品类。他们通过引入垂直移动彻底改变了划桨方式，而这种技术创新所倚靠的正是同一时期引入的全新品类的皮划艇。

塑料材质皮划艇的出现正是由工件创新引导的类型 B 的例子。由于塑料材质的艇身可以承受住与河里礁石的碰撞与摩擦，所以用户可以借此开发出一些全新的漂流技术，例如，从礁石上滑过，近距离接触礁石，从布满礁石的小型瀑布降下。塑料材质皮划艇的出现，让用户可以探索原本无法通过的河道。同时，一系列全新的划桨技术被引入了。竞技皮划艇的出现则是技术创新引导设备创新的类型 C 的例子。在二三十年的时间里，在划桨方法方面，新颖的技术创新层出不穷，正是这些技术创新的积累最终促成了竞技皮划艇的出现。在 90 年代末，制造竞技皮划艇的用户致力于发明一种工件，从而帮助爱好者们运用上所有已知的漂流技术，以及随喷艇一同出现的最新的技术。因此，一方面，这种工件必须足够稳定，即使在最恶劣的环境下（湍急的河流、小型瀑布）也要能够使用；另一方面，它的尺寸还必须足够短小，这样才能保证用户可以在漩涡中施展自由式技术。

我们之所以选择上文中的两个说明性案例，是为了展示存在于不同领域的技术创新，并分析一些比较有特色的例子。麻醉剂的发展可以被归为创新类型 C——新技术出现在新工件（设备）之前。从麻醉剂在当下的发展状况可以明显看出，设备（辅助病人呼吸的医疗设备可以控制麻醉药物的剂量）在麻醉过程中起着至关重要的作用。然而，案例也表明，在医生们已经尝试并开发出有关麻醉的新技术之后，新的设备才被发明出来。而在印象画派的例子中，新工件则出现在新技术之前（类型 B）。软性锡管和依靠化学手段制造的新颜料的发明，决定了在之后超过 50 年的时间里，绘画技术的发展。

关于技术创新与工件创新之间的联系，我们选择的案例表明技术创新具有更高的重要性。在表 13-1 中，类型 C 和类型 D 均是以新技术为基础发展新工件。而在类型 B 中，虽然是新工件的出现催生了新技术，但是，在新技术出现后，它很快就超越新工件成为该领域的核心，并引领该领域继续发展。

13.9　技术创新概念的经济意义

上文中的案例向读者展示了不同的创新类型，却没有对它们在经济上的重要影响进行量化分析。最近，一些学者已经开始研究与技术创新相关的成本的种类和数量（Hienerth et al.，2011）。我们可以使用不同的方法来计算这类创新流程中出现的成本。利用上文中的说明性案例的信息，我们只能对这类成本进行非常粗略的估算。在两个案例中，无论是画家群体还是医生群体，在实现创新的过程中，都付出了几年甚至几十年的努力。针对随后主要案例介绍的皮划艇漂流运动，一项最近的研究（Hienerth et al.，2011）首次提出了计算技术创新成本的方法，该研究还试图探究用户创新者——相较于传统制造商——的效率如何。这项研究使用了两种方法来计算技术创新成本：第一，研究人员先收集有关技术创新过程的历史数据，然后简单地将创新过程中有可能投入的不同资源的成本纳入考量，从而计算出一个最有可能出现的成本值。第二，研究人员通过调查问卷采访创新者，从而直接获得相关信息。最终，这项研究得出了结论，并从用户创新者的角度出发，将重要的技术创新的成本与重要的硬件/设备创新的成本进行了比较（平均每一项有价值的技术创新需要花费 209 000 美元；平均每一项硬件/设备创新则需要花费 332 000 美元）。此外，用户创新者开发技术创新的效率比传统制造商高出三倍。总体来看，在超过 50 年的时间里，有 90％的皮划艇漂流运动领域的技术创新是由用户创新者实现的。

根据针对用户创新的研究成果可知，大部分用户的创新工作都是围绕技术创新展开的。到目前为止，我们关注的主要是由用户主导的创新活动，其中涉及的技术创新的概念，有利于我们更好地理解那些会推动工件创新或被工件创新推动的流程和活动。因此，在对领先用户创新的研究中（Lilien et al.，2002），技术创新的概念有助于研究者们对领先用户的行为进行更全面的分析。它可以帮助研究者们区分：哪些是根本性的技术创新，哪些只是其他创新活动（设备创新）的附带结果。它还可以帮助公司更好地获取领先用户的创新知识。另外，在研究开源软件创新时，技术创新的概念还可以帮助我们识别创新社群中的某位成员做出的个人贡献，以及分析和衡量该贡献的价值和质量。虽然开源软件创新领域的每个人都知道"林纳斯定律"（"只要有足够多的眼睛，就可让所有问题浮现"），但是很少有人记得某位用户如何以及怎样开发了软件，也很少有人记得他们投入了多少时间和精力。

13.10 关于产业进化(industry evolution)与设计理论(design theory)的讨论

对新技术进行分析还有一个潜在作用，那就是预测与该技术相关的产品和解决方案的发展轨迹。从这个意义上看，技术创新与更大范围内的产业进化以及具有决定性意义的主导设计（dominant designs）存在关联。主导设计理论的精髓在于，随着主导设计的出现，研发工作的重点从产品创新转为流程创新（Abernathy and Utterback，1978）。在主导设计出现以前，公司争相推出新品类的产品，以此相互竞争，它们面对的是相对较小的、不确定的市场细分。Murmann 和 Frenken（2006）选择了 24 篇研究主导设计、新技术发展和产业发展的文章，对这些文章的结论进行了对比分析。有趣的是，他们选取的这些文章均表明，很难找到有效的指标来预测新产品或新技术的出现。实际上，这一点并不令人感到吃惊，原因在于，研究主导设计的文章通常都会采用与新产品（如硬盘驱动器、飞行模拟器、直升机、随身听等）问世或新公司成立相关的数据。而这些数据的来源相对较少，这很容易导致研究者得到相似的研究结论。在对这 24 篇文章进行分析之后，Murmann 和 Frenken（2006：931）给出了一个主导设计的新定义：

> 从根本上说，（主导设计）是以"设计空间的嵌套层次结构"（nested hierarchies of design spaces）这一概念为基础的。在分层次的、模块化的设计空间中进行创新，产生了"技术周期"（technology cycles），其中包含在复杂的技术体系中进行选择、保留的步骤。

设计空间的概念与设计理论相关联，它涉及新工件的组成、功能、质量和开发等诸多方面（Baldwin and Clark，2000）。Murmann 和 Frenken（2006）提出的定义指出，对于主导设计来说，不仅技术系统的整体发展是至关重要的，而且该系统内的每一个个体的创新贡献也是必不可少的。这些个体所能够达成或实现的成果正是技术周期中最小的构成元素。与技术创新有关的概念框架和实证分析可以帮助我们更好地接受新设计及其新的使用方法（以技术创新为表现形式），同时，也让我们对新设计及与之相关的各种活动能够得到发展充满信心。

关于个体设计的用途和功能，以及在一个总体框架（设计空间）下产生的新设计的发展情况，设计理论可以为我们提供哪些信息呢？

第一，设计理论可以让我们更好地理解设计的属性，并解释在何时、何种条件下，个体会贡献新的设计。设计质量是一种基本的设计属性（Baldwin et al.，2006），它关乎在用户眼中该设计的价值，或者换句话说，它可以说明该设计在多大程度上满足了用户的需求。同时，设计质量还是设计所具有的功能的函数。在早期阶段，创新设计通常相当基础，其设计质量也不高，因为此时，设计通常只是用户为了满足自己的需求而进行的简单实验。然后，每一份新方案和每一份新努力都会提升成果的设计质量，需求得到满足的程度也会越来越高。每一个个体的新设计都需要一定的付出（表现为时间、金钱、资源等），而用户将判断新设计的预期质量（功能）是否能够使他们的付出变得有价值。因此，设计质量的提升意味着更多的付出，而只有一小部分用户会坚持到最后（始终坚持付出努力）。具体到技术层面的创新，用户针对任何给定的设计（例如某产品）所发明的新（使用）方法，都能够提升该设计的质量。而新的（使用）方法和新的技术甚至可能催生新设计，反之亦然，新设计可以为用户提供一系列新的选项。

第二，设计理论引入了设计空间的概念，即个体可以探索设计中的选择和变化。Baldwin 等人（2006：1297）曾经描述了一个设计空间开放的过程，并将其与一个创新活动联系起来，而这实际上就可以被视为技术创新的一种形式：

> 设计空间的开放通常是一个概率事件，比如，沃尔特·布莱克特（Walt Blackader）在第一次使用皮划艇时偶然做出了特技动作。在这类情况下，用户创新者可以通过以新的方式做某件事来触发设计空间的开放。

正如作者所概述的，一个概率事件会触发一系列创新；而从设计理论的角度出发，每一项创新都是一种新设计。虽然这类事件通常被视为一系列新设计以及设计活动的开端，但是，很少有人会对这些设计的作用进行分析。因此，到目前为止，设计空间一般被视为在同一领域内不同但又相互关联的设计的集合，探索设计空间的过程则被视为探索该领域的发展程度的过程。技术创新的出现不仅使给定设计空间内的（新）设计选项增加了，还提高了现有设计的有效性和功能。

第三，技术创新可以被视为对于新设计的一笔投资。正如设计理论所解释的那样，用户在开发新设计时需要承担创新成本。这类成本基本上由所有投入设计过程的资源组成，包括时间。当一个个体开发某种新技术时，付出时间与努力，就是为了找到一种新的解决方案，显然，在设计过程中，该个体投入了自己的资源。这些付出最终也许可以换来一件新产品或一种新技术，也许什么也换不来。而其他个体可以观察到这一设计过程，从而也许可以在该个体付出的基础上，开发出新设计。与有形产品的创新不同，在技术创新领域，你很难判断某个个体为新技术的出现做出了哪些贡献。

13.11　产业进化与设计理论的研究进展

针对技术创新的新见解将为学界带来两方面的贡献。第一，更好地了解创新周期可以扩展产业进化模型的适用范围。新技术的出现预示了有形商品的未来发展方向。因此，技术创新的想法有助于判断何时公司将开始围绕新产品和新标准展开竞争，以及哪些新产品和新标准最终会脱颖而出。此外，针对技术创新的研究有助于了解给定工件的全部功能，从而提高对设计质量的认识。第二，设计空间这一概念的提出及其拓展和应用。以现有工件为基础开发新技术，是设计空间开放的标志。一旦工件和以其为基础的技术发生改变，新的设计空间便会出现，现有的设计和解决方案则会被取代。技术创新可以表明设计的总体架构及其子系统之间的联系：技术创新也会引起总体架构中的细微变化。只需要进行小小的调整，一项新技术便可能与总体架构下的某个子系统契合。但是，如果出现了很多这类调整或是新技术过于先进，就会导致总体架构本身出现变化。另外，如果越来越多的用户开始使用一种新技术，那么也许预示着一个新的细分市场正在形成。一种新技术变得非常受欢迎，要么意味着现有工件的接受度不错，要么预示着新工件即将进入市场。[①] 使用一种新技术的用户越多，出现新的细分市场的可能性越大。

13.12　结论

本文针对技术创新这一概念的存在和发展提出了一些独到见解。通过分析有关产业进化与设计理论的文献，以及回顾三个与新技术应用相关的案例，我向读者介绍了一个分析工件创新和技术创新关系的模型。研究成

---

① 只有当有不少用户正在使用已存在的工件时，才存在有效的用户基础，以此工件为基础而开发的新技术才有可能受欢迎，所以说"现有工件的接受度不错"；而新技术的应用变得普遍又会反过来催生工件的创新，所以说"预示着新工件即将进入市场"。——译者注

果证明，针对技术创新进行更加广泛的、更加深入的思考是有价值的。本文考虑到了与技术创新相关的许多方面，而我们在这些方面均可以找到与现有工件或新工件密切相关的用户行为。本文得到的结论可以被广泛地应用到不同的领域，例如，医药、军事、建筑和艺术创意领域。

目前，本文得到的结论——主要来自案例分析和针对皮划艇漂流运动进行的调查——存在局限性。本文选取的两个说明性案例（印象画派与麻醉医疗技术）依据的是二手数据。此外，文中讨论的诸多创新均在不同程度上存在发展路径上的序列性，即一种创新类型往往指向另一种创新类型。但是，当多个创新同时存在时，我们又难以判断这些创新出现的先后顺序和因果关系。实际上，技术创新所具有的隐性属性（tacit nature）会使研究者难以观察它的确切发展步骤。虽然本研究有这些缺陷，但它们不仅肯定了技术创新现象的存在，而且为进一步的研究提出了挑战。

参考文献

Abernathy, W. J., and J. M. Utterback. 1978. Patterns of industrial innovation. *Technology Review* 80 (7): 40–47.

Ackerknecht, Erwin Heinz. 1982. *A Short History of Medicine*. Baltimore: Johns Hopkins University Press.

Baldwin, C., C. Hienerth, and E. von Hippel. 2006. How user innovations become commercial products: A theoretical investigation and case study. *Research Policy* 35 (9): 1291–1313.

Baldwin, C., and K. B. Clark. 2000. *Design Rules: The Power of Modularity*. vol. 1. Cambridge: MIT Press.

Bynum, William. 2008. *History of Medicine: A Very Short Introduction*. New York: Oxford University Press.

Eisenhardt, K. M. 1989. Building theories from case study research. *Academy of Management Review* 14 (4): 532–550.

Franke, N., and E. von Hippel. 2003. Satisfying heterogeneous user needs via innovation toolkits: The case of Apache Security software. *Research Policy* 32 (7): 1199–1215.

Franke, N., and S. Shah. 2003. How communities support innovative activities: An exploration of assistance and sharing among end-users. *Research Policy* 32 (1): 157–178.

Herstatt, C., and E. von Hippel. 1992. From experience: Developing new product concepts via the lead user method: A case study in a "low-tech" field. *Journal of Product Innovation Management* 9 (3): 213–221.

Hienerth, C., and C. Lettl. 2011. Exploring how peer communities enable lead user innovations to become standard equipment in the industry: Community pull effects. *Journal of Product Innovation Management* 28 (s1): 175–195.

Jeppesen, L. B., and L. Frederiksen. 2006. Why do users contribute to firm-hosted user communities? The case of computer-controlled music instruments. *Organization Science* 17 (1): 45–63.

Lettl, C., C. Hienerth, and H. G. Gemuenden. 2008. Exploring how Lead users develop radical innovation: Opportunity recognition and exploitation in the field of medical equipment technology. *IEEE Transactions on Engineering Management* 55 (2): 219–233.

Lilien, G. L., P. D. Morrison, K. Searls, M. Sonnack, and E. von Hippel. 2002. Performance assessment of the lead user idea-generation process for new product development. *Management Science* 48 (8): 1042–1059.

Lüthje, C., C. Herstatt, and E. von Hippel. 2005. User-innovators and "local" information: The case of mountain biking. *Research Policy* 34 (6): 951–965.

Magner, Lois N. 1992. *A History of Medicine*. New York: Dekker.

Morrison, P. D., J. H. Roberts, and D. F. Midgley. 2004. The nature of lead users and measurement of leading edge status. *Research Policy* 33 (2): 351–362.

Murmann, J. P., and K. Frenken. 2006. Toward a systematic framework for research on dominant designs, technological innovations, and industrial change. *Research Policy* 35 (7): 925–952.

Schaefer, I., C. von Saint-George, and K. Lewerentz. Wallraf-Richartz-Museum Fondation Corboud, and F. P. Strozzi. 2008. *Painting Light: The Hidden Techniques of the Impressionists*. Milano: Skira.

Schirmer, U. 1998. Nitrous oxide. Trends and current importance. *Der Anaesthesist* 47 (3): 245–255.

Schüttler, Jürgen. 2003. *50 Jahre Deutsche Gesellschaft für Anästhesiologie und Intensivmedizin*. Berlin: Springer.

Shah, S. 2000. Sources and patterns of innovation in a consumer products field: Innovations in sporting equipment. *http://flosshub.org/sites/flosshub.org/files/shahsportspaper.pd.f.*

Taft, S. L. 2001. *The River Chasers*. Mukilteo, WA: Flowing Water Press/Alpen Books Press.

Urban, G. L., and E. von Hippel. 1988. Lead user analyses for the development of new industrial products. *Management Science* 34 (5): 569–582.

von Hippel, E. 1986. Lead users: A source of novel product concepts. *Management Science* 32 (7): 791–805.

von Hippel, E. 1988. *The Sources of Innovation*. New York: Oxford University Press.

von Hippel, E. 2005. *Democratizing Innovation*. Cambridge: MIT Press.

Yin, R. K. 2009. *Case Study Research: Design and Methods*. Los Angeles: Sage.

Zorab, J. 2003. History of anaesthesia. *Anaesthesia* 58 (9): 935.

第 14 章　社群品牌的力量

——用户自主品牌是如何产生的

约翰·富勒

现如今，用户和用户社群被视为创新的希望源泉。许多产品创新［例如，山地自行车或竞技皮划艇（von Hippel，2005）］和服务创新［例如，计算机化商业银行服务（Oliveira and von Hippel，2011）］，都源自用户而非公司。在创新领域中，人们普遍认识到，用户和社群不仅是公司的合作开发者（用户和社群不但会支持公司实现创新，而且会与公司合作进行创新），还能够开发自己的产品，并打破以公司为中心的创新模式。在这种情况下，用户和社群不仅能够开发出具有创新性的产品，还有可能创造出具有吸引力的品牌。然而，迄今为止，这种可能性仍然被人们忽视（Füller et al.，2013）。这其中的一个原因是，在过去，营销和品牌活动所产生的媒体费用较高，用户无力承担此项费用。然而，随着互联网和社交媒体的变革，这种情况已经发生了极大的改变。现如今，用户创造的内容变得与广告公司创造的内容同样重要，同样受欢迎（Kozinets et al.，2010）。在 Facebook、Twitter 和 YouTube 取得巨大成功之后，许多公司都意识到，用户创造的内容会对营销领域和品牌创建产生一定的影响（Hautz et al.，2014）。即便如此，当今的主导思想依然是，用户和社群只有可能是现有品牌的共同创造者（Schau et al.，2009；Mathwick et al.，2008）、管理者（Klein，2000；Lee et al.，2009）或后期持有者（Wipperfürth，2005），但是无法成为品牌的创建者。然而，接下来要讲的这个案例恰巧是与之相反的（Füller et al.，2007；Pitt et al.，2006）。

在开源软件（Open Source Software，OSS）领域，阿帕奇、火狐（Firefox）和 Linux 都是众所周知的开源软件品牌，这三个品牌都是由用户及其社群所创建并拥有的。这表明，社群成员不仅能够开发自己的软件应用程序，还能够自主地创建强大的品牌。在成员的联合开发、实践行动，以及相互影响下，在软件极客们共同开发的优秀软件的基础之上，阿帕奇品牌诞生了。这些软件极客（社群成员）的共同目标就是创造出优秀的软件。社群品牌的形成方式与品牌社群的形成是相反的（Muniz and O'Guinn，2001）。品牌社群（如 Apple I-lounge 社群或者 Niketalk 社群）都是围绕着公司已有的主导品牌发展起来的，且社群成员都是公司产品［如苹果（Apple）或耐克（Nike）］的狂热粉丝，社群品牌则是在社群成员的共同努力下创建起来的。

本文主要对用户自主创建品牌的新现象进行探讨。我认为，社群品牌是由许多用户合作创建起来的品牌。在本文中，我首先着重探究社群品牌的起源和优点。然后，我们将进一步探讨社群品牌获得成功的条件。最后，我们会对公司与社群共同创建联合品牌的实践意义进行深入剖析。在本文中，我们将阿帕奇品牌和 outdoorseiten. net（以下简称 ODS）品牌作为研究对象，ODS 是一个由热心的徒步旅行爱好者和户外活动爱好者共同组建的社群网站。针对这两个品牌，我开展了一项定性研究，收集了社群数据、社群成员数据，还通过深度访谈获取了关于社群品牌创建和品牌认知的情况。从研究结果中我发现，用户经常会有创建自己社群品牌的想法，并将这些想法付诸实践。社群成员之所以会创建自己的社群品牌，是因为他们想要建立自己的身份认同感，并获得社群归属感。并且，他们在使用自己创建的社群品牌时感到非常享受。对于他们来说，社群品牌的意义在于它的高价值，以及它是市场现有的主导品牌的良好替代品。当用户开始对社群品牌展开宣传活动时，他们希望能够实现这些目标：保护并推广自己的产品、体现卓越的产品质量、吸引大量的粉丝，以及塑造有意义并与众不同的产品特性。对一名创新开发者而言，知识产权往往是他们保护自己创新成果的唯一途径，而当创新开发者将其创新成果无偿分享给他人使用时，他们则能够从中获得好的名声。最初，用户开创社群品牌或多或少都算是社群成员在合作过程中偶然产生的结果。但是，在社群品牌创立之后，社群成员就会想要对他们的品牌进行更专业的管理，例如，向成员提供有关品牌使用的指导和资料。虽然社群品牌能够实现与公司主导品牌基本相同的功能，但是它们之间仍然存在着很大的差异。其中一个差异表现为，在社群成员的共同努力下，社群品牌几乎可以实现无成本的品牌推广。在大多数情况下，用户创建社群品牌并不是为了赚钱或者利用品牌获得好处，所以，社群品牌被认为是值得信任的。社群品牌不需要面对潮流更替带来的威胁，这使得社群品牌不但对社群成员来说具有吸引力，而且对非社群成员来说也具有吸引力。此外，从研究中我们还可以看出，用户自主创建的社群品牌，例如，通过用户创新而产生的社群品牌，可能会对其他公司的品牌造成威胁，进而替代该公司品牌。但是，用户也有可能与公司创建联合品牌。而且，公司也有可能会选择与社群品牌进行合作来实现它们的品牌活动，公司的这种行为与它们联合社群和领先用户进行合作创新，最后从创新成果中受益是一个道理。

首先，本文会在品牌和用户开发的内容方面对相关文献进行回顾。为了解释创建社群品牌的动力，本文会对传统品牌的观念和品牌开发问题，以及合作开发理论和消费者集成理论的不足之处进行讨论。其次，我将对本文的调研背景和方法进行描述。随后，我会在现有的理论背景下对社群品牌进行讨论，并探究对于目前以公司品牌为主导的市场来说，社群品牌将对其产生何种影响。最后，我还会对未来的研究提供一些研究方向。

14.1 从专利品牌到开放式品牌

虽然，品牌作为所有权的标志已经存在了几个世纪（Stern，2006），但是，直到 19 世纪下半叶，品牌才开始普遍存在于商业环境中。那时，生产、运输和通信工艺的改进，使制造商能够更加高效率、低成本地生产大量的产品，这也就使得制造商能够直接与本地零售商进行竞争，并获得了更广泛的客户支持（Low and Fullerton，1994）。在整个 19 世纪，品牌都被看作所有权的标志。在这种情况下，商品质量的好坏关乎品牌的声誉，这就迫使制造商不得不对其产品的质量承担起责任，并保证提供给客户的产品都拥有相同的质量（Low and Fullerton，1994；Keller，2008）。最初，品牌主要是由公司所有者或高层管理人员进行管理。从 20 世纪上半叶开始，品牌管理变得越来越专业化。公司普遍开始雇用专业的管理人员来管理品牌（Low and Fullerton，1994）。除此之外，还有一些公司选择将品牌管理的工作外包给广告代理商或广告公司。宝洁公司（Procter & Gamble）就为此专门设置了"品牌经理"一职。"品牌经理体系"的基本理念是，每一个公司的品牌最好由一个独立的品牌经理进行管理。到了 20 世纪中叶，无论是学者还是品牌管理者都意识到，一个品牌代表的可能并不只是一个产品上的标志。加德纳（Gardner）和利维（Levy）（1955：35）认为，品牌应该被更好地描述为"一个代表着各种想法和属性的复杂符号"。这是消费者在购买品牌产品时，他们心目中形成的一个形象，并且，有些消费者还会为品牌开发出强大的精神意义，这已远远超出一个品牌所代表的产品功能的属性。在此期间，广告代理商在品牌传播的过程中发挥了关键的作用（Ogilvy，1983）。品牌可能会代表普遍的、积极的价值属性，例如，品位、奢华或自由。因此，也正是在那个时候，诞生了像"万宝路牛仔"这样标志性的人物。在整个 20 世纪下半叶，品牌不仅成为消费者生活的核心，也成为公司管理的核心。对于消费者而言，品牌成为表达自己生活方式、社会地位和群体归属感的重要资源。而对于公司来说，品牌已成为核心的金融资产，并有助于提高公司利润。品牌作为金融资产的估值——出售品牌可以获得的价值、可变现的授权费或版权税——被称为"品牌资产"（brand equity）。这是一种简单并且易管理的衡量品牌价值的方法，例如，Ailawadi 等人（2003）建议将品牌产品的收入与非品牌产品的收入进行比较。从用户的角度来看，品牌资产是"消费者或用户对市场上品牌的不同认知所展现出来的差异化效应"的产物（Keller，1993：2）。用户根据自己的想法和理解，来决定是否愿意为某一品牌的产品支付品牌溢价。

20 世纪末至 21 世纪初这段时期，出现了一种更加动态的、以消费者为中心的品牌及品牌管理方法。在这段时间，品牌被认为是一个动态的、能够实现自我价值提升的主体，能够为提升消费者的生活水平做出贡献，而不仅仅是营销行为的辅助工具（Aaker，1997；Fournier，1998）。与此同时，品牌的价值在不断使用的过程中获得提升，并且 Fournier（1998：344）认为品牌可以并且确实能够成为（公司或产品在价值提升过程中的）有利工具。有研究表明，消费者在品牌创建和价值形成的过程中都发挥着积极的作用。消费者越来越多地被看作品牌的（有价值的）共同开发者，而不再是被动地接受营销人员推销的潜在购买者（Vargo and Lusch，2004；Prahalad and Ramaswamy，2000）。

现如今人们普遍认为，消费者可以对商业品牌的意义进行塑造、使用和共同开发（Cova and Pace，2006；Kozinets et al.，2004；Muniz and Schau，2005；Thompson and Arsel，2004；Thompson et al.，2006）。公司可以在市场上开发和引入一个品牌，但是消费者和其他利益相关者却可以以独特的方式改变品牌的意义。在这个过程中，一方面，消费者有可能会公开抨击品牌（Klein，2000），挑战生产者赋予品牌的原意（Kates，2004；Thompson et al.，2006），还有可能对品牌所有权的合法性提出疑问（Kirmani et al.，1999），另一方面，也有可能会帮助品牌进行推广（Muniz and Schau，2005；Wipperfürth，2005）。

在早期有关消费者创造价值的研究中，研究重点主要集中在适度的消费者参与上。但是，最近的研究对消费者在品牌和价值创造过程中的作用提出了全新的观点。例如，Schau 等人（2009：30）认为，创造品牌价值的行为已经不仅仅是一种知识交流的行为，在这个过程中，社群所"创造出来的品牌价值已经超越了一般公司所创造的价值或公司预期的价值"。1998年，苹果公司决定放弃苹果牛顿（Apple Newton）这一品牌，然而，由该品牌的忠实粉丝所组成的社群，到目前为止仍然在对这一品牌进行管理，该社群的行为显然已经违背了苹果公司当时选择放弃这一品牌的初衷。在苹果公司未提供任何支持的情况下，支持该品牌的社群成员参与到了品牌维护的每一个环节中，例如，商标、口号和广告（Muniz and Schau，2007）。

除此之外，从开源软件社群的案例中我们可以看出，用户不仅能够围绕现有的品牌开发产品，还可以自主地开发出全新的品牌。已出现众多强大而知名的开源软件品牌，Linux、阿帕奇和火狐只是其中三个品牌。Pitt 等人（2006）认为，开源软件品牌与其他品牌是一样的，因为它同样具有与公司品牌相同的功能。然而，开源软件品牌由于其非营利性、真实性，以及不同于任何公司的利润理论，才得以为用户提供独一无二的价值。

尽管，用户自主品牌的开发和传播存在着许多新的可能性，但是，用户自主品牌是如何出现的，如何使自主品牌更具有吸引力，以及自主品牌如何影响当前的营销和品牌管理策略？目前，人们对这三个问题的了解少之又少。本文将帮助读者更好地了解社群品牌的创建和管理，同时，还将揭示用户自主品牌对营销活动的影响。

14.2 调研方法

在本研究中，我选择了开源软件领域的阿帕奇社群，以及户外运动领域的 ODS 社群，并会对这两个社群品牌是如何出现的，以及它们独具吸引力的原因进行探讨。在研究准备阶段，我们决定分别对拥有数字产品和实物产品的社群进行探索，以了解在这两类社群中是否都存在社群品牌，并对其潜在的差异性进行分析。选择阿帕奇品牌作为此次研究的对象，原因在于，它是在开源软件领域内最早获得重视的社群品牌，与此同时，阿帕奇还是一个拥有至少 60％市场份额的、知名的网络服务器品牌。ODS 是一个有趣的社群品牌，来自全世界的许多人都对该社群出售的运动装备趋之若鹜，而且，在该社群中被讨论和推荐的户外运动，也颇受喜爱与追崇。此外，许多针对用户创新的研究都是以运动领域为研究背景的。

ODS 社群自创办至今已有 15 年了，它是一个由 28 600 名讲德语的会员组成的在线社群，该社群致力于推广户外运动，例如，背包徒步旅行、长途徒步旅行、攀岩，以及滑雪。该社群的在线论坛拥有超过 68 000 个主题和近 130 万个帖子，在论坛中，论坛成员可以与志同道合的人分享他们的户外体验。这些论坛成员通常都会花费大量的时间从事与户外运动相关的活动，包括参与户外运动、阅读运动类杂志、准备自己的运动装备，以及在论坛中与兴趣相同的人进行交流。成员在互动的过程中，经常会讨论有关产品开发的话题。该论坛甚至在自制齿轮和设备开发方面，专门设置了一个完全独立的分区。此外，论坛成员参与户外运动的程度，体现在他们在论坛中发表的、令人印象深刻的故事上，例如，类似于攀登世界最高峰这种令人印象深刻的经历。在每个社群中，大部分的帖子都是由少数几位社群成员发布的。那种极为狂热的成员在社群中并不多，通常这类成员在社群中会发布数百张帖子，并且，在参加户外运动之余，他们几乎不会错过浏览社群内发布的每一个帖子。在 ODS 社群中，有 121 名成员每人至少发布了 1 000 个帖子，有约 1 000 名成员每人至少发布了 100 个帖子，另外还有约 12 900 名成员每人至少发布了 1 个帖子。

在本项研究中，我们共进行了 20 次深度访谈。其中有 12 位受访者来自阿帕奇社群，8 位受访者来自 ODS 社群（详情参见表 14-1 的受访者资料）。来自阿帕奇社群的受访者都是年龄在 29～48 岁的男性成员，这是由于在该社群中男性成员占比较高。与此同时，来自 ODS 社群的受访者年龄在 20～45 岁。

表 14-1　　　　　　　　　　　本项研究的受访者资料

受访者在社群中的昵称	来自哪个社群	加入社群的时间	在社群中的角色
亚当（Adam）	阿帕奇	2003	ASF 成员，BoD 成员
比尔（Bill）	阿帕奇	1999	ASF 成员，社群成员
布鲁斯（Bruce）	阿帕奇	1997	社群成员
克里斯（Chris）	阿帕奇	2000	ASF 成员，前项目委员会的主席
乔治（George）	阿帕奇	1996（ASF 联合创始人）	ASF 成员，VP（主管会议策划）
贾斯廷（Justin）	阿帕奇	2002	ASF 成员，社群成员
迈克（Mike）	阿帕奇	2001	ASF 董事长
皮特（Peter）	阿帕奇	2001	社群成员
罗兰德（Roland）	阿帕奇	1996（ASF 联合创始人）	ASF 委员会主席
罗伯特（Robert）	阿帕奇	2003	社群成员

续前表

受访者在社群中的昵称	来自哪个社群	加入社群的时间	在社群中的角色
史蒂文（Steven）	阿帕奇	1996	ASF 成员，相关资料的贡献者
托马斯（Thomas）	阿帕奇	1999	ASF 成员，BoD 的董事
尼施图波泰本（Nichtübertreiben）	ODS	2002	论坛的版主
弗赖（Thefly）	ODS	2005	管理者
贝姆 22（Boehm22）	ODS	2002	ODS 财务
香蕉夸克（Bananenquark）	ODS	2004	ODS 标志讨论的参与者
塔尤玛（Traeuma）	ODS	2003	ODS 董事会成员
纳姆（Nam）	ODS	2003	ODS 董事会成员
贾斯帕（Jasper）	ODS	2003	旅行版块的版主
斯奈菲（Snuffy）	ODS	2003	ODS 标志讨论的参与者
大卫 0815（David0815）	ODS	2003	自制齿轮版块的版主

注：ASF（Apache Software Foundation）指阿帕奇软件基金会；

BoD（board of directors）指董事会；

CTO（chief technology officer）指首席技术官；

VP（vice president）指副总裁；

IT（information technology）指信息技术从业人员。

我们在研究中采用了定性归纳法（qualitative-inductive methodology）（Denzin and Lincoln，1994），这种方法可以帮我们更加深入地了解这一现象（Creswell，1998；Maxwell，2005）。我们收集了社群数据、社群成员数据，还通过深度访谈获取了关于社群品牌创建和品牌认知的情况。通过对阿帕奇和 ODS 社群的相关信息进行搜索，我们能够了解到有关这两个品牌的创建历史。

为了从不同的角度来对社群品牌这一现象进行研究，我们会根据受访者在社群中不同的参与程度，将其分为以下三类，即创始人、管理人员，以及不活跃的成员。每一次访谈都将持续 35～90 分钟。我们首先会对访谈的内容进行录音，并将录音转换成文字。然后，我们会对访谈内容进行不断的整理和分析，直至达到理论性饱和[①]（theoretical saturation）（Goul-

---

[①] 理论性饱和这一概念源自格莱泽和斯特劳斯（Glazer & Strauss）在 1967 年提出的扎根理论（grounded theory）。理论性饱和是指，在每一次访谈结束后都即时进行信息整理和分析，反复进行多次后，当整理信息的人发现已经无法再从访谈内容中获取到新的信息时，这就表明当前的访谈已经达到了理论性饱和，不需要再进行额外的访谈。——译者注

ding，2002）。访谈中具有代表性的内容，会被用来阐述我们的主要研究结果。

14.3 社群品牌的低成本开发和塑造

14.3.1 阿帕奇社群

我们的研究表明，阿帕奇社群并未打算创造出强大的品牌，也从未进行过任何广告、营销或品牌宣传活动。在社群创建之初，他们只是一群有着共同兴趣爱好的个人，并怀揣着对创建社群的热情。

对其他社群活动或基于某种目的的活动来说，阿帕奇品牌的建立为它们树立起了一个以极低的成本创建品牌的典范。以下引文反映了阿帕奇品牌创建的"偶然性"特征。

> 直至最近……我们都没有将阿帕奇看作一个品牌，同时，也没有将它看作一个在市场上售卖的产品。［汤姆（Tom）］

> 直到今天，我们甚至连一个广告都没有做过。我们同样也不做任何市场营销活动。我们只有一个为了协商相关事务而设立的公共关系委员会（public relations committee），但也不是以营销为目的的。而且，我们也不会做传统意义上的营销活动。［亚历克斯（Alex）］

基本上，阿帕奇品牌的创建是社群成员共同努力的必然结果。在（免费）使用阿帕奇产品的社群和非社群成员之间，阿帕奇品牌获得了进一步的推广，从而也建立起了人们对阿帕奇品牌的最初认知。由于阿帕奇产品所具有的高质量和独特品质，阿帕奇被创建成为一个"强大的、令人满意的、独特的品牌"，并因此获得了积极的品牌效应，与用户也建立起了"紧密的、积极的、忠诚的关系"。那些没有使用阿帕奇产品的用户，也可以通过社群成员和非社群成员的推广，对阿帕奇品牌进行了解，并对其留下一个良好的印象。

近几年，阿帕奇软件基金会开始进行积极的、有针对性的品牌管理活动。在 2009 年，基金会任命了品牌管理副总裁（Apache，2009）。此外，公共关系委员会也对外发布了品牌的使用指导,对如何使用品牌名称和商标做了明确的说明(Apache, 2010)。与此同时,基金会也开始举办能够使品牌价值获得提升的品牌推广活动,尤其是厂商赞助计划。阿帕奇的赞助商包括谷歌(Google)、微软(Microsoft)和惠普(Hewlett-Packard)。并且,阿帕奇也强调过它不会出售自己的品牌名称。在这个过程中,社群成员会就"这几家赞助商是否适合阿帕奇"这个问题在社群中进行公开讨论。如果大多数社群成员认为不适合,或认为他们在这个过程中的付出大于回报,那么赞助计划将被否定。例如,IT领域的赞助商必须要拥有高知名度、高品质的产品,才有可能成为一个潜在的合作伙伴。除了提供资金之外,赞助商还必须符合阿帕奇的品质原则,并具有相关领域的高专业水平。

我们这样做并不是为了卖产品,更不是为了赚钱。[汤姆(Tom)]

14.3.2 ODS社群

ODS品牌创建和发展的方式与阿帕奇品牌类似。社群本身在品牌的发展、品牌意义的塑造,以及品牌成员归属感的加强方面,没有起到任何实质性的作用。所有的活动都是由社群成员自愿参加并无偿完成的。品牌的创建是成员参加社群活动的必然结果,社群成员也从中获得了自我享受和自我价值的提升。

实际上,在有些情况下,社群品牌的开发过程也许就是以一句"嗨,让我们开始设计标志吧!"开始的。开发ODS标志的想法,始于2005年7月两位核心成员之间的讨论:一位是大卫(David)0815,当时他刚刚开发出一个个人标志,并总是开心地向他人展示;另外一位是塔尤玛(Traeuma),他被大卫0815的这一想法吸引并提出为社群创作一个标志:

为了我最爱的背包徒步旅行,我想要为我们的论坛设计一个标志! (塔尤玛)

令人惊讶的是,其他许多成员都立即表示了对这个计划的支持,ODS标志的设计工作也由此展开。五周过后,社群成员们设计出了十多个不同版本的标志（见图 14 - 1）。对此，他们不仅在设计小组内部进行讨论，还在整个社群中开展了广泛的意见征集工作。其中，大多数标志都是由纳姆（Nam）设计的，他是董事会的成员之一，也是论坛的高级会员之一。经过对设计进行多次更改和修订后，新的论坛名称和论坛标志的最终设计方案终于被确定了下来。与此同时，社群成员到不同的标志商店就标志的生产和价格进行咨询。无论是核心的社群成员还是非核心的社群成员，都有参与到这一品牌创造的过程中。但是，其中大部分的实际工作和整体审核工作，还是由核心成员来完成的。

初稿

最终的标志

图 14 - 1　ODS 标志设计摘录

一旦将标志分发给社群成员，他们就开始将 ODS 标志贴在他们自制的装备和他们购买的户外设备上。这种即刻对产品进行加工改造的方式，被认为是 ODS 品牌的一个特征：

> 现在，我要好好想一下，要将这个标志贴在我背包的哪个位置。注意："outdoorseiten. net"将是一个新的背包品牌。［西尔维娅（Silvia）］

随后，社群成员联系制造商制作了一系列带有标志的产品，例如，将标志印在衣服或个人物品（咖啡杯或其他类似的东西）上。2008 年，ODS 社群推出了自己开发的第一种产品。大约在两年之后，在 200 多名社群成员的积极参与下，ODS 社群自主开发了一款帐篷，并由一家名为韦克塞尔（Wechsel）的公司进行合作生产与分销。在帐篷开发的过程中，每一个活跃的社群成员都贡献了自己的想法与建议。在 ODS 社群中，活跃的社群成员的喜好比任何一个人的意见都更重要，即使这个人是社群的创始人或董事会成员。

14.4　社群品牌的价值

本节内容将探讨社群品牌的价值，并阐述这样的观点，即社群本身就是品牌价值的一个最大的组成部分。

14.4.1　阿帕奇品牌的价值

阿帕奇品牌价值的一个重要体现是，它能够吸引许多志趣相投的人，创造一种社群感，并为他们提供交流平台，如下面的声明所示：

> 阿帕奇使我与其他社群成员有了微妙的联系……实际上，我与社群中的成员在日常的社群活动中并不会直接联系。但是，我们都是这个社群中的一员，这对于我们来说就是我们之间所存在的微妙的联系。

社群中的"社群胜于代码"（community over code）原则表明，成员在社群中的关系高于一切，如下述引文所示：

> 这个社群的口号是社群比代码更重要。并且这不仅仅是一个口号。如果需要对社群和代码做出一个有技术含量的抉择，那么我会选择在解决代码问题之前，先竭尽所能地解决社群问题。[史蒂文（Steven）]

上文中关于社群的重要性以及个体成员之间的社会关系的研究结果，与 Cova（1997）的观点相契合，即社群成员之间所存在的紧密联系比任何事物都更重要。同时也进一步证实了 Schau 等人（2009）的观点，即社群品牌的价值是在实践中创造出来的。越来越多的个人开始寻找能让他们与其他人取得联系的品牌，以及能够让他们参与到有意义的活动中的品牌。

> 微软社群中同样存在着一个专家团体。但是，我十分确定的是，在回馈社会方面我们是更有优势的……我相信与微软相比，我们的软件可以让人们的生活变得更加不同。

阿帕奇品牌的主要意义来自它回馈社会的目标，从而让人们的生活变得更有意义。成为一名阿帕奇社群成员，不仅仅是因为个人喜好和社群归属感，更是因为，阿帕奇品牌可以被看作终身合作伙伴、一个人在其认同感创建过程中的无价同伴，并且是值得人们为之奋斗的东西。这种象征性的意义和道德观念在传统的商业品牌中几乎是找不到的。

阿帕奇品牌同样代表了高水平的代码质量和专业知识。在阿帕奇社群中成为核心成员的唯一方法就是提供优秀的代码，并获得现有成员的尊重与认可。因此，社群管理者不仅要对成员的专业能力进行不断的审查，更要通过他们的个人行为，来决定他们是否适合这个社群，这被称作"阿帕奇方式"（Apache Way）。

> 但是，我认为最困难的是如何将"阿帕奇方式"的精髓传递给新的社群成员，这是当你在社群中进行工作时所必须保持的一种行为方式。［克里斯（Chris）］

在"阿帕奇方式"下，阿帕奇社群成员不仅能够保障项目以阿帕奇独有的方式执行，还可以通过将该行为方式传授给新成员，来实现对独特的社群文化的保护。由于品牌不能与每一个社群成员相分离，因此，品牌必须选择合适的人来代言。品牌就是社群，每一个成员都代表品牌。

在 IT 领域与阿帕奇社群联合，确实能够创造出很大的价值。阿帕奇社群成员在社会中的声望和地位，在许多情况下都能够得到体现，例如，在参加工作面试时。

> 我曾经听人说，如果一个人在进行工作面试时，提到自己是阿帕奇社群成员……那么面试官会更加仔细地聆听他所说的内容，因为面试官认为他所说的这些内容都是有价值的。［罗兰德（Roland）］

14.4.2　ODS 品牌的价值

不同的用户从 ODS 品牌中获得的价值会有所不同。对 ODS 社群成员来说，更多的是从自己开发的、能够满足自己需求的独特解决方案中获得价值。除了从自己开发的解决方案中获得的效用以外，从创造性的行为中获得的乐趣、自豪感、赞誉和社群认可对于他们来说也尤为重要。如果存在一个群体，并且这个群体中的成员都能够熟练地自主开发独特的运动装备，那么，我相信许多运动爱好者都会想要成为该群体中的一员。以下引文反映了ODS品牌的潜在价值。

> 除了我们之外，还有谁会像我们一样，充满自豪感地到处去宣扬，我们穿的上衣是来自我们自己开发的品牌呢？［菲艾路（Felö）］

ODS社群的成员都希望能够认识彼此，即使他们之前都互不认识，也从未谋面。

> 如果两个陌生人在某一个地方、某一个时间通过一个ODS标志最终相认并相识，难道这不是一件很酷的事情吗？［香蕉夸克（Bananenquark）］

由成为社群中的一员和自主创建社群标志所产生的自豪感是非常强大的，一些加入时间较短的社群成员会通过"购买—替换"行为来实现这种自豪感，例如，购买裤子和上衣的成品，将其原始标志去除，替换上ODS的标志。

> 我在想，如果将ODS标志直接贴在火柴棍（Haglöfs）[1] 的标志上，尺寸是否合适？是的，我认为应该直接将ODS的标志贴在这件衣服原本贴标志的地方。因为，那是最引人注目的地方。［厄尼（Erny）］

此外，社群成员认为，他们自主开发的产品比昂贵的知名品牌的产品更酷。

> 得知自己因为自制的防水布而节约了40美元后，我获得了极大的满足感（无论是从创新层面讲，还是从其他层面讲）。并且，当我知道自己可以比设备制造公司做得更好的时候，我再一次从中获得了满足。制造商在制作防水布时，往往在接缝处处理得并不好，也没有使用真

---

① 火柴棍是欧洲户外用品高端品牌。——译者注

正的法式包缝工艺。除此之外，当我花了不到 1 美元制作出一件烹饪
工具时，我又一次从中获得了满足。［斯特珀（Stupe）］

对于许多社群成员而言，他们使用贴有 ODS 标志的产品的行为，是摆
脱商业品牌思维并展现其独立性的一种方式。像这种"大卫（David）对战
歌利亚（Goliath）"① 的品牌思维，类似于 Cova 和 White（2011）所描述的
品牌社群的逆向改变，即通过开发自己的品牌理念和服务来创造价值。对
于 ODS 的核心社群成员而言，ODS 代表的不仅仅是他们的一种兴趣，更是
一种体现在标志中的哲学和生活方式，这与阿帕奇社群类似。

14.5　研究结论

本文探讨了社群品牌是如何出现的，以及它们具有价值的原因。社群
品牌是由一群具有共同利益的人创造的，而不是由公司创造的。它们代表
着自组织②（self-organization）的意义、意识形态和模式，并且，这种自组
织需要符合社群活跃成员的大多数需求。社群成员的独立性、创造性、独
特性和所掌握的知识，推动着社群品牌的创建。此外，以较低的成本共同
设计出满足特定功能并具有象征意义的产品的能力，将有助于社群品牌吸
引大量的用户和粉丝。研究表明，社群品牌并不局限于开源软件，它们在
物质世界中无处不在。虽然社群品牌的功能与商业品牌相同，但它们在许
多方面都存在着差异（见表 14-2）。

表 14-2　　　　　　　　　　　公司品牌和社群品牌的对比

品牌维度	公司品牌	社群品牌
品牌的创建	由商业公司创建	由社群成员创建，这些成员通常都拥有共同的兴趣爱好

---

　　① "大卫对战歌利亚"是《圣经》中的一则故事，讲述了一个名为大卫的普通人对战巨
人歌利亚并最终取得胜利。在故事中，巨人歌利亚比大卫更健硕、更高大。现在人们更多地
是用这个故事来比喻弱者战胜强者。——译者注
　　② 在不存在外部指令的前提下，系统按照相互默契的某种规则，各尽其责而又协调地自
动形成有序结构，这种过程被称为自组织。——译者注

续前表

品牌维度	公司品牌	社群品牌
社群的类型	品牌社群：以现有的商业品牌为中心	兴趣小组：开发自己品牌的产品并创建社群品牌
品牌的含义	由公司提出建议，再由不同的利益集团进行解释和调整	在社群成员间的不断讨论中逐渐形成
品牌的产品	由公司设计、生产和销售	由社群成员设计和销售。生产和物流外包给其他公司进行管理
品牌的故事/原型	围绕着公司提供的产品，编纂出具有吸引力的故事	品牌故事以社群为中心。社群就是品牌。社群成员之间的所有互动和谈话都是品牌故事的一部分，并最终由社群成员共同创作出来（品牌故事可以通过文本、讨论、产品、人工制品等形式表现出来）
品牌的消费者	来自各社群和利益集团的成员；只包括商业消费者	主要是在线社群成员的自我支持：生产者＝消费者
品牌所体现的关系	品牌通常体现的是其"创建者"之间的社会关系	品牌是社群成员之间强烈的情感纽带，尤其是积极从事品牌创建活动的核心成员
品牌的控制者	由公司和社群控制	由社群控制
品牌的传播方式	通过大众媒体、社群内交流和社交媒体活动进行传播	通过社群成员的口耳相传进行传播
品牌的目标	最大限度地提高收益并使客户满意；确保公司的生存	满足社群成员自己的需求，确保社群的存续和提供最好的产品

　　社群品牌的创建，是社群成员自愿参加特定活动并进行互动而产生的结果。虽然，每一个在线社群几乎都会举办品牌活动，例如，为社群征集名称或设计标志，但是只有大约25％的成员可以获得带有标志的产品，例如，一件可以被用来代表社群成员身份的 T 恤（Füller and von Hippel，2008）。并且，在此基础之上，只有少数社群会进一步开发高品质的产品，例如，被社群或非社群成员使用的软件或帐篷。这一类社群品牌都是值得信赖的，不仅是因为社群成员对产品精益求精的态度，更是因为他们不会为了实现经济利益的最大化而盲目地追逐产品的时尚潮流，这从其成员间的互动和行为便可看出（Holt，2002）。社群品牌虽然是非商业性的品牌，但是仍然会遵守市场规则（Kozinets，2002）。可是，它们又会通过创建自

己的产品和品牌，来避免对商业化创新和商业品牌的依赖。社群品牌是由社群成员共同开发并管理的，因此，社群成员也同样对社群品牌拥有共同的使用权。相比之下，公司决策对商业品牌的爱好者来说就非常不利，因为这些爱好者在该商业品牌的产品创新过程中并没有任何发言权，在这种情况下，久而久之，他们对品牌的热爱也会逐渐消退（Hirschman，1970）。例如，苹果公司引进英特尔处理器，而放弃了牛顿掌上电脑；哈雷戴维森（Harley Davidson）公司为嬉皮士（yuppies）一族开发了自行车；悍马（Hummer）公司推出了一款小型的大众运动型多用途汽车。基于各种原因，这些品牌的传统用户和崇拜者表示，要对品牌商做出的以上这些决定进行抗争，其主要原因是，各品牌商的这些行为对各品牌的主要品牌元素造成了破坏，他们对品牌商的这些行为表示十分愤慨。尽管公司可以决定它们生产的产品，并对其品牌的意义和体验产生影响，但是，社群品牌却形成了自己的意识形态，社群成员会自己决定产品的品质，以自己的速度推进社群的建设，并通过民主的方式来决定产品的售价。

在互联网时代，有很多用户社群正在创造自己的品牌，如上文提到的户外运动领域的 ODS 社群。然而，在不同情况下创造的品牌的力量和吸引力都是有所不同的，这取决于许多因素。例如，对于社群产品而言，非本社群成员对其产生的兴趣如何。阿帕奇品牌与其网络服务器在社群内外都享有盛誉，而 ODS 品牌及其产品对其社群成员来说非常有趣，但是非本社群的成员对其并没有太大的兴趣。

14.6　总结

对于许多公司而言，特别是在消费品领域，专利品牌已经成为核心的金融资产。例如，经计算，麦当劳品牌的价值占其公司在股票市场总价值的 71％，可口可乐品牌的价值占其公司总市值的 64％（Keller，2008）。由此可以看出，专利品牌可以使其所有者获得较高的品牌溢价，这是公司的主要利润来源。对于涵盖了 20 个产品类别（例如，咖啡、谷物和软饮料）

的日常用品领域来说，该领域的全国性品牌与私人品牌相比，平均的价格溢价达到 35％（Sethuraman and Cole，1999）。在奢侈品领域，与普通品牌相比，顶级品牌的价格溢价保持在 20％～200％（Colyer，2005）。

从经济层面来看，用户自主品牌至少对于某些商业品牌的溢价来说，是一个潜在的严峻挑战。用户在自主创建完全属于自己的品牌后，将其品牌与产品或服务结合，然后将该产品或服务在市场上免费供应，这种情况可能会对市场上现有的、需要付费的同类产品和服务造成威胁，因为任何产品和服务"都很难与免费的同类事物相竞争"。如果社群成员并未实际参与品牌的管理，或试图从中获得利润的话，很有可能会产生此类破坏性影响。阿帕奇提供的免费网络服务软件上会显示阿帕奇的品牌标志，这是一个由用户创造的、值得信赖的、真实的标志。阿帕奇的这一行为，对于微软的网络服务软件产品和微软制订的品牌溢价来说，难道不是一个严峻的挑战吗？维基百科（Wikipedia）是另外一个很好的例子，它是一个由大型用户社群开发出来的产品所组成的品牌，并且，它的出现对大不列颠百科全书（Encyclopedia Britannica）等商业品牌的市场造成了威胁。由于这些社群在开发产品和创建品牌时，是基本上没有成本的，并且它们通常对创造利润也并不感兴趣，所以，它们很有可能会成为商业品牌（为了满足员工和股东的需求，商业品牌需要不断地创造收入并获得利润）的主要竞争对手。与此同时，社群成员即使在参与社群活动的过程中无法获得金钱上的回报，也仍然能够从中获得许多好处。这类似于私人的集体创新模式（von Hippel and von Krogh，2003），即品牌开发的过程和品牌的意义都有可能被视为私有财产，这是在集体开发的过程中所产生的私有财产——在我们的案例中指的就是社群品牌。参与社群品牌活动的社群成员，可能会从中获得极大的享受感，而且，参与社群品牌活动还有助于增加他们的个人声誉和求职机会，并使他们的归属感和集体认同感获得提升，这是所有未参与社群活动的成员所无法获得的好处。此外，为社群做出贡献的社群成员和非社群成员，都可以从社群品牌集体共享的过程中获益，这主要体现在以下两个方面：第一，用户创建品牌的成本较低，而使用商业品牌往往需要支付较高的价格；第二，他们可能会受益于这些社群品牌——更能满足自己的需求。

上述第二点考虑到，当用户为他们自己创建品牌时，这些用户和用户社群可以创建出恰好符合其身份和社群需求的品牌。在这个过程中，社群成员参与社群活动的激情（例如，在阿帕奇案例中，编写程序的激情）是非常重要的。由这些活动而产生的与品牌相关的想法，从本质上讲都具有非常高的可靠性（Füller and von Hippel，2008）。

生产者在了解到这一情况后，就会试图将他们希望销售的产品与用户和社群联系起来。通常而言，这无法实现产品与用户和社群的完美结合。在这种情况下，品牌的真实性和产品对消费者而言的实用性，也必然无法获得保证。Holt（2002）认为，消费者一直都知道，公司所做的每一个决定都是有利可图的。

然而，当用户自主品牌和商业品牌的品牌意义能够产生协同效应时，它们也有可能会创建联合品牌。例如，ODS 社群为了制造和销售自己的社群帐篷，与帐篷制造商韦克塞尔进行合作。之所以与韦克塞尔公司合作，是因为 ODS 社群想要寻找到一个在制造和分销方面都具有较强能力的合作伙伴。在这种情况下，相对于每一个独立的品牌而言，具有协同效应的联合品牌可能会具有更高的价值（Füller and von Hippel，2008）。

对品牌管理和未来研究的展望

作为用户自主开发的产物，品牌一直是人们谈论的对象，它与用户自主创新的成果以及其他相关方面息息相关。因此，人们对于用户和生产者共同创造价值方面的讨论，也会因为这一主题的存在而持续进行（Grönroos，2006；Jaworski and Kohli，2006；Vargo and Lusch，2004）。消费者不依赖也不等待公司为他们提供共同创造价值的机会，因为他们可以独立地创造价值（例如，品牌）。人们在这方面的研究同样也与品牌社群的研究密切相关（Muniz and O'Guinn，2001；Muniz and Schau，2007）。在品牌社群中，品牌先于社群存在：人们是因为品牌而聚集起来，进而形成社群的。然而，对于用户自主创建的品牌而言，社群先于品牌存在，并且品牌是从社群成员间的互动中发展出来的。但是，品牌社群对品牌进行塑造的流程，可能会与用户自主创建品牌的流程非常相似。

在本文中，用户自主品牌被定义为：一组协同工作的用户，通过其共同开发出来的内容而创建的品牌。未来的研究人员可能会在研究过程中对此定义进行重新审视和改进。例如，用户自主品牌是否也可以由个人用户创建？也许不可以，因为一个人可以有意或无意地通过开发关键的内容使一个品牌变得强大，但是他却无法凭借一己之力使这个品牌一直强大下去。除非它创造了"一定程度的意识、声誉和在市场上的显著地位"，否则，品牌就不能称其为品牌。例如，"奥普拉"（Oprah）这个强大的品牌是由演员"奥普拉"个人创建的，但是，没有奥普拉粉丝俱乐部的无成本活动和赞助商赞助的商业活动，"奥普拉"永远无法成为一个强大的品牌。

此外，社群品牌在什么情况下会具有强大的力量？它们将产生何种影响？对这两个问题的探索，可能会引起许多人的兴趣。在一些市场中，一个或少数几个社群品牌会拥有主导地位。在这类市场中，社群品牌的力量非常强大，因此，社群的产品可以非常容易地被推广到市场之中。正如现如今的数字商品市场，维基百科和 Linux 社群品牌占有相当大的市场份额。当然，并不只是在数字商品方面，其他许多领域都存在着这种情况。在理论上，品牌一般被视作一种稀缺的资源——虽然开发成本高昂，但是，一旦被开发出来，开发者就有可能从中获得极大的利润。然而，在创新和设计领域，人们却将品牌视为普遍存在的事物，它不再是理论中的稀缺资源。因为，许多用户为了实现自己的目的而以低成本进行开发创新，那么在这种情况下，创新并不稀缺——市场上存在着大量的创新（von Hippel，2005）。而且，鉴于用户社群自主开发品牌的低成本，用户在思想上的任何转变都可以很容易地使品牌也产生相应的变化。此外，人们通过互联网可以实现低成本交流，这会使得用户持续创建或推广品牌的成本变得更低，并且，还会使用户自主品牌变得比商业品牌更强大。现如今，用户自主开发的内容，可以以低成本获得持续并且大范围的推广（Hautz et al.，2014）。

用户自主品牌对于公司品牌的管理有何意义？对这一问题的探索也颇

为重要。正如 Cova 和 Cova（2002）所注意到的，品牌经理的作用也正在发生着变化——从最初的完成品牌的创建到现如今的促进消费者互动。营销人员的营销重点可能也会发生改变，从最初的通过广告开发并传播内容，到现如今的，以提供平台的方式对粉丝组织的活动提供支持，或者为普通消费者创作的内容提供推广平台。营销人员可能会越来越多地成为一个网络整合者（Achrol and Kotler，1999）、促进者和"构建者"（Payne et al.，2008），他们有责任建立和管理其共同创造的网络，为参与者提供吸引人的网络体验和高价值。例如，Kozinets 等（2010）介绍的针对口碑建立起来的网络合作生产模型，在这个模型中品牌经理也许能够利用用户自主品牌的力量获得利润。现如今，社群品牌对现有公司已经构成了威胁，所以，这些公司需要发展新的商机（Thompson et al.，2006）。诸如，"无线 T 恤"（Threadless）、"阔克"（Quirky）、"斯普莱舍"（Spreadshirt）和"洛克汽车"（Local Motors）等公司，已经为有创意的社群品牌提供了共赢互惠的服务。它们为社群开发的产品和贴牌的产品都提供了完善的专业服务。对于社群品牌而言，与这些提供完善服务的公司进行合作是非常有趣的，它们可以借此获得额外的技术知识和技能，并对这些公司的生产设施和分销渠道进行了解。对于制造商品牌而言，最吸引它们的是，合理利用社群品牌的资源（例如，社群品牌所富含的知识、创意、品牌意义和购买力）的方法。此外，为社群品牌的产品提供免费的商业服务，可能是另一个日益增长的商机。例如，红帽公司（Red Hat）和 IBM 公司为 Linux 开源软件开发了大量的业务（这两家公司的相关产品也因此而大卖）。人们对未来社群品牌的发展问题会倾注更多的关注，例如，未来社群品牌随着时间的推移会如何演变，以及围绕着社群品牌将开发出哪些业务？

参考文献

Ailawadi, K. L., D. R. Lehmann, and S. A. Neslin. 2003. Revenue premium as an outcome measure of brand equity. *Journal of Marketing* 67 (4): 1–17.

Aaker, J. 1997. Dimensions of brand personality. *JMR, Journal of Marketing Research* 34 (3): 347–356.

Achrol, R. S., and P. Kotler. 1999. Marketing in the network economy. *Journal of Marketing* 63 (Special Issue): 146–163.

Apache. 2009. *The Apache Software Foundation Board of Directors Meeting Minutes*. Forest Hill, MD: Apache Software Foundation.

Apache. 2010. *Incubator Branding Guide*. Forest Hill, MD: Apache Software Foundation.

Arsel, Z., and C. Thompson. 2004. The Starbucks brandscape and consumers' (anticorporate) experiences of globalization. *Journal of Consumer Research* 31.

Cova, B., and V. Cova. 2002. Tribal marketing. *European Journal of Marketing* 36 (5/6): 595–620.

Cova, B., and S. Pace. 2006. Brand community of convenience products: New forms of customer empowerment—The case "my Nutella the Community." *European Journal of Marketing* 40 (9/10): 1087–1105.

Cova, B., and T. White. 2011. Counter-brand and alter-brand communities: The impact of web 2.0 on tribal marketing approaches. *Journal of Marketing Management* 26 (3/4): 256–270.

Colyer, E. 2005. That's rich: Redefining luxury brands. *brandchannel.com*, June 13.

Cresswell, J. W. 1998. *Qualitative Inquiry and Research Design: Choosing among Five Traditions*. Thousand Oaks, CA: Sage.

Denzin, N., and Y. Lincoln. 1994. Introduction: Entering the field of qualitative research. In *Handbook of Qualitative Research*, ed. Y. Lincoln and N. Denzin. Thousand Oaks, CA: Sage.

Fournier, S. 1998. Consumers and their brands: Developing relationship theory in consumer research. *Journal of Consumer Research* 24 (4): 343–353.

Füller, J., M. K. Lüdicke, and G. Jawecki. 2007. How brands enchant: Insights from observing community driven brand ceation. In *Annual North American Conference*, ed. Association for Consumer Research. Memphis: ACR.

Füller, J., and E. von Hippel. 2008. Costless creation of strong brands by user communities: Implications for producer-owned brands. Research paper 4718–08. Sloan School of Management, MIT. *http://ssrn.com/abstract=1756941*.

Füller, J., R. Schroll, and E. von Hippel. 2013. User generated brands and their contribution to the diffusion of user innovations. *Research Policy* 42 (6–7): 1197–1209.

Goulding, Christina. 2002. *Grounded Theory: A Practical Guide for Management, Business and Market Researchers*. London: Sage.

Grönroos, C. 2006. Adopting a service logic for marketing. *Marketing Theory* 6 (3): 317–333.

Hautz, J., J. Füller, K. Hutter, and C. Thürridl. 2014. Let users generate your video ads? The impact of video source and quality on consumers' perceptions and intended behaviors. *Journal of Interactive Marketing* 28 (1): 1–15.

Hirschman, A. O. 1970. *Exit, Voice, and Loyalty: Responses to Decline in Firms, Organizations, and States*. Cambridge: Harvard University Press.

Holt, D. 2002. Why do brands cause trouble? A dialectical theory of consumer culture and branding. *Journal of Consumer Research* 29 (1): 70–90.

Jaworski, B., and A. K. Kohli. 2006. Co-creating the voice of the customer. In *The Service-Dominant Logic of Marketing: Dialog, Debate, and Directions*, ed. R. F. Lusch and S. L. Vargo, 109–17. Armonk, NY: Sharpe.

Kates, Steven. 2004. The dynamics of brand legitimacy: An interpretive study of gay men's community. *Journal of Consumer Research* 31 (2): 455–464.

Keller, K. L. 1993. Conceptualizing, measuring, and managing customer-based brand equity. *Journal of Marketing* 57 (1): 1–22.

Keller, K. L. 2008. *Strategic Brand Management: Building, Measuring, and Managing Brand Equity*, 3rd ed. Upper Saddle River, NJ: Pearson Education.

Kirmani, A., S. Sood, and S. Bridges. 1999. The ownership effect in consumer responses to brand line stretches. *Journal of Marketing* 63 (1): 88–101.

Klein, N. 2000. *No Logo: Taking Aim at the Brand Bullies*. Toronto: Vintage Canada.

Kozinets, Robert V. 2002. Can consumers escape from the market? Emancipatory illuminations from *Burning Man. Journal of Consumer Research* 29 (1): 20–38.

Kozinets, R., J. F. Sherry, Jr., D. Storm, A. Duhachek, K. Nuttavuthisit, and B. DeBerry-Spence. 2004. Ludic Agency and retail spectacle. *Journal of Consumer Research* 31 (3): 658–672.

Kozinets, R. V., K. De Valck, A. C. Wojnicki, and S. J. S. Wilner. 2010. Networked narratives: Understanding word-of-mouth marketing in online communities. *Journal of Marketing* 74 (2): 71–89.

Lee, M. S. W., J. Motion, and D. Conroy. 2009. Anti-consumption and brand avoidance. *Journal of Business Research* 62 (2): 169–180.

Low, G., and R. Fullerton. 1994. Brands, brand management, and the brand manager system: A critical-historical evaluation. *Journal of Marketing Research* 31 (2, special issue): 173–190.

Mathwick, C., C. Wiertz, and K. de Ruyter. 2008. Social capital production in a virtual P3 community. *Journal of Consumer Research* 34 (6): 832–849.

Maxwell, Joseph A. 2005. *Qualitative Research Design: An Interactive Approach*. Thousand Oaks, CA: Sage.

Muniz, A., and T. O'Guinn. 2001. Brand community. *Journal of Consumer Research* 27 (4): 412–432.

Muniz, A. M. J., and H. J. Schau. 2005. Religiosity in the abandoned Apple Newton brand community. *Journal of Consumer Research* 31 (4): 737–747.

Muniz, A. M., and H. J. Schau. 2007. Vigilante marketing and consumer-created communications. *Journal of Advertising* 36 (3): 35–50.

Ogilvy, D. 1983. *Ogilvy on Advertising*. New York: Crown Publishers.

Oliveira, P., and E. von Hippel. 2011. Users as service innovators: The case of banking services. *Research Policy* 40 (6): 806–818.

Payne, A. F., K. Storbacka, and P. Frow. 2008. Managing the co-creation of value. *Journal of the Academy of Marketing Science* 36 (1): 83–96.

Pitt, L., R. Watson, P. Berthon, D. Wynn, and G. Zinkhan. 2006. The penguin's window: Corporate brands from an open-source perspective. *Journal of the Academy of Marketing Science* 34 (2): 115–127.

Prahalad, C., and V. Ramaswamy. 2000. Co-opting customer competence. *Harvard Business Review* 78 (1): 79–90.

Schau, H. J., A. M. Muniz, and E. J. Arnould. 2009. How brand community practices creates value. *Journal of Marketing* 73 (5): 30–51.

Sethuraman, R., and C. Cole. 1999. Factors influencing the price premiums that consumers pay for national brands over store brands. *Journal of Product and Brand Management* 8 (4): 340–351.

Stern, B. 2006. What does *brand* mean? Historical-analysis method and construct definition. *Journal of the Academy of Marketing Science* 34 (2): 216–223.

Thompson, C. J., A. Rindfleisch, and Z. Arsel. 2006. Emotional branding and the strategic value of the doppelgänger brand image. *Journal of Marketing* 70 (1): 50–64.

Vargo, S., and R. Lusch. 2004. Evolving to a new dominant logic for marketing. *Journal of Marketing* 68 (1): 1–17.

von Hippel, E. 2005. *Democratizing Innovation*. Cambridge: MIT Press.

von Hippel, E., and G. von Krogh. 2003. Open source software and the "private-collective" innovation model: Issues for organization science. *Organization Science* 14 (2): 209–223.

Wipperfürth, A. 2005. *Brand Hijack: Marketing without Marketing*. New York: Portfolio.

第 5 部分
公司与用户的相互作用

第 15 章 用户制造者面对的竞争环境：
是否将创新成果出售给竞争对手

乔基姆·亨克尔、安妮卡·施蒂格勒、乔恩·H. 布洛克

原则上，一位成功的用户创新者可以通过制造和销售自己的创新成果获益。然而，埃里克·冯·希佩尔（1998）在其具有开创性意义的研究中指出，用户创新者在完成从"用户"到"制造者"的角色转换时，常常会遇到许多不同的困难。相比于"用户"这一角色，"制造者"显然需要拥有更多不同的技巧和资源。在这两种角色之间完成转换，往往需要承担较高的转换成本，而这正是用户创新者在想要成为"制造者"时不得不面对的困难。在现实环境下，用户创新者往往会意识到，选择将自己的创新成果免费提供给市场中成熟的制造商，并由后者完成将创新成果商品化的过程，也可以使自己从中获益（Harhoff et al.，2003）。埃里克·冯·希佩尔及其同事还发现，用户创新这一形式已经发展到无处不在，其数量更是十分巨大（De Jong and von Hippel，2009；von Hippel et al.，2010）。因此，虽然用户创新者在完成从"用户"到"制造者"的角色转换时会遇到不小的困难，但是由于基数巨大，所以最终完成这一转换的人或公司也不在少数。

最近的一些文献对用户创新者在何种情况下能够完成从"用户"到"制造者"的角色转换这一问题进行了研究（Baldwin et al.，2006；Haefliger et al.，2010；Hienerth，2006；Shah and Tripsas，2007）。Shah 和 Tripsas（2007）将这一过程称为"用户创业"（user entrepreneurship）。对于青少年产品行业（Shah and Tripsas，2007）和漂流极限运动产品行业

（Baldwin et al.，2006）的案例分析表明，当用户创新者更喜好利用自己的创新成果生产产品时，或者当这样做的机会成本很低时，他们更倾向于完成"用户创业"。此外，产业结构和市场波动情况也会对他们的决策产生关键影响：研究表明，规模较小的、受众较少的市场，以及波动较为剧烈的市场，更容易出现"用户创业"行为。以电子游戏行业的几个案例研究为基础，Haefliger 等人（2010）指出，"用户创业"过程可以被分为两个阶段。在第一个阶段中，用户创新者通过对在位企业的观察，找出研究方向并完成创新，与此同时，获得相关的行业经验并吸引第一批客户；在第二个阶段中，用户创新者则会正式开始创新成果的商业化。

不仅仅是终端用户（end users），商业用户（commercial users）也有可能转型成为创新成果的"制造者"或者"销售者"。特别有趣的一种情况是，用户创新者在成为"制造者"后，仍然会继续扮演"用户"的角色，他们之所以选择保留"用户"属性，原因在于，在这种情况下，这些"用户制造创新者"（user-manufacturer innovator）可以同时从两个业务部门（用户业务部门、制造业务部门）中持续获得与创新相关的好处（Block et al.，2010）。通过对来自茶叶包装行业、基础设施建设行业和采矿业的几个案例进行深入研究，Block 等人（2010）从生成条件、流程、环境因素、组织结构挑战、结果这几方面入手，描述了在何种情况下，用户创新者会通过纵向一体化成为用户制造创新者。通过纵向多元化（vertical diversification），用户制造创新者（不再仅仅满足于构建供内部使用的机器）开拓了新的收入点，并在市场普遍存在的市场周期性中保持自身的稳定（两个业务部门可能存在非同步的周期性），这样一来，便可以减少对单一客户群体和特定行业的市场行情的过度依赖。此外，拥有用户部门的企业[1]还可以从外部消费者的反馈中获得有价值的信息，从而提高创新成果的质量和市场吸引力。

---

[1]　此处须说明一下，在作者的行文中，"用户""制造者""用户制造创新者"等概念并不一定局限于字面上的含义——仅指某个人，也可指代某个公司，如扮演"制造者"角色的公司，即可理解为制造商。——译者注

用户制造创新者（企业）将纵向多元化展现得淋漓尽致，（和大多数纵向多元化的例子一样）其上游业务部门向下游业务部门提供创新工具而不是投资，而下游业务部门在完成创新后，又可以将创新成果提供给上游业务部门，使之可以获得持续的益处，最终，纵向多元化的企业便可以从这个创新闭环中获得整体上的提升。与将创新成果的制造外包给纯粹的制造商相比，这一模式可以使用户制造创新者更加专注于提升创新成果的功能性。要想更加深入地了解这一纵向多元化的模式，我们必须阅读更多与之相关的学术文献。

一家企业要想扮演用户制造创新者的角色，毫无疑问，必须面对企业管理上的挑战（Block et al.，2010）。此时，这家企业必须承担起与创新相关的众多职能。如此一来，同时隶属于企业的用户业务部门与制造业务部门必然产生利益冲突，化解这一冲突则是每一个用户制造创新者不得不面对的问题。具体来说，当企业的制造业务部门将重要的创新成果出售给竞争对手时，对于企业的用户业务部门来说，不但面对的竞争会加剧，而且自己原本拥有的竞争优势也会一并消失。这也许会引发企业内部的对抗，在最坏的情况下，甚至可能导致创新陷入停滞，尽管用户制造创新者作为一个整体，可以从纵向多元化中获益。因此，用户创新者在考虑是否要进入创新成果的制造和销售环节时，必须好好思考以下这个至关重要的问题：在什么条件下，纵向多元化给企业旗下制造部门带来的好处，能够弥补将先进的创新工具出售给竞争对手给企业旗下用户业务部门带来的损失？

本文致力于解答这个问题。对于我们研究的公司来说，将创新成果出售给谁，以及是否出售某个创新成果，对公司都是至关重要的，关系到它是否可以充分发挥自己的（通过率先实现创新而获得的）竞争优势。通过在市场上销售创新成果来使用户创新商业化，将为该公司的制造业务部门创造额外的收入，但也会加剧公司的用户业务部门所面对的竞争。然而，这类竞争终究还是会出现，原因在于，即使该公司不在市场中出售自己的创新成果，其他公司也可能会自主完成创新。我们在这里关注的是如何找到制造业务部门与用户业务部门的利益平衡点。

为了找到答案，我们将分别分析两个来自茶叶包装行业、基础设施建设行业的案例。正如预期的那样，案例涉及的两家公司都通过销售自己的用户创新成果而获得了收入，同时还得到了诸如用户反馈这类间接好处（Block et al.，2010）。通过有选择地出售创新成果，以及避免将其出售给直接竞争对手，其中一家公司有效地降低了自己的用户业务部门所承受的竞争压力。有趣的是，我们发现，该公司的这一决策对其制造业务部门的市场结构产生了长期影响，与此同时，对两个业务部门也都产生了间接影响。

根据从案例分析中获得的知识，我们构建了一个博弈论模型，以此来模拟一个出售了创新成果的用户制造创新者需要面对的竞争环境。结果显示，考虑处于产业链下游的部门所面对的竞争的激烈程度，其竞争对手通过运用创新产品而增加的利润，以及仿制该创新产品所付出的成本这几方面因素的差异，用户创新制造者可能发现自己正在面对四种不同情况中的一种。在最有趣的情况下，竞争会很激烈，而与为其他用户（竞争对手）创造的价值相比，仿制创新成果的成本很低。因此，在这种情况下，通过出售创新成果，该公司可以改善其处境，尽管与不出售创新成果相比，这样做会导致自身利润下降。乍一听上去，这一说法似乎有悖常理，但其背后的逻辑是：出售创新成果的行为，帮助该公司抢占了创新产品的制造市场，抑制了其他制造商进入市场，而这意味着该公司的用户业务部门损失了一部分竞争优势，而该公司却没有取得足够的收入来弥补这一损失，因此，该公司的利润下降了。

本文余下部分的内容将按以下方式展开：15.1节，将分别介绍来自茶叶包装行业和基础设施建设行业的两个案例，其中涉及的两家公司都出售了自己开发的创新成果。从这两个案例中获得的知识，会帮助我们建立一个博弈论模型，以此分析用户创新者在选择是否转型为用户制造创新者时，会做出怎样的决策。在结论中，我们要讨论我们的发现会对未来的实践和研究活动产生怎样的影响。

15.1 案例分析

在某些情况下，一家用户创新型企业会选择进入创新成果的制造环节，并且将自己的创新成果出售给那些会与自己旗下的用户业务部门展开竞争的对手，用户创新型企业在做出这类选择时，会受到许多因素的影响。为了深入探寻这些影响因素，我们对来自两个截然不同的行业——茶叶包装行业与基础设施建设行业——的案例进行了定性分析。我们对研究对象的选择经历了一个循序渐进的过程。通过与几位对基础设施建设行业有专门研究的专家进行深入的交流〔实际上，最初，正是在与专家的交流中，我们第一次发现了市场中存在用户制造创新者（Block et al.，2010）〕，我们设计了一个包含众多子行业的列表，从该列表列出的这些子行业中，我们均可以观察到用户制造创新者的活动。这些子行业包括建筑、能源、矿产、消费品包装等领域，它们各有各的特点。在搜索了行业内企业注册表、行业协会成员名单以及咨询了几位行业专家之后，我们最终得到了一份潜在研究对象公司名单。从这份名单中，我们挑选出了狄凯恩集团（Teekanne Group）和乌瓦建筑有限公司（Wüwa Bau GmbH & Co. KG）作为研究对象，进行案例分析。

运用多来源数据进行案例分析具有以下优点：我们可以通过它精准定位从研究中得到的信息，并且对研究对象做出的商业决策进行更加深入的理解（Yin，2003）。表 15 - 1 对我们针对两家公司领导层成员的访谈情况进行了总结，我们则对访谈结果进行了完整的记录和事后整理。正是以这些记录为基础，我们进行了进一步的分析。除了访谈之外，我们还收集并研究了几种类型的档案数据，如年报、公司杂志（Max Bögl Bauservice GmbH，2001）、专利数据和有关公司历史的书籍（Teekanne GmbH，2007）。通过将访谈结果和档案数据结合起来，我们实现了调查数据的多元化（Yin，2003）。这样一来，我们就可以通过档案资料来验证和扩充访谈的结果。比如，利用公司的专利数据，我们可以验证和分析公司内部的用户业务部门和制造业务部门的创新活动。又比如，利用公司年报中的数据，我们可以从盈利水平的角度出发，评估进行创新成果商业化对公司经济层面的重要意义。

表 15 - 1　　　　　　　　　　　　案例访谈情况

案例	被采访者	职位	采访日期	采访时长
乌瓦建筑有限公司	汉斯·洛瑟（Hans Loser）	公司管理委员会成员	2010 年 11 月	1 小时 30 分钟
狄凯恩集团	斯蒂芬·兰贝茨（Stefan Lambertz）博士	公司管理委员会成员	2011 年 2 月	55 分钟
	威廉·罗瑞（Wilhelm Lohrey）	公司技术总监（已退休）	2011 年 2 月；2011 年 3 月	50 分钟；30 分钟

15.1.1　狄凯恩集团

我们的第一个研究对象是狄凯恩集团，这是一家 1882 年创建于德国德累斯顿的家族企业。这家公司靠茶叶包装生意起家，从 20 世纪 20 年代起，它便开始自己开发和制造茶叶包装机（Teekanne GmbH，2007）。今天，狄凯恩集团拥有几家子公司，其中最为重要的就是经营茶叶包装生意的子公司（用户业务部门）以及开发和制造茶叶包装机的子公司（制造业务部门）。目前，该公司拥有 200 余名员工，年销售额约 4 亿欧元。

通过申请专利，狄凯恩集团对旗下的两项主要用户创新成果——双室茶包和康斯坦包装机——进行了有效保护，使其竞争对手无法对它们进行模仿。在 1968 年以前，狄凯恩集团始终是茶叶包装机制造领域的主导者。它制造的机器被销往世界各地，但该公司始终坚持一个原则——不向其在茶叶包装生意领域内的直接竞争对手出售自己制造的茶叶包装机。[①] 即便在针对机器的专利保护到期之后，狄凯恩集团仍然坚持这一原则。如今，该公司会将茶叶包装机卖给德国其他的茶叶包装公司，但是，会对这些公司提出一个要求——只能在加工销往德国国外的产品时使用这些机器。此外，该集团还有一条准则，即从不向奥斯费塞舍·提戈塞舍福特公司（Os-

---

① 这种对于销售的限制可能会招致竞争管理当局的调查，因为它可能被判定为反竞争行为，然而，此处涉及的法律问题并不在本文内容的讨论范围之内。

tfriesische Teegesellschaft）——它在德国的主要竞争对手——出售茶叶包
装机。

几十年来，狄凯恩集团始终坚守以上原则，但是，威廉·罗瑞（Wil-
helm Lohrey）——狄凯恩集团制造业务部门的前技术总监——指出，这一
策略有可能已经不再符合公司的最大利益：

> 双室茶包的专利保护在 1968 年便已失效，而在专利存续期内，公
> 司始终没有向德国国内的其他茶叶包装公司出售自己制造的茶叶包装
> 机。因此，在茶叶包装机的制造领域，公司（制造业务部门）的竞争
> 对手们得到了发展机会。当专利权失效后，许多其他公司进入了市场，
> 开始生产自己的双室茶包，制造自己的茶叶包装机。其中有两家发展
> 不错，至今仍然在运营。[①]

在狄凯恩集团的创新成果的专利保护失效后，许多机器制造商开始仿
制该公司生产的茶叶包装机，对此，威廉·罗瑞有如下评述：

> 因此，它们（其他制造商）成功仿制了我们的茶叶包装机。有些
> 制造商曾向我坦诚它们的行为。它们制造的机器的一些组件甚至可
> 以直接被安装到我们的康斯坦包装机上，因为二者实在是太相
> 似了。

今天，在茶叶包装机的制造方面，狄凯恩集团最大的两个竞争对手均
来自意大利。这两家公司均专门经营茶叶包装机的制造生意，而其中至少
有一家在 1968 年双室茶包的专利保护失效前，就已经开始确立自己在这个
领域的地位。得益于狄凯恩集团不向德国境内的直接竞争对手出售茶叶包
装机的策略，在专利保护失效后，这些无法从狄凯恩集团购得机器的德国
茶叶包装公司成了意大利制造商的第一批客户。

15.1.2 乌瓦建筑有限公司

我们的第二个案例来自乌瓦建筑有限公司（以下简称乌瓦公司），几位
基础建设工程公司的前雇员于 1984 年创建了这个家族企业。今天，乌瓦公

[①] 所有直接引用的内容均由作者从德文翻译为英文。

司在基础设施隧道工程①、顶管机（pipe-jacking machines）制造②和其他建筑设备③制造领域，均表现出色。2000 年，该公司成了由德国最大的家族式建筑公司麦克斯·布格公司（Max Bögl）100％控股的子公司（Max Bögl Bauservice GmbH，2001）。2008 年，乌瓦公司创造了 1 530 万欧元的收入，雇员规模为 67 人。

在 20 世纪 80 年代，利用顶管机挖掘隧道的施工方式——不同于传统的开挖施工方式——还处在起步阶段，市场中还没有出现专业的顶管机制造商。作为一家专营基础设施隧道工程业务的公司，乌瓦公司很早就认识到了开发和制造顶管机的迫切需求（Max Bögl Bauservice GmbH，2001）。在之后的几年中，一家新成立的名为海瑞克（Herrenknecht）④ 的公司进入了这一市场，开始制造并销售顶管机和其他钻井设备。然而，乌瓦公司发现，购买这些设备的成本过高，以至于会影响到自己与其他建筑公司的竞争，所以，它仍然坚持自己开发和制造挖掘设备。

在 2000 年前后，乌瓦公司决定不再仅仅在内部使用自己开发和制造的挖掘设备，而是开始在市场中出售这些设备，之所以做出这样的决定，主要是考虑到经济因素。第一，在那一时期，市场中活跃的制造商只有一家，因此，乌瓦公司的决策层认为，市场中存在充足的需求，足以支撑起第二家制造商的进入。第二，相较于利润率很低的基础建设工程生意，出售挖掘设备的利润率较高。第三，实际上，乌瓦公司当时已经开始向其他建筑公司出售自己制造的工程和挖掘设备，虽然这类销售行为还不成规模，并且缺乏有效策略。公司做出的这一决策，直接导致了旗下专门的制造部门（制造业务部门）的成立，之后，为了开展销售挖掘设备的业务，公司又专门招募了一批销售人员。

---

① 基础设施隧道是比常见的交通隧道更小型的隧道，用于布设基础设施，如供水和供电设施。

② 此处所说的顶管机，指用于挖掘基础设施隧道的机械设备。

③ 其他建筑设备指挖掘设备，如钻头。

④ 目前，海瑞克公司是制造机械化隧道钻机和设备的龙头企业之一。该公司约有 3 200 名员工，2010 年的销售额为 9.35 亿欧元，公司总部位于德国西南部。

乌瓦公司做出的这一决策催生了一种新情况：向其他建筑公司出售自己制造的挖掘设备，使得这些公司也可以提供与乌瓦公司一样的工程质量，因此，乌瓦公司旗下的工程部门（用户业务部门）不得不面对更为激烈的竞争。然而，需要注意的一点是，当时已经有其他制造商开始出售与乌瓦公司相似的挖掘设备。汉斯·洛瑟——乌瓦公司管理委员会的成员——对此有如下评述：

> 当然，我们的确很担心这样的策略（向其他建筑公司出售自己制造的挖掘设备）会增强竞争对手的实力，但是，我们也知道，这些公司即便不从我们这里购买设备，也会从海瑞克公司购买。

正如我们了解到的那样，在挖掘设备市场中，乌瓦公司制造的设备从来都不是唯一的选择。因此，从这一点出发，虽然出售挖掘设备的策略会加剧公司工程部门面对的竞争压力，但是，该策略也的确为制造部门带来了一些原本会流向其他制造商的收益。换个角度想一下，即使乌瓦公司在工程竞标中失利，那些获得工程合同的公司也可能会从乌瓦公司购买或租借挖掘设备，从而为该公司带来收益。汉斯·洛瑟表示：

> 也许我们无法在工程竞标中胜出，但至少可以卖出设备。

15.1.3　从两个案例中获得的信息

以上两个案例向我们展示了，哪些因素和机制会影响企业将创新成果商业化的决策，即从用户创新者转型为用户制造创新者。狄凯恩集团选择将自己制造的茶叶包装机只出售给那些与自己不存在直接竞争关系的企业；乌瓦公司则没有这样的限制，它将自己的创新成果（挖掘设备）放在市场中出售给所有买家。结果，狄凯恩集团采取的选择性销售策略，降低了茶叶包装机制造市场的进入壁垒，使一些制造商更加容易地进入了该市场，将那些与狄凯恩集团经营茶叶包装生意的子公司（用户业务部门）存在直接竞争关系的企业作为客户，并与狄凯恩集团制造茶叶包装机的子公司（制造业务部门）展开了竞争。具有讽刺意味的是，当专利保护失效后，如果制造茶叶包装机的子公司放弃选择性销售策略，那么经营茶叶包装生意的子公司也不得不开始面对强有力的竞争。但是，此时，狄凯恩集团（制造业务部门）创造的额外收入可以弥补（用户业务部门）在激烈竞争中的损失。与之相反，乌瓦公司一开始就意识到，自己不是市场中唯一出售挖掘设备的制造商，客户可以选择从其他制造商那里购买设备，所以，它没有采取选择性销售策略。

综上所述，我们找到了会对用户创新者转型为用户制造创新者的决策产生影响的三种因素：（1）制造业务部门的竞争者和潜在竞争者会仿制创新产品，从而产生一种用户制造创新者必须承担的成本；（2）仿制行为会影响到创新产品所能创造的价值；（3）制造业务还会影响到用户业务部门面对的竞争的强度和性质。以这三种因素为基础，下文将构建一个模型对这一问题进行分析。

15.2　用户创新者商业化决策的模型分析

15.2.1　建立模型

根据从以上两个案例中获得的信息，我们构建了一个简单的博弈论模型，从而对用户创新者是否会选择对自己的创新成果进行商业化这一问题进行分析。在模型中，我们假设存在两个行业——制造行业与用户行业。一般情况下，制造行业的公司制造产品（机器），并将之销售给用户行业的公司。我们删去了一些不必要的变量，并将固定成本设定为 0，这样的设置并不影响模型的广泛适用性。用户行业的公司是一个成功的用户创新者，它凭借领先的技术开发了一台机器，其效率远高于同行业竞争对手所使用的机器，这家公司自行制造了这种机器，供自己使用。有了这种机器，生产成本下降，产品质量提高，因此，这家公司获得了比竞争对手更多的利润。我们称这家公司为用户制造者（user-manufacturer，UM），与此同时，市场中还存在另一个专业制造者（M）[①]。我们假设，在这场博弈

---

① 此处的专业制造者，指的是那些只单纯参与机器制造（进入制造行业），却不参与利用机器生产产品（不进入用户行业）的公司。——译者注

中，信息完全，即所有局中人都知道，当对方提早采取行动时，会出现怎样的情况。

在博弈模型的第一阶段，用户制造者需要做出决策——是否向用户行业的竞争对手（公司）出售自己开发的机器。我们假设，用户制造者要么选择向所有公司无差别地出售机器，要么选择根本不出售机器。我们用 π 来表示博弈方的得益，其上角标的两组字母用以分别表示用户制造者的用户业务部门（the user manufacturer's user unit，UMU）以及与之存在竞争关系的竞争对手（公司）（competing users，CU）；下角标同样分为两种，*excl* 用以表示用户制造者垄断先进的机器（不出售机器），*all* 用以表示行业中的其他公司也拥有具有同等技术水平的机器。从 π 的数值上，我们无法看出开发机器时所进行的投资（如果当初花费了这种成本的话），因此，在计算用户制造者的最终得益时，需要先减去这类成本。在第二阶段，专业制造者（M）需要做出决策——是否花费成本 F 来仿制用户制造者的机器。图 15－1 为读者展示了该博弈模型的情况。

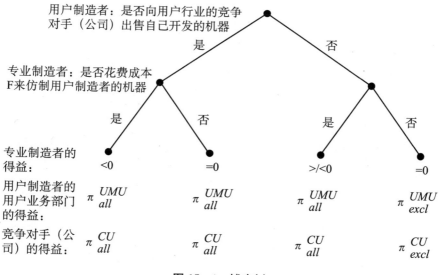

图 15－1　博弈树

如果所有竞争对手（公司）都可以购得机器，那么用户制造者的用户业务部门将面对很大的竞争压力，其利润将下降〔只有在完全分离市场（entirely separate markets）的极端情况下，其利润才不会受到影响，因为此时，其他公司实际上都并未参与竞争]。而竞争对手（公司）在获得机器后，有效降低了生产成本，提高了销售收入，所以，利润会上升。因此，存在以下关系：

$$\pi_{all}^{UMU} \leqslant \pi_{excl}^{UMU}, \quad \pi_{all}^{CU} > \pi_{excl}^{CU} \tag{1}$$

从整体上看，用户行业的总体利润有可能上升，也有可能下降。为了理解这一点，让我们一起来思考两种极端情况。在第一种极端情况下，市场是完全分离的，如果市场上的所有公司都可以获得机器，那么用户制造者的用户业务部门和竞争对手（公司）的总体利润将是上升的。在第二种极端情况下，用户制造者不愿意在市场上出售自己的机器，希望可以借此享受产品的垄断利润，然而，即便如此，竞争对手（公司）也可能从市场上的专业制造者那里买到具有同等技术水平的机器，如果这一情况真的发生了，用户制造者将无法享受垄断利润，且其产品售价还会滑向边际成本的水平，此时，从整个用户行业的角度出发，总体利润还是存在上升的可能性的。真实发生的情况会介于以上两种极端情况之间，取决于市场的特点、市场的差异化程度以及市场的细分程度。此外，我们还做出了一个假设：如果用户制造者和专业制造者都进入了机器制造市场，此时，专业制造者将无法收回为仿制用户制造者的机器所付出的成本（其原因可能在于，占有的市场份额不足，或者边际利润过低），那么进入该市场的决策对于专业制造者来说将不再具有吸引力（图15-1所示博弈树左下节点所描述的情况）。我们之所以做出这一假设，是为了让该模型尽量保持简单。①

15.2.2 分析

如果用户制造者选择向用户市场中的其他竞争对手（公司）出售自己制造的机器，那么它将继续保持唯一的机器制造商的地位；与之相反，如果它决定不向其他竞争对手（公司）出售自己制造的机器，那么对于那些

---

① 在真实环境下，市场中可能只存在两家制造商（其中之一即为用户制造者）。此时，用户制造者考虑问题的模式与我们建立的简化模型所展示的相似，即它进入机器制造市场的行为将产生进入壁垒，限制另一家制造商的进入。

潜在的专业制造者来说，选择进入制造市场将具有很大的吸引力。此时，如果专业制造者进入市场后，可以获得至少为 F（仿制机器的成本）的收入，那么它就会选择进入，而这并非难事，只要竞争对手（公司）在购得机器后获得的生产效率高于购得机器前的，并且由此获得了至少为 F 的利润，以上条件就会满足。由此可得①：

$$\pi_{all}^{CU} - \pi_{excl}^{CU} \geqslant F \tag{2}$$

根据图 15 - 2 中所展示的具体情况，我们可以对用户制造者面对的会带来不同效果的四种情况有更直观的认识。根据通过以上讨论得到的不等式 $\pi_{all}^{UMU} \leqslant \pi_{excl}^{UMU}$，我们研究的范围为纵轴上取值 π_{excl}^{UMU} 以下的部分；而根据不等式 $\pi_{all}^{CU} > \pi_{excl}^{CU}$，我们可以推导出 $\pi_{all}^{CU} - \pi_{excl}^{CU} > 0$，由此确定了横轴的数值区间，而 $\pi_{all}^{CU} - \pi_{excl}^{CU} < 0$ 的区间并不是我们的讨论对象。一条向右下倾斜的虚线将整个象限分为了两个部分，右上部分表示，当所有公司都可以购得先进的机器时，用户行业的总体利润较高的情况；而左下部分表示，当所有公司都可以购得先进的机器时，用户行业的总体利润较低的情况。纵向的虚线将整个象限分为了左右两个部分，只有在右半部分的区间内，专业制造者进入机器制造市场的行为，才是有利可图的。

15.2.3 结论

在图 15 - 2 中的 A 区域，用户制造者选择在市场上出售机器的行为将无利可图，因此，即使不考虑专业制造者进入机器制造市场带来的威胁，用户制造者也没有意愿进入机器制造市场。而在 B 区域，专业制造者为了仿制机器所必须承担的成本 F，高于该机器可以给其带来的收益增长，因此仿制行为并没有吸引力，用户制造者由此可以继续保持自己在机器制造方面的竞争优势。在这种情况下，如果用户制造者选择出售机器，那么其他竞争对手（公司）将会因此受益，然而，随着它们技术水平的提高，用户制造者旗下的用户业务部门必然要面对更加激烈的竞争环境。需要指出

---

① 此处，我们假设专业制造者（M）在对机器仿制进行投资之前，已经与购买者达成了协议。在没有这条假设时，当仿制成本 F 发生后，专业制造者能否从不等式（2）左边所示部分分得一些利润，完全取决于它与购买者谁拥有更强的议价能力。或者，我们可以完全放弃这一假设，将不等式（2）视为专业制造者的仿制行为有利可图的一个必要但不充分条件。

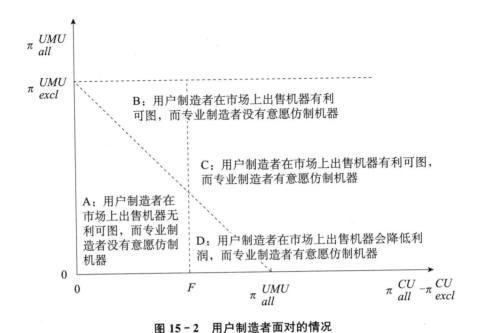

图 15 - 2　用户制造者面对的情况

注：A、B、C、D 四个区域分别表示用户制造者出售机器的决策会面对的几种情况。

的是，其他竞争对手（公司）总体利润的提高值将高于用户制造者的用户业务部门损失的利润。不难理解，在出售机器时，用户制造者心目中的底价恰恰是其用户业务部门损失的利润〔此处，我们假设，其在向其他竞争对手（公司）出售机器时，采用统一的价格〕，而其他竞争对手（公司）心目中的底价则恰为其可以增加的利润。由于市场中不会出现专业制造者，所以，用户制造者在价格博弈中占据有利地位，将价格定在一个可以增加自己总体收益的位置上，这样看来，选择出售机器要比不出售更有利。在 C 区域，无论是从出售机器所带来的利润增长的角度考虑，还是从专业制造者仿制机器所带来的威胁的角度考虑，对于用户制造者来说，进入机器制造市场都是一个可以接受的选择。在 D 区域，虽然，相比于不出售机器的策略，出售机器的策略会使用户制造者损失一部分利润，但它还是会选择后者。原因在于，在这种情况下，如果它选择不出售机器，那么进入机器制造市场的专业制造者就将取代它的角色，向用户制造者的其他竞争对手（公司）出售（仿制的）机器，这样一来，它不仅无法在机器制造市场中获得收益，还要面对在用户市场上的损失。用户制造者此时只能选择出售机器。请读者注意一点，虽然 A、B、C 三个区域始终都会存在，但 D 区域只有在满足 $F<\pi_{excl}^{UMU}$ 这一条件时，才会存在。

15.3 讨论和结论

在我们上文讨论的两个案例中，两家用户创新型企业转型为用户制造者，它们都面对着同一个两难抉择，即是否将自己制造的创新产品出售给其用户业务部门的竞争者。狄凯恩集团采取了选择性销售策略，只将自己开发和制造的茶叶包装机出售给非直接竞争者。与之相反，在乌瓦公司发现其在基础建设行业的竞争对手们可以从专业制造者那里买到类似的机器之后，它选择无差别地出售其开发和制造的挖掘设备。具有讽刺意味的是，狄凯恩集团也没能免于面对专业制造者发起的挑战，实际上，它采取的选择性销售策略，看上去就像是在鼓励专业制造者进入茶叶包装机的制造市场。

通过以博弈论为基础的分析，我们将向读者展示以下三种因素会对用户制造者的决策产生的影响。第一种因素是利润的下滑程度。当竞争对手们可以购得原本仅由用户制造者掌握的先进产品后，后者旗下的用户业务部门必将面对利润的下滑，而下滑的程度取决于用户市场的竞争水平，以及这种创新产品的先进程度。第二种因素是，当竞争对手们获得这种创新产品并将之应用于生产活动以后，产能的提高程度。第三种因素是，在仿制这种创新产品时，专业制造者需要承担的成本。只有在这种创新产品为竞争对手创造的价值较高，并且（或者）用户市场竞争激烈程度较低的情况下，用户制造者旗下的制造业务部门获得的利润才有可能超过其用户业务部门损失的利润。在图 15-2 中，以向右下倾斜的虚线为界，右上部分满足这一条件，在那种情况下，用户制造者选择出售自己的创新产品所获得的收益将高于不出售所获得的收益。有趣的是，与一般的理解不同，在有些情况下，选择不出售创新产品所获得的收益（在 A 区域所示情况下），甚至有可能低于选择出售产品所获得的收益（在 C 区域所示情况下）。在 C

区域，专业制造者有意愿进入机器制造市场，因此，此时选择出售创新产品不仅可以为用户制造者带来额外的利润，还可以制造一定的进入壁垒，防止专业制造者过于容易地进入市场。在 D 区域，我们可以看到相似的情况，不同之处在于，此时出售创新产品不但无法给用户制造者带来额外的利润，而且其收益水平甚至会低于不出售创新产品时的收益水平。然而，用户制造者别无选择，为了能够阻止专业制造者进入机器制造市场，它只能硬着头皮选择出售创新产品。最终，如果用户市场的竞争很激烈，并且，该创新产品为竞争者们带来的额外收益甚至低于其仿制成本 F（A 区域所示情况），那么，用户制造者既不会为了获得利润而选择出售创新产品，也不会为了阻止专业制造者进入机器制造市场而选择出售创新产品。

我们的研究从两个方面补充了前人对创新用户进行创业活动的研究（Baldwin et al. 2006；Haefliger et al. ，2010；Hienerth，2006；Shah and Tripsas，2007）。第一个方面，正如 Block 等人（2010）所展示的，我们研究的创新用户，指的是那些已经建立起来的公司，而并非传统意义上的终端用户（消费者）。第二个方面，在我们探讨的案例中，将创新产品商业化并不意味着创新公司要完成职能上的彻底的角色转换，而意味着创新公司在保留原有职能的情况下，再增加一项新的职能。

本文所讨论的内容与 Luo 等人（2011）所研究的内容存在有趣的相似之处。如果在一条产业链上，两家公司恰恰分别存于上下游，那么它们之间就会形成"交易层级"（transactional hierarchy）。通过比较日本汽车零部件行业和电子产品行业的交易情况，作者发现，前者存在更明显的"交易层级"，而后者会出现一个"交易循环"（transaction cycles），即公司 A 的产品为公司 B 的原材料，而公司 B 的产品又是公司 A 的原材料。这种"交易循环"的存在通常意味着，一家公司的一个部门将自己的产品供应给另一家公司，而后者实际上是前者另一个部门的竞争对手，这种情况与我们研究的情况类似。Luo 等人（2011）对行业差异性的研究显示，行业特点也会显著影响用户创新者将创新产品商业化的决策。

从更大的范围来看，我们的研究与那些分析纵向多样化和纵向一体化问题的文献也有很紧密的联系。Hill 等人（1992）的研究显示，相关和非相关的多样化策略会产生不同的经济效益，同时也需要与之匹配的不同的内部组织安排。因为，用户（公司）与制造者（公司）完成的一体化，正是相关多样化的一种具体表现形式，所以，对这一现象的更详细的分析，将有助于拓展相关多样化理论。Markides 和 Williamson（1996）将相关多样化理论与公司的资源基础理论（resource-based view）联系了起来，并指出，对于已经实现多样化策略的公司来说，具备创造新的战略性资产的能力非常重要。在一个用户业务部门与一个制造业务部门完成一体化之后，如果处于产业链下游的部门所完成的创新能够使处于上游的部门获益，那么新合并的公司就获得了这种能力。

因为致力于制造和出售自己的创新成果，所以用户创新者采取的策略显然不同于 Harhoff 等人（2003）笔下的"免费共享（创新成果）策略"。但是，通过创新成果的商业化，用户创新者的竞争者实际上也获得了创新成果带来的好处。而在商业化的过程中，用户创新者可能会有选择地出售自己的创新成果，或者至少会在一定时期内保持对创新成果的垄断，这种做法与开源软件开发领域人们通常采取的做法有异曲同工之妙（Henkel，2006）。

我们的分析也存在一些局限性，这就为未来的研究留下了改进的空间。狄凯恩集团的案例表明，用户制造创新者有可能采取选择性销售策略（虽然这一策略长期以来并没有为该公司带来什么好处），但我们的模型并没有包含这种可能性。另外，通过引入其他的用户制造者，我们可以在模型中加入针对产业链上游公司的分析。我们的模型只考虑了市场中仅存在一种创新成果的情况，并且没有进一步分析长期以来什么因素会对用户制造创新者产生影响，这些因素包括：用户业务部门实现进一步创新的可能性、用户业务部门和制造业务部门所产生的正外部性、用户制造创新者在实现纵向一体化过程中可能遇到的困难。最后，未来的研究应该更明确地将用户制造者的出现与交易成本经济学联系起来。

公司的管理者们可以从我们的研究成果中得到这样的启示：在满足一

些条件的情况下，将自己开发的创新成果出售给竞争对手，有可能是有利可图的。因此，我们在面对创新成果商业化的抉择时，不要不假思索地说："我们从不向别人出售自己的创新成果。"而是应该避免武断，要根据具体情况采取最合适的策略。在有些情况下，向竞争对手出售创新成果即使不能带来更高的利润，也比该成果被其他制造商模仿并出售好。

正如埃里克·冯·希佩尔及其同事们所展示的，用户创新现象广泛而多样，已经出现在了许多不同的行业之中，如化学仪器制造行业（von Hippel and Finkelstein，1979）、滑翔机制造行业（Franke and Shah，2003）、软件制造行业（Lakhani and von Hippel，2003；von Krogh et al.，2012）等。通过研究发生在用户制造者身上的纵向多样化现象，本文的内容表明，作为创新的来源，用户业务部门与制造业务部门可以同时存在于一家企业之中。我们撰写本文的目的是在有关用户创新的研究领域做出自己的贡献，并以此向埃里克·冯·希佩尔致敬。

备注

我们要感谢汉斯·洛瑟、斯蒂芬·兰贝茨博士和威廉·罗瑞以非常开放的态度接受了我们的采访，并为我们提供了有关他们公司的详细信息。此外，我们还要对卡利斯·鲍德温（Carliss Baldwin）——开放和用户创新研讨会（2011 年）的参与者——和两位匿名评论者表示感谢。

参考文献

Baldwin, C., C. Hienerth, and E. von Hippel. 2006. How user innovations become commercial products: A theoretical investigation and case study. *Research Policy* 35 (9): 1291–1313.

Block, J., A. Bock, and J. Henkel. 2010. Commercializing user innovations by vertical diversification: The user-manufacturer innovator. Working paper. Munich University of Technology. http://ssrn.com/abstract=1674903.

De Jong, J. P. J., and E. von Hippel. 2009. Transfers of user process innovations to process equipment producers: A study of Dutch high-tech firms. *Research Policy* 38 (7): 1181–1191.

Franke, N., and S. Shah. 2003. How communities support innovative activities: An exploration of assistance and sharing among end-users. *Research Policy* 32 (1): 157–178.

Haefliger, S., P. Jäger, and G. von Krogh. 2010. Under the radar: Industry entry by user entrepreneurs. *Research Policy* 39 (9): 1198–1213.

Harhoff, D., J. Henkel, and E. von Hippel. 2003. Profiting from voluntary information spillovers: How users benefit by freely revealing their innovations. *Research Policy* 32 (10): 1753–1769.

Henkel, J. 2006. Selective revealing in open innovation processes: The case of embedded Linux. *Research Policy* 35 (7): 953–969.

Hienerth, C. 2006. The commercialization of user innovations: The development of the rodeo kajaking industry. *R&D Management* 36 (3): 273–294.

Hill, C. W. L., M. A. Hitt, and R. E. Hoskisson. 1992. Cooperative versus competitive structures in related and unrelated diversified firms. *Organization Science* 3 (4): 501–521.

Lakhani, K. R., and E. von Hippel. 2003. How open source software works: "Free" user-to-user assistance. *Research Policy* 32 (6): 923–943.

Luo, J., D. E. Whitney, C. Y. Baldwin, and C. L. Magee. 2012. The architecture of transaction networks: A comparative analysis of hierarchy in two sectors. *Industrial and Corporate Change* 21 (6): 1307–1335.

Markides, C. C., and P. J. Williamson. 1996. Corporate diversification and organizational structure: A resource-based view. *Academy of Management Journal* 39 (2): 340–367.

Max Bögl Bauservice GmbH und Co. KG. 2001. Neue Tochter im Firmenverbund: Die WÜWA Bau GmbH. *Kundenmagazin Max Bögl*: 30–31.

Shah, S., and M. Tripsas. 2007. The accidential entrepreneur: The emergent and collective process of user entrepreneurship. *Strategic Entrepreneurship Journal* 1 (1/2): 123–140.

Teekanne GmbH & Co. KG. 2007. *125 Jahre Teekanne*. Düsseldorf: Teekanne.

von Hippel, E. 1988. *The Sources of Innovation*. New York: Oxford University Press.

von Hippel, E., J. De Jong, and S. Flowers. 2010. Comparing business and household sector innovation in consumer products: Findings from a representative survey in the UK. Working paper. Sloan School of MIT. SSRN. *http://ssrn.com/abstract=1683503* or *http://dx.doi.org/10.2139/ssrn.1683503*.

von Hippel, E., and S. N. Finkelstein. 1979. Analysis of innovation in automated clinical chemistry analyzers. *Science & Public Policy* 6 (1): 24–37.

von Krogh, G., S. Haefliger, S. Spaeth, and M. W. Wallin. 2012. Forthcoming. Carrots and rainbows: Motivation and social practice in open source software development. *Management Information Systems Quarterly*.

Yin, R. K. 2003. *Case Study Research: Design and Methods*. Thousand Oaks, CA: Sage.

第16章 当激情遇上专业：企业内部的领先用户如何为企业创新做出贡献

科尼利厄斯·赫施塔特、蒂姆·施魏斯福尔特、克里斯蒂娜·拉施

本文通过对企业内部的领先用户（embedded lead users，ELUs）的创新行为进行探索，丰富了有关制造商创新与用户创新的理论。ELUs 特指那些受雇于企业的，且与该企业的一个或多个产品或服务关系紧密的，具有领先用户特征的员工。正因为 ELUs 是企业的内部员工，所以，他们对企业的内部结构和企业的日常运营都会产生一定的影响。与此同时，ELUs 还会参与到产品或服务的使用过程当中，例如，他们会与拥有不同目标、内部规则、资源的用户社群产生互动。

企业通常会对它们所使用的工艺进行创新（Harhoff et al.，2003；von Hippel and Tyre，1995）。相关文献显示，由用户创办的企业更热衷于进行工艺创新（de Jong and von Hippel，2009；Harhoff et al.，2003；von Hippel and Tyre，1995）。我们的研究侧重于发生在生产组织内部的、与个人用户相关的产品创新［让我们思考一下，在创新过程中，制造商的职能是什么？制造商创新的目的是从销售中获利，而不是使用产品（von Hippel，2005）］。

就我们所知，的确有一些研究曾经触及 ELUs 这一概念（Chouinard，2005；Levitt，2009；Hyysalo，2009），而 Schweisfurth 和 Raasch（2015）也曾经对此进行过研究，但本文应该是针对 ELUs 这一概念进行的首次详尽分析。在本文中，我们采取了现象研究方法（phenomenon-based research approach）来探索 ELUs 如何为企业的产品创新做出贡献。我们收集了来自体育、休闲和医疗保健领域的 23 家企业的数据，并且对 35 位受访者进行

了采访。

我们发现，对于那些拥有 ELUs 的企业而言，这类员工可以为它们提供创新所需的知识和解决方案。作为企业和用户社群之间的边界沟通者（boundary spanners），ELUs 通过获取用户信息并对其进行过滤和"翻译"，使企业的其他员工更容易理解这些用户信息。与外部领先用户相比，ELUs 倾向于提供更符合企业技术水平的想法，虽然创新性相对较弱，但可操作性更强。ELUs 会参与到产品的使用过程和用户社群中，这有利于增强他们自身的创新动力，但是也有可能滋生机会主义行为，或者使（他们反馈给企业的）信息出现偏差。

我们的研究结果表明，ELUs 扮演的双重角色和具有的混合身份，导致其与其他员工相比存在着行为上的差异。此外，他们的存在还导致了一个有关企业边界和组织设计方面的权衡问题。我们希望本文的内容，可以鼓励更多具有实证价值的研究出现。

本文的内容结构如下：在阐述本文研究的理论背景和方法之后，我们将列举关于 ELUs 创新行为的主要研究结果；随后，我们会根据现有的理论对我们的研究结果进行讨论，并由此提出一些观点。

16.1　理论背景与定义

16.1.1　用户创新与制造商创新

关于创新的研究存在一个根本性问题，即：创新的动机是什么？在本文中，制造商创新者被定义为：在利益的驱动下进行创新的主体。相比之下，用户创新者是指，为了满足自己的使用需求而进行新产品或新服务开发的企业或个人（von Hippel，1982）。

"用户—制造商二分法"（user-producer dichotomy）（认为创新不是来自用户就是来自制造商）已经成为一种核心的创新研究方法（Baldwin and von Hippel，2011）。关于创新的这两个功能性来源（用户和制造商）有何不同［例如，二者所掌握的知识的差异性（Lüthje et al.，2005；von Hippel，1998）］，以及它们对创新（Baldwin et al.，2006；Hienerth et al.，

2011）和知识共享行为有何影响（von Hippel，1982；von Krogh et al.，2003），目前已经有相应理论对其做出了解释。

用户创新和制造商创新运行在不同的模式下（Jensen et al.，2007）。用户创新者位于用户环境（如社群）中，利用用户环境中的资源和知识进行创新（Lüthje et al.，2005；von Hippel and Tyre，1995）。用户创新者往往具有很强的内在创新动机（Franke and Shah，2003；Janzik，2010），并愿意免费与用户社群的其他成员以及制造商分享自己的想法和解决方案（Raasch et al.，2008；von Hippel and von Krogh，2006）。相比之下，制造商创新者则是利用广泛的内部和外部资源以及知识进行创新（Cohen and Levinthal，1990），其创新驱动力主要以外部动机为主（Rynes et al.，2004），且受限于企业较差的灵活性和僵化的规则（Leonard-Barton，1992），它们出于获取专利授权费的目的，推崇知识产权保护体系（Demsetz，1967）。

值得注意的是，"用户—制造商二分法"促进了一种观点的产生，即用户和制造商是相互分离的。从定义上来讲，用户（通常被视为"消费者"）位于生产企业之外（Bogers et al.，2010）。即使扮演用户角色的是一家企业（von Hippel and Tyre，1995），考虑这样一种情况——一家生产仪器或机床的企业，其用户是另外一家从事生产制造的企业，"用户—制造商二分法"仍然成立，因为在这种情况下，用户和制造商仍然是相互独立的企业（de Jong and von Hippel，2009）或者业务单位（参见本书第 15 章）。

16.1.2　两种创新模式的相互作用

许多研究证实，用户创造的设计方案通常对于制造商来说具有商业吸引力（Lilien et al.，2002）。因此，从制造商的角度来看，在新产品开发的过程中，用户的知识和想法是非常有价值的资源。作为企业可获得的一种外部资源，用户的知识和想法存在于生产企业之外，因而自然也就处于企业的控制范围之外，却可以被整合到企业的创新过程中。

为了识别、获取和深入了解用户所掌握的知识，并分离出用户在共同开发的行为中所创造的价值（Cohen and Levinthal，1990），制造商会使用不同的方法。根据之前的研究，制造商使用的方法包括：领先用户研讨会（Lüthje and Herstatt，2004）、用户工具箱（von Hippel and Katz，2002），以及对用户社群的赞助（Jeppesen and Frederiksen，2006）。

在本文中，我们采取的研究方法不同于以上所提到的三种方法。我们的研究重点为企业内部的"用户"。很少有研究对企业内部用户的产品创新行为进行深入的分析，即使有，也仅仅停留在描述案例的层面上。然而，实际上，这一情况并不少见，甚至在某些行业（例如，运动行业），制造商的员工使用本企业的产品（成为内部用户）是一种常态，而不是特例（Chouinard，2005；Levitt，2009）。此外，生产企业通常会雇用用户社群的成员，作为企业的顾问（Hertel et al.，2003）。

关于"用户—制造商二分法"，重要的一点是，身为用户的企业员工在企业产品创新的过程中，所参与到的是制造商创新的部分。并且，他们的工资是由生产企业支付的（这是迄今为止的文献所使用的主要分类标准）。此外，他们可能会在自己的业余时间，为了满足自己的需求而进行创新。虽然在理论上阐述得非常清楚，但是在实践中，对于身为用户的企业员工而言，他们的两种身份可能会很难区分：在实践中，他们作为用户和作为制造商的行为与动机会相互融合、相互交流，并且还有可能产生其他多种相互依存的关系。

16.1.3 创新过程中的 ELUs 和其他参与者

内部用户，被认为有助于增加企业的竞争优势。过去的研究曾对内部用户所起到的作用进行过深入分析，特别是他们对创新过程和结果所产生的影响。这些内部用户常常会扮演"看门人"（gatekeepers）（Allen and Cohen，1969）和"边界沟通者"（boundary spanners）（Aldrich and Herker，1977）的角色。过去的研究更侧重于探究内部用户——作为企业与外部的沟通桥梁或者作为企业内部运作的润滑剂——是如何对创新的过程和结果产生影响的。

我们相信，ELUs 所具有的认知能力、技能和热情，赋予了他们与众不同之处（Salvato and Rerup，2011）。我们将 ELUs 定义为：与其就职的企业的一个或多个产品（或服务）相关的，具有领先用户特征的企业员工。与上文所提到的普通内部用户的概念不同，企业内部的 ELUs（至少根据其定义来看）具有一个特征：他们并不单纯与某种具体的生产活动或行为存在联系。ELUs 同时具有两个特点：既具有领先用户的特点，又受雇于生产企业。

　　　领先用户的定义所包含的两个主要特点，使其与普通个人用户区分开来：一方面，领先用户处于市场趋势的前沿，因此他们对产品或服务的需求会早于其他用户出现；另一方面，为了满足自己的需求，领先用户会通过独特的方式来获得解决方案（von Hippel，1986）。

ELUs 受雇于生产企业，会参与企业的日常工作，并且从属于企业层级之中。因此，他们的行为受到诸如工作满意度等个人因素（Yuan and Woodman，2010）以及诸如工作自主权等环境因素（Spreitzer，1995）的双重影响。并且，企业文化和企业理念对他们的想法、认知状态和认同感也会产生影响。这些以及其他一些影响因素使 ELUs 与外部领先用户产生了区别，并有可能刺激他们做出与创新有关的行为。

在企业和用户环境中，其他个人（例如，前雇员或员工的家属）有可能也会表现出一些一般只有 ELUs 才具有的特征。然而，他们与 ELUs 在根本上还是有所不同的，因为他们的动机、他们在企业中的正式或非正式的角色，以及他们参与企业创新的程度都与 ELUs 不同。

将 ELUs 与其他拥有员工身份的用户加以区分是很重要的。先前针对自行车制造行业的研究表明，在自行车生产企业中几乎所有员工都是自行车手，但是，只有其中一部分员工展现出了创新者的特征，即拥有对自行车进行改造的想法，而更少数的员工真正存在创新行为（Lüthje et al.，2005）。同样地，福特汽车公司的员工有可能也是福特汽车的用户（拥有一辆福特汽车），但是在这些员工中，真正意义上的 ELUs 可能会非常少。

16.2 研究方法

因为迄今为止对 ELUs 的研究非常少，所以我们采取了一种现象研究方法（Edmondson and McManus，2007）。我们试图"对现象进行捕捉、描述、记录和概念化"（von Krogh and Rossi Lamastra，2010），并为构建归纳性理论做准备（Eisenhardt，1989）。

为了提高研究结果的外部效度（external validity）[①]（Yin，2003），本研究采集了三个不同领域的数据：运动领域、休闲领域、医疗保健领域。我们之所以选择这三个领域，原因在于，在前人的研究中，这三个领域都已经得到了深入的分析（Baldwin et al.，2006；Franke et al.，2006；Hienerth，2006；Lüthje et al.，2005；Raasch et al.，2008）。并且，通过先前的研究我们可以得知，在这些领域中，用户创新比较普遍，这意味着出现 ELUs 的可能性也会高一些（Eisenhardt，1989）。

我们使用了"理论抽样法"（theoretical sampling）（Glaser and Strauss，1967）。我们首先提出一个理论，然后根据案例的具体情况修正和完善这一理论，直到该理论达到一种相对完备的状态（Eisenhardt，1989）。根据不同行业环境的差异性，我们在研究中也做出了相应的变通，最终，我们从每个领域中挑选出了 6～9 家企业（共计 23 家企业）作为研究对象。根据 Eisenhardt（1989）的研究，在进行多案例分析时，这个样本容量是不错的选择。"理论抽样法"提高了我们研究结论的准确性，消除了偶然性结论，并且能够捕捉到被观察现象的不同方面（Eisenhardt，1989；Eisenhardt，1991；Yin，2003）。

我们的数据主要来自在 2010 年和 2011 年分别对样本企业的高级经理和 ELUs 所进行的访问。我们总共采访了 35 个人。并且，在研究

---

① 外部效度是指研究结果的代表性或普遍性，用以衡量在脱离研究（实验）情景后，研究结果可以推广到类似情景中的程度。——译者注

过程中，我们尽最大努力同时采访到同一家企业（最终，23 家企业中有 10 家）的高级经理和 ELUs。表 16-1 对受访者的分布情况进行了描述。

表 16-1   受访者分布情况

领域	产品类别	受访的企业数	同时采访到高级经理和 ELUs 的企业数	只采访到高级经理的企业数	只采访到 ELUs 的企业数
运动	帆船、自行车、滑雪装备、护目镜、头盔、球拍、划船设备	8	4	0	4
医疗保健	假肢、轮椅、助听设备	6	2*	3**	3***
休闲	游戏机、录音机、音乐软件、网络游戏、家用电器	9	4	4	1

注 * ** *** 此处数据疑有误，但无法根据上下文判断正确数值，因此保留原文。

我们首先与这些企业的总部取得了联系，询问它们是否发现企业内部存在着 ELUs。除了两家企业外，其他企业都立即确认了在其企业内部存在着 ELUs。这表明，至少在一些领域中，ELUs 有可能相当普遍。然后，我们询问这些企业是否愿意参与我们的研究，以及是否允许我们采访其负责创新的高级经理。在大约 50 家企业中，有 23 家企业表示同意。在大多数情况下，我们被引荐给了负责创新的高级经理（研发主管）；在个别情况下（尤其是规模较小的企业），我们被引荐给了营销经理或产品经理。接着，我们采访了来自 18 家企业的 18 位经理，从而了解到他们（从企业层面和管理层面出发）对我们研究的问题的看法。在初步访谈中，我们向受访者介绍了我们对 ELUs 的定义，并询问受访者是否可以识别出他们企业中符合 ELUs 定义的员工。我们还提出了一系列关于 ELUs 如何为企业创新做出贡献的问题。单次采访一般会持续大约 30 分钟。

接下来，我们与那些经推断得出的或者由高级经理推荐的潜在 ELUs 取得了联系，并安排了第二组访问。我们首先使用在之前研究中提出的领先用户概念，对每个受访者的领先用户身份进行了验证（Franke et al.，2006）。然后，我们询问受访者是否曾经有过创新行为，以及他们创新的动

机是否源自自己的需求和使用体验。因为创新被认为是领先用户的重要特
征之一，所以这样的问题必不可少（Hienerth et al.，2011）。经过 30～60
分钟的访问，最终我们从受访者中间辨别出了真正的 ELUs，并询问了他
们在企业内部的角色、产品使用体验、参与用户社群或创新相关活动的情
况，以及创新知识的来源（见表 16-2）。

表 16-2　　　　　　　　　部分受访者（ELUs）特征

项目编号	产品类别	企业内职能	工作年限（年）	使用年限（年）	领先用户身份情况	创新是否具有价值	是否完成了领先用户创新
运动 1	帆船	产品管理	3	30	专业参赛选手	是	是
运动 2	自行车	产品管理	3	7	业余参赛选手	是	是
运动 3	自行车	市场营销	4	17	业余参赛选手	是	是
运动 4	滑雪装备	产品管理	3	不详	滑雪导师	是	是
运动 5	护目镜、头盔	产品设计	5	不详	业余参赛选手	是	是
运动 6	球拍	公共关系	11	20	不详	是	是
运动 7	球拍	产品管理	10	29	不详	是	是
运动 8	滑雪装备	市场营销	15	20	参赛选手	是	是
医疗保健 1	假肢	产品管理	3	n. a.	测试参与者	是	是
医疗保健 2	假肢	产品管理	1	n. a.	测试参与者	是	是
医疗保健 3	假肢	产品管理	12	n. a.	自行车车手，跑步爱好者	是	是
医疗保健 6	助听设备	产品研发	37	n. a.	不详	是	是
休闲 1	游戏机	市场营销	3	10	国家队顾问	是	是
休闲 4	录音机	产品制造	6	不详	不详	是	是
休闲 5	音乐软件	产品管理	11	20	音乐制作人	是	是
休闲 6	游戏机	市场营销	6	7	企业队顾问	是	是

　　我们对所有的采访记录进行了编码。为了降低数据的复杂性，我们采
用了一个能够更好地反映我们研究目标的通用编码方案。在最初编码的过
程中，涵盖的主题范围相当广泛，包括 ELUs 的特征、结构性角色、对企
业创新的贡献、行为，以及他们与其他用户的联系。在分析的过程中，我
们设定了新的代码和子代码，用来表示新的研究发现。最终的编码方案包

括 19 个代码和 39 个子代码。我们使用衍生矩阵和其他描述方法对代码和案例进行了分析（Eisenhardt，1989；Miles and Huberman，1994）。

为了保证我们的研究结果的可靠性和真实性，我们将本文的草稿发给了受访者，并希望他们能就我们的研究结果提出建议（Kozinets，2002）。在实地研究过程中，我们遇到了一些行业专家，并与他们就这些研究结果进行了讨论（Lincoln and Guba，1985）。

16.3 研究结果

16.3.1 ELUs 是哪些人

ELUs 具有双重身份：一方面，他们是用户；另一方面，他们又是生产企业的员工。

作为领先的用户和优秀的创新者，ELUs 通常在用户社群中享有很高的声誉（由案例"运动 1"至"运动 6"、"医疗保健 1"、"休闲 5"可知）。高超的专业知识——而不是在生产企业中担任的职位——赋予了他们在用户群体中的地位和声誉。

> 我当然是一名意见领袖，因为我是我们车队中最强的自行车车手。我从 13 岁起就开始骑车，并且曾在一家自行车店工作过……所以，当人们问我一些专业问题时，或者当我告诉人们一些专业知识时，他们对我所提供的答案或信息都非常满意，这就是我认为自己是一名意见领袖的原因。（"运动 3"）

在我们的样本中，虽然也有例外，但是大多数受访者使用产品的时间要长于他们在生产企业工作的时间。领先用户通常会选择进入生产企业，以便能够在专业的环境中继续发展自己的爱好（"运动 5"）。正是因为这一点，接受我们采访的大多数 ELUs 的工作都是与产品相关的：大多数受访者从事产品管理（占 8/16）或者市场营销（占 4/16）工作，其余的从事产品研发/产品设计（占 2/16）、公共关系（占 1/16）和产品制造（占 1/16）（见表 16-2）工作。并且，他们的平均工作年限为 8 年。

16.3.2 创新流程中的 ELUs

通过下面的内容，我们可以了解到，ELUs 首先向他们就职的企业提供有关产品需求和解决方案的信息，然后提出新产品构思，并与企业一同开发新产品，最后，对他们所开发的原型品进行试用。ELUs 所有的这些贡献，都与他们所拥有的用户经验息息相关。

根据创新的最初想法的来源（是在使用过程中产生的，还是在企业的开发过程中产生的），我们可以对用户创新和制造商创新进行区分。

在第一种情况下，ELUs 的创新想法源自他们在使用过程中所发现的产品缺陷；然后，他们积极地将自己的想法和原型品分享给生产企业（例如，"运动 5""运动 8""医疗保健 4"）：

> 我的想法来自玩游戏的过程，其间，我可以意识到在哪些地方存在失误，以及哪些地方需要提高。（"休闲 1"）

例如，在游戏行业，一名 ELU 发明了一种全新的鼠标。普通鼠标的电线位于鼠标顶部，在用这种鼠标玩游戏的时候，这名创新者觉得鼠标线的位置影响了鼠标的灵敏度和速度，于是，他开发出了一种解决方案，使电线可以在鼠标内弯曲，这样一来，在使用鼠标时就有更高的自由度，能够使其保持在合理角度，从而提高使用体验（"休闲 2"）。另一个例子发生在轮椅制造行业，一名 ELU 发现，在使用电动轮椅时，自己难以抓紧并一直握住操纵杆，因此，他创造了一个新的、更符合人体工程学的操纵杆（"医疗保健 4"）。在这两个例子中，两位创新者都利用了他们在产品使用期间获得的信息。最终，他们的创新想法被生产企业接纳，并促进了产品的改进。

在第二种情况下，创新想法出现在企业的产品开发过程中，这时，ELUs 会与其他员工进行交流与互动，希望参与到产品创新过程的一个或多个阶段之中。

> 在开发新产品之前，他们（研发部门的员工）也会来征询我的意见，"一位选手是否需要 X 功能，或者是否需要 Y 功能，又或者他们是否根本就不需要这些功能？"并且……他们在讨论与新产品相关的事

情时都会来问我，"你是怎么想的？"（"运动3"）

ELUs会提供新的创意或解决方案，以弥补产品当前的缺陷（"运动5""医疗保健4""医疗保健6""休闲2""休闲5"）。在产品开发阶段，ELUs帮助企业员工构思新功能或对现有功能进行改进（"运动1"至"运动4"，"运动6"，"运动7"，"医疗保健2"，"休闲2"，"休闲5"）。ELUs同样也会开发出新的产品原型或改进现有的产品（"运动2""运动3""医疗保健2"）。

在我们选取的样本中，每一家企业——无论面对以上提及的两种情况中的哪一种——的ELUs都参与到了原型品的测试阶段之中。并且，大多数企业在原型品的测试阶段，并没有严格遵循保密原则，研发部门通常会向ELUs提供原型品，ELUs则会提供个人意见（例如，"运动1"至"运动5"，"医疗保健1"至"医疗保健4"，"医疗保健6"，"休闲1"，"休闲2"，"休闲5"，"休闲6"，"休闲8"）。

> 当我们开发自行车护目镜时，我们知道，团队中有几位ELUs……一些人是山地自行车车手，另一些则是赛车车手……所以，我们需要做的就只是去找到他们，然后询问他们："你可以在周末试一下这款产品吗？你可以给我们一些反馈意见吗？你喜欢这个产品吗？这个产品是否适合你？你认为哪些方面需要改进？"（"运动5"）

在我们调查的23家企业中，有两家假肢制造企业。我们发现这两家企业在产品创新方面表现得更为专业：它们会雇用残疾人专门从事新产品的测试（"医疗保健1""医疗保健2"）。

16.3.3 ELUs的内部身份及其产品使用体验对创新的影响

接下来，我们将考察ELUs的使用体验会如何影响创新行为和结果。我们的研究结果显示，当领先用户成为生产企业的员工时，他们会更加关注创新，并且，他们开发出来的创新也会更加符合企业的目标和特性。

我们调研中的几位受访者表示，他们的使用体验是随着他们与企业之间的关系的改变而改变的。在产品的使用过程中，即使是在非工作时间里，他们也可以体验、观察和分析自己以及其他用户的使用行为，并寻找改进产品的机会（"医疗保健 2""运动 1""运动 3""运动 6"）。他们在获得使用体验的同时，也会对自己的使用行为进行分析。这表明，成为生产企业员工的领先用户，即使是在业余时间，也在不断地寻找创新的机会。

> 在骑自行车这件事情上，我的想法已经发生了改变，但绝不是消极的改变……过去，我骑自行车仅仅是为了娱乐和锻炼身体。现在，每当我骑自行车的时候，我都会仔细地聆听自行车每一个零件发出的声音，试着去感受它们，这一过程对我的本职工作很有帮助。我这样做也是为了能够对其他同类产品进行更好的评估。所以，现在我骑自行车是为了实现产品的改进，并成为一名更好的自行车测试员，进而能够对同类产品做出全面的比较。（"运动 3"）

我们在研究中发现的定性证据也表明，ELUs 的身份有助于用户（重新）调整创新的方向。他们会从企业的角度出发，重新看待产品的使用和创新。他们将企业目标和规定牢记在心，并始终遵守企业利益优先的原则。

> 我们的内部用户非常关心对企业而言重要的事情，例如，产品的质量……又例如，产品存在的缺陷，这种问题非常具有技术性……那些对企业产品进行常规测试的同事们，会将不符合内部质量标准的产品挑选出来。（"休闲 9"）

我们还要求受访者将 ELUs 提供的创新理念，与内部研发人员以及外部用户的创新理念分别进行对比。我们的研究表明，虽然与研发人员相比，ELUs 倾向于提供技术上不太新颖的理念和产品解决方案，主要涉及现有产品平台的改进，但是，ELUs 的创新更符合市场需求（"医疗保健 3""休闲 2""休闲 4""运动 3""运动 7"）。

> 突破性创新更多来自研发部门，但在技术上更难以实现。（"医疗保健 3"）

ELUs 能够提供更多实际的想法，因为他们知道客户将如何使用该产品。内部工程师的想法往往实用性较差。（"医疗保健 3"）

当你处在温暖舒适的工作间内，做到这些事情是很容易的……但是，在摄氏零度以下，面对三米高的海浪，冻得手指发麻的情况下，想要在甲板上做到同样的事，的确非常不容易。这就是为什么我认为，与那些把大量时间花在办公室里的人相比，ELUs 对产品有着更深刻的理解。（"运动 1"）

与外部领先用户相比，ELUs 能够为企业带来一些优势。首先，设计信息意外泄露的风险可以得到显著降低，因为员工通常都签署了保密协议（"运动 5""休闲 1""医疗保健 1""医疗保健 2"）。其次，企业从 ELUs 处获得反馈的速度更快。对于外部领先用户而言，企业需要首先确认这些领先用户是见多识广并值得信赖的，然后才能建立起合作关系，最后还需要签署正式的协议，诸如此类的流程都需要花时间来进行处理。（"医疗保健 3"）

ELUs 更有可能为企业提供可实施的，并且立即可行的想法和解决方案。（"运动 1""运动 2""运动 7""休闲 2""休闲 5"）

大部分具体的、详细的、可行的解决方案都是由我们内部的用户员工（领先用户）开发的，而不是外部的领先用户。（"运动 2"）

从以上这些内容中，我们可以看出，外部用户的想法被认为是非常有价值的，但有时却是"激进的想法"，甚至是"空想"。

我需要知道，哪些人对这项运动非常痴迷，谁又有着最疯狂的想法……因为我们自己不会有这样的想法，所以与他们进行交谈并聆听他们的想法对我们来说是非常重要的，有时我们需要对他们的想法表现得更加包容。虽然这么说，但是，我们还是必须辨别出这些想法中，哪些是可以实现的，哪些是不可以实现的。（"运动 7"）

相比之下，因为 ELUs 属于企业的一分子，所以他们必然会受到企业创新过程的限制，而这有可能会阻碍他们的创新思路。

如果你参与到了产品开发的流程中，如果你知道这需要付出多少努力，并且你知道未来可能会有多少产品被售出，那么你的行为方式就会与外部用户不同，因为你受到了某种方式的限制，因为你知道接下来会发生什么。（"休闲 1"）

总的来说，以上这些证据表明，ELUs 可以为符合企业技术能力和市场需求的创新做出显著贡献。然而，企业需要意识到的是，它们从企业研发人员、外部用户或者 ELUs 处所获得的帮助，在性质上会有所不同。

16.3.4　ELUs 是企业和市场之间的边界沟通者

ELUs 在企业和用户社群之间扮演着边界沟通者的角色，促进着内部信息与外部信息的传递。他们利用自己在用户网络中的地位，为其就职的企业提供新的想法和具体的解决方案。作为用户社群的成员，他们还会参加诸如竞赛或者成员聚会之类的活动（"休闲 1""休闲 4""休闲 7"）。与此同时，ELUs 也会对用户在在线社群中分享的知识加以利用。

我们企业的许多员工都会关注在线社群，并且从中搜集其他用户对产品的反馈。这些员工之所以这样做，就是因为他们对这个主题感兴趣。并且，他们会将自己在社群中找到的好的想法告诉我。（"休闲 1"）

ELUs 会在真实的用户环境中对其他用户进行观察，以识别和讨论与产品使用有关的问题和解决方案（"运动 1""运动 6""医疗保健 2""休闲 1""休闲 5"）。有时，他们还会向其他用户展示企业开发的原型品，以便获得这些用户的评价和反馈（"休闲 5"）。由于外部用户将 ELUs 视为他们与 ELUs 所在企业进行沟通的桥梁，所以他们会主动与 ELUs 取得联系，从而将他们的想法传递给制造企业（"运动 4""医疗保健 1""休闲 2"）。

ELUs 会将从外部用户那里获得的评论、想法和解决方案传递到企业内部，最终，这些对创新有帮助的信息会流向研发部门（"运动 1""运动 2""医疗保健 2""医疗保健 4""休闲 1"）

> 由于我经常与其他玩家一起玩游戏，因此，我就有机会从这些玩家那里获取关于游戏改进的意见。要是我不把这些意见反馈给企业，那我真是太愚蠢了。（"休闲1"）

作为产品知识和想法的提供者，ELUs 比其他员工拥有更高的地位和声誉。但是，他们并不满足于此，他们想要变得更好，想要更加直接地参与到研发流程之中（"运动1"至"运动3"，"运动6"，"运动7"，"医疗保健2"，"休闲1"）。

重要的是，ELUs 会对他们获得的信息进行过滤、翻译、整合，以及扩展（"医疗保健2""运动4""运动6"）。他们对信息进行处理时所采用的标准，源自他们自己在产品使用过程中积累的经验，以及他们对市场与企业的了解。例如，ELUs 可以利用自己的经验，识别并排除那些看上去不合理的用户反馈。对产品使用情况的实地观察常常有助于他们获取准确的产品信息，对于这一点，一家帆船制造企业的一名 ELU 有如下表述：

> 在这里，你全天 24 个小时都可以直接接触到这些信息，你可以看到帆船和造船用的材料，以及它们被使用的情况……所以，你可以判断是否是帆船本身有问题，或者是否仅仅是顾客的问题，但事实上，并没有那么容易。（"运动1"）

如果目前的产品无法有效满足用户的需求，ELUs 就会利用自己的经验和技术知识确定用户和制造商都可以接受的潜在解决方案。因为用户体验到的问题会直接展现在 ELUs 面前，或者至少他们有机会直接观察到这些问题，所以他们可以通过问题诊断更有效地设计出潜在的解决方案。

除了可以利用相关经验，帮助设计技术上可行的解决方案，ELUs 还非常了解生产企业的战略目标、流程、惯例、能力和经济需求（"休闲1""运动2""运动3"）。在企业内工作的经理，帮助 ELUs 逐渐了解了"游戏规则"和"企业语言"（"医疗保健2""运动4""运动6"）。凭借这一优势，ELUs 可以将客户提供的信息翻译成正确的"企业语言"，这无疑为这些信息增加了可信度，进而使得生产企业能够更有效地使用这些信息来解决产品问题（"运动1""休闲5"）。

ELUs还可以利用自己所在的用户网络进行市场营销。即使他们不是一线的员工，在企业中也不从事与销售相关的工作，他们还是可以在闲暇时频繁地与用户进行接触。在某些情况下，ELUs对新设备的测试会引起外部用户的注意，并且后者会直接从前者处下单购买该设备，甚至早在产品进入市场正式销售前，这种购买方式就会出现（"运动1""运动2""运动6"）。

> 本周我参加了一场自行车比赛，并使用了我们的新产品。在整个活动中，我一直被其他骑手问道："这是你们生产的新产品吗？"（"运动2"）

由于ELUs本身就是领先用户，所以他们倡导和使用的新产品在用户社群中拥有很大的影响力（"运动1"至"运动3"，"休闲5"）。

> 在这个级别的帆船比赛中，我算得上一名非常优秀的选手。两年前，在这个级别的帆船市场，我们拥有40%～50%的市场份额。然后，我们开始积极地参加赛船会，并且开始开发新的帆船型号。两年后的今天，我们赢得了比赛的冠军，并拥有90%的市场份额……如果企业的员工同时还是一名好的选手，这不仅能够为企业带来一定的好处，还是一种非常有效的营销手段。（"运动1"）

总之，我们发现，ELUs起到了边界沟通者的作用，促进了企业内部信息与外部信息的传递。他们获取用户信息并进行过滤和翻译，以便企业的其他员工能够更加容易地理解这些信息，他们还可以通过用户网络促进产品的销售。

16.3.5　企业面对的困境

在这一小节的内容中，读者将了解到，当ELUs从创新活动中获得个人利益时，企业也可以从中获益。我们这里所说的个人利益并不是指企业提供的报酬，但它们的确激励着ELUs在业余时间为创新付出额外的努力。

然而，这种混合的驱动力模式和利益基础也增加了 ELUs 采取机会主义行为和提供误差信息的风险。

我们发现，ELUs 在他们的业余时间会去从事一些有利于他们就职企业的事情，并且不会要求回报。他们知道自己可以为企业带来什么样的好处，还可以根据自己的薪资水平选择付出多大程度的额外努力，同时判断出是否存在某种契机，可以使他们的想法变成企业的项目。

> 我就是无法停止下来。如果我在家中萌生了一个想法，我会将这个想法写下来，并不断地进行改进……但是，如果这个想法与我的工作有关系，那么，我不会选择像这样在家里工作数个小时。我会尝试将这个想法变成一个项目，整合到我的工作之中。如果公司并不喜欢这个想法，而我自己又非常坚信这个想法的价值的话，我就可能会利用工作之余的时间来对这个想法进行开发。（"运动 5"）

以上这位 ELU 向我们阐述了，在创新过程中，他是如何平衡个人利益与企业利益的，又是如何将私人资源和企业资源结合起来的。个人利益（例如，满足个人的使用需求，或者单纯的创新愿望）有助于增强 ELUs 的创新动力。

虽然 ELUs 对这种个人利益的追求被认为对企业有利，但是这也的确增加了产生机会主义行为的可能性。我们发现的一些证据表明，ELUs 的机会主义行为存在两种表现：第一，为了参与能够从中获得更多个人回报的、与产品使用相关的活动，而利用企业资源并忽视本职工作；第二，为了满足自己对产品使用方面的研究或其他行为，而影响研发部门的工作流程。

许多 ELUs 被企业授予了丰富的资源（尤其是自由支配的时间）来完成他们与创新相关的工作（"运动 4""运动 7"）。例如，一些企业的 ELUs 可以在工作时间对产品进行使用和测试（这可能会对 ELUs 的本职工作造成影响）。经理们意识到，事实上，一些 ELUs 可能会利用这种自由来追求具有更高价值的工作经验。一些受访者表示，他们在测试会议后会要求员工提供一些正式的反馈意见，尤其是对于那些存在着机会主义行为的员工。

> 我们选择了 35 位爱好打网球的 ELUs，要求他们对新产品进行测试，其中有一两位 ELUs 在这里仅仅是为了打球和娱乐，而不是为了参加测试。对此，我的看法是，他们必须知道……"他们如果想要在这里打球，就需要提交给我一份测试报告"……但是我们这样做也有弊端，即仅仅因为那一两人，就对其余 33 位 ELUs 执行更为严格的规则（例如，在工作期间不可以进行产品测试），这是不公平的。（"运动 7"）

然而，总的来说，我们研究的这些企业在这个问题上的管理力度都比较宽松，管理流程也都趋于非正式化，并且没有设立针对用户创新的激励机制。

我们发现，研发经理们通常会比较担忧这样一种情况：一些 ELUs 更倾向于针对那些受众市场很大的产品，提出先进的甚至激进的解决方案。在本研究中，至少有一位研发经理指出这种倾向会对企业经营产生不利的影响（"运动 7"）。

> 在这件事情上，我们不能听之任之。如果你继续采纳这些 ELUs 的建议，那么，他们就会针对自己的需求提出一些解决方案，但是这些方案与企业的产品创新关系不大，这会使企业创新停滞不前。（"医疗保健 1"）

这些行为似乎的确是机会主义行为，但是在一些情况下，似乎恰恰是 ELUs 具有的领先用户的属性，造成了这一问题。研究中的几位受访者也表示，这是无意识的信息偏倚造成的（"医疗保健 1""医疗保健 2""医疗保健 5""运动 5""运动 7""休闲 1"）。

> 你拥有的个人经历越丰富，你就越难发觉一些显而易见的问题……对于一个真正有天赋的、认为打网球非常容易的人来说，他无法想象为什么一个初学者即使用了一支超大尺寸的网球拍，仍然打不到球。（"运动 7"）

因此，一些经理表示，他们会尽量做到不要完全地依赖 ELUs。其中一名经理会故意在测试中安排一些非领先用户员工，以减少潜在的信息误差。

> 我们给了物料部门的一位女孩一辆电动自行车。在没有给她任何提示的情况下，我们观察了她的反应。我们还尝试劝说一位似乎永远都不会使用电动自行车的自行车车手尝试我们的新产品。我们之所以这样做，就是希望从中获得更多不一样的信息。（"运动 2"）

16.4　基于现有理论的讨论

在本节中，我们会基于现有的理论对我们的研究结果进行讨论，并提出未来的研究中可能出现的有趣问题。我们着重考虑的是，ELUs 所具有的双重知识来源（内部知识和外部知识）和双重内部性（既是企业的内部员工，又是社群的内部用户），ELUs 的内在创新动机和外在创新动机的相互作用，以及可以用于研究 ELUs 和企业边界的方法。

16.4.1　在创新网络中的认知与定位

ELUs 同时处于两种环境之中——他们既处于企业环境，又处于用户环境。先前的研究表明，与需求相关的知识大多由用户所掌握，而与解决方案相关的知识往往由生产企业所掌握。这两种类型的知识通常都具有一定的黏性——也就是说，这类知识的传递会产生高昂的成本（von Hippel，1998）。ELUs 可以直接获得这两种类型的知识。他们与外部（领先）用户说着相同的"语言"，有着相同的思维模式，并且他们可以很轻松地与外部（领先）用户进行互动、产生共鸣，进而从外部（领先）用户那里获取有用的需求信息（Nooteboom，2000）。与此同时，ELUs 还会与企业内部的员工进行沟通，企业的员工会与他们分享相关的知识和企业对产品创新的观点。从知识传递和学习的角度来看，雇用 ELUs 可能会为以下这个问题提供一个解决方案，即普通员工很难同时拥有吸收外部知识和吸收内部知识的能力

（Cohen and Levinthal，1990）。ELUs 对于这两种环境都有着非常深入的了解，这就允许他们在其中扮演特殊的边界沟通者的角色（Nooteboom，2000）。

不难发现，这种能力反映出 ELUs 在创新网络中所具有的特殊的结构性特征和关系性特征（Dahlander and Wallin，2006）。从某种程度上来讲，ELUs 同时掌握着这两种环境各自的规则和文化，同时在这两种环境中都拥有着较高的社会资本。然而，双重性的特点也会使他们的可信度受到影响，让他们对于其中一个群体的忠诚受到考验，甚至使他们的目标不再明确（Chan and Husted，2010）。

16.4.2　动机和激励

说到创新动机，可能每一位 ELU 都会有所不同。诸如使用优质的产品、获取薪酬、享受工作所带来的激情等好处，都有可能成为 ELUs 的动力来源。这些好处在叠加在一起时，有可能被加强；但是，也有一些文献指出，好处过多也可能导致 ELUs 迷失方向（Deci，1971）。

与动机有关的激励和控制问题都需要在未来获得进一步的研究。在上文的研究中我们发现，ELUs 使用企业的产品，并在业余时间与其他用户进行非正式的互动，这种情况通常不在企业的控制下。这时，企业目标与个人目标出现了高度重叠，有可能导致道德风险和出现机会主义行为，例如泄露企业信息的行为，为了满足自己的需求而影响企业创新流程的行为，或者为了参加更有利于个人利益的、与产品使用相关的活动而忽视工作职责的行为。ELUs 的个人利益和企业利益有可能交织在一起，这一情况也是未来研究的课题之一。

16.4.3　企业策略与企业边界

在企业层面，未来的研究应该进一步探寻 ELUs 的价值及其可能导致的负面情况，而这些都会对企业的边界决策产生明显的影响。在未来，需要得到进一步研究的内容包括：何时且如何将用户纳入企业内部，以及这些内部用户可以在多大程度上替代外部用户在产品开发方面起到的作用。企业内部和外部的领先用户以及内部和外部的普通用户，都拥有不同的动机，同时也受到不同条件的约束，并且，这两方面都有可能会对他们的创新行为产生影响。创新目标、企业特点及其所具备的技术特点等因素，都决定着内部用户在企业内部所扮演的角色。更加深入地了解知识的获取成本（Williamson，1973）以及企业获得创新知识的策略（Grant，1996），将有助于我们了解用户掌握的具体知识怎样才能被更好地转化为竞争优势。

16.5　结论

在本文中，我们分析了一种之前的研究很少触及的创新现象，该现象在实践层面具有重要的意义。我们的实证研究结果表明，在生产企业中，许多负责企业产品和服务的员工都是领先用户。我们称这些员工为 ELUs。我们认为，他们在创新过程中的作用是非常特别的，值得我们在未来的研究和实践中持续关注。ELUs 所提供的想法和解决方案与内部研发人员和外部领先用户的不同，并且 ELUs 在企业和市场之间扮演着边界沟通者的角色；他们所拥有的混合动机以及可随意使用的资源，也增加了他们采取机会主义行为和提供误差信息的可能性。我们在本文中通过定性研究所得的结果，需要获得进一步的延伸和定量验证。

迄今为止，针对用户创新的研究，要么将关注点集中在生产企业外的用户创新上，要么将关注点集中在生产企业如何与外部领先用户展开创新合作上。正是因为这一点，在研究创新问题时，"用户—制造商二分法"成了最常被采用的理论。

我们的研究结果打破了这种二分法，并表明存在于生产企业内部的用户同样是创新的重要驱动力，这一点常被主流观点忽视。在企业创新层面，用户同样发挥着核心作用。从研究的结果中我们也可以看出，在特定行业中，过去被认为是由生产企业完成的创新，实际上有很大一部分都离不开ELUs 提供的帮助。

参考文献

Aldrich, H., and D. Herker. 1977. Boundary spanning roles and organization structure. *Academy of Management Review* 2 (2): 217–230.

Allen, T. J., and S. I. Cohen. 1969. Information flow in research and development laboratories. *Administrative Science Quarterly* 14 (1): 12–19.

Baldwin, C. Y., C. Hienerth, and E. von Hippel. 2006. How user innovations become commercial products: A theoretical investigation and case study. *Research Policy* 35 (9): 1291–1313.

Baldwin, C. Y., and E. von Hippel. 2011. Modeling a paradigm shift: From producer innovation to user and open collaborative innovation. *Organization Science* 22 (6): 1399–1417.

Bogers, M., A. Afuah, and B. Bastian. 2010. Users as innovators: A review, critique, and future research directions. *Journal of Management* 36 (4): 857–875.

Chan, J., and K. Husted. 2010. Dual allegiance and knowledge sharing in open source software firms. *Creativity and Innovation Management* 19 (3): 314–326.

Chouinard, Y. 2005. *Let My People Go Surfing: The Education of a Reluctant Businessman*. New York: Penguin.

Cohen, W. M., and D. A. Levinthal. 1990. Absorptive capacity: A new perspective on learning and innovation. *Administrative Science Quarterly* 35 (1): 128–152.

Dahlander, L., and M. W. Wallin. 2006. A aan on the inside: Unlocking communities as complementary assets. *Research Policy* 35 (8): 1243–1259.

De Jong, J. P. J., and E. von Hippel. 2009. Transfers of user process innovations to process equipment producers: A study of Dutch high-tech firms. *Research Policy* 38 (7): 1181–1191.

Deci, E. L. 1971. Effects of externally mediated rewards on intrinsic motivation. *Journal of Personality and Social Psychology* 18 (1): 105–115.

Demsetz, H. 1967. Toward a theory of property rights. *American Economic Review* 57 (2): 347–359.

Edmondson, A. C., and S. E. McManus. 2007. Methodological fit in management field research. *Academy of Management Review* 32 (4): 1155–1179.

Eisenhardt, K. M. 1989. Building theories from case study research. *Academy of Management Review* 14 (4): 532–550.

Eisenhardt, K. M. 1991. Better stories and better constructs: The case for rigor and comparative logic. *Academy of Management Review* 16 (3): 620–627.

Franke, N., and S. Shah. 2003. How communities support innovative activities: An exploration of assistance and sharing among end-users. *Research Policy* 32 (1): 157–178.

Franke, N., E. von Hippel, and M. Schreier. 2006. Finding commercially attractive user innovations: A test of lead-user theory. *Journal of Product Innovation Management* 23 (4): 301–315.

Glaser, B. G., and A. L. Strauss. 1967. *The Discovery of Grounded Theory: Strategies for Qualitative Research*. New York: DeGruyter.

Grant, R. M. 1996. Toward a knowledge-based theory of the firm. *Strategic Management Journal* 17 (1): 109–122.

Harhoff, D., J. Henkel, and E. von Hippel. 2003. Profiting from voluntary information spillovers: How users benefit by freely revealing their innovations. *Research Policy* 32 (10): 1753–1769.

Hertel, G., S. Niedner, and S. Herrmann. 2003. Motivation of software developers in open-source projects: An Internet-based survey of contributors of the Linux kernel. *Research Policy* 32 (7): 1159–1178.

Hienerth, C. 2006. The commercialization of user innovations: The developement of the rodeo kayak industry. *R&D Management* 36 (3): 273–294.

Hienerth, C., E. von Hippel, and M. B. Jensen. 2011. User community vs. producer innovation development efficiency: A first empirical study. *Research Policy* 43 (1): 190–201.

Hyysalo, S. 2009. User innovation and everyday practices: Micro-innovation in sports industry development. *R&D Management* 39 (3): 247–258.

Janzik, L. 2010. Contribution and participation in innovation communities: A classification of incentives and motives. *International Journal of Innovation and Technology Management* 7 (3): 247–262.

Jensen, M. B., B. Johnson, E. Lorenz, and B. Lundvall. 2007. Forms of knowledge and modes of innovation. *Research Policy* 36 (5): 680–693.

Jeppesen, L. B., and L. Frederiksen. 2006. Why do users contribute to firm-hosted user communities? The case of computer-controlled music instruments. *Organization Science* 17 (1): 45–63.

Kozinets, R. V. 2002. The field behind the screen: Using netnography for marketing research in online communities. *JMR, Journal of Marketing Research* 39 (1): 61–72.

Leonard-Barton, D. 1992. Core capabilities and core rigidities: A paradox in managing new product development. *Strategic Management Journal* 13 (1): 111–125.

Levitt, M. 2009. *Herding Tigers: The North Sails Story*. North Sails Group LLC.

Lilien, G. L., P. D. Morrison, K. Searls, M. Sonnack, and E. von Hippel. 2002. Performance assessment of the lead user idea-generation process for new product development. *Management Science* 48 (8): 1042–1059.

Lincoln, Y. S., and E. G. Guba. 1985. *Naturalistic inquiry*. Beverly Hills: Sage.

Lüthje, C., and C. Herstatt. 2004. The lead user method: An outline of empirical findings and issues for future research. *R&D Management* 34 (5): 553–568.

Lüthje, C., C. Herstatt, and E. von Hippel. 2005. User-innovators and "local" information: The case of mountain biking. *Research Policy* 34 (5): 951–965.

Miles, M. B., and A. M. Huberman. 1994. *Qualitative Data Analysis: An Expanded Sourcebook*. Thousand Oaks, CA: Sage.

Nooteboom, B. 2000. Learning by interaction: Absorptive capacity, cognitive distance and governance. *Journal of Management and Governance* 4 (1): 69–92.

Raasch, C., C. Herstatt, and P. Lock. 2008. The dynamics of user innovation: Drivers and impediment of innovation activities. *International Journal of Innovation Management* 12 (3): 377–398.

Rynes, S. L., B. Gerhart, and K. A. Minette. 2004. The importance of pay in employee motivation: Discrepancies between what people say and what they do. *Human Resource Management* 43 (4): 381–394.

Salvato, C., and C. Rerup. 2011. Beyond collective entities: Multilevel research on organizational routines and capabilities. *Journal of Management* 37 (2): 468–490.

Schweisfurth, T. G., and C. Raasch. 2015. Embedded lead users: The benefits of employing users for corporate innovation. *Research Policy* 44 (1): 168–180.

Spreitzer, G. M. 1995. Psychological empowerment in the workplace: Dimensions, measurement, and validation. *Academy of Management Journal* 38 (5): 1442–1465.

von Hippel, E. 1982. Appropriability of innovation benefit as a predictor of the source of innovation. *Research Policy* 11 (2): 95–115.

von Hippel, E. 1986. Lead users: A source of novel product concepts. *Management Science* 32 (7): 791–805.

von Hippel, E. 1998. Economics of product development by users: The impact of "sticky" local information. *Management Science* 44 (5): 629–644.

von Hippel, E. 2005. *Democratizing Innovation*. Cambridge: MIT Press.

von Hippel, E., and R. Katz. 2002. Shifting innovation to users via toolkits. *Management Science* 48 (7): 821–833.

von Hippel, E., and M. J. Tyre. 1995. How learning by doing is done: Problem identification in novel process equipment. *Research Policy* 24 (1): 1–12.

von Hippel, E., and G. von Krogh. 2006. Free revealing and the private-collective model for innovation incentives. *R&D Management* 36 (3): 295–306.

von Krogh, G., and C. Rossi Lamastra. and S. Haefliger S. 2010. Phenomenon-based research in management and organization science: Towards a research strategy. Working paper. ETH Zürich.

von Krogh, G., S. Spaeth, and K. R. Lakhani. 2003. Community, joining, and specialization in open source software innovation: A case study. *Research Policy* 32 (7): 1217–1241.

Williamson, O. E. 1973. Markets and hierarchies: Some elementary considerations. *American Economic Review* 63 (2): 316–325.

Yin, R. K. 2003. *Case Study Research: Design and Methods*. Thousand Oaks, CA: Sage.

Yuan, F., and R. W. Woodman. 2010. Innovative behavior in the workplace: The role of performance and image outcome expectations. *Academy of Management Journal* 53 (2): 323–342.

第 17 章 MUJI 的众包开发模式

小川进、西川英彦

本文的目标是了解株式会社良品计划公司（Ryohin Keikaku）（在其所在行业，该公司属于一家开创型企业）如何将众包模式应用于实践？该公司为什么会取得成功？取得的成果又有哪些？我们在文中将通过一个案例来描述众包模式的变革，并使用传统的方法对其进行分析。

互联网技术的最新进展使企业有可能吸引大量"普通人群"参与到产品开发的构思阶段中（von Hippel，2005）。这种将与产品创意有关的创造性工作留给大量"普通人群"来完成的做法，被称为众包（Agerfalk and Fitzgerald，2008；Howe，2006，2008；Pisano and Verganti，2008）。在日常的新闻报道中，我们可以找到许多有关众包的案例，其中常提到的有戴尔的 Ideastorm. com，以及 Threadless. com 这些众包平台（Howe，2008；Ogawa and Piller，2006）。这些案例表明，众包模式提供了一种在产品开发过程中，汇聚更多不同观点和资源的方法。在这一模式下，企业不再仅仅依靠内部的专业人员完成创新（Piller and Walcher，2006；Poetz and Schreier，2012；von Hippel et al.，2011）。

虽然有许多不同的企业都采用了众包模式，但是本文要重点介绍的是株式会社良品计划公司的例子。该公司创建了 MUJI 品牌，在该品牌下开发产品并经营店铺。株式会社良品计划公司的业务遍布全球，截至本文写作之时（2010 年末），该公司在日本、美国、英国、法国、意大利、德国、瑞典、挪威、中国、韩国等 22 个国家拥有 493 家门店。该公司的产品种类繁多，服装和杂货类产品有 1 915 种，室内装饰/家庭用品类产品有 4 893 种，食品类产品有 652 种，共计 7 460 种产品。它是一个纵向一体化的企业，其触角遍及从规划到生产、批发，再到零售的整个流程。2010 财年，该公司的服装和杂货类产品的销售额为 470 亿日元，室内装饰/家庭用品类产品的销售额为 807 亿日元，食品类产品的销售额为 144 亿日元。其总销售额约为 1 700 亿日元，净利润为 79 亿日元。

2000 年，株式会社良品计划公司开始在产品开发中使用众包模式（尽管当时"众包"这一说法还没有被广泛接受）。截至本文写作之时，该公司已经完成了 40 多个众包项目。十多年来，很少有企业能够宣称自己已经成功地实践了众包模式。在本文中，我们将介绍，作为众包模式的先驱者，株式会社良品计划公司采用了哪些方法实践众包模式，又获得了哪些成功经验。[1]

17.1 株式会社良品计划公司采用众包模式的初期阶段

20 世纪 90 年代，在产品开发领域，互联网得到了广泛运用，株式会社良品计划公司也开始考虑如何使互联网技术为己所用。其中一项尝试被称作"家具和家电产品开发项目"。该项目提出的关键概念是根据消费者提供的想法开发产品。在该项目下，公司每个月会接受一个来自消费者的创新想法，一年就将接受 12 个创新想法。

从 1999 年秋季开始，在旗下 MUJI 品牌产品的开发和营销中，株式会社良品计划公司开始尝试使用互联网技术。采取这样的策略有很多理由。第一，当时互联网技术已经被人们接受并使用。第二，对于那些在居住地附近找不到 MUJI 商店的消费者，以及因为照顾孩子或其他原因无法经常光顾 MUJI 商店的消费者来说，通过互联网购买 MUJI 产品很有吸引力。第三，实体商店受到空间的限制，只能陈列一部分产品，而该公司希望客户能够购买它销售的所有产品。那时，株式会社良品计划公司会根据实体

---

① 本文作者之一（西川英彦）于 2005 年负责株式会社良品计划公司的众包项目。随后，他潜心研究学术，但仍继续以外部观察员的身份，为该公司的众包项目撰写报告。本文另外一位作者（小川进）自该公司的众包项目成立以来，一直作为研究员对该项目进行观察。因此，本文将从内部人士和外部人士两个不同的角度对案例进行分析。

店铺销售空间的大小，摆放不同数量的产品进行销售，因此，客户在一家 MUJI 实体商店中未必能够买到所有的 MUJI 产品。互联网的出现打破了这些限制，使客户能够购买他们想要的任何 MUJI 产品。

1999 年底，株式会社良品计划公司开始对互联网销售进行内部讨论，并且在 2000 年就提出了详细的计划。在该公司的计划中，互联网技术不仅将被用于弥补实体商店的不足，还将被用作开发新产品和新业务的工具，这对于该公司而言是全新的挑战。"家具和家电产品开发项目"就是其中的一项实验。该项目的目的是利用非常规的方法来开发新颖的产品。

该项目的目标之一是，获得比传统 MUJI 产品更新颖的产品。具体而言，参与该项目的人员被要求专注于"开拓新功能"，而不是侧重于"开发有限的核心功能"。

在此之前，在产品开发上，MUJI 只强调有限的核心功能，关于产品的有用信息"只需要标签上的几行文字就可以阐述清楚"。总之，MUJI 传统的产品开发理念是去掉所有不必要的功能。当客户来到商店时，他们需要做的就是阅读标签，以便了解产品的工作原理，在不需要销售人员解释的前提下，决定是否购买该产品。这就是公司之前所采取的产品开发策略。

而新的产品开发策略旨在开发全新的产品功能。在互联网上，消费者将找到有关这些产品新功能的解释以及它们使用方法的信息。公司希望由此创立一种新的、基于互联网的产品开发策略。最终，公司确定"家具和家电产品开发项目"的执行期为 2002 年 9 月至 2003 年 12 月。

在这个项目中，公司力求能够开发出那些使用传统的开发方式无法开发出来的产品。正是基于这一原则，那些已经在开发和研究之中的产品构思将不再被纳入该项目。与此同时，公司还决定，摒弃那些以传统的模块化开发方法为基础的产品构思。MUJI 传统的开发方式是创建包括尺寸、材料和颜色在内的基本模块，并使用这些基本模块，通过组合和配置更轻松地开发出不同的产品。相比较而言，不需要使用基本模块的独立式产品的开发则要简单得多。因此，任何需要使用基本模块的产品构思都不会被加入该项目。

17.1.1 外部资源的使用

"家具和家电产品开发项目"是一项尝试开发不同类型的产品和服务的实验，并且经该项目产出的创新产品将完全跳出传统的 MUJI 产品领域。该项目的一个关键创新点就是利用外部资源，它采用了两种模式：一种是以消费者为主导的创新型开发模式（众包）；另一种是与外部公司进行合作创新的模式。

实际上，早在以消费者为主导的创新型开发模式出现之前，株式会社良品计划公司就一直致力于与消费者进行意见交流，这种交流被称作"意见互动"。过去，该公司通过明信片、电子邮件、电话和店内讨论的形式，从客户那里收集了大约 90 000 条意见。这些意见对产品的开发产生了正面的影响。

但是，在旧方式下，消费者要想知道开发商是否采纳了他们的意见，只能通过张贴出来的产品宣传海报。因此，"家具和家电产品开发项目"的目的之一就是让客户直接参与到开发过程中，在公司和用户之间创建更紧密、更频繁的互动，希望能够由此开发出一些不同的产品。

株式会社良品计划公司使用外部资源的另一种方式是与外部公司进行合作创新。在这方面，该公司也已经有了具体的目标。引进汽车制造公司、网站运营商，以及与其他外部专家成立联合开发项目，使公司能够实现过去无法实现的想法。该公司希望借此创造出新产品和新业务。

17.1.2 使用母公司的资源

如上所述，该公司期望借助"家具和家电产品开发项目"推动创新想法、技术、产品及业务的开发，想要实现这一点，需要确立不同的开发重点，还要积极地引入外部资源。

该项目的目标是找到新的产品功能和市场定位，所以，项目人员也需要尽可能地利用好内部资源。其中最重要的一点，就是利用好 MUJI 在当时已经积累下来的业务资源。

"家具和家电产品开发项目"的设计理念要与 MUJI 品牌的传统设计理

念保持一脉相承，如此一来，才能留住那些原本的客户。虽然公司想要在构思、内容、产品和服务方面寻求新的突破，但是其基本设计理念还是沿用了 MUJI 品牌的传统设计理念。

公司网站对 MUJI 设计理念的描述如下：

（1）制造产品时，应尽可能利用材料原本所具有的特性，减少不必要的装饰、添加剂和工艺处理。

（2）制造产品时，从选料、加工、包装，再到最后的产品处理，都应该全面地考虑到环境保护。

（3）产品应该跟上时代的潮流，要很好地体现出时尚元素。

（4）产品应该简单、方便使用、美观、高品质，并且功能齐全。

（5）产品应该价格适当，并且让人们可以很容易地了解到它们与众不同的原因。

"家具和家电产品开发项目"旨在最大限度地利用 MUJI 的设计理念，为此，该公司授予了产品开发经理最终决定设计理念的权力。这是因为，开发经理对 MUJI 的产品理念和客户在实体店的购买行为极为熟悉。因此，该项目决定只开发符合 MUJI 理念的产品。事实上，许多理念之所以未被项目组采用，是因为它们被认为不适合 MUJI 的产品理念。

该项目还很好地利用了来自 MUJI 品牌的一项资源——在 MUJI 实体店中与客户进行交流的机会。从一开始，该项目组就打算利用好本公司的实体店（截至 2002 年 11 月，该公司在日本国内总共拥有 269 家实体店）、产品目录、购物袋等可以用于促进互联网销售的资源。这样做的目的是，利用与实体店相关的现有资源，将基于互联网开发的产品推荐给尽可能多的消费者。

17.2 MUJI 汽车的开发

事实上，在"家具和家电产品开发项目"推出之前，株式会社良品计划公司就已经开始尝试让消费者参与产品开发。2000 年 9 月，公司开始与日产汽车公司（Nissan Motor）合作开发汽车，并于 2001 年 4 月开始接受客户的订单。该产品被称为"MUJI 汽车"，是日产旗下"玛驰"（March）汽车的特别版本。该车的排气量为 1L，配置四速自动变速器，只有乳白色一种选择，售价为 930 000 日元，比普通的"玛驰"汽车的售价低 25 000 日元。这是一款限量版汽车，发行量只有 1 000 辆，并且只能通过 MUJI 网站购买。

该产品的灵感来自 MUJI 网站上约 500 位客户留下的评论。公司为了降低价格，减少了汽车的一些功能。最终，公司售出了 164 辆该款汽车。当时，这被认为是在互联网汽车销售领域非常好的一个成绩，但是即便如此，这也算不上一个巨大的成功。

17.2.1 MUJI 汽车带来的经验与教训

株式会社良品计划公司从这次开发汽车的过程中学习到了几件事情。第一，需要找到一种方法，与创新灵感的提供者取得联系，并且在开发过程中对产品的目标客户进行准确定位。在开发 MUJI 汽车时，公司无法确定究竟是哪一类消费者提供了这一创新思路，这就使得公司无法了解目标客户的特质和基本情况，因此，也就无法精确地预测该产品的市场需求。

第二，当产品进入实际销售阶段时，在网站上阅读产品评论的人所扮演的角色，比那些撰写这些评论的人更为重要。在大约 500 名当时撰写过评论的消费者中，只有少数消费者实际购买了 MUJI 汽车。在购买产品的群体中，大多数是阅读过评论的消费者，而并非当初撰写评论的消费者。

第三，开发过程需要有更高的开放程度。汽车行业的特殊限制意味着，即使在 MUJI 汽车开发项目开启六个月后，公司也无法透露汽车基本车型的名称或设计细节。这使得真实的产品与消费者心目中的产品之间产生了差距。这说明，消费者和开发者并没有建立起有用且有效的沟通方式。

第四，重要的是，公司在开拓全新的互联网销售渠道的同时，仍然要继续保有实体店销售渠道，让消费者通过两种渠道都可以买到产品。此外，在产品开发和测试的过程中，对实体店资源的利用也尤为重要。在没有实体店的情况下，公司很难与制造商和经销商展开合作。株式会社良品计划公司当时计划仅在互联网上销售 MUJI 汽车，这就使得该公司无法在实体店层面与制造商展开令人满意的合作。出现这种情况的原因在于，制造商一般更重视现有渠道（实体店层面）。MUJI 汽车的销量相对较低，其中一部分原因在于，互联网销售的本质和该公司对这一全新渠道的理解有一定的不符；除此之外，还可以归因于该公司制订的仅在互联网上销售 MUJI 汽车的策略，影响了它与经销商的合作效果。

根据 MUJI 汽车的开发经验，我们认为，在以消费者为主导的创新型开发模式中，需要注意以下四个关键点：（1）针对提供创新灵感的消费者，需要加强其可追溯性；（2）更加积极地吸引"只读消费者"（read-only consumers）① 加入开发流程；（3）提高创新产品开发的透明度；（4）将实体店销售渠道与互联网销售渠道相结合。

"家具和家电产品开发项目"试图通过以下手段来解决由以上四个关键点衍生出来的问题：第一，为了更好地对消费者所提出的创新灵感进行追踪，该公司引进了会员注册系统；第二，项目组要求人们对产品开发的创新灵感进行投票，并利用投票结果推动产品的开发，这使得"只读消费者"能够更积极地在网上发表意见与建议；第三，为了提高开发过程的透明度，项目组与一家在业内被称为"大象设计"（Elephant Design）的风险投资公司合作，该公司在相关开发领域具有丰富的经验，这就使得项目组能够充分获取其他类似项目的经验与教训；第四，为了更好地让实体店销售渠道与互联网销售渠道结合起来，项目组决定，未来的产品将会同时在实体店与互联网上出售。

17.3 家具和家电产品开发项目

在初期准备工作完成后，"家具和家电产品开发项目"于 2001 年 9 月

① "只读"通常与只读内存（read-only memory）这一概念相联系，在这里代指那些只读评论不写评论的消费者。——译者注

25 日正式启动。最初的计划是每个月接受一个创新想法，这样一年就可以接受 12 个创新想法，并且所有主题都将来自主导开发进程的消费者。

17.3.1 "家具和家电产品开发项目" 的开发流程

"家具和家电产品开发项目"按照下文列出的步骤进行。我们将以一个创新想法——"席地而坐的生活方式"（Suwaru Seikatsu），以及根据该想法设计并生产出来的销量最高的产品——"舒适沙发"（Body Fit Cushion）（见图 17 - 1）为例，对每一个步骤进行解释。

图 17 - 1 舒适沙发

资料来源：株式会社良品计划公司。

第一步：消费者通过注册（免费）参与到项目之中。注册成功的消费者可以在网站的公告板上写下意见与建议，然后进入下一步。①

第二步：从消费者提供的意见与建议中，提炼出适合开发的创新想法。例如，经过提炼，得到了"席地而坐的生活方式"这个创新想法。

第三步：消费者根据提炼出来的创新想法，发表具体的产品创意。例如，根据"席地而坐的生活方式"这一创新想法，消费者提出的具体的产品创意包括：一个能够支撑住整个人体的大垫子、一个有着舒适靠背的地板沙发、一个能够让人放松并躺下来的靠垫、一个令人感到放松的榻榻

---

① 此时，株式会社良品计划公司的在线会员数接近 40 000。

米等。

第四步：MUJI 对消费者提供的产品创意进行统筹和整理，并请消费者投票选出他们最喜欢的几个想法。与此同时，MUJI 邀请消费者为他们所选择的产品创意提出更多的建议（见表 17 - 1）。

表 17 - 1　　　　　　　　　　　　　更多的建议

一个能够支撑住整个人体的大垫子	90
一个有着舒适靠背的地板沙发	7
一个能够让人放松并躺下来的靠垫	34
一个令人感到放松的榻榻米	31
一个配有椅子腿的榻榻米	25

第五步：MUJI 根据第四步中得票数最高的产品创意，提出相关的设计方案，并请消费者再次从中挑选出他们最喜欢的方案。与此同时，MUJI 邀请消费者为他们所选择的方案提出更多的建议。例如，对于"一个能够支撑住整个人体的大垫子"这个产品创意，有如下几种设计方案（见表 17 - 2）：

表 17 - 2　　　　　　　　　　　　　几种设计方案

织物型	177
组合型	97
休闲型	57
中空型	19

第六步：对第五步中得票数最高的设计方案进行商业化潜力研究，并对产品的具体规格、制造商、最小批量生产值和预期销售价格做出规划（见表 17 - 3）。

表 17 - 3　　　　　　　　　　　　　产品规划

产品名称		舒适沙发
产品规格	面料	弹力部分（74%尼龙，26%聚氨酯）
		帆布部分（100%棉）
	填充物	直径为 0.5 毫米的微粒泡棉（总重量约 6 公斤）
	尺寸	65 厘米×65 厘米×43 厘米
	最小批量生产值	50 件
	销售价格	19 000 日元

第七步：在产品方案确定之后，开始接受来自消费者的预订，如果预订的数量超过最小批量生产值，那么该产品就会进入生产阶段。但是，如果预订数量在三个月内未能达到最小批量生产值，那么该设计方案就会被放弃。

第八步：在所有的预订客户都获得产品后，该产品便会开始在互联网之外的实体店进行销售。

第九步：如果消费者在购买产品后，提出了意见反馈，株式会社良品计划公司就会吸取这些意见，并将其用于新产品的开发和持续改进。

17.3.2 开发流程创新

株式会社良品计划公司为了推进这个项目，尝试了许多创新。第一，它使用（较低的）预售价格吸引用户预购产品，并在产品手册中列出了在该产品被批量生产之前便已经预购的消费者的名单。

第二，产品开发流程除了变得更加透明以外，还变得更具系统性。例如，该项目使用了明确的进度管理方法，每月都只专注于一个创新想法；设置投票周期，大约是产品构思被宣布后的两周；如果产品的预订量在三个月内未能达到最小批量生产值，那么该设计方案就会被放弃。

第三，在产品开发过程中，株式会社良品计划公司便已经将实体店销售渠道考虑在内。因此，产品的开发从一开始就专注于功能、定价和最小批量生产值，这样更有利于推动该产品通过实体店渠道进行大批量销售。举例来说，在决定某一产品是否会被批量生产并投入市场时，需要满足一个条件，即预订量至少要达到初始批量生产值的 10%。之所以选择 10% 这个标准，原因在于，根据公司内部的销售数据，即使消费者在互联网上提供的创新想法和产品创意过于小众，公司也有理由期望当该产品在实体店销售时，其销量可以达到在互联网上销售的 10 倍。正如 Ogawa 和 Piller（2006）所说，将预订作为众包流程的一部分，将有助于减少产品开发过程中的相关风险。如果开发出来的产品没有市场，那么产品的新颖性和独创性也就没有任何意义。不过，如果产品的预订人数能够保持在一定水平之上，那么公司就有信心在市场上推出该新产品。这是株式会社良品计划公司在"家具和家电产品开发项目"

中，实行产品预购策略的原因之一。

17.3.3 开发的结果

"家具和家电产品开发项目"从 2002 年 9 月一直持续到 2003 年 12 月。该项目最终涉及八个创新想法，其中有三个产品创意最终转化为了商业化产品。实际被接受的创新想法数量低于原计划的 12 个，其主要原因在于：（1）产品开发实际所需要的时间比预期的时间更长；（2）经过对一些用户提出的创新想法的深入研究和思考，该公司发现其中一部分想法与 MUJI 的品牌理念格格不入；（3）经过对创新想法的深入研究和思考，项目组发现市场上已经在销售类似的产品；（4）项目组发现公司内其他项目组正在考虑开发类似的产品。

最终，被采纳的创新想法的数量和实际生产出来的产品数量并没有达到计划的要求。但是，尽管如此，在"家具和家电产品开发项目"中实现商业化的产品的销售额也已经超过了计划销售额。

对于约 5 000 个使用常规方法开发的 MUJI 项目来说，每一个项目的年平均销售额约为 3 000 万日元。相比之下，"便携灯"第一年的销售额为 1.02 亿日元；"舒适沙发"为 4.92 亿日元；"壁挂式箱子"为7 100 万日元（见表 17-4）。所有这些数字都远高于常规项目年销售额的平均值，"舒适沙发"是其中最成功的产品，在整个内饰和家庭用品部门中，其销售额排名第五。此外，这些产品的销量远高于最初设定的批量生产值（达到了最小批量生产值的 10 倍），这就消除了互联网消费者的担心，即他们认为他们所提供的奇怪的想法和评论不会转化为在实体店销售的商品。

表 17-4　　　"家具和家电产品开发项目"的销售结果

产品名称	最小批量生产值	第一年的销售额（日元）	第一年的销量
便携灯	300	1.02 亿	17 939
舒适沙发	50	4.92 亿	48 542
壁挂式箱子	300	7 100 万	84 975

17.3.4 与传统的开发方式的对比

在"家具和家电产品开发项目"中，产品开发采用众包的方式，与传统方式（传统的营销方式）相比，这种方式使公司获得了更高的销量，并且使开发出来的产品更具新颖性和独创性。

通过与株式会社良品计划公司合作，我们将三款利用众包方式开发的产品，与大约在同一时期内由相同的产品开发经理在传统方式下开发的三款同类型产品进行了对比。我们主要围绕着产品的新颖性、独创性（由产品开发经理的上级进行评估[①]），以及销售业绩（真实的销售数据）进行比较。对比结果详见表 17 - 5。如表所示，相比于传统的开发方式，众包具有更大的新颖性和独创性，并创造了更高的销售业绩。[②]

表 17 - 5　　　　众包开发方式与传统营销方式的对比
（使用 Mann-Whitney U test 进行检验）

	众包开发方式（样本数＝3）		传统的开发方式（样本数＝27）		
	等级排序	平均数（标准差）	等级排序	平均数（标准差）	Z 值（P 值）
与同类产品相比的新颖性[a]	28.17	9.00 (1.73)	14.09	4.30 (1.56)	−2.817 (0.005)
在满足客户需求方面表现出来的独创性/新奇性[a]	29.00	10.00 (0.00)	14.00	3.96 (1.16)	−3.081 (0.002)
第一年的销售额（日元）	25.00	2.22 亿 (2.35 亿)	14.44	5 900 万 (4 700 万)	−1.970 (0.049)
第一年的销售量	27.33	50 485 (33 560)	14.19	11 168 (10 738)	−2.454 (0.014)

注：a. 这些项目的评定采用 10 分满分制，10 分为最高分，1 分为最低分。

17.4　没有预售的众包

三款众包类产品的成功，使株式会社良品计划公司了解到如何应用众包来弥补传统开发策略的不足。因此，该公司于 2003 年 7 月决定，通过废除预售流程并采用众包和传统方式并行的方法，来简化产品的开发流程。

[①]　要求更高级别的领导者做出评价，是基于以下假设：在执行这项工作时，更高级别的领导者能够比产品开发经理更客观。
[②]　有关调研设计和观察指标的内容，请参阅 Lilien 等人（2002）的文章。

之所以要废除预售流程，有以下三个原因：（1）三款众包类产品的销售业绩证实，互联网消费者提出的想法和评价（投票）其实并不小众，并且互联网消费者对最终生产出来的商品给予了很高的评价，这是销售业绩实现增长的重要原因。（2）消费者对预订系统其实并不满意，因为他们无法在商店中对实际商品进行查看，并且预订周期（生产周期）较长，需要等待六个月到一年的时间才可以最终获得自己购买的商品。（3）从预订到付款这个过程没有固定的流程，在这个过程中消费者需要经历烦琐的购买程序。一些已经预订了产品的消费者最终有可能因为无法被联系上或者付款失败，而无法获得已经预订的产品。

那么，取消预售的众包开发方式又会获得怎样的销售业绩呢？我们对相同的开发团队在同一时期内，针对同类产品在传统开发方式和无预售的众包开发方式下所开发出来的产品进行了比较分析。对比结果详见表17-6。从表中我们可以看出，使用无预售的众包开发方式开发的产品，比使用传统方式开发的产品具有更高的新颖性、独创性和销售业绩。[①]

表 17-6　　　无预售的众包方式与传统的开发方式的对比
（曼-惠特尼 U 检验）

	无预售的众包开发方式（样本数＝6）		传统的开发方式（样本数＝37）		
	等级排序	平均数（标准差）	等级排序	平均数（标准差）	Z 值（P 值）
与同类产品相比的新颖性[a]	34.67	6.83 (1.84)	19.95	4.57 (1.26)	−2.939 (0.003)
解决客户需求的独创性/新奇性[a]	35.67	6.33 (1.03)	19.78	4.46 (1.02)	−3.354 (0.001)
第一年的销售额（日元）	36.67	5.01 亿（3.39 亿）	19.62	1.41 亿（1.39 亿）	−3.084 (0.002)
第一年的销售量	31.83	30 182（23 230）	20.41	14 192（19 383）	−2.068 (0.039)

注：a 这些项目的评定采用 10 分满分制，10 分为最高分，1 分为最低分。

[①] 参阅 Nishikawa 等人（2013）的文章以获得更多有关 MUJI 比较分析的详细内容。

17.5　结论和启示

　　本文通过对该领域的开创型企业之一——株式会社良品计划公司——的案例进行研究，探讨了如何将众包这种创新开发方式应用于实践，以及该公司在践行这一方面取得成功的原因。

　　株式会社良品计划公司最初以众包的方式尝试了汽车的开发，通过反复的实验，确定并解决了遇到的问题，简化了开发流程。该公司在一开始实行"有预售的众包开发方式"，后来逐渐转变为"无预售的众包开发方式"。我们的研究结果表明，与使用传统方式开发的产品相比，该公司使用这两种类型的众包开发方式，可以开发出更具新颖性和独创性的产品，并获得更高的销售业绩。

　　即使在取消预售之后，使用众包方式开发的产品，也比使用传统方式开发的产品具有更多的新颖性、独创性和更好的销售业绩。专门研究众包开发方式的文献表明，它取得的成功可能归因于以下几个因素：

　　第一，众包开发方式与传统开发方式的不同之处在于，它使用大众化的方式来收集信息，并且这些信息来自大量的随机人群。传统方式会选择缩小目标人群，并将这些目标人群作为其主要的信息来源。相比之下，众包开发方式不再需要通过中间环节，而是直接从用户那里获得信息。众包开发方式与传统开发方式的另一个不同之处在于，众包涉及大量的从消费者那里搜集来的信息。在众包开发方式下，任何人都可以随时参与到产品开发的过程之中。这比传统方式具有更高的用户多样性，并且还会吸引更多的参与者。反过来，这些特点还有助于增强产品开发方案的新颖性和独创性。在参与创新设计的群体中，具有高度多样性的群体往往比特定领域的专家们能够创造出更多更新颖的解决方案（Page 2007；Jeppesen and Lakhani，2010）。

　　第二，众包开发方式与传统开发方式的不同之处还在于，当一家公司使用前者时，来自大量随机消费者的评价将获得前所未有的重视，它们对于产品创意的选择起到了至关重要的作用。虽然，在传统开发方式下，公司也会从用户那里收集信息以获取新的产品理念，但是，最终内部专业人士会根据自己的标准从几种潜在的产品创意中选择一种。相比之下，在众包开发方式下，大量随机的消费者被要求从几个潜在的产品创意中进行选择，并根据票选排名选择最终胜出的方案。换句话说，在该模式下，最终什么样的产品会被生产并销售是由用户决定的。依靠"群体的智慧"而不是少数专业人士的评估，企业才能够更加准确地预测市场接受度（Surowiecki，2004），这样可以避免推出只能在市场上实现低销售业绩的新产品。在所有其他因素都相同的情况下，使用众包开发方式所开发出来的产品能够比使用传统开发方式开发出来的产品创造更高的销售业绩。

如果从过去的研究结果来看，我们或许可以认为，对于为什么众包类产品比传统类产品销量更高这个问题，上文提到的两个因素已经给出了完美的解释。但是，根据本文中案例研究的结果，我们建议加入第三个因素。

第三，众包开发方式与传统开发方式的不同之处还在于，前者的产品开发过程是开放的。在传统开发方式下，公司虽然也会从用户那里搜集信息，但是，之后的产品生产至产品销售环节，都是对外封闭的。相比之下，众包允许外部人看到产品开发的整个流程，从用户信息搜集，到潜在商品的评价和筛选，再到被选中的商品最终实现商品化，无一不是透明的。

开放的开发流程意味着，关注开发流程的人会对正在开发的产品有着更高程度的认知。这样一来，在产品开发阶段，公司就能够激发消费者更积极的产品购买热情，有效地鼓励了消费者稍后购买该产品。开放的开发过程会对销售业绩产生积极的影响，从这个角度来说，它可以被看作一种促销手段。即使关注开发流程的人并不会对产品提出意见或参与投票，或许他们也愿意花钱购买该产品（Fuchs and Schreier，2011）。

以上这些因素，使得众包开发方式（即使是无预售的众包开发方式）比传统开发方式，更能让 MUJI 获得兼具新颖性、独创性和高销量这些特点的产品。公司众包战略的成功可归因于：（1）大众化的信息收集方式确保了创意的多样性；（2）开发流程带来促销的效果；（3）基于群体的产品评估。

　　通过对一个案例的分析，本文对实行众包开发方式为企业带来的变化，以及该方式与传统开发方式的异同进行了研究，为有关众包的文献做出了若干理论贡献，主要包括以下几个方面：如何将众包开发方式——在过去很少被使用的方式，并且该方式尚未获得充分研究——应用于实践；该方式取得成功的原因；该方式最终实现了哪些成果。必须特别提到的一点是，使用众包开发方式（即使是无预售的众包开发方式）实现的结果比使用传统开发方式的更好，这一点早已经被前人发现，而该方式的开放性特点必定可以帮助该方式被更为广泛地推广。

　　以上这些发现就是本文所做出的实际贡献。本文提出的见解不但对那些已经引入众包开发方式的企业有意义，而且对那些正在考虑引入该方式的企业也是非常有用的。作者希望本文的研究成果有助于这些企业进一步在实践中改善众包开发方式，从而确保其获得持续的成功。

参考文献

Agerfalk, Par J., and Brian Fitzgerald. 2008. Outsourcing to an unknown workforce: Exploring opensourcing as a global sourcing strategy. *Management Information Systems Quarterly* 32 (2): 385–409.

Fuchs, Christoph, and Martin Schreier. 2011. Customer empowerment in new product development. *Journal of Product Innovation Management* 28 (1): 17–32.

Howe, Jeff. 2006. The Rise of Crowdsourcing. *Wired* 14 (6). http://archive.wired.com/wired/archive/14.06/crowds.html.

Howe, Jeff. 2008. *Crowdsourcing: Why the Power of the Crowd Is Driving the Future of Business*. New York: Crown Business.

Jeppesen, Lars Bo, and Karim R. Lakhani. 2010. Marginality and problem-solving effectiveness in broadcast search. *Organization Science* 21 (5): 1016–1033.

Lilien, Gary L., Pamela D. Morrison, Kathleen K. Searls, Mary Sonnack, and Eric von Hippel. 2002. Performance assessment of the lead user idea-generation process. *Management Science* 48 (8): 1042–1059.

MUJI website at http://www.muji.com/.

Nishikawa, Hidehiko, Martin Schreier, and Susumu Ogawa. 2013. User-generated versus designer-generated products: A performance assessment at Muji. *International Journal of Research in Marketing* 30 (2): 160–167.

Ogawa, Susumu, and Frank T. Piller. 2006. Reducing the risks of new product development. *MIT Sloan Management Review* 47 (2): 65–71.

Page, Scott E. 2007. *The Difference: How the Power of Diversity Creates Better Groups, Firms, Schools, and Societies*. Princeton: Princeton University Press.

Piller, Frank T., and Dominik Walcher. 2006. Toolkits for idea competitions: A novel method to integrate users in new product development. *R&D Management* 36 (3): 307–318.

Pisano, Gary P., and Roberto Verganti. 2008. Which kind of collaboration is right for you? *Harvard Business Review* 86 (12): 78–86.

Poetz, Marion K., and Martin Schreier. 2012. The value of crowdsourcing: Can users really compete with professionals in generating new product ideas? *Journal of Product Innovation Management* 29 (2): 245–256.

Surowiecki, James. 2004. *The Wisdom of Crowds: Why the Many Are Smarter Than the Few and How Collective Wisdom Shapes Business, Economies, Societies, and Nations*. New York: Doubleday.

von Hippel, Eric. 2005. *Democratizing Innovation*. Cambridge: MIT Press.

von Hippel, Eric, Susumu Ogawa, and Jeroen P. J. De Jong. 2011. The age of the consumer-innovator. *MIT Sloan Management Review* 53 (1): 27–35.

第 6 部分

从理论到实践：创新领域
的实验、创新工具箱和众筹创新

第 18 章　创新工具[①]

斯蒂芬·托姆克

英特尔公司在芯片制造技术领域实现了一次又一次的突破，这些突破不仅得益于其研发团队所具有的高超能力，还得益于现代研发工具的飞速发展。事实上，集成电路性能呈现指数式提高，促使计算机建模、模拟实验等领域也取得了令人瞩目的进步，进而为各行各业的设计团队提供了更得力的创新工具。而这些科技领域的进步形成了完整的循环体系：今天，复杂的芯片帮助人们创造了更高效的创新工具，正是在这些创新工具的帮助下，研发团队设计出了更加精密的芯片。许多领域的公司都为创新工具的设计与开发投入了大量资金，对此，我并不感到惊讶，这些公司期待这些创新工具能够为自己带来跨越式的发展，在降低成本的同时，促进创新活动的开展。

研究表明，新的工具可以显著提高开发者解决问题的能力和生产力，帮助他们解决那些原本无法解决的问题。在制药、航空、半导体和汽车等行业，这一点尤为明显。此外，最先进的工具可以增强创新者社群之间的沟通和互动，克服时间和空间上的障碍。简而言之，新的工具的确更快、更好、更便宜，并能够改变创新工作的方式。

虽然埃里克·冯·希佩尔及其同事在一些早期研究中提到过创新工具，但是，针对工具在创新实践中发挥的作用的研究，仍然算是一个较新的研究领域（von Hippel and Katz，2002；Thomke and von Hippel，2002）。大多数针对创新的主流研究者都将注意力主要集中在经济激励、组织、资源分配、新想法来源、认知、设计结构等相关问题上。如果我们根据与创新

---

① "学习—实验"通常涉及反复实验（von Hippel and Tyre，1995）。

工具有关的学术出版物数量及其引用率来判断它在创新实践中的作用，那么，我们必将得到一个错误的结论：创新工具并没有发挥多么重要的作用。[①] 然而，事实上，我们只要对一个现代化的工程中心或实验室进行实地考察，便会得出相反的结论：创新工具无处不在，它在新产品和新技术的发现和开发中起着不可或缺的作用。许多公司［例如，法国达索系统公司（Dassault Systemes）］和行业（例如，电子设计自动化领域）均非常重视具有工程价值的工具的开发。此外，软件设计工具是大型商业平台——如苹果的应用商店（依托 iOS 软件开发工具）——的核心，并且在科学发现方面发挥了重要作用。因此，历史学家彼得·格里森（Peter Galison）指出，对于科学发现而言，科学家使用的工具所具有的价值，丝毫不逊于思维碰撞的价值（Galison，1997）。如果望远镜的制造水平没有进步，天文学将止步不前；而基因双螺旋结构的发现要归功于 X 射线晶体学（X-ray crystallography）的发展（Watson，1968）。[②]

18.1 实验工具

公司创建和完善其产品和技术的实验过程，恰恰可以体现每家公司的核心创新能力。事实上，如果没有创意以及随后（针对该创意）进行的实验，那么将没有一个产品能够成功问世。今天，一个重要的开发项目通常会涉及数以千计的实验，这些实验都有一个共同的目标：通过几轮有组织的测试，判断某个产品概念或技术解决方案是否可以满足市场的需求。从每一轮测试中获得的信息都会被纳入下一轮测试，直到最终产品被生产出来。简而言之，只有通过在实验室和开发组织中进行的实验，创新成果才能最终产生。[③]

---

① 用户是创新的重要来源这一论点可以从 von Hippel（1988）的文章中找到，该文章取得的开创性成果改变了我们看待创新的方式。

② 领先用户可以是产品创意的重要来源，其作用在埃里克·冯·希佩尔针对用户创新的研究中已经被发现。许多公司——如 3M——已经发掘了领先用户的专业知识及其原型解决方案的价值。关于这一点的分析，参见 von Hippel 等人（1999）的文章。

③ 更多有关移情设计的内容，参见 Leonard-Barton（1995）的文章。萨尔特曼隐喻诱引技术是由杰拉尔德·萨尔特曼（Gerald Zaltman）提出的，更多信息参见 Zaltman（2003）的文章。有关产品开发领域的市场调研的详细总结，参见 Urban 和 Hauser（1993）的文章。

尽管实验在创新过程中扮演了重要的角色，但是，复杂的实验历来都既昂贵又费时，而公司在这方面一般都不愿投入太多资源。有限的投入会产生两个相互关联的后果。公司的实验能力受到限制，实验迭代次数也受到限制。在一些公司眼中，"实验"的概念通常指的是对已知结果的验证，在开发项目结束时进行测试，只是为了在推出成品前找出尚待解决的问题。有些时候，测试本身会成为一个引人注目的事件，比如，对一套新的和昂贵的武器系统进行测试。在这种情况下，在开发该武器系统的公司眼中，只有那些不会带来新信息或意料之外情况的测试，才算得上成功的测试，但这类测试事实上毫无价值，因为它无法提供有关进一步改进的信息。

为了从实验中获得更多效用，我们有两种选择：要么我们通过采用新工具或进行流程创新来改变实验的方式与过程，要么我们尝试从实验中获得更多结果——使实验本身变得更具效率。以统计学方法来设计实验，主要是从第二个选择入手来提高实验效率，它对产业化研究开发（industrial R&D）具有很大的影响（Box et al.，1978；Fisher，1921；Montgomery，1991；Phadke，1989）。通过在一个实验中操纵多个变量，同时在统计分析中保持整体性，当代的科学家和工程师们能够比 100 年前的同行们获得更多有价值的实验结果。然而，即便他们在实验中采取了结构化方法（使实验过程更有章法），也无法克服实验次数有限所带来的问题。

或者，我们可以选择使用新工具。这些能够降低实验的经济成本和时间成本的新工具不仅能够提高实验效率，还可以使"假设"实验（模拟实验）成为可能——假设在某种场景下使用飞机、汽车、药物，会产生怎样的结果？由于要么受限于极高的经济成本，要么难以在现实世界中找到适合实验的场景与环境，进行这类"假设"实验往往会遇到困难。这些新工具不仅可以提供有关自然如何运行的新知识，还可以从根本上提高（在创新、工艺改进、新技术发明等方面付出努力的）创新者所获得的回报。再者，通过将这些工具推广给创新者，我们也促进了创新的民主化（von Hippel，2005）。

18.1.1 新工具获得成功的标志

传统上认为，生产工具就是参与和执行机械工作的设备，它们既不会在机械工作中被完全消耗殆尽，也不是机械工作期望得到的成果——当然，除非机械工作就是为了生产某种工具。因此，作为工具的锤子使钉钉子的工作变得更有效率，钉枪的出现则大幅提高了木匠的生产力。与之相似，现代的工具，如模拟方法，可以帮助学者以更快的速度获得更多的知识，模拟结果则能够以更低的成本被更多的实验应用。换句话说，新工具降低了实验的边际成本，正如传统工具降低了机械工作的边际成本。再者，有效整合新的信息化工具的实验系统不仅可以降低成本，还可以增加解决问题和学习知识的机会。一些新技术能够使现存的实验变得更具效率，另一些新技术则引入了发现新概念和新解决途径的全新方法。

那些能够从这些工具中受益最多的企业，一般都具有很高的产品开发成本，这些企业存在于制药、汽车制造和软件设计等行业。通过研究工具如何影响发生在这些行业的实验活动，我们得到了很有用的启示，而这些启示还可以被运用到针对其他行业的分析之中。随着计算机的普及以及计算成本的下降，各种复杂的计算工作都变得更快、更便宜，而随着新技术的出现，几乎所有公司都发现，自己拥有了更强的进行快速实验的能力，进而可以研究更加多样化的产品概念。与此同时，对潜在现象的更深入的了解有利于设计出更严谨的实验模型，从而为研究者们提供了更接近现实的模拟实验结果。例如，当下金融机构使用计算机模拟来测试新的金融工具的有效性。事实上，相关软件的发展永久性地改变了金融建模的发展轨迹，有了它，即使是初学者也可以执行许多复杂的模拟实验，而这在以前是无法想象的。[①]

18.1.2 工具进步的例子[②]

如果没有来自计算机建模和模拟工具的知识，我们今天认为理所当然

---

① 本文中的大部分内容均来自 Thomke（2003）的研究。

② "隐性"信息的概念在创新和知识管理研究中得到了广泛的应用（Polanyi，1958）。

的许多科学上的突破、产品甚至服务，都将不存在。① 自从 1945 年第一台原型计算机问世，以及用于随机模拟的蒙特卡罗方法（Monte Carlo method）被提出以来，第一颗氢弹②的研发和许多其他科学发现都离不开与计算机相关的模拟实验（Brenner，1996）。而半导体产业的迅速崛起加速了低成本"数字"实验的推广，以及新工具和方法的发展。计算成本的稳步下降、摩尔定律（Moore's law）③ 的问世，以及模拟复杂环境的建模技术的发展，使学者进行模拟实验的能力得到了快速提升，这些都有利于集成电路的发展，因为它的发展需要可用于复杂实验的工具与模型，反过来，集成电路的发展又促进了科学和工程领域的发展（见图 18-1）。

同时，得到美国国防部（the Department of Defense）资助的研究机构继续提高运用计算机进行模拟实验的能力，它们将该方法用于导弹设计和作战推演等领域。今天，通过模拟进行大量实验的能力在许多领域变得至关重要，从人类基因组的测序和分析，到现代飞机和汽车的设计，再到婴儿"尿不湿"的开发，无不需要这种能力。模拟和其他实验技术现在已经具有的影响力以及未来可能具有的影响力都是巨大的。科学家和生物工程师们已经开始通过建模分析人类基因，在未来，这种方法将被用于细胞、器官的研究。这些模拟模型使研究人员能够"在硅片上"（利用计算机）进行实验，这不仅降低了实验成本、加快了实验速度，还使那些原本由于现实情况或伦理限制而无法进行的实验，能够在计算机上被模拟出来

---

① 2012 年 1 月，我使用谷歌学术（Google Scholar）进行了一次非正式的搜索，我希望找出一些关键词在学术文章标题中出现的频率。结果，在搜索"创新"一词时，我得到了190 000个结果；在搜索"创新"和"机构"这两个词时，我得到了1 400 个结果；而在搜索"创新"和"流程"这两个词时，我得到了4 700 个结果。其中一些文章有超过1 000 次的引用记录。与之相对的是，在搜索"创新"和"工具"这两个词时，我只得到了不足 500 个结果，这些文章的引用率也很低，并且，大多数文章的内容都是关于具体管理工具（例如，创意工具、金融工具）的描述。只有很少一部分文章涉及创新流程中的问题解决和实验工具这些话题。

② 一个最近的例子：2014 年的诺贝尔化学奖被颁给了三位科学家，以表彰他们在光学显微镜创新方面取得的成就。他们的发明打破了传统显微镜的局限，使科学家们可以在细胞水平上观察人体的运作。

③ 该定律由英特尔的创始人之一戈登·摩尔（Gordon Moore）提出，因此，名为摩尔定律。该定律可以简单地概括为，单片硅芯片上可容纳的晶体管数目每隔约 18 个月便会增加一倍，其性能也将提升一倍。——译者注

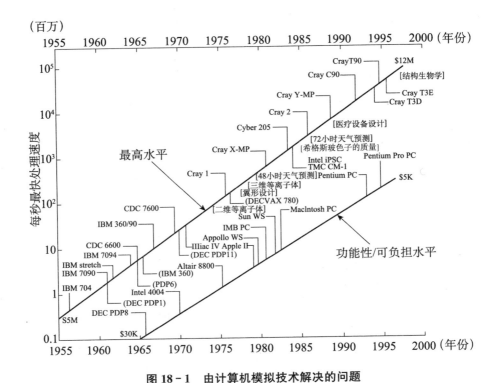

图18-1 由计算机模拟技术解决的问题

注：图中显示了自 1955 年起计算机技术的发展情况，列举了一些取得商业突破或具有里程碑意义的产品〔根据 Brenner（1996）的研究修改和重绘〕。方括号中显示的是利用该水平的计算机可以成功解决的技术问题。图中显示的价格水平均按照当时的美元价值折算。

（Taubes，2002）。构建复杂的计算机模型所需要进行的模拟实验，将以我们今天无法预料的方式帮助我们获得更多知识。实际上，测试新车安全性的碰撞模拟实验正是这方面的例子之一，它解决了在新车开发过程中最困难的问题之一。

18.1.3 汽车开发过程中使用的碰撞模拟工具

今天的车祸死亡率低于 20 世纪 80 年代中期，其中的一个主要原因在于，在设计汽车的时候，设计师们更加注重保护驾驶者和乘客的安全。遗憾的是，由于汽车制造行业的竞争十分激烈，大多数公司在开发新型汽车时投入的金钱和时间越来越少。结果，尽管消费者和政府都要求制造商设计出更安全的汽车，但设计经费却在减少。计算机模拟实验技术的应用，帮助汽车制造商解决了这一难题。传统的汽车碰撞测试——使装有大量测量仪器的原型车高速撞上障碍物——已经被虚拟碰撞测试取代，即使用高性能的计算机模拟碰撞过程。在过去的十年中，计算机运算速度的大幅提高和软件模型的改进使碰撞模拟实验的结果变得更加值得信赖。新工具的广泛使用使汽车的设计方式发生了革命性的变化。

让我们思考一下这样的模拟工具可以帮助研发团队节省多少金钱和时间。传统的（真正的）汽车碰撞测试通常是从制造原型车开始的，这通常需要花费四至六个月的时间，以及成千上万美元的成本。然后，一个内置电子传感器（用于测试加速度）的人形仿真模型会被安置在原型车中，这样的人形仿真模型造价不菲。另外，实验还需要使用大量仪器，例如用于记录碰撞过程的高速摄影机。然而，玻璃碎片以及其他一些在碰撞过程中产生的残骸有可能阻碍视线，并且，在急速行驶的过程中，人形仿真模型的情况也可能被原型车的外壳阻挡，使摄影机无法捕捉到具体情况。由于这些原因，摄影机记录下来的影像也许只能为工程师提供极为有限的信息，对改进汽车设计方案的帮助并不大。

与以上情况相反，如果使用模拟实验方法，我们只需要先假设出可能发生的情况及其影响因素，然后利用计算机进行编程，再用几天或几周的时间进行模拟测试，就可以得到理想的结果，这一过程的主要成本只相当于工程师的工资。的确，用于这类模拟实验的计算机必须是顶级的，其造价可能高达几万美元。但是，与原型车和人形仿真模型不同，这样的计算机、软件及其构建的模型都可以被重复使用，并且，在有些情况下，这些计算机不仅能够被用于模拟碰撞测试，还可以在公司中派上其他用场。也许最为重要的是，这样的模拟工具可以为设计工程师提供一种无可取代的工作方式。在一段相对较短的时间中，设计师可以为了改进汽车的某一部件（例如，某个连接着车顶和底盘的、起到支撑作用的部件）进行一连串有针对性的测试，最终改善整个汽车的耐撞性。设计师能够以最慢的速度重放模拟过程，并且任意放大汽车上的某个结构，从而观察它对汽车安全性的影响。这样的功能不仅可以贡献大量有用的细节，还能让设计师充分利用模拟实验的方法获得所需要的信息和知识。而这些从实验中获得的信息和知识反过来又可以帮助设计师改进模型，这一过程对于使模拟实验获得更好的效果是至关重要的。大量的模拟实验帮助研发团队降低了实验出错的概率，从而避免了在传统的（真正的）汽车碰撞测试情况下的重复实验的高成本。关于两种实验模式之间的差异，请参见表18-1中的内容。

表18-1　传统的(真正的)汽车碰撞测试与利用模拟工具的汽车碰撞测试

传统的（真正的）汽车碰撞测试	利用模拟工具的汽车碰撞测试
由于反馈周期较长，所以设计改进速度缓慢	及时而快速的反馈大大缩短了学习和实验的时间
进行每一次实验都要付出很高的金钱和时间成本	在计算机模型被构建出来后，模拟实验过程的金钱成本和时间成本都很低
破坏性的测试结果给分析造成了困难	模拟实验过程使设计师可以进行仔细而深入的分析
由于成本过高，实验次数被削减	根据不同情况进行大量实验
实验条件受制于标准的实验室设置	实验条件可以根据具体情况随时进行修改
真实的原型车使碰撞过程更接近于真实情况	模型是对真实情况的模拟，有时可能过于复杂
由于原型车真实存在，所以实验者可以与之进行更直接的接触	需要更好的人机界面，才能最大限度地从实验结果中收集有用的信息

注：二者之间的实际差异会发生变化，本表内容仅限于说明目的。

目前，模拟实验这一方法仍然受到一定的限制，那就是仍然有一些真实环境无法通过建模来模拟。比如，我们很难用模拟的方法来预测翻车事故的结果。翻车事故可能会持续整整3秒钟，而汽车碰撞通常只会持续100～150毫秒，要想模拟长达3秒钟的事故，需要拥有计算能力更强大的计算机。此外，路面的摩擦力状况以及其他一些因素也会对翻车事故的后果产生影响，这也是这类事故难以模拟的原因之一。使用模拟实验的方法来预测汽车的某个部件在事故中的火灾隐患也是非常困难的，比如，我们很难确定油箱是否会在事故中爆炸。

模拟实验这一工具的价值（除了降低成本和缩短实验周期）在于，它为进行实验提供了一个全新的途径。德国汽车制造厂商宝马公司（BMW）的一个项目很好地诠释了这一点。该项目拥有一个"模拟专家团队"，它由一个测试工程师和几个来自不同领域的设计工程师组成，他们试图开发一种全新的技术以增强所有宝马汽车的侧面撞击安全性。该团队着手探索模拟实验工具的潜力，并决定在项目结束时进行两次真车碰撞测试，以此验证最终的设计方案。他们以一个现成的生产模型作为基础开始研发工作。在每次模拟实验过后，团队成员都会碰面分析结果并设计下一次模拟实验。和原本料想的一样，模拟实验可以快速获得结果的特性使团队成员能够在很短的时间里设计出方案，并确定该方案的可行性。显而易见的是，利用模拟工具完成实验的次数，大大超出了传统的汽车碰撞测试所能完成的实验次数，而这一点可以帮助该团队从实验中获得更多的基础性知识。

一个很有说明性的例子与"B柱"（B pillar）[①] 有关，该柱是 6 根连接着车顶和底盘的"车柱"中的一根（在汽车的每一侧分别有 3 根支撑"柱"，按从车头至车尾的顺序，依次被称为 A 柱、B 柱和 C 柱）。通过分析之前项目留下的数据，宝马公司的"模拟专家团队"分析了原型车受到侧面撞击后的损坏情况——B柱的一部分会出现弯折。当一根"车柱"发生弯折后，它作为屏障的作用就丧失了，因而驾驶者或乘客受到伤害的可能性就上升了。

该团队的部分成员认为，利用金属材料加固"车柱"底部，就可以增强其抗撞击能力，从而使汽车在受到侧面撞击后仍能保证驾驶者或乘客的安全，这样的改进看上去十分有道理，甚至不需要验证。然而，该团队的一名成员坚持要对这一设计进行测试，他指出，利用计算机建模技术进行模拟实验既不复杂，也不昂贵。当实验完成后，其他成员均对结果感到震惊：原本被认为 100% 有效的设计实际上减弱了汽车侧面的抗撞击能力。但这是为什么呢？经过更多的实验和认真分析，他们发现了原因：利用金属材料加固 B 柱底部，使得被垫高的部分——位于被加固的部分之上——更容易发生弯折。因此，乘客坐的位置（车内隔间）更容易受到侧面撞击，乘客腹部、胸部和头部也更容易受到伤害。所以，解决 B 柱弯折的问题，需要逆其道而行，需要削弱它，而不是加固它。

当该团队完成其工作时，他们已经在大约一年的时间里，进行了 91 次模拟实验和两次真车碰撞测试。通过各种方式测量（例如，计算和比较在模拟和真实情况下的各种数据）的结果显示，经过重新设计的车辆的侧面抗撞击能力比改进之前提高了 30%。更为重要的是，在项目结束前进行的两次真车碰撞测试的结果与模拟实验得到的结果一致。另外，两种测试方

---

① B柱又称中柱，一般指位于前门和后门之间的那条支撑"柱"。——译者注

式的成本差异也显露无遗：两次真车碰撞测试在制造、修复原型车并对其进行测试上，花费了大约 300 000 美元，比 91 次模拟实验的总成本还要高。

18.1.4 组合技术和快速成型工具

计算机建模和模拟工具有可能从根本上改变创新行为，而物理世界中也有与之类似的发展，在一定程度上，这也是对模拟工具的补充。诺华研究基金会基因组学研究所（the Genomics Institute for the Novartis Research foundation）所长彼得·舒尔茨（Peter Schultz）博士曾做出如下表述：

> 在过去的 10 年中，生物和物理研究领域发生的（另一场）变革使我们进行科学实验的方法发生了改变。我们设计、实施和分析实验的能力有了巨大的提高，在同一时间段内不再只能进行一次实验，而是可以同时进行数千甚至数百万次实验。正是组合技术（combinatorial technologies）、计算工具和工程与小型化技术的发展使这成为现实，这些曾经给半导体行业带来革命性进步的工具和流程，现在正在改变着生物和物理学科（Schultz，2002：96）。

组合技术的出现，大大降低了将一个想法或概念变成真实存在的（原型）产品所需要花费的金钱和时间成本，从而可以在短时间内完成产品测试。利用这种技术，研发者们得以以最快的速度制造原型产品，这些原型产品不但制造成本很低，而且易于修改，因而很适合被用于在真实的使用环境中进行测试。这样一来，研发者们就可以在实际的情况下进行产品实验，而不必单纯依赖模拟实验。在机械设计和集成电路设计等领域，我们可以发现这种技术正在被应用。快速成型技术（rapid prototyping）通常能够以低成本、快速的方式制作原型产品，满足了在真实环境中进行测试的条件。这样一来，既保持了在真实环境中进行测试所具有的优点，又避免了模拟实验环境下会遇到的问题。利用现代化的技术，高质量的原型产品可以通过外接设备（如扫描仪或打印机）与计算机进行联动，从而使计算机模拟测试与真实的物理环境产生联系，进而更快地获得反馈数据。技术需求和客户需求的不确定性问题则可以通过反复进行的试错实验得到快速解决。

18.2　工具改变创新方式①

许多公司采用了一种有趣的方法来利用以上提及的这些创新工具。这些公司基本上已经放弃了费力探寻其目标消费者的需求，转而为消费者提供创新工具，让他们自己设计和开发满足自己需求的新产品。在这些公司中，从细微的修改到重大的创新，无不依赖创新工具。用户友好型工具（user-friendly tools）常常被加入"工具箱"中，使用它们（例如，计算机建模和快速成型技术）可以使创新更快捷、成本更低，而最为重要的是，让用户使用它们进行创新测试比由公司进行测试更容易。

许多行业已经开始使用这种方法。作为一家全球性的调味剂供应商，布什-鲍克-艾伦公司（Bush Boake Allen，BBA）专门为雀巢（Nestlé）这样的食品企业服务，它现在已经成为国际香料香精公司（International Fla-vors & Fragrances）的子公司。该公司建立了一个"工具箱"，消费者可以利用里面的工具调配自己喜爱的调味剂，然后布什-鲍克-艾伦公司会将这些新调味剂生产出来。在材料行业，一些公司会通过为客户提供基于互联网的创新工具来设计更好的塑料产品。在软件行业，很多公司允许用户设计自定义模块并将之添加到公司生产的标准产品中，公司还会挑选一些最好的组件，将之商业化。开源软件允许用户设计、构建、分发和支持他们自己的程序，在该领域，甚至不需要制造商。将实验和创新的工作交给用户，的确会从根本上改变一个行业。在芯片制造行业，这一模式打开了一个价值数十亿美元的自定义芯片市场。

客户和用户的创新性和想象力（而不是仅仅依靠研发部门），确实可以产生巨大的价值，但获取该价值并不是一个简单而直接的过程。为了实现这一点，公司不仅必须开发出正确的创新工具，还必须改进其业务模式以及管理思想。如果公司将一种基本职能——设计新产品——外包给了用户，那么双方必须重新定义彼此之间的关系，而这一过程可能充满风险。举例

---

① 关于制造和技术创新领域的更深入的探讨，参见 Thomke（2003）的文章。

来说，在计算机芯片制造行业，传统上，公司通过设计和制造创新产品来获取价值。现如今，用户承担了设计新产品的工作，所以公司必须更加专注于制造产品的流程，以提供最好的服务。换句话说，价值创造和获取的模式改变了，公司必须相应地重新规划它们的商业模式。

18.2.1　需求信息与解决方案信息

产品开发往往是困难的，原因在于，需求信息（用户想要什么样的产品）由客户掌握，而解决方案信息（如何满足用户的需求）由制造商掌握。传统上，制造商有责任利用各种手段——包括市场调研和现场收集——收集用户的需求信息。由于用户的需求信息是复杂的、微妙的和快速变化的，所以，收集过程可能需要花费大量的金钱和时间[1]。许多情况下，甚至连用户自己都不甚了解自己的需求，他们必须通过使用原型产品，探寻该产品的优点和缺点，从而搞清楚自己的真正需求。许多公司在将最终产品呈现给用户时，一定都听到过类似的话："这的确是我要求你们生产的东西，但不是我真正想要的东西。"换句话说，用户会在使用新产品或新服务的过程中了解自己真正的需求。传统的产品开发是一个旷日持久的不断尝试和试错的过程，制造商和用户总会经历你来我往的多番沟通，这一事实并不令我们感到惊讶。[2] 最开始，制造商根据用户提供给自己的不完全的、部分正确的需求信息生产出原型产品。然后，用户会尝试使用原型产品，从中发现缺陷并要求制造商改进。这种"学习—实验"的过程循环重复，直到达成令双方都满意的解决方案，这一过程费时费力，成本高昂。[3] 有时，公司不得不同时与数百位用户打交道并满足他们互不相同的需求，而满足每一个对象的需求都需要经过市场调研和一个管理良好的实验过程，这让公司不堪重负。因此，有些公司只关注最大和最有利可图的客户。

---

[1]　关于电子表格如何降低了财务建模的成本，又如何影响了商业人士进行商务实验的内容，参见 Schrage（1999）的文章。

[2]　之后的内容参考了 Thomke（1998）和 Thomke 等人（1999）的观点。这两篇文章都对这里描述的观点和问题进行了深入探讨。

[3]　虽然"模拟"一词在很多场合中都有使用，但我将坚持以下定义：模拟是利用另一种系统来对一个物理或抽象系统的选定特征进行表现的方式。计算机模拟是通过软件实现的，它利用数学方程和/或近似估计来表示某一系统的选定特征。

　　公司之所以希望用户尝试使用替代性的解决方案开发方式，是因为这可以实现双赢。有了这些替代性的解决方案开发方式，制造商不再需要费力地从用户那里获取需求信息，"创新工具箱"帮助企业将解决方案信息传递给了用户（见图 18 - 2）。公司将进行实验的权力交给了用户，让后者成为创新过程中不可或缺的一分子。

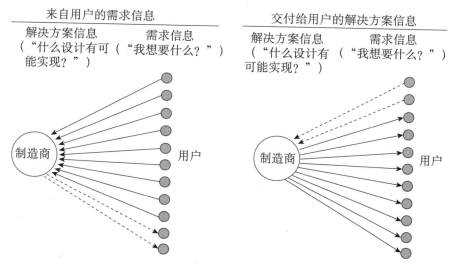

图 18 - 2　制造商与用户之间的信息流动

　　注：在传统模式下，制造商通过市场调研等方式从用户处收集需求信息（见图 18 - 2 中左侧）。由于用户的需求信息是复杂的、微妙的和快速变化的，所以，收集过程可能需要花费大量的金钱和时间。在新的模式下，制造商的解决方案信息内嵌于创新工具之中，而创新工具会被提供给用户，使其可以进行实验并设计自己的产品（见图 18 - 2 中右侧）。

　　制造商可以专注于开发更好的解决方案平台，用户则会利用自己手中的创新工具定义这一平台。有了这一平台的帮助，用户可以更快速地进行实验并获得反馈，控制特定设计的知识产权，最重要的是，找到与其需求紧密匹配的解决方案。可以肯定的是，将产品开发活动交给用户处理，并不会——也不应该——削弱通过实验获得知识的传统模式。它之所以可以帮助传统的产品开发活动变得更快、更好，有两方面原因：一方面，公司可以规避成本高昂且容易出错的了解客户需求的工作。另一方面，虽然在产品开发过程中仍然不可避免地要经历反复实验和试错的过程，但由于现在这一过程完全由客户负责，其运转速度变快了（见图 18 - 3）。

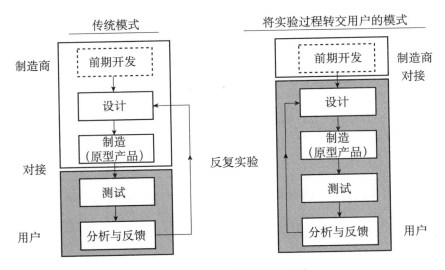

图 18 - 3 将实验过程转交用户

注：在传统模式下，制造商承担了产品开发的大部分工作和责任。其结果是，制造商要想与用户就解决方案达成一致，需要付出大量的金钱和时间成本。在将实验过程交给用户负责的情况下，供应商为用户提供设计工具，使他们可以参与到产品开发的过程中来。在这种情况下，制造商与用户对接的时间点也前移了。产品开发所需要的重复实验现在由客户负责。

18.2.2 充分发挥用户创新的作用

学者们已经发现，真正的创新源泉是用户，而将实验过程交给用户负责，可以充分发挥他们的作用。相关研究显示，许多具有重要商业价值的产品最初的灵感都来自用户而不是制造商，甚至一些原型产品也是由用户制作出来的。[1] 研究还显示，这类产品一般都是由"领先用户"——领先于市场中大多数用户的公司、组织或个人——创造的，它们的需求比普通用户的需求更难以满足。[2] 大多数人已经熟悉了最初由这些领先用户开发的标准产品。例如，在 20 世纪 50 年代，含有蛋白质的护发素是由一些富有创新精神的妇女发明的，她们尝试用自制的含有啤酒或鸡蛋的混合物来提高头发的光泽度。与之相似，在今天，防抱死制动系统（antilock braking systems，ABS）已经成为汽车的标准配置，该技术最初来自航空航天

---

[1] 蒙特卡罗方法（Monte Carlo methods）的历史及其在核武器研发中所扮演的角色，特别是 20 世纪 40 年代末至 50 年代初的氢弹研发过程，都向我们展示了模拟在物理学领域的重要作用。有关这段历史的描述和分析，参见 Galison（1997）的文章。

[2] 本部分内容整理自 Thomke 和 von Hippel（2002）的文章。

领域：军方非常迫切地想要找到一种方法，防止昂贵的军用飞机意外冲出跑道。与其他领先用户一样，他们选择了自主开发解决方案，而不是等待市场中的制造商开发并销售他们所需要的产品。由于领先用户在创新过程中通常需要克服重重阻碍，所以，他们希望能够从自主开发的解决方案中获得足够多的好处。换句话说，尽管这样做要面对很大的困难，但是一小部分用户——领先用户——还是希望自己完成创新。现在考虑这样一个事实：支持"自己动手"的创新工具可以降低实验成本，并有助于更加快速地设计出自定义解决方案。通过降低创新的门槛，我们有理由期待愿意参与新产品开发的用户数量会大幅提升（见图 18-4）。

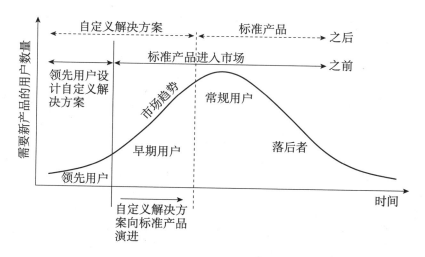

图 18-4　自定义解决方案

注：领先用户的需求（层次更高）常常领先于市场的平均水平，他们常常为满足自己的需求而设计自定义解决方案。"创新工具箱"可以帮助降低设计自定义解决方案的成本，从而让更多的用户有能力参与到创新活动之中。

18.2.3　为用户创新提供工具

为用户开发合适的创新工具并不是一件简单的事。具体来说，此类工具必须提供四种重要的功能。第一（也是最重要的功能），它们必须使用户能够完成一系列的实验步骤，包括设计、制造（原型产品）、测试和分析。举例来说，计算机模拟技术可以帮助用户在无须制造真实原型产品的情况下，快速地检验设计构思。考虑到模拟技术有时缺乏必要的准确性，快速成型技术是对它的很好补充。当用户能够在用户友好型创新工具的帮助下进行反复实验时，他们就可以自主完成学习和改进的步骤，而不再需要制造商的介入。第二，创新工具必须做到"用户友好"。用户使用自己已经掌握的技术就可以操作这些创新工具，同时不必非要学习一整套全新的"设计语言"（比如，调味学家从配方和化合物的角度出发研究新口味，而用户只需要了解什么是辣味、甜味等即可）。第三，创新工具箱中必须包含已经过测试和调试的组件和模块，从而使用户不必重新发明这些配件，这样一来，他们便可以全身心地投入全新元素的设计中去了。第四，创新工具箱中必须包含一些信息，使用户可以了解制造商在新产品的生产流程中拥有哪些优势与劣势。这样便不至于导致用户的设计过于脱离现实的制造工艺，变得"不可被制造"。

在充分了解用户的需求信息之后，辅以管理完善的开发过程，公司便可以继续开发许多伟大的产品。当产品的开发需要高度定制化的设计时，当需求信息的获取成本过高时，我们在此处描述的新型开发模式将优势尽显。而只要市场足够大，当公司打算开发标准化产品而不是定制化产品时，其他的开发方法也可以运作得很好。一些高深的方法——比如，移情设计（emphatic design）和萨尔特曼隐喻诱引技术（Zaltman Metaphor elicitation technique，ZMET）[1]——可以更深入地探究基础的和潜在的（用户的）共同需求域，从而帮助公司削减一些不必要的产品功能。[2]

要了解其他方法与创新工具箱的关系，我们需要考虑两个重要的、与需求密切相关的维度（见图 18－5）。第一个维度——需求分布——定义了某一需求在一个市场细分中的普遍程度。在一种极端情况下，市场细分中的所有用户都有同一种需求，因此，同一种标准化产品就可以满足所有用户的需求；在另一种极端情况下，市场细分中的每一位用户都有独特的需

---

[1] 该技术是由哈佛商学院的杰拉尔德·萨尔特曼（Gerald Zaltman）教授于 20 世纪 90 年代提出的。该方法以非文字语言（图片）与文字语言（深入访谈）为工具，对消费者进行研究，目的是深入探究消费者行为。——译者注

[2] 最近的研究旨在利用互联网的"虚拟"技术使市场研究和测试更加迅速、成本更低（Dahan and Srinivasan，2000）。

求，需要定制化的产品满足自己的需求。第二个维度定义了需求本身，以及获取需求信息的难易程度。与前面相似，在一种极端情况下，市场细分中的用户需求缺乏"连续性"，甚至连用户自己都不了解自己到底想要什么（简而言之，此处的需求信息是隐性的），此时，只有利用非常复杂和昂贵的市场研究技术才能获取需求信息①；在另一种极端情况下，制造商只要想知道需求信息，便可以轻而易举地从用户处获得。根据制造商处于这两种维度上的不同位置，不同的方法会起到不同的作用。然而，在现实情况下，许多 B2B 模式均要求较高的定制化水平，并且制造商难以准确定位用户的要求，因为它们往往在项目的开发过程中出现变化。

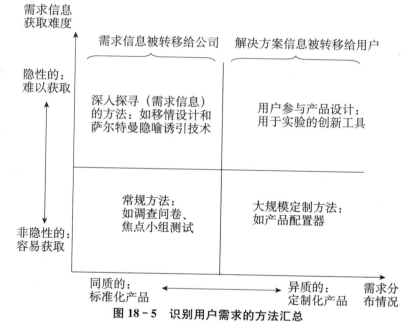

图 18-5　识别用户需求的方法汇总

注：（1）在识别用户需求方面，不同的方法适用于不同的情况。当用户需求趋于同质时，公司应该采用市场调研方法，但该方法的复杂程度较高、成本差异较大。与之相反，当用户需求趋于异质且难以获取时，将解决方案信息转移给用户，使其可以自主进行产品设计，是更好的选择。

（2）萨尔特曼隐喻诱引技术常常用来确定一般性的深层次需求，这些次级需求（secondary needs）对用户对最终产品的满意度有一定影响。

---

①　在某种程度上，这是由信息传递成本造成的。当信息具有"黏性"或难于编码时，这类成本会很高。关于信息黏性会对用户和制造商之间的互动模式产生怎样的影响的讨论，参见 von Hippel（1994）的文章。

18.2.4 集成电路行业的经验教训

要想弄清将设计和实验的工作外包给用户会带来怎样的结果，我们不妨来看一看集成电路行业的例子。该行业的历史教训向我们展示了，合适的创新工具会给整个行业的发展带来怎样的影响。在 20 世纪 70 年代末，一个典型的半导体客户——例如，一个需要集成电路来控制其新款机器狗的玩具制造商——可能会要求集成电路制造商为自己开发一种定制化的产品。由于这一开发过程比较复杂并且成本很高，所以集成电路制造商只愿意与那些会订购大量产品的客户合作。于是，较小的客户被拒之门外，别无选择，只能使用标准化的电路元件。而这一情况反过来又打击了小客户开发体积更小、性能更好、成本更低、更具创新性的产品的积极性。换句话说，对于定制化集成电路的需求远远没有得到满足，因为过高的成本，该行业内的制造商无法为小客户提供服务。

直到一些初创企业颠覆了该行业当时的规则，上述情况才有所改变。LSI 公司和 VLSI 科技公司为客户们（无论规模大小）提供了自主化的创新工具，使它们可以根据自己的需求定制自己的集成电路。正如 LSI 公司的主要创始人兼 CEO 维尔夫·科里根（Wilf Corrigan）所说的那样：

> 在做出创办一家半导体公司的决定后，我花了几个月的时间拜访我所认识的计算机行业的人，包括来自美国的和欧洲的。一个规律显现在我眼前：这个行业中的大多数企业都需要定制化的产品。这使我记起了自己在仙童公司（Fairchild）时的经历，那些优质客户都会问："你们公司可以为我提供定制化的集成电路吗？"当时，我的回答总是否定的。但现在回想起来，我当时就应该意识到，在那几年，定制化集成电路的市场已经在悄然形成……定制化集成电路——大的制造商不想接触这个领域，而市场中又有大量的客户需要它。然而，尽管需求不断上升，人们却缺乏有效的资源去开拓这一领域（Walker，1992：47）。

维尔夫·科里根在仙童公司（在 20 世纪六七十年代，这家公司是行业翘楚）工作时给出了否定的答案，并不是因为他在该公司欠缺影响力——在 1974—1980 年，他是该公司的 CEO。事实上，LSI 公司的创始团队成员有许多来自仙童公司，而该公司在设计工具方面的专长也继承自仙童公司的半导体部门。仙童公司由于亏了钱，放弃了在定制化集成电路方面的发展。利用 LSI 公司的新开发系统，客户可以通过自主实验得到他们想要的产品，而那些羽翼未丰的小型集成电路公司则可以通过制造这些客户设计的产品来获利。这一双赢方案具有很高的经济价值。在 20 世纪 80 年代到 21 世纪初，定制化集成电路的市场规模已经从几乎为零飙升至超过 150 亿美元。该行业的客户数量也稳步增长——最初只有几家需求量大的大公司，后来则出现了成百上千家需求各异的小公司。

在这个市场中，创新工具是关键所在。原则上，将定制化设计的工作外包给客户可以帮助削减开发时间和成本，但普通用户并不是制造商聘请的研发或生产过程专家。所以，怎样才能使用户的定制化设计与制造商专业化的生产过程相互匹配呢？半导体产业的一项重大转变为这个问题提供了答案。

传统上，制造商用来设计和制造定制化产品的专门知识都存在于公司聘请的开发工程师的头脑中，积累这类知识需要花费开发工程师几十年时间。近年来，许多公司已经将这类存在于人类头脑中的经验式知识转化到计算机化的工具中。计算机辅助设计（computer-aided design，CAD）、计算机辅助工程（computer-aided engineering，CAE）和计算机辅助制造（computer-aided manufacturing，CAM）已经变得越来越专业化，其中会包含一些测试和调试模块，而人们可以简单地使用这些模块进行新产品的设计。最好的软件还可以帮助使用者利用计算机模拟实现快速测试，并且可以利用外接设备制造原型产品。制造商早已开始在内部使用这些尖端软件提高研发和创新能力，现如今，它们成了协助用户参与设计过程的基础性创新工具。

当 1981 年 LSI 公司成立时，许多大型半导体公司的研发工程师们已经在使用以上提到的这类工具，但是，由于没有集成化的体系，如果将它们交给非专业的用户使用，就仍然存在一些问题。所以，LSI 公司买下了一些工具的使用权，将它们改造得更利于用户使用，为其添加了图形化的用户界面，最终将它们打包为一个被称为 LSI 开发系统（LSI development system，LDS）的软件。有了这个软件，用户就可以在没有 LSI 公司帮助的情况下，自行开发他们自己设计的集成电路。

缺乏专业知识的用户之所以可以参与集成电路的设计，其原因在于，集成电路设计必须包含的一些基础元素——例如晶体管——可以被标准化，另外，制造商所掌握的关于如何制造集成电路的知识，可以通过这些基础元素的组合体现出来。制造商事先在芯片上加入这些基础元素，而用户只需要通过布线将这些基础元素连接起来，便可以得到一个半定制化的集成电路。换句话说，这种新型的芯片——被称为门阵列（gate array）——构建了一种新的体系，专门用来应对制造商的解决方案信息与客户的需求信息存在分离（两种信息分别掌握在各自手中，难以相互传递）这一问题。这样一来，用户只需要使用制造商提供的创新工具，便可以根据他们的特殊需求设计自己的集成电路。而对于 LSI 公司来说，接下来需要考虑的就是，如何改进制造流程，使之更具灵活性，以便于以较低的成本生产定制化的芯片。

基于门阵列技术的用户创新工具箱具有前文所述的创新工具应该具有的四种重要的功能。该工具箱包含一系列的工具，用户可以使用它们进行试错实验，从而检验自己的原型产品。它也是用户友好型的，因为它灵活应用了布尔代数（Boolean algebra），这是一种电气工程师通常都会掌握的设计语言。另外，它包含了许多预先设计好的电路模块，这些模块可以被用户直接用来设计定制化的集成电路。该工具箱还可以传递关于制造流程的信息，用户如果掌握了这些信息，就可以在设计过程中确定自己的定制化集成电路脱离现实的制造工艺的情况。

18.3 待解决的研究问题

新出现的创新工具，如计算机模拟、建模技术，对产品实验的成本进行了有效的限制。这些技术不仅削减了经济成本和时间成本，提高了设计者测试原型产品的能力，还使"假设"实验（模拟实验）成为可能。在过去，这类实验要么成本惊人，要么在操作方面存在技术上的瓶颈。它们提高了设计者从实验中学习的能力，从而激发出了更高的研发能力，使发明突破性的产品变得更加容易。更为重要的是，这些工具吸引了更多的人参与到创新之中，用户使用它们开发自己的定制化产品。例如，手机 App 的设计者们利用它们解决尚未被大众意识到的问题。

毫无疑问，我们对于身边环境的理解缺陷，以及我们使用的研究工具的缺陷，限制了我们进行科学研究和发现问题解决方案的能力。第一，要想记录下工具在创新领域中的应用情况，还有很长的路要走。创新工具的作用是什么？它们是如何被创造出来的？它们对创新结果的影响是什么？这些问题都等着我们去回答。第二，关于创新工具的表现（以成本、时间、质量等维度进行衡量），我们找到的证据还太少。许多公司都为之投入了巨款，而现在掌握的信息表明，它们产生的作用可能会非常显著。然而，我们需要进行更加系统性的工作来揭示它们是如何产生这些作用的。第三，案例表明，创新工具与问题解决方案息息相关。随着创新工具的快速发展，创新领域需要被解决的问题是不是也变得越来越复杂了？它们是如何变复杂的？第四，创新工具与行业（如集成电路和软件行业）标准的设定也有很大关系，并且有助于行业内的合作（如计算机辅助设计工具在制造业供应链领域的应用）。再一次强调，实证研究可以帮助我们进一步揭示创新工具的作用。

参考文献

Box, G., W. Hunter, and S. Hunter. 1978. *Statistics for Experimenters: An Introduction to Design, Data Analysis, and Model Building*. New York: Wiley.

Brenner, A. 1996. The computer revolution and the physics community. *Physics Today* 49 (10): 24–39.

Dahan, E., and V. Srinivasan. 2000. The predictive power of Internet-based product concept testing using visual depiction and animation. *Journal of Product Innovation Management* 17 (2): 99–109.

Fisher, R. 1921. Studies in crop variation: I. An examination of the yield of dressed grain from Broadbalk. *Journal of Agricultural Science* 11:107–135.

Galison, P. 1997. *Image and Logic: A Material Culture of Microphysics*. Chicago: University of Chicago Press.

Leonard-Barton, D. 1995. *Wellsprings of Knowledge*. Boston: Harvard Business School Press.

Montgomery, D. 1991. *Design and Analysis of Experiments*. New York: Wiley.

Phadke, M. 1989. *Quality Engineering Using Robust Design*. Englewood Cliffs, NJ: Prentice Hall.

Polanyi, M. 1958. *Personal Knowledge: Towards a Post-critical Philosophy*. Chicago: University of Chicago Press.

Schrage, M. 1999. *Serious Play: How the World's Best Companies Simulate to Innovate*. Boston: Harvard Business School Press.

Schultz, P. 2000. The Bell Labs of biology. *Technology Review* 103 (2): 94–98.

Taubes, G. 2002. The virtual cell. *Technology Review* 105 (3): 63–70.

Thomke, S. 1998. Simulation, learning and R&D performance: Evidence from automotive development. *Research Policy* 27 (1): 55–74.

Thomke, S. 2003. *Experimentation Matters: Unlocking the Potential of New Technologies for Innovation*. Boston: Harvard Business School Press.

Thomke, S., M. Holzner, and T. Gholami. 1999. The crash in the machine. *Scientific American* 280 (3): 92–97.

Thomke, S., and E. von Hippel. 2002. Customers as innovators: A new way to create value. *Harvard Business Review* 80 (4): 74–81.

Urban, G., and J. Hauser. 1993. *Design and Marketing of New Products*, 2nd ed. Upper Saddle River, NJ: Prentice Hall.

von Hippel, E. 1988. *The Sources of Innovation*. New York: Oxford University Press.

von Hippel, E. 1994. "Sticky information" and the locus of problem solving: Implications for innovation. *Management Science* 40 (4): 429–439.

von Hippel, Eric. 2005. *Democratizing Innovation*. Cambridge: MIT Press.

von Hippel, E., and R. Katz. 2002. Shifting innovation to users via toolkits. *Management Science* 48 (7): 821–833.

von Hippel, E., S. Thomke, and M. Sonnack. 1999. Creating breakthroughs at 3M. *Harvard Business Review* 77 (5): 47–57.

von Hippel, E., and M. J. Tyre. 1995. How "learning by doing" is done: Problem identification in novel process equipment. *Research Policy* 24 (1): 1–12.

Walker, R. 1992. *Silicon Destiny: The History of Application Specific Integrated Circuits and LSI Logic Corporation*. Milpitas, CA: CMC Publications.

Watson, James D. 1968. *The Double Helix: A Personal Account of the Discovery of the Structure of DNA*. New York: Atheneum.

Zaltman, G. 2003. *How Customers Think: Essential Insights into the Mind of the Market*. Boston: Harvard Business School Press.

第 19 章 创新工具箱设计、制造公司的能力和绩效

弗兰克·皮勒、法布里齐奥·萨尔瓦多

埃里克·冯·希佩尔的研究表明,"用户驱动创新"是一个普遍现象(von Hippel et al.,2011)。他的大部分研究都侧重于领先用户,尤其是在没有任何制造公司支持或参与的情况下进行自主创新的领先用户。在领先用户创新理论下,埃里克·冯·希佩尔和其他学者对传统制造公司在不断变化的经济环境中的作用和意义产生了疑问(von Hippel,2005)。根据我们的观察,传统制造公司并不是被动地看着"用户驱动创新"这一现象的出现。他们正在努力地通过设计"合作开发流程"来挖掘用户创新者的潜力,在这个流程中,消费者和制造公司可以通过合作创建出新颖的解决方案,以满足他们尚未被满足的需求。与此同时,其中一些制造公司正在着手对"合作开发流程"进行扩展,使其甚至可以被非创新型消费者使用,虽然这类消费者无法独立开发出具有高度创新性的解决方案,但是他们对产品开发的潜在需求是可以被激发出来的。为此,制造公司必须学习如何成为用户创新的推动者和合作者,以及如何将创新工具箱融合进自己的业务模式中。在本文中,我们认为实现"创新民主化"(人人都可以实现创新的现象)的途径之一是开发具有特定功能的创新工具箱,从而使制造公司能够与大量特定的用户通过共同开发的行为来创造价值。

本文内容包括以下两个方面。首先,我们从理论上对创新工具箱的必备功能进行概述,创新工具箱的功能既要有助于制造公司与消费者实现共同开发,又要有助于他们在合作的过程中创造价值。我们的早期研究(Salvador et al.,2009)介绍了三个(任何业务模型都)必备的创新工具箱

功能：（1）定义解决方案集的功能（制造公司识别消费者需求的功能，尤其是现有的产品或服务无法满足的需求）；（2）强大的流程设计功能（重复使用或重组现有的公司资源和供应链资源的功能）；（3）选择向导功能（帮助客户识别自己的需求或根据自己的需求建立解决方案）。除此之外，我们在下文中还提到了一些有关创新工具箱的文献，包括针对创新工具箱设计、用户决策和用户功能三者间相互关系的研究。

其次，我们会对设计创新工具箱的实践情况进行概述，并通过最近的针对制造公司与消费者共同开发行为的研究，来检验我们所提出的理论观点的有效性。研究采用的数据，大部分源自"定制 500 强"数据库，在此基础之上，我们对 500 个创新工具箱展开了大规模的实证性分析，这是据我们所知针对普通工具箱（mass toolkits）所开展的最大、最广泛的实证性研究。此外，我们还收集到该数据库中的 120 家制造公司的内部流程和运营绩效的相关信息。我们在对实证结果进行分析讨论时，使用了以下两个来源的信息：其一是我们对本次研究中的部分制造公司的经理所进行的定性访问，其二是我们在 2009 年针对一些批量定制公司的 68 名企业家和顾问所进行的小规模探索性研究。

本文其余部分的内容如下。我们首先会将"专家工具箱"（expert toolkits）与"普通工具箱"进行对比，此外还会涉及对批量定制的研究（mass customization，MC）。接下来，我们将基于本文所进行的大规模实证性研究，对行业中创新工具箱的使用情况进行阐述，着重讨论其广泛的相关性以及基于创新工具箱创建的业务模式所面临的挑战。然后，我们会对制造公司必备的能力及其对消费者和制造公司本身在合作创造价值方面所产生的影响进行描述，并简要阐述我们从数据分析中所得到的实证性结论。最后，我们会对本文的研究成果进行再次回顾，并针对未来的研究方向进行预测。

19.1　对专业工具箱、普通工具箱和批量定制策略的初步了解

在本节中，我们将首先对埃里克·冯·希佩尔最初针对创新工具箱所

提出的概念（本文语境下的"专家工具箱"）与"普通工具箱"进行对比，然后对与之相关的批量定制策略进行阐述。这两种工具箱与两个有关创新的（相关但不相同的）概念相对应："用户创新"和"制造公司与消费者合作完成的创新"。"用户创新"侧重于用户作为创新者所进行的创新，通常在这种情况下，用户与制造公司之间没有任何互动；而"制造公司与消费者合作完成的创新"常常被用于表示制造公司与消费者之间的互动式创新，即消费者积极地加入或参与到制造公司的创新流程中，并进行产品设计或开发（Wikstroem，1996；Ramirez，1999；Prahalad and Ramaswamy，2004）。具体而言，"制造公司与消费者合作完成的创新"被定义为：基于制造公司（零售商）和消费者（用户）之间合作关系的一种积极的、具有创造性的社会过程（Roser et al.，2009；O'Hern and Rindfleisch，2009；Piller and Ihl，2010）。"制造公司与消费者合作完成的创新"并不是一个新的概念。早在 1991 年，Udwadia 和 Kumar（1991）就曾设想过，消费者和制造公司有可能会成为个人消费品的"共同构建者"（"共同设计者"）。他们认为，只有当消费者对自己想要的东西有着一种不清晰的预期时，才会出现共同构建行为。没有消费者的深度参与，制造公司将无法充分地满足消费者对个性化产品的需求。埃里克·冯·希佩尔发表文章（von Hippel，1994，1998）将这一想法引入了管理领域，并提出了一个观念，即：用户的需求信息（"黏性信息"）难以传递给制造公司，但是，用户自己却可以熟练地使用这些需求信息进行创新。

在埃里克·冯·希佩尔的研究中，其中一个核心理念是用户的创新能力可以通过产品设计类工具箱得到提高（Thomke and von Hippel，2002；von Hippel，2001；von Hippel and Katz，2002）。创新工具箱被定义为一种软件，类似于计算机辅助设计（CAD）系统软件，但是具有易于使用的界面和包含基本模块和基本功能的程式库。创新工具箱提供了一种环境，使消费者在这种环境下，能够将其对产品的偏好迭代转换为具体的解决方案或产品设计。基于 Franke 和 Schreier（2002）的研究，我们根据消费者使用创新工具箱开发解决方案的自由程度，对两种类型的创新工具箱进行了区分：用于"用户创新"的专家工具箱和用于批量定制以及"制造公司与消费者合作完成的创新"的普通工具箱。

用于"用户创新"的专家工具箱在原理上类似于一种"化合物"。从某种意义上来说，专家工具箱提供给用户的解决方案集有着无限的可能性——至少相对于某些产品设计的参数而言是无限的。使用专家工具箱的用户不单单是利用标准化模块和组件进行创新，他们还会针对创新设计进行不断的试错与修改，这就有可能开发出完全新颖的解决方案。用户通过专家工具箱所设计的解决方案，最终可能是以程序设计语言或绘图软件等形式呈现出来。在这方面，半导体行业是一个很好的例子，在该行业中的许多制造公司都为消费者提供创新工具箱，用于集成电路和计算机芯片的开发（von Hippel and Katz，2002）。除此之外，BAA 制造公司——一家国际食品调料研发制造公司——也是一个很好的例子（Thomke and von Hippel，2002）。该制造公司向食品开发商提供工具箱，使开发商能够开发出新的调料口味和成分。本书前面几篇文章中所描述的阿帕奇工具箱，也是这方面的一个例子。然而，尽管存在着这些著名的案例，但是就目前而言，在实践中真正用于用户创新的专家工具箱并不多。

用于"制造公司与消费者合作完成的创新"的普通工具箱（简称普通工具箱），提供的是一组有可能实现的解决方案集，这些解决方案都是预先设定好的，并有着一定的（反映制造公司经济和技术能力的）约束条件。普通工具箱旨在使非专业用户在制造能力、价格和最终交付等条件都确定的情况下，完成独特的产品设计，以满足自己的需求和偏好。消费者通过普通工具箱所获得的是一个预先设计好的解决方案，而不是一个全新的创新型解决方案。普通工具箱开发者表示，对于那些不具有领先用户特征的"普通"消费者而言，普通工具箱赋予他们为了满足自己的使用需求而创造新的解决方案的能力。计算机技术的发展在很大程度上促进了制造公司与消费者合作开发，原因在于，在消费者购买产品之前，计算机技术可以对潜在产品进行模拟，还可以降低制造公司与大量用户之间的交流成本。通常情况下，消费类产品都会配备普通工具箱，并且，消费者在使用它们的过程中会呈现出不同的特征。简而言之，普通工具箱就是一种普遍的产品配置程序，被使用在不同的产品类别之中，诸如计算机（dell. com）、汽车（mini. com）、玩具（ego. com）、自行车（koga-signature. com）或者零食（mandm. com）。

　　普通工具箱在逻辑上与批量定制策略存在着相关性。因为使用普通工具箱不需要具备大量的用户专业知识，所以，制造公司便有可能通过普通工具箱，与大量的消费者通过合作来实现产品和服务的开发，以尽可能地满足每一个用户的个性化需求。而这恰恰是批量定制的目的所在，即开发、生产、销售并提供物美价廉的产品和服务，这些定制产品和服务有着足够多的品种，使几乎每一个人都能够精确地找到他们想要的东西（Pine，1993）。因此，想要了解制造公司如何从普通工具箱中获取回报，就需要了解它们是如何将这些工具箱融合进更广泛的批量定制业务模型中的。在详细地探讨这个问题之前，针对普通工具箱在不同行业中的使用现状，以及采用普通工具箱的制造公司的结构特征，我们提出了一些见解。

19. 2　普通工具箱的实际使用情况和面临的挑战

　　用于公司批量定制业务的普通工具箱，它们的应用领域和特性分别是什么？我们的同事 Dominik Walcher 和 Thorsten Harzer 最近开展了一项相关研究（Walcher and Piller，2012；Harzer et al. ，2012），在本节中，我们会根据他们的部分研究结果来对这一问题进行说明。通过从批量定制领域的多家网站（例如，configurator-database. com、egoo. de）收集来的信息，我们首先可以确定，有不少于 900 家制造公司正在通过（英语或德语）网站对批量定制的消费品进行销售。根据是否设置了有效的普通工具箱（基于上文对普通工具箱的定义），我们对相关网站进行了筛选，样本数量缩小到 500 家制造公司。然后，我们创建了一个数据收集工具，来对这些普通工具箱的特征（例如，3D 可视化、在设计过程中采用对等输入等）进行整理。我们选择了一组评估者并教会他们如何使用这个数据收集工具，再由他们对每个普通工具箱的特征进行评估。为了考核并提高评估的可靠性，每一个普通工具箱我们都会安排三位不同的评估者对其特征进行评定。[①]

我们对这 500 家制造公司（"定制 500 强"）展开研究。首先，我们对这些普通工具箱的应用领域进行了概述（见表 19-1）。我们在对样本进行快速查看的过程中发现，通过不同的数码印刷方式将用户的设计应用在基础产品上以获得个性化产品的做法，在样本中相当普遍（"类别 1""类别 2""类别 4"）。这为那些不具有深度专业知识的消费者提供了新的创新途径，并通过"延迟产品差异化"（后文中有详细介绍）使制造公司实现了低成本定制（Lee and Tang，1997）。有趣的是，食品和营养行业也是普通工具箱的主要应用领域。这表明，在食品行业中（例如，雀巢公司和 BAA 制造公司），创新工具箱的应用并不仅仅局限于埃里克·冯·希佩尔所提出的专家工具箱。在消费性电子产品和计算机领域，我们只发现了少数几个值得注意的普通工具箱——这可能是由于，现如今在该领域中的大部分产品，都已经配备了嵌入式配置程序（工具箱）（Piller et al.，2010）。总的来说，在消费品领域中，普通工具箱被应用在不同的产品类别上。值得注意的是，消费者不仅参与到耐用品（例如，家电、计算机）的产品定制流程中，还参与到非耐用品（例如，食品）的产品定制流程中。这表明制造公司与消费者合作开发产品的策略具有普遍性，而且，由普通工具箱演进而来的商业模式对于批量生产的制造公司而言颇具吸引力。由此可以看出，对普通工具箱的使用已然成为一种普遍现象。

---

① 有关我们的采样和数据编制策略的更多信息，请参阅 Walcher 和 Piller（2012）的文章。请注意，我们的样本对象并不涵盖整个批量定制产品系列，因为并非所有的批量定制公司都依赖于一个工具箱。定制的产品或服务可以从过去客户的交易中推论并自动提供出来，例如，Amazon.com 网站（定制图书推荐）或 Pandora.com 网站（定制无线电频道）。在其他情况下，批量定制公司通过提供适应用户需求的产品来实现盈利，例如，语音识别软件（例如，Dragon Dictate）或基于驾驶员的驾驶风格来配置的智能自动变速器（例如，保时捷 Tiptronic 系统）。此外，由于部分制造公司的工具箱难以识别，我们将所有不为消费者提供在线工具箱的批量定制公司从我们的样本中排除了。最后，为了确保样本公司之间的充分均匀性，我们将那些只针对产品服务（使其产品在服务方面更人性化，包括保险条款、交付方式、售后服务等）提供工具箱的公司也全部排除了。

表 19 - 1　　　　　　　　普通工具箱的应用领域（$n=500$）

	应用领域	描述	示例性产品	数量（比率）
类别 1	个性化传播媒介	平面打印在纸张上，或打印在"类似于纸张"的东西上，如画布	书、日历、画布、壁纸	96（19.2 %）
类别 2	个性化时装和纺织品	大多数是印花 T 恤，以及其他面料的印花	T 恤、毯子、内衣	78（15.6 %）
类别 3	食品和营养品	所有可以被食用的东西	巧克力、谷物、茶	57（11.4 %）
类别 4	个性化外观	打印在非纸质材料上	包、杯子、皮具	49（9.8 %）
类别 5	定制服装	男士或女士的正式服装	西装、衬衫、夹克、裙子	48（9.6 %）
类别 6	珠宝、箱包及配件	所有用来提升个人形象的东西	戒指、太阳眼镜、手表、箱包、皮带	41（8.2 %）
类别 7	计算机和电子产品	各种电子产品	个人电脑、平板电脑、计算器	9（1.8 %）
类别 8	家具	家庭使用的大大小小的物件	花园里的小屋、床、桌、宠物装备	31（6.2 %）
类别 9	运动	运动装备	自行车、滑板、高尔夫球	30（6.0 %）
类别 10	鞋	脚上穿的东西	鞋子、靴子、拖鞋	23（4.6 %）
类别 11	其他	所有不符合以上类别的东西	玩具、乐器、材料	38（7.6 %）

　　正如上文中所提到的，普通工具箱可以为消费者带来重要的价值。针对"定制 500 强"数据库的研究结果显示，普通工具箱在消费者市场上有着广泛的应用。但是，从制造公司的角度来看，为消费者提供普通工具箱服务，只是其所有服务中的"冰山一角"。制造公司更多地是想要将普通工具箱与其业务模式融合，这一过程就强调了公司在创造价值过程中所发生的巨大变化，这主要体现在产品的设计与开发方面和订单的获取与执行方面（Salvador et al.，2009）。制造公司在尝试构建能够获得利润回报的创新工具箱业务时所遇到的困难（Piller，2005；Franke et al.，2010），以及制造公司在向批量定制业务转型的过程中所面对的风险（Rungtusanatham and Salvador，2008），都无声地见证了普通工具箱为制造公司所带来的变化。

　　为了获得更多的相关信息，我们对该样本中的 500 个普通工具箱

(Harzer，2012) 进行了补充研究，从中筛选出 120 个合适的普通工具箱（占比 24%）。我们在对这 120 个样本背后的制造公司的特征进行研究时发现，当前，批量定制业务的主要驱动力来自中小型制造公司，它们的所有业务都是围绕着批量定制而展开的（见表 19 - 2 的描述性统计）。大约有 82.6% 的制造公司是以批量定制为目的而成立的，批量定制业务持续经营 5 年以上的制造公司只占 15.7%，大部分制造公司（83.5%）在批量定制业务上的销售额少于 100 万美元，并且，有 53.9% 的制造公司表示其拥有的员工人数低于 5 名。

表 19 - 2　　　　对于样本制造公司的描述性数据（$n = 120$）

衡量标准	数量	百分比	累计百分比
制造公司类型			
以批量定制为目的而成立的制造公司	95	82.6 %	82.6 %
拥有标准的产品，并开展了批量定制业务的制造公司	20	17.4 %	100.0 %
批量定制业务上线时间			
＜ 1 年	32	27.8 %	27.8 %
1～5 年	65	56.5 %	84.3 %
＞ 5 年	18	15.7 %	100.0 %
2010 财年销售额（美元）			
＜ 100 000	57	49.6 %	49.6 %
＜ 500 000	23	20.0 %	69.6 %
＜ 1 000 000	16	13.9 %	83.5 %
＜ 5 000 000	10	8.7 %	92.2 %
＞ 5 000 000	9	7.8 %	100.0 %
员工人数（全职员工）			
＜ 5	62	53.9 %	53.9 %
5～24	38	33.1 %	87.0 %
25～100	10	8.7 %	95.1 %
＞ 100	5	4.3 %	100.0 %
地点			
德国	68	59.1 %	59.1 %
美国	31	27.0 %	86.1 %
西欧（不包括德国）	13	11.3 %	97.4 %
世界其他国家	3	2.6 %	100.0 %

一家制造公司可以基于普通工具箱开展一项业务，这可能会令一些人

感到意外，但是，过去的文献对这一做法已经有了广泛的描述。而且，支撑普通工具箱的底层网络技术，至少在 10 年前就已经成熟。此外，我们对样本制造公司的创办者所进行的访问也表明，在过去的几年中，成立批量定制公司的市场壁垒出现了很大程度的降低。其中一个原因是，基于现有的普通工具箱创办一家公司，启动成本更低了。而且，欧洲的赛莱致（Cyledge）、美国的树屋逻辑（Treehouse Logic）和印度的不刷新（No-Refresh）等供应商都开发了标准软件，这些标准软件扮演的就是普通工具箱的角色，它们所提供的解决方案的价值，远远超过了传统的普通工具箱在消费者市场中所开发的解决方案的价值（约 50 万美元）（这些标准软件提供商表示，它们开发一个完整的普通工具箱的成本只要 5 000 美元）。与此同时，专业的批量定制供应链也正处于基础设施的建设阶段。在这种情况下，越来越多的初创型制造公司，会选择将其某一产品类别的完整解决方案，外包给专业的批量定制供应商来实施，从而减少该制造公司在制造和运输设备方面的投资，进而增加其可用资本。最后，批量定制业务已经成为商业新闻中的一个普遍话题，吸引了风险投资家的关注，并且在这些风险投资家的帮助下产生了许多广为人知的企业家故事，例如，卢卡斯·古德沃斯基（Lukas Gadowski）［斯普莱斯德公司（Spreadshirt）］、杰夫（Jeff）和博比·比弗（Bobby Beaver）［杂奏公司（Zazzle）］、本·考夫曼（Ben Kaufman）［夸克公司（Quirky）］以及马特·劳桑（Matt Lauzon）［吉姆瓦如公司（Gemvara）］。对于那些以普通工具箱为基础来完成批量定制业务的制造公司而言，以上所提到的所有因素都已成为它们的发展驱动力。

不过，这类制造公司的失败率也是非常高的。在一年多的时间里，"定制 500 强"数据库中的样本制造公司的破产率高达 20%，这表明，基于普通工具箱的批量定制业务模式要在实践中获得成功并不容易。在我们的样本中，设立批量定制业务部门的制造公司只占非常小的比例（17.4%），这表明，只要在制造公司内部运行这种以普通工具箱为基础的业务模式，就意味着制造公司原有的核心组织流程将发生重大的改变，因此它不容易被制造公司的管理层接受。我们对这类制造公司失败的原因进行了初步的分析，发现主要有以下两方面的原因。

首先，本次研究中的批量定制公司，在业务运行过程中所遇到的困难，可能是普通工具箱本身所存在的缺陷造成的。如表 19-3 所示，根据过去的研究可以得知成功的普通工具箱所应具备的设计原则（Randall et al.，2005；Dellaert and Dabholkar，2009；Franke et al.，2009），而在我们研究的 500 个普通工具箱中，符合这些设计原则的并不多：提供即时可视化用户输入的工具箱只占 55%，在设计过程中采用对等输入的普通工具箱不到 20%，而在设计过程中不提供流程信息的普通工具箱却占 61%。此外，只有 22% 的普通工具箱允许消费者与他人分享自己开发的创新产品。由此可以看出，在实际操作中，普通工具箱的设计水平明显滞后于它在学术研究中的水平，这表明将研究成果转化为实践的过程仍然存在着很大的进步空间。

表 19-3　"定制 500 强"中具备不同功能的普通工具箱的比例

Randall 等人（2005）所提出的，成功的工具箱所应具备的设计参数	具备此功能的工具箱所占的百分比
提供"帮助按钮"，显示有意义的信息	59%
提供丰富的产品说明	55%
根据属性值提供快捷方式	39%
提供多个定制访问渠道	30%
允许消费者保存设计方案	27%
对产品属性，以及它们如何与设计参数一一对应进行解释	20%
显示设计参数和产品属性在消费者群体中的分布情况	11%
为新用户提供基于产品需求的界面，为专业用户提供基于设计参数的界面	3%
允许对不同的产品进行并排比较	2%

其次，还有一些其他方面的问题，造成了以普通工具箱为基础发展起来的批量定制业务模式的失败。例如，我们在对一些批量定制公司（作者于 2009 年 10 月所进行的调查）的 68 名企业家和顾问所进行的研究中发现，受访者最担忧的是如何在批量定制业务运营过程中检测客户的独特需求和创建灵活的执行过程（平均分＝4.0/5 和 3.9/5），创建支持销售流程

的普通工具箱（平均分＝3.5/5）反而被受访者认为问题不大。这项研究的结果，以及我们采访管理者所获得的信息，都支持了我们的观点：如果想要利用普通工具箱中获取利益，那么该普通工具箱就必须具有更强大、更全面的功能。

19.3 公司必备的组织能力

制造公司如何通过成功的普通工具箱为它们的消费者提供服务？想要回答这个问题，先要了解如何在批量定制的战略背景下创造价值。在本节中，我们首先将构建一个简单的理论框架，以确定制造公司成功地运营批量定制业务所需要具备的三大战略能力。然后，我们将对这三大能力进行详细的讨论。在本节的最后，我们将利用调研数据，对这三大能力与促进公司绩效提高之间的关系进行讨论。

19.3.1 公司运营批量定制业务所需要具备的能力：理论框架

我们搭建的理论框架，从消费者和消费者价值驱动力的角度出发，对公司运营批量定制业务所需要具备的能力进行定义。以 Day 和 Wensley（1998）的研究为基础，我们分别识别了消费者价值的来源和公司因提供卓越的产品而获得的绩效结果。如果不同的供应商都按照相同的要求提供产品，那么，消费者会选择购买其中价值最高的产品。为了确定一个产品的"净值"（net value，NV），消费者会对自己可以从产品中获得的"总效用"（gross utility，GU）与相关的"购置成本"（acquisition costs，AC）以及"搜索与评估成本"（search-and-evaluation costs，SEC）进行比较：

净值＝总效用－（购置成本＋搜索与评估成本）[NV＝GU－（AC＋SEC）]

消费者只会购买高于他们预期价值的产品（Villas-Boas，2009）。消费者理论建立在这样一个行为假设之上：所有消费者都是为了寻求总效用最大化的理性决策者，并且，愿意为购买产品而支付他们所有的可支配收入（Silberberg and Suen，2001）。购置成本等于产品的报价减去

（任何在允许范围内的）产品折扣，再加上产品运费和产品的时间机会成本（包括等待交付产品的时间机会成本，或者在产品不合格的情况下进行产品维修或更换的时间机会成本）。消费者本能地倾向于寻找价格更低的产品或更能满足其需求的产品，但这一过程会自然而然地产生搜索与评估成本（Anderson and Renault，1999）。搜索与评估成本包括：任何获取产品信息的货币成本、用于产品搜索的时间机会成本，以及消费者的认知成本（这取决于他们先前所掌握的知识，以及接受的教育和培训）（Smith et al.，1999）。

从消费者的角度来看，批量定制业务（通过普通工具箱，实现与企业的合作开发）是否具有吸引力，取决于以下这个简单的经济关系：如果消费者的预期利益超过预期损失，那么，他们就有可能青睐批量定制。批量定制业务可以增加消费者的预期利益，在这个基础之上，消费者便会期待获得更好的产品和更愉快的购物体验。但是，批量定制业务也有可能会使消费者在价格、时间和精力上的支出过高，或在其他方面面临更大的损失（Broekhuizen and Alsem，2002；Squire et al.，2004）。由此可知，批量定制业务有可能会通过增加客户的总效用（ΔGU）来创造价值，但这样做的同时也提高了购置成本（ΔAC）和搜索与评估成本（ΔSEC）［见图 19 - 1（a）］。

我们认为，批量定制业务在某种程度上可以为消费者创造更大的价值，在这种情况下，批量定制业务所增加的总效用（ΔGU），大于消费者所增加的购置成本（ΔAC）以及搜索与评估成本（ΔSEC）的总和。显然，在这个过程中，普通工具箱的使用会使这些数值产生变化。但是，其他许多方法也会对它们产生影响，例如：形式延迟、产品模块化（Duray et al.，2000；Salvador et al.，2002）、单元式制造、动态组合（Tu et al.，2001），以及社会技术系统[1]的设计（Liu et al.，2006）等。

---

① 社会技术系统：一种关于组织的观点，认为组织是一种由社会系统和技术系统相互作用而形成的社会技术系统。在这个观点中，社会系统和技术系统是相辅相成、相互影响的，一方发生变化会使另一方也产生变化。——译者注

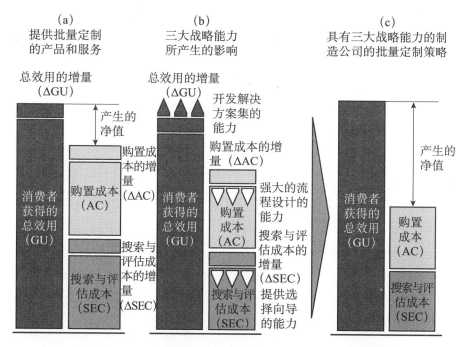

图 19-1　制造公司所具备的战略能力对消费者价值的影响

我们认为，需要从更加抽象的层面对批量定制进行定义。从某种意义上而言，批量定制可以被更好地理解为一组公司必备的组织能力，即任何希望通过与消费者合作完成创新以创造价值的制造公司都需要具备的组织能力。我们认为，组织能力是指一种增值机制，旨在获得一套满足用户需求的方案或程序。针对公司开展批量定制业务所必备的三大能力，我们进行了一系列的研究（Salvador et al.，2002，2004；Salvador and Forza，2007；Franke and Piller，2004；Piller，2008），并在此基础之上逐步总结出了有关批量定制的理论框架。Salvador 等人（2008）对该框架进行了首次的实证性验证，他的研究对象为来自 8 个欧洲国家的 238 个制造工厂。这项研究为 Salvador 等人（2009）所提出的理论框架奠定了基础，我们将在本节的余下部分对其进行详细阐述。

批量定制业务是如何为消费者创造价值的？对这一问题，我们提出了三个有助于批量定制业务蓬勃发展的必要能力［（见图 19-1（b）和图 19-1（c））］，即：

● 开发解决方案集的能力：制造公司能够识别消费者特殊需求的能力。这是竞争对手所不具备的能力。制造公司针对消费者的特殊需求提供相应的产品，进而提高总效用（ΔGU）。

● 强大的流程设计能力：制造公司重复使用或重组现有资源的能力。此能力能够使制造公司有效地提供差异化解决方案，降低制造成本，进而降低购置成本（ΔAC）。

● 提供选择向导的能力：制造公司支持消费者建立自己的解决方案的能力。与此同时，制造公司可以最大限度地减少选择的复杂性，从而降低搜索与评估成本（ΔSEC）。

19.3.2 解决方案集的开发

创建任何创新工具箱都需要对解决方案集进行定义，也就是需要对所有能够提供给潜在消费者的设计参数的排列组合进行定义（von Hippel，2001；Pine et al.，1993）。这个解决方案集决定了制造公司愿意为消费者提供的好处。专家工具箱的解决方案集在定义上较为模糊，并且，通过专家工具箱所获得的解决方案，其可行性也是不确定的。相反，普通工具箱的解决方案集有着精确的定义。普通工具箱内的所有选项都关乎解决方案的最终交付，并且，这些解决方案自创建出来就具有可行性，还拥有明确的价格和质量水平。

为批量定制公司的普通工具箱设置适当的解决方案集是一项重大挑战，因为它直接影响着定制产品在消费者心目中的总效用，并决定着企业在将解决方案转化为产品的过程中的效率（Tseng and Piller，2003）。为了设定合适的解决方案集，批量定制公司必须首先确定消费者的特殊需求，尤其是现有产品无法满足的消费者需求。这与大规模制造商形成鲜明的对比，大规模制造商（为了保证规模效益）必须专注于满足消费者的普遍需求，在理想的情况下，这种普遍需求是其目标消费者所共有的需求。总而言之，一旦批量定制公司了解到消费者的需求，就可以对解决方案集进行定义，以便清晰地描述出消费者通过使用该公司的普通工具箱所能够获得的，以及无法获得的解决方案。

尽管开发解决方案集非常重要，但是在有关批量定制的文献中，却几乎没有任何有关如何开发解决方案集的研究（Piller，2005）。而且，在关于用户工具箱的传统文献中（Franke and Schreier，2002；Franke and Piller，2003，2004；Thomke and von Hippel，2002；von Hippel，2001；von Hippel and Katz，2002）也没有关于这方面的研究内容。因此，接下来，我们会对开发解决方案集的一些潜在方法进行简短的介绍。开发解决方案集的第一种方法是，进行传统的市场调研（Griffin and Hauser，1993）。在这种方法下，制造公司首先会选择一组有代表性的消费者并对其进行研究，以从中获得他们对新产品的需求信息，然后，对这些信息进行分析并开发出相应的产品理念，最后，筛选出符合消费者（需求）偏好和采购决策的理念。这个方法在消费品领域中占主导地位，许多制造公司都会定期利用诸如焦点小组、联合分析、消费者调查和消费者投诉分析等市场研究方法，来确定并评估消费者对产品的需求。但是，并没有专门用于开发解决方案集的市场研究方法。开发解决方案集，所需要的是一种对消费者的不同特质进行分解和研究的方法，这就要求制造公司应该对消费者的需求内容，以及其数量和范围进行了解。根据我们与多个制造公司合作的经验，大多数现有的方法并不能为与消费者需求相关的问题提供恰当而详细的答案。

开发解决方案集的第二种方法是，为（领先）消费者提供用于用户创新的专家工具箱，以从中获得消费者根据自己的需求所设计的解决方案，进而在此基础上组建能够应用于普通工具箱的解决方案集。例如，菲亚特汽车公司（Fiat）在开发"菲亚特500"车型时创建了 Concept Lab，这是一个创新工具箱，使消费者能够在该车型的第一辆汽车出厂之前，自由地表达自己对汽车内部配置的喜好。在这个过程中，菲亚特汽车公司从客户那里收到了至少16万种设计方案——该公司在产品开发上所获得的成就，是其他任何汽车公司都无法完全复制的。并且，菲亚特汽车公司允许消费者们对彼此的设计方案进行相互评价，然后，由该公司对这些设计方案进行筛选。当然，大规模制造商也可以受益于创新工具箱，但是，该方法对批量定制公司更为有效，因为，批量定制公司的研究对象是大量的异构消费者群体，在这种情况下，通过这种方法部署创新工具箱的成本会更低。

第三种方法是，制造公司在开发自己的解决方案集时，可以采用某种形式的"消费者智能体验"，这是一种通过不断收集消费者的交易、行为或经验等数据，并对这些数据进行分析来确定消费者喜好的方法。此外，其中还会涉及一些不同来源的数据，既有来自消费者的数据，也有来自非消费者的数据，例如，来自那些对产品进行了评估，但并未购买该产品的人。这些数据可以从当人们在网上浏览产品时计算机生成的网络日志文件中获得（Rangaswamy and Pal，2003）。通过对这些不同来源的数据进行系统的分析，制造公司可以对客户的偏好获得详细的了解，并最终从中提炼出普通工具箱的解决方案集。在此基础之上，制造公司可以取消创新工具箱中很少被使用到的选项，并为受欢迎的选项添加更多的个性化选择。因此，值得注意的是，解决方案集的开发不是一次性的活动，而是一个持续的、迭代的改进过程。消费者对产品的需求可能会随着时间的改变而改变（Simonson，2005）。因此，我们建议制造公司最好能够贯彻实施一个正式的流程，以定期调整、缩减或扩展其解决方案集。

针对"定制500强"数据库的研究表明，普通工具箱的主要实践者是初创公司。想要对创业精神进行研究，就需要对创业者在机会——通过对潜在的、有利可图的、新的投资想法的识别获得的创业机会——识别方面的行为进行调查（Kirzner，1979）。我们的研究表明，在最初开发解决方案集的过程中，机会识别同样也起着重要的作用（Harzer，2012）。事实上，许多企业家就是通过将自己无法被满足的需求转化为定制产品而创建起自己的公司的，换而言之，领先用户通过对批量定制业务的开发而创建起了自己的公司。在大规模生产时代，大多数消费者都认为减少定制可以降低产品的成本（出于规模经济的考虑）（Addis and Holbrook，2001）。在这种情况下，消费者在购买大规模制造商生产的产品后，会根据自己的需求对该产品进行调整，其他消费者也同样存在类似的定制需求。例如，许多消费者在购买牛仔裤后，会根据自身情况请裁缝对牛仔裤进行剪裁，在认识到这一点之后，indicustom. com 和 smart-jeans. com 这两家网站建立起了自己的商业模式。此外，巧克瑞公司（Chocri）为了推出一款独特的、"最后一分钟"的生日礼物，开发出了第一个定制的巧克力棒。制造公司在确定应该定制何种产品时，遇到的最棘手的问题是了解消费者在使用产品的过程中哪些重要的需求没有被满足，而在通常情况下，他们会有多个需求未被满足。并且，如领先用户理论所示，身为领先用户的创业者比传统制造商更能够了解到这一点。

19.3.3 强大的流程设计

只有当个人用户的设计方案可以被"转化为产品"时（个人用户的设计方案在无须过高的价格、过高的品质，以及在交付给最终消费者的过程中无额外交付成本的情况下，被制作成产品），普通工具箱为消费者创造的价值才会被意识到（von Hippel and Katz, 2002：828）。这是一个关键性问题，因为消费者在需求上的变化，往往会使制造公司的运营成本增加。这些成本是制造公司为了满足消费者不断变化的需求，而对制造资源和供应链资源进行重新配置或动态重组所花费的成本（Salvador et al., 2008；Pine et al., 1993）。这需要制造公司具备强大的流程设计的能力，即对现有的组织和供应链资源进行重复使用或重组，以满足消费者差异化需求的能力。制造公司凭借强大的流程设计能力，可以为消费者提供量身定制的解决方案，并且，通过这些方案所生产出来的产品，拥有着近似于大规模生产的产品的高效率和高可靠性。因此，一个成功的批量定制体系的特点是，不但拥有高稳定性，而且拥有灵活的响应机制，从而为企业提供一个动态的产品开发流程（Pine, 1993；Tu et al., 2001；Salvador et al., 2004）。

有多种不同的方法可以被用来减少这些额外的成本，甚至可以完全避免它们产生。考虑到本文的重点，我们将对这些方法进行简短的介绍。柔性自动化[①]（flexible automation）是在批量定制公司中创建强大流程的主要

[①] 柔性自动化是指通过机械技术与电子技术的结合，在制造过程中实现高灵活性和高效率的兼容。通常情况下，只有品种单一的大批量生产才可以保证生产的高效率、低成本，但是，现如今通过柔性自动化，企业也可以使多品种的小批量生产实现生产的高效率、低成本。——译者注

方法（Tu et al.，2001；Zhang et al.，2003）。虽然，"柔性"和"自动化"这两个词在过去可能是相互矛盾的，但是现在已经不再是这样了。在汽车行业，机器人和自动化，与高通用性产品和高定制化相兼容。即使是在制造类行业中（例如，药品和食品行业）——这类行业一直是刚性自动化和大规模生产的代名词——现如今也开始尝试曾经被认为不可实现的"柔性自动化"。同样地，基于互联网的柔性自动化解决方案，通常也适用于无形的商品和服务。在娱乐行业，数字化水平的不断提高，正在将该行业的整个产品体系从真实世界转移到虚拟世界。

柔性自动化的一个补充性方法是流程模块化，通过这种方法，企业可以将业务流程和供应链流程设想成相互独立的模块，每一个模块都与消费者的差异化需求相连接（Pine et al.，1993）。因此，制造公司可以通过对模块进行适当的重组以满足不同消费者的需求，而不需要针对每一个需求都重新设计一个特有的生产流程（Zhang et al.，2003）。例如，宝马公司的MINI汽车工厂使用标准的机械手臂对个性化汽车组件进行组装。宝马公司可以在几天内，将这些代表着用户个性化需求的组件，集成到工厂现有的组装程序中，从而在不需要对生产流程做出大规模修改的前提下，将消费者的个性化需求与产品相结合。此外，流程模块化也可以应用到服务行业。例如，IBM公司正在对其咨询业务的可配置流程（称为"参与模块"）进行重新设计。在这个过程中，流程模块化被用来修复项目（甚至是复杂项目）的整体架构，同时又保留了足够的灵活性来满足单个消费者的具体需求。流程模块化原理的另一个广泛应用是延迟（或推迟）产品差异化（Yang and Burns，2003；Yang et al.，2004）。在这个过程中，产品的生产通过两个阶段来完成：在第一个阶段中，产品的标准化部分被生产出来；产品的"差异化"部分则是在第二个阶段中根据消费者购买时所选择的参数进行生产。延迟产品差异化的主要优点是，有助于减少为了满足消费者需求的差异化所产生的库存成本，并确保第一阶段的生产实现规模效应（Yang et al.，2004）。

为了获得强大的流程设计能力，制造公司还需要进行合适的人力资本投资（Bhattacharya et al.，2005）。具体来说，员工和管理者必须有能力处理新的并且异常的任务，以抵消内嵌式流程结构和技术存在的潜在僵化。毕竟，机器无法决定未来的解决方案集将会有哪些。处理这些任务显然需要一个管理决策者，而不是软件或算法。在这个过程中，制造公司所需要的人才，需要具备广泛的知识积累，而不仅仅拥有某一领域的专业知识，这样他们才能够对产品的所有功能实现融会贯通，进而才能熟练地识别出消费者的个性化需求并为其提供量身定制的解决方案。除了广泛的知识积累，还必须辅以一种能够让一个人在特定的环境下轻松地与其他员工进行沟通的态度。

制造公司所具备的强大的流程设计能力说明，通过普通工具箱为个人用户提供定制的解决方案并不简单。制造企业为了能够与消费者实现产品的合作开发，在使用普通工具箱时，首先需要确保的是，消费者需求的不断变化不会对其运营或供应链产生严重的负面影响。我们认为，运营学者与（用户）创新管理学者在这方面的丰富交流，可以产生有效的互动和非常有趣的研究。

19.3.4　选择向导

最后，批量定制公司必须能够支持消费者识别自己的需求并创建解决方案，同时，还要最大限度地减少定制流程的复杂性和消费者的选择负担。这些要求对于普通工具箱而言，属于其基础职能的范畴。因此，一个普通工具箱必须是便于使用的，并使用户能够从错误中获得学习和改进的机会（von Hippel and Katz，2002）。当消费者面临着太多的选择时，对多个选项的评估成本很容易就超过了其因选项多样化而带来的额外收益。由此而产生的典型表现被称为"选择悖论"（Schwartz，2004），即拥有太多的选择，实际上会使企业从中获得的消费者价值减少而不是增加（Huffman and Kahn，1998）。在这种情况下，消费者可能会推迟他们的购买决定，更糟糕的是，他们可能会将该制造公司归类为令人不满意的公司。近期市场营销方面的研究，更是详细地对这个问题进行了讨论，并发现选择成本是大规模部署批量定制业务的较大障碍之一（Dellaert and Stremersch，2005）。若要避免此问题，普通工具箱必须具备选择向导的功能，使人们用更为简单的方式来实现自己对产品的需求。该功能还与普通工具箱本身的设计参数相关，这属于另外一个开放领域的研究，类似于对批量定制和用户创新所进行的研究。在这些研究中，具备选择向导功能的普通工具箱，其设计参数包括：帮助功能、流程导向、推荐系统或可视化功能（Randall et al.，2005；Dellaert and Dabholkar，2009；Franke et al.，2009），以及社群功能或源自其他用户的设计方案数据库（Ihl，2009）。然而，正如我们对"定制500强"数据库的研究结果所显示的，在实际操作中普通工具箱的设计水平，明显滞后于它在学术研究中的水平。此外，选择向导功能不仅仅是指从消费者的角度出发，防止选择的复杂性和选择多样性带来的负面影响，更多的是指以有意义的方式为消费者提供选择，这样反而可以为制造公司带来新的获利机会。最近的研究表明，人们（消费者）愿意为定制产品额外支付50％的价格，这主要是因为人们对合作开发这件事本身所持有的积极态度（Franke and Piller，2004；Schreier，2006；Franke and Schreier，2010；Merle et al.，2010）。因此，消费者与制造公司通过合作而开发的产品，有可能会产生象征性（内在的和社会的）价值，这种价值产生于实际的设计过程，而不是最终产品。例如，Schreier（2006）在他的文章中所引用的"独创自豪感效应"。而且，不同的消费者可以通过合作实现产品开发，他们在开发过程中所表现出来的热情，也有助于增加最终产品的价值。在这个过程中，除了获得乐趣，个人参与产品合作开发的过程也被认为是通过创造力解决问题的过程，从而也成为人们购买批量定制产品的动力之一。

虽然，有些人会认为，批量定制产品中的流程价值应该归因于优秀的解决方案集，但是，只有设计出好的选择向导流程，消费者才有机会获得优秀的解决方案。如前所述，普通工具箱的实践情况表明，在开发创新工具箱的选择向导功能方面仍然存在着很大的改进空间（和战略上的差异），该功能的提高有助于消费者获得"完美"的解决方案，以及乐趣、自豪感和成就感。

19.3.5　彼此相互关联的三大功能

在上文中，我们描述了制造公司为了成功开展以普通工具箱为基础的批量定制业务，而需要构建和使用的三大战略功能。但是，这三种功能又是如何相互影响的呢？我们首先针对"定制 500 强"数据库中的部分公司进行了一项调研（$n=120$），然后基于此项调研的结果，对几个有关三大功能相互关系的模型展开了进一步的测试。从中我们发现，首先，这三种功能在研究中是相互独立的，这就强调了批量定制业务的多功能属性（有关这些发现的详细数据和统计证明，请参见 Harzer et al.，2012）。其次，更有趣的是，在本文背景下，我们发现这三种战略功能在单独使用的情况下，并不能（显著地）提高样本制造公司的绩效，它们表现出很强的互补性。根据互补性理论，我们认为，在批量定制业务中，这三种功能的整体效应大于单独使用每一种功能的边际效应的总和（Milgrom and Roberts，1990）。根据 Peng 等人（2008）的研究，我们针对制造公司批量定制业务的三大功能建立起一个模型，来对它们相互间的互补性进行分析（Harzer et al.，2012）。通过这个模型，我们对这三种功能之间存在着的多边关系进行了描述，并证明，它们作为三种不同但又相关联的功能，存在更具有统计学意义的关系（Whittington et al.，1999）。它们所具有的互补性和协同效应，有助于制造公司实现多个绩效目标，例如，在市场上和经济上取得成功的目标。

遗憾的是，无论出于何种原因，对于初创公司和现有的制造公司而言，使企业同时具备这三大能力都是非常困难的。初创公司的创业者所面临的主要挑战在于开阔视野，因而不可以忽略任何一种关键性能力。接下来让我们来看一下麦妙丽公司（myMuesli）的案例（这并不是一个失败的案例）。这是一家提供定制麦片的制造公司，它向消费者提供了一个精心设计的创新工具箱，使其能够实现在线的口味模拟。麦妙丽公司精通解决方案集的开发，这主要归因于该公司创始人所具有的领先用户特征，以及该公司不断从过去的互动过程中汲取经验的做法。但是，麦妙丽公司忽视了流程建设的能力，尤其是在柔性自动化方面。每当市场上出现有利于麦妙丽公司的新闻报道时，它的生产能力（该公司的麦片制作需要大量的人工劳动，需要通过精密的天平手工混合含约 65 种不同的原料的什锦麦片）都无法满足消费者的定制需求。在这种情况下，制造公司不得不为每日的订单量制订一个上限。后来，公司投资了一个完全自动化的、可称量的搅拌系统，在此之后，其商业模式下的功能互补性才得以利用，与此同时，公司的利润也获得了极大的提高。在我们研究过的许多其他例子中，尤其缺乏的就是有关解决方案集开发的例子，当普通工具箱的选项无法满足用户在特定市场上的不同需求时，就会导致失败，因此，这就需要提供一些额外的价值来弥补较高的购置成本和搜索与评估成本。

就现有的制造公司而言，在利用普通工具箱实施可持续的商业模式的过程中，面对的核心问题是，上述三大功能的开发为公司带来的变化是无处不在的，通常表现为具有强大惯性的阻力。例如，约翰迪尔公司（John Deere）是世界上最大的园林设备制造公司之一。为了跟上市场的脚步并为消费者提供优质的草坪拖拉机，在这十多年的时间内，该公司通过更优越的产品细分服务和定制服务，为消费者提供了更多的产品，但同时也导致零件和流程方面的压力激增。当时，相关的部门经理就已经意识到了这一问题的存在，并且他知道通过简化产品平台可以帮助公司每年节省数百万美元。为了实现这一目标，该公司花费了数年的时间来完成这些必要的变更，在这个过程中，他们对会计和绩效考核体系、产品开发流程，以及制造和供应链流程进行了彻底的改革。约翰迪尔公司意识到，这几个方面的改革必须同时进行，因为，公司的价值链体系所涉及的主要方面，与其运行批量定制业务所需要具备的能力息息相关。

19.4　结论

我们在本文的初始提出了一个简单的观点，即创新性并不是一个将创新型领先用户与非创新型消费者区分开来的典型特征。在某种程度上，普通用户也具有创新能力，尽管他们的能力可能有限。如果能让每一个消费者都融入创新活动，就可以为制造公司带来巨大的机会。要想抓住这个机会，就需要制造公司制订出运行顺畅的批量定制策略。普通工具箱（或用于用户创新和合作设计的创新工具箱）是实施这一策略的重要工具之一，但必须是在制造公司的核心能力经过彻底改革后才可以实施这一策略。

为了证实我们的想法，我们对一个由 500 个批量定制公司所组成的样本进行了研究，并且，这些公司都通过向消费者提供在线的普通工具箱来满足后者对产品定制的需求。研究结果表示，这些公司所使用的普通工具箱，落后于相关实证研究所推荐的标准型普通工具箱，这就削弱了它们在与消费者合作创新过程中的获利能力。并且，我们进一步发现，这些公司需要开发三种具体的能力，即开发解决方案集的能力、强大的流程设计能力，以及提供选择向导的能力，以创建成功的基于工具箱的业务模型。

开创一个成功的基于工具箱的业务模型，其产生的普遍变化，与 von Hippel（2005）的"长期模式假设"不谋而合，埃里克·冯·希佩尔认为：

> 将产品开发这项工作从制造公司转移到用户，对许多公司而言都是痛苦并且困难的……许多制造公司和行业为了适应这种转变，必须对已经运行很久的商业模式进行根本性的改革。（von Hippel，2005：2）

在我们看来，想要实现这些变革，就需要将组织机制和组织能力，与批量定制业务和消费者合作开发业务联系起来，并对它们之间的关系进行深入的理解。

尽管存在着这些困难，但是，我们的研究结果表明，基于普通工具箱的批量定制策略是可行的，并且可以使制造公司在经济上和市场上获得成功。展望未来，我们建议未来的研究应该对普通工具箱、批量定制业务模式以及公司绩效这三者间的关系进行更加深入的探讨，并将传统的消费者行为纳入有关创新工具箱的研究。对于制造公司所必备的三大能力，未来还会有很多机会对其进行进一步研究。关于普通工具箱的选择向导功能，我们发现，在实践中，普通工具箱并不具备在广泛的学术研究中出现的成功的普通工具箱特征。那么，批量定制公司为什么无法建立起更好的普通工具箱呢？普通工具箱具体设计参数的有效性又需要如何判定呢？除此之外，我们还发现，在开发解决方案集方面欠缺相关的研究。例如，我们不知道消费者的异质性如何被理解并转化为有意义的产品属性。最后，我们看到，在普通工具箱设计和执行体系转变的同步实施方面，基本上没有相关的研究，这就需要研究者在未来对此进行更多的研究。埃里克·冯·希佩尔对创新工具箱所提出的想法，以及他所做的基础性研究和提出的框架，对于许多后来的学生和学者，将毫无疑问地继续起到激励的作用。

备注

本文的内容创作，基于先前 Salvador、de Holan 和 Piller（2009）所进行的针对制造公司必备的三大能力的研究，以及最近 Thorsten Harzer、Christoph Ihl 和 Dominik Walcher 所进行的研究（Walcher and Piller，2012；Harzer，2012；Harzer et al.，2012）。非常感谢他们对本文内容的支持。

参考文献

Addis, M., and M. B. Holbrook. 2001. On the conceptual link between mass customisation and experiential consumption. *Journal of Consumer Behaviour* 1 (1): 50–66.

Anderson, S. P., and R. Renault. 1999. Pricing, product diversity, and search costs: A Bertrand–Chamberlin–Diamond model. *Rand Journal of Economics* 30 (4): 719–735.

Bhattacharya, M., D. E. Gibson, and D. Doty. 2005. The effects of flexibility in employee skills, employee behaviors, and human resource practices on firm performance. *Journal of Management* 31 (4): 622–640.

Broekhuizen, T., and K. J. Alsem. 2002. Success factors for mass customization: A conceptual model. *Journal of Market-Focused Management* 5 (2): 309–330.

Day, G. S., and R. Wensley. 1988. Assessing advantage: A framework for diagnosing competitive superiority. *Journal of Marketing* 52 (2): 1–20.

Dellaert, B. G. C., and P. A. Dabholkar. 2009. Increasing the attractiveness of mass customization. *International Journal of Electronic Commerce* 13 (3): 43–70.

Dellaert, B. G. C., and S. Stremersch. 2005. Marketing mass-customized products: Striking a balance between utility and complexity. *JMR, Journal of Marketing Research* 42 (2): 219–227.

Duray, R., P. T. Ward, G. W. Milligan, and W. L. Berry. 2000. Approaches to mass customization: Configurations and empirical validation. *Journal of Operations Management* 18 (11): 605–625.

Franke, N., and F. Piller. 2003. Key research issues in user interaction with configuration toolkits. *International Journal of Technology Management* 26 (5–6): 578–599.

Franke, N., and F. Piller. 2004. Value creation by toolkits for user innovation and design: The case of the watch market. *Journal of Product Innovation Management* 21 (6): 401–415.

Franke, N., and M. Schreier. 2002. Entrepreneurial opportunities with toolkits for user innovation and design. *International Journal on Media Management* 4 (4): 225–234.

Franke, N., and M. Schreier. 2010. Why customers value mass-customized products: The importance of process effort and enjoyment. *Journal of Product Innovation Management* 27 (7): 1020–1031.

Franke, N., P. Keinz, and C. J. Steger. 2009. Testing the value of customization: When do customers really prefer products tailored to their preferences? *Journal of Marketing* 73 (5): 103–121.

Franke, N., M. Schreier, and U. Kaiser. 2010. The "I designed it myself" effect in mass customization. *Management Science* 65 (1): 125–140.

Griffin, A., and J. R. Hauser. 1993. The voice of the customer. *Marketing Science* 12 (1): 1–27.

Harzer, T. 2012. Value creation through mass customization: An empirical analysis of the requisite strategic capabilities. PhD thesis. RWTH Aachen University.

Harzer, T., F. Piller, and F. Salvador. 2012. Complementarities in mass customization. Working paper. MIT Smart Customization Group.

Huffman, C., and B. E. Kahn. 1998. Variety for sale: Mass customization or mass confusion? *Journal of Retailing* 74 (4): 491–513.

Ihl, J. C. 2009. Marketing for mass customization: Consumer behavior and marketing policies in the context of customizable products. PhD thesis. TUM Business School, TU Munich.

Kirzner, I. 1979. *Perception, Opportunity, and Profit*. Chicago: University of Chicago Press.

Lee, H. L., and C. Tang. 1997. Modelling the costs and benefits of delayed product differentiation. *Management Science* 43 (1): 40–53.

Liu, G., R. Shah, and R. Schroeder. 2006. Linking work design to mass customization: A sociotechnical systems perspective. *Decision Sciences* 37 (4): 519–545.

Merle, A., J.-L. Chandon, E. Roux, and F. Alizon. 2010. Perceived value of the mass-customized product and experience for individual consumers. *Production and Operations Management* 19 (5): 503–514.

Milgrom, P., and J. Roberts. 1990. The economics of modern manufacturing: Technology, strategy and organization. *American Economic Review* 80 (3): 511–528.

O'Hern, M. S., and A. Rindfleisch. 2009. Customer co-creation: A typology and research agenda. In *Review of Marketing Research*, vol. 6, ed. K. M. Naresh, 84–106. Armonk, NY: Sharpe.

Peng, D. X., R. Schroeder, and R. Shah. 2008. Linking routines to operations capabilities: A new perspective. *Journal of Operations Management* 26 (6): 730–748.

Piller, F. 2005. Mass customization: Reflections on the state of the concept. *Journal of Flexible Manufacturing Systems* 16 (4): 313–334.

Piller, F. 2008. Mass customization. In *The Handbook of 21st Century Management*, ed. C. Wankel, 420–430. Thousand Oaks, CA: Sage.

Piller, F., and C. Ihl. 2010. *Open Innovation with Customers—Foundations, Competences and International Trends. Expert study commissioned by the European Union.* Aachen: RWTH ZLW-IMA.

Piller, F., C. Ihl, and F. Steiner. 2010. Embedded toolkits for user co-design: A technology acceptance study of product adaptability in the usage stage. *Proceedings of the 43th Hawaii International Conference on Systems Science* (HICSS). IEEE.

Pine, J. B. 1993. *Mass Customization*. Boston: Harvard Business School Press.

Pine, J. B., J. H. Gilmore, and A. C. Boynton. 1993. Making mass customization work. *Harvard Business Review* 71 (5): 108–118.

Prahalad, C. K., and V. Ramaswamy. 2004. *The Future of Competition: Co-creating Unique Value with Customers*. Boston: Harvard Business School Press.

Ramirez, R. 1999. Value co-production: Intellectual origins and implications for practice and research. *Strategic Management Journal* 20 (1): 49–65.

Randall, T., C. Terwiesch, and K. T. Ulrich. 2005. Principles for user design of customized products. *California Management Review* 47 (4): 68–85.

Rangaswamy, A., and N. Pal. 2003. Gaining business value from personalization technologies. In *The Power of One*, ed. N. Pal and A. Rangaswamy, 1–9. Victoria, BC: Trafford.

Roser, T., A. Samson, P. Humphreys, and E. Cruz-Valdivieso. 2009. New pathways to value: Co-creating products by collaborating with customers. Working paper. LSE.

Rungtusanatham, M., and F. Salvador. 2008. From mass production to mass customization: Hindrance factors, structural inertia, and transition hazard. *Production and Operations Management* 17 (3): 385–396.

Salvador, F., and C. Forza. 2007. Principles for efficient and effective sales configuration design. *International Journal of Mass Customisation* 2 (1–2): 114–127.

Salvador, F., M. Rungtusanatham, and C. Forza. 2002. Modularity, product variety, production volume, and component sourcing: Theorizing beyond generic prescriptions. *Journal of Operations Management* 20 (5): 549–575.

Salvador, F., M. Rungtusanatham, and C. Forza. 2004. Supply chain configurations for mass customization. *Production Planning and Control* 15 (4): 381–397.

Salvador, F., M. Rungtusanatham, A. Akpinar, and C. Forza. 2008. Strategic capabilities for mass customization: Theoretical synthesis and empirical evidence. *Academy of Management Proceedings*: 1–6.

Salvador, F., P. M. de Holan, and F. Piller. 2009. Cracking the code of mass customization. *MIT Sloan Managment Review* 50 (3): 71–78.

Schreier, M. 2006. The value increment of mass-customized products. *Journal of Consumer Behaviour* 5 (4): 317–327.

Schwartz, B. 2004. *The Paradox of Choice: Why More Is Less*. New York: Harper.

Silberberg, E., and W. Suen. 2001. *The Structure of Economics: A Mathematical Analysis*. New York: McGraw-Hill/Irwin.

Simonson, I. 2005. Determinants of customers' responses to Customized offers: Conceptual framework and research propositions. *Journal of Marketing* 69 (1): 32–45.

Smith, G. E., M. P. Venkatraman, and R. R. Dholakia. 1999. Diagnosing the search cost effect: Waiting time and the moderating impact of prior category knowledge. *Journal of Economic Psychology* 20 (3): 285–314.

Squire, B., J. Readman, S. Brown, and J. Bessant. 2004. Mass customization: The key to customer value? *Production Planning and Control* 15 (4): 459–471.

Thomke, S., and E. von Hippel. 2002. Customers as innovators: A new way to create value. *Harvard Business Review* 80 (4): 74–81.

Tseng, M., and F. Piller. 2003. *The Customer Centric Enterprise: Advances in Mass Customization and Personalization*. New York: Springer.

Tu, Q., M. A. Vonderembse, and T. S. Ragu-Nathan. 2001. The impact of time-based manufacturing practices on mass customization and value to customer. *Journal of Operations Management* 19 (2): 201–217.

Udwadia, F. E., and R. Kumar. 1991. Impact of customer co-construction in product/service markets. *International Journal of Technological Forecasting and Social Change* 40 (2): 261–272.

Villas-Boas, J. M. 2009. Product variety and endogenous pricing with evaluation cost. *Management Science* 55 (8): 1338–1346.

von Hippel, E. 1994. "Sticky information" and the locus of problem solving: Implications for innovation. *Management Science* 40 (4): 429–439.

von Hippel, E. 1998. Economics of product development by users: The impact of "sticky" local information. *Management Science* 44 (5): 629–644.

von Hippel, E. 2001. User toolkits for innovation. *Journal of Product Innovation Management* 18 (4): 247–257.

von Hippel, E. 2005. *Democratizing innovation*. Cambridge: MIT Press.

von Hippel, E., and R. Katz. 2002. Shifting innovation to users via toolkits. *Management Science* 48 (7): 821–833.

von Hippel, E., S. Ogawa, and J. De Jong. 2011. The age of the consumer innovator. *MIT Sloan Management Review* 53 (1): 21–35.

Walcher, D., and F. Piller. 2012. *The Customization500: An International Benchmark Study*. Raleigh, NC: Lulu.

Whittington, R., A. Pettigrew, S. Peck, E. Fenton, and M. Conyon. 1999. Change and complementarities in the new competitive landscape: A European panel study. *Organization Science* 10 (5): 583–600.

Wikstroem, S. 1996. Value creation by company–consumer interaction. *Journal of Marketing Management* 12 (5): 359–374.

Yang, B., and N. D. Burns. 2003. Implications of postponement for the supply chain. *International Journal of Production Research* 41 (9): 2075–2090.

Yang, B., N. D. Burns, and C. J. Backhouse. 2004. Postponement: A review and an integrated framework. *International Journal of Operations and Production Management* 24 (5): 468–487.

Zhang, Q., M. A. Vonderembse, and J.-S. Lim. 2003. Manufacturing flexibility: Defining and analyzing relationships among competence, capability, and customer satisfaction. *Journal of Operations Management* 21 (2): 173–191.

第 20 章　创新工具箱对用户创新和设计的价值

尼可拉斯·弗兰克

埃里克·冯·希佩尔将"用于用户创新和设计的工具箱"（toolkit for user innovation and design）定义为一套协调的设计工具，它允许个人用户根据喜好自主设计并开发供自己使用的产品，并为（虚拟的）临时解决方案提供可视化的信息反馈（von Hippel，1998，2001；von Hippel and Katz，2002）。消费者如果喜欢这些用户的设计，便可以对他们设计的产品进行订购。然后，由提供该创新工具箱的生产者根据用户的设计生产产品。

许多公司都已经开始提供创新工具箱服务，让用户可以在线设计自己的产品，例如，个人计算机芯片、机器、调料、食品、软件、塑料制品、冰箱、安保系统、温控系统、空调系统、窗户、电子设备、T 恤、手表、谷物早餐、汽车、厨房、沙发、滑雪板、首饰、笔记本电脑、笔、运动鞋等，然后，生产者会根据订购情况将其中一部分设计生产成产品。另外，有些网站会通过创新工具箱为用户提供定制服务，包括婚礼、旅行、电子报纸、金融投资和保险、音乐、铃声、手机合同等。虽然还有许多类型的服务目前并没有向用户提供创新工具箱，但是，创新工具箱对于这些服务来说意义重大。同样，在服务行业，生产者通过向用户提供设计工具，允许他们对服务进行自主设计，并会对用户的设计提供一定的反馈。此外，在玩电脑游戏的过程中，玩家也经常会使用到创新工具箱，扩展、修改和创建新的游戏角色、地图、环境等。① 该领域的创新工具箱通常都存在着

---

① 从更广泛的意义上说，许多商业软件程序（例如，Word、Excel 和 PowerPoint）都可以被视为工具箱——它们包括了允许用户自主设计物品（一个文本、一个计算，或一个幻灯片）的工具，并可以对结果提供即时反馈。

一个有趣的特点，那就是模拟设计与最终产品往往是结合在一起的，即通过创新工具箱模拟设计出来的软件通常就是最终的产品。而且，该领域的生产者并不用为设计新的游戏地图而烦忧——用户通过自主设计获得的新地图就已经是可供其他玩家使用的最终产品了，因此，在游戏软件领域用户也是生产者。

虽然，不同产品领域所应用的创新工具箱会有所不同，但是，所有创新工具箱都具备两个相同的基本原则。第一，它们都包含某种形式的设计工具，使用户能够对产品设计进行创建和修改。有些创新工具箱是将有限的选项以列表的形式呈现给用户的，有些则是以（鼠标）拖放的形式呈现的，例如，当用户在电脑上选择图形符号并将它们放在滑雪板上时，他们需要设定这些图形符号的尺寸，并移动它们至最佳位置，以便让这些设计看上去更完美。有些创新工具箱允许用户使用模块化的产品组件进行产品设计，类似于使用乐高积木来搭建一个产品。此外，还有一些创新工具箱允许用户进行自由的设计，例如，对图形计算机程序的设计。总之，以上这几种设计工具都会涉及产品的功能方面（例如，材料、尺寸、形状和功能）、产品的美学方面（例如，颜色、嵌入的图形和不同的风格），以及其他潜在的可能性（例如，通过添加用户的名称或其他符号来实现个性化设计）。

第二，在设计过程中，创新工具箱会就用户的设计方案给出一定的反馈信息。在设计消费类产品时，最常见的反馈形式是，用户设计的产品以虚拟的、可视化的形式（显示在计算机屏幕上）呈现在用户眼前，并且，他们在设计上所做出的每一个更改都会实时地反映在这个可视化的虚拟产品上。如果创新工具箱允许用户对功能性产品进行自主修改，那么，用户收到的反馈当然也应该是有关产品功能的反馈。例如，一个园艺创新工具箱允许用户创建一个自己的花园，当用户在一棵阔叶树的附近设置一个池塘时，他会收到一些警告性反馈信息——"秋天的时候，树叶可能会落在池塘上，这样很快就会造成池塘堵塞；夏天的时候，大树可能会遮住很大一片光线，这样会阻碍水生植物的生长"。除此之外，创新工具箱还会提供一些有关重量、价格和技术表现的反馈信息。总而言之，一个好的工具箱能够为用户提供有关设计决策的预期结果的信息，就像一名有能力的销售人员会向他的客户提供许多有价值的信息反馈一样。因此，用户可以通过工具箱实现试错学习（von Hippel，1998，2001；von Hippel and Katz，2002）。很少有人能够仅凭借想象，就提出一个精确、详细并且标准的产品设计方案。大多数人在产品设计上都无法做到这一点——他们需要四处寻找，尝试不同的东西，并经过反复的实验，才能设计出自己最喜欢的产品方案。而工具箱就是帮助用户通过想象来解决产品设计上的问题的。

在某种程度上，通过使用工具箱进行创新，有助于实现 von Hippel（2005）提出的"创新民主化"（democratizing innovation）的愿景——拥有满足个人用户自身需求和偏好的潜在创新能力[①]和新产品，不再是特别有能力或有智慧的一小部分人的特权。对于生产者而言，部署了工具箱，就不需要再费尽心思地去了解客户的需求，这样就可以减少使用市场调研方法——市场调研不但成本高昂，而且容易出错。取而代之的是，用户将通过工具箱来设计满足自己需求的产品。许多学者和从业者都认为，使用工具箱来实现创新，有可能会成为一种新的创新趋势（Sharma and Sheth，2004；Cook，2008；Prahalad and Ramaswamy，2008；O'Hern and Rindfleisch，2010）。使用工具箱可以使用户免受标准化产品的限制，并有助于为个人和社会创造出更高的价值。我个人想要强调的是，von Hippel（2001）及 von Hippel 和 Katz（2002）的文章内容给了我重要的启发。2000 年，我在麻省理工学院（MIT）开启了为期一年的学术研究工作，在此期间，我沉浸在创新的氛围中，并享受着埃里克·冯·希佩尔的热情款待。其中，我与埃里克·冯·希佩尔在用户创新方面，就许多想法、概念和潜在的研究项目进行了热烈的讨论。当时，创新管理方面的大多数学者，

---

① 对于"在有限的解决方案集中，工具箱可以实现多大程度的创新？还是仅仅被用来实现新的组合方式？"这一问题，许多人都进行了讨论。确切地说，工具箱会限制解决方案的可能性——使用 T 恤工具箱并不能发明出一台更好的蒸汽机。同样，今天许多工具箱的重点都在于实现产品的个性化，而不是产品创新。但是，对于工具箱通常无法实现创新的说法，Schumpeter（1911）并不同意，他认为创新通常只是一种新的组合而已。

仍然将用户创新低估为"小众现象"。但是，对于那些有幸与埃里克·冯·希佩尔本人接触的人来说，他们都知道，目前正在发生着一些重要的转变，即互联网、开源软件和用户社群将颠覆人们对用户创新的普遍认知。这是一个多么具有吸引力的发展趋势！这太有可能成为现实了，并且也很有趣。即使是在这种情况下，当我读到埃里克·冯·希佩尔为工具箱总结的定义时，还是会有一种不可思议的感觉，我认为他的这个想法真的太厉害了。埃里克·冯·希佩尔的这个研究视角是多么具有创新性啊！这让我立刻清楚地意识到，我要对工具箱进行更加深入的研究，包括它们现在以及未来有可能实现的工作方式。

因此，我与埃里克·冯·希佩尔共同创立了一个研究项目，来衡量工具箱所创造的价值。显然，只对工具箱的潜力进行简单的"假设"是不够的。当时，在这个领域内的一些先驱者的尝试最终都以失败告终，例如，李维·斯特劳斯（Levi Strauss）的"原版"牛仔裤和美泰公司（Mattel）的"我设计的芭比娃娃"（Franke and Piller，2004），这些公司现在都已经停止了规模定制业务。并且，出于理论上的考虑，一些学者也对此表示怀疑，即赋予用户使用工具箱的能力是否真的能够为他们带来实际的价值，因为自主设计任务的复杂性和高难度可能会超出用户的接受能力（Zipkin，2001；Simonson，2005；Fang，2008；Huffman and Kahn，1998）。事实上，人们已经发现了，消费者有时更喜欢使用已经预先配置好的工具箱，而对于生产者提供的完全自主设计的机会，他们往往并不感兴趣（Dellaert and Stremersch，2003；Hill，2003）。

因此，我们针对138名阿帕奇网页服务器软件的用户进行了初步的大规模调查（Franke and von Hippel，2003）。

▎20.1　阿帕奇案例 ▎

阿帕奇是一个非常成功的开源的网页服务器软件，现如今超过60％的互联网网站都在使用阿帕奇。网页服务器软件主要被用于将计算机服务器与网络连接起来。服务器的一个功能是，为来自英特尔浏览器的特定文档或内容的请求提供"服务"。在 20 世纪 90 年代初期至中期，网页服务器软件最初的版本被开发出来，并提供了一些相对简单的功能。然而，随着时间的推移，阿帕奇和其他网页服务器软件已经变得非常复杂，适用于许多在互联网上运行的、技术要求很高的应用程序。例如，就目前而言，网页服务器软件会被用于处理用户的安全和身份验证，以及提供有关电子商务购物车和网关的数据。阿帕奇是一个"开源"软件，设计该软件主要是为了帮助用户实现个性化的设计和修改。在这个过程中，用于软件设计和测试的工具，从软件语言（例如，C 语言）到编译器和调试工具，都可以从互联网上以开源的形式获得。考虑到有些用户可能会在自己的网站上对新开发的服务器功能进行测试，阿帕奇为用户提供了用于用户创新的完整工具箱：它允许用户进行自主设计，并可以从中获得有关设计结果的即时反馈。

我们之所以会选择阿帕奇作为本次研究的对象，是因为它拥有一个特别之处：阿帕奇所提供的工具箱使用户在不使用定制化软件的情况下，也可以实现自主设计。鉴于该产品的用户本身都拥有一定的技术能力，他们可以自由地决定是否使用标准工具箱，是否需要改变或调整现有的模块，甚至包括是否创建一个全新的解决方案，以更好地满足其特定需求。我们可以对两组拥有相同技术能力的阿帕奇用户进行比较，一组用户使用的是阿帕奇自定义工具箱，而另外一组用户使用的是标准工具箱。然而，如果我们调研的对象都是同一家公司的消费者，例如，一家提供工具箱服务的公司，那么，从这些消费者中我们可能将无法获得有关后者的信息，因此，调查结果也会变得没有任何意义。本次调研侧重于重要的软件安全功能，并且，我们针对 138 位使用了阿帕奇的网站管理者展开调研。

我们从调研中发现的第一个有趣的现象是，在那些通过编写新代码对阿帕奇进行修改的用户中，有 28％的用户实际上是对阿帕奇的安全功能进行了修改（我们没有这方面的信息，但可以对此做出合理假设，假设阿帕奇允许用户进行尽可能大的修改，换句话说，允许用户进行能够超越现有安全功能的修改）。这意味着，虽然阿帕奇的标准工具箱已经提供了相当广泛的有关安全功能的设计选项，但是，仍然还有相当多用户的需求没有获得满足——他们希望从自定义设计中获得更实际的价值。为了了解他们的期望是否得到了满足，我们分别对两组受访者的满意度进行分析。调研结果很明显：使用自定义工具箱的用户比使用标准工具箱的用户，对软件的安全性表现出更大的满意度。该结果指的是整体满意度，涉及了安全的大多数方面（例如，网页服务器基础功能、客户端身份验证、电子商务相关的功能、站内用户访问控制）。从中可以看出，在大多数情况下，用户对不同的安全方面所表现出来的满意度存在着很大的差异。总之，调研结果表明，自定义设计的产品确实能够为个人用户创造价值（见表 20-1）。

表 20-1　用户使用阿帕奇标准工具箱和自定义工具箱的满意度比较

用户是否对以下网页服务器的安全功能满意	使用自定义工具箱的用户[a]	使用标准工具箱的用户[a]	P 值
网页服务器基础功能	5.5	4.3	0.100
客户端身份验证功能	3.0	1.0	0.001
电子商务相关的功能	1.3	0.0	0.023
站内用户访问控制功能	8.5	6.9	0.170
其他方面	3.9	3.9	0.699
总体满意度	4.3	2.6	0.010

注：a 此项研究使用适当性—重要性加权模型，该模型是由满意度和重要性（每一个变量的范围都是 1~7）构成的函数除以受访人数得来的；了解更多内容，请参见 Franke 和 von Hippel（2003）的文章。

很显然，接下来的问题是：调研结果的有效性如何？对于这个问题，我们至少可以问一下受访者。实际上，在我们看来，简单地在问卷中勾选"我非常满意 X 功能"的选项并不能传达足够的信息。因此，关于"自定义工具箱实际上会为用户带来好处"这一结论，实际上并不是对本次调研结果的唯一解释。例如，那些投入精力进行编程的人可能会对其中的某些方面感到不太满意，但又觉得自己有义务报告更高的满意度，因为，这样就能够"证明"他们确实使用了这个工具箱。这种效应被称为社会期望效应（social desirability），并且被认为是问卷调查中长久以来一直存在的问题（Edwards，1957）。而且，调研结果及其结果的有效性往往取决于研究者难以控制的因素，例如，受访者的动机、诚实度和反应能力。因此，我和亚琛工业大学（RWTH Aachen University）的弗兰克·匹勒（Frank Piller）决定使用更为复杂的方式（实验的方式），对通过工具箱实现自主设计的产品的价值进行研究（Franke and Piller，2004）。

20.2　实验性价值：对工具箱所产生的价值进行研究

在本次实验中，研究人员在可控的条件下，设定了一组激励因素，并观察由此而产生的影响。与调研数据和其他形式的观察数据相比，实验研究法可以更好地测试因果关系、隔离效应，并排除其他不合理的解释。实验研究法的高"内部有效性"，不仅是该方法成为（自然）科学和心理学研究的标准程序的原因，还是它们在过去几年中，被越来越多地用于商业、管理和市场研究的原因。然而，通过实验对某一主题进行研究，研究人员需要付出更多的努力。不仅需要招募实验对象、准备实验室，还必须对实验过程进行监督，并精确地记录实验的结果和副作用。因此，实验研究法相对其他研究方法而言，成本更高。与此同时，该方法的一个缺点是，其外部有效性较低，特别是在进行实验室实验（为了控制效应而有目的地创建实验背景的实验）时，实验结果经常会受到质疑，因为人们无法清楚地知道，这些实验结果将对其真实的生活产生多大的影响。此外，在实施实验研究法的过程中，所产生的问题，既有可能归因于研究对象的特殊性较高（例如，通过对学生的行为进行实验研究来对高层管理人员的行为假设进行检验），又有可能归因于实验中任务、激励因素和背景的真实性较低（例如，通过绘制圆圈或计算点数来得出关于现实生活的结论）。Winer（1999）和 Loewenstein（1999）分别在营销领域和实验经济学领域，针对这一问题提出了有趣的例子。我们从中可以看出，实验中研究的行为与得出的普遍结论之间的"距离"可能会很大。因此，Loewenstein（1999：F33）认为，"在我看来，（研究人员通常）无法避免外部有效性较低这一问题，这是所有实验室实验都存在的致命弱点"。

当然，研究方法没有好坏之分。更准确地说，研究人员应该依照所要研究的问题对研究方法进行选择，而且选择必须符合研究的背景。在对工具箱领域进行研究的过程中，使用实验研究法具有很大的优势。首先，最重要的是，在实验的环境下对工具箱所产生的价值进行研究，无须对实验室进行太多额外的部署，就可以得到非常真实的环境——其外部有效性相对较高。在实验中，参与者可以通过网络来使用工具箱，并且，工具箱被直接作为自主设计的激励因素。对于参与者来说，在实验室的电脑上设计一个产品有助于对特殊情境因素进行控制，从而确保高度的内部有效性。如果设计该产品时的模拟环境与他们的家、工作场所及任何可以实现自主设计的环境非常相似，那么，在这种情况下得出的研究结论几乎可以被认定为具有普遍性。此外，在实验中引入激励因素非常容易，参与者也有可能因此而发现自己的真实动机，并表现出无偏见的"真实"行为。在我们的实验中，我们允许参与者在真实的拍卖中出价竞买自己设计的产品。如果参与者有可能购买自己所设计的产品，这就说明他们是在认真地对待此项实验，并未把实验当作娱乐。我们的经验是，他们会像在现实生活中一样认真地对待实验中的自主设计工作。其次，与其他实验背景相比，在这个研究领域内，把学生作为实验对象所产生的问题相对较小。毕竟，年轻、娴熟和网络经验丰富的用户，是许多 B2C 公司所提供的工具箱的主要目标群体。最后，通过实验研究法对个人用户的自主设计行为进行分析，有可能实现以较低的成本对数量较多的样本进行研究。毕竟，该项研究的单位对象是个人用户对工具箱的交互使用，因此，本项研究的总样本数也就等于参与研究的总人数。只有在以群体行为或组织行为为研究单位时，使用这种研究方法对足量的研究对象进行研究，才会产生非常高的实验成本。

20.3　关于自主设计所产生的附加价值的实验

我们想出了一种通过实验来研究参与者自主设计行为的方法，之后该方法被其他人多次使用。我们招募了 304 位商科学生作为本次实验的样本。然后，让其中一组学生可以自主设计他们理想中的手表。我们为他们配备了一个真正的工具箱，这是由一家名为艺象（IdTown）的香港公司所提供的，该工具箱允许学生们通过选择外壳、品牌、表盘，以及时针/分针/秒针，来配置属于他们自己的中档手表。① 虽然这个工具箱能够提供的设计工具的种类并不多，也不具有任何创意性，但是通过它却有可能实现数以亿计的不同的产品设计。这个工具箱包含的解决方案集其实并不算多，但对于我们的研究目的来说已经足够了。设计完成后，学生们有机会参加真实的拍卖，对自己设计的产品进行竞拍。他们在竞拍过程中的支付意愿（willingness to pay，WTP）或竞拍底价，对于手表设计的主观价值来说，都是很好的衡量标准。这代表一个人愿意为一件物品支付的最大金额，因此这也就形成了一个硬性的指标，来衡量购买者（期望）从产品中获得的好处。

在拍卖中，我们采用了次高叫价拍卖法（Vickrey auction）。这是一种对买家价格密封，并且任何人都不知道其他人所出价格的拍卖方法。拍卖中的物品以第二高叫价出售给出价最高的买家，因此最终买家所支付的金额将低于其最高叫价（Vickrey，1961）。有大量的文献表明，对于这种方式的拍卖，最好的策略是，买家的出价等于其实际愿意支付的最高价格（Cox et al.，1982；Hoffman et al.，1993）。在实验中，我们对实验对象明确地表示，竞标是有约束力的，出价者必须通过签名来确定他们的投标。最终，我们"卖掉"了很多手表，并且，中标者欣然付钱的事实表明，他们很清楚这样做的价值，这绝对不是"空谈"。

为了解释他们购买自主设计手表的意愿，我们需要一个参考对象，这样我们可以对其进行总体比较。对于那些没有参与自主设计实验，但又有着购买手表意愿的学生，我预计他们的出价会低于实际的市场价格——但是他们的出价到底是多少呢？

因此，我们决定挑选出第二组学生，这批学生都表明他们愿意购买我们从市场上买来的手表。当然，两组学生所需要执行的任务是随机的，以避免产生任何偏见，并且因为同样的原因，两组的设置也是相似的。为了

---

① 艺象公司现在已经不存在了，但是读者们可以登录 www. factory121.com 网站，对手表市场上类似的工具箱有一个大概的了解。

使对比更具挑战性，我们并没有随意地在市场上选择几款手表，而是选择了奥地利市场上最成功的四款经专业设计师设计的手表。如果我们相信演化经济学（evolutionary economics）的相关理论的话，那么，激烈的市场竞争带给我们的应该是客户眼中（市场上）设计最好的手表。

为了确切地知道哪几款手表最为畅销，我们深入地访问了大量的手表零售商、生产者和行业专家。最终，我们得出的结论是：最畅销的手表均来自瑞士品牌斯沃琪（Swatch）（我们在实验中隐藏了品牌的标签，以避免其影响学生们对设计的选择）。在实验的过程中，我们将畅销款手表以实际的尺寸显示在计算机屏幕上，类似于在另一组实验中对自主设计产品的显示方式。两组实验的对象收到了相同的关于手表技术质量的信息，实验设置也相似。因此，在两组实验中所发现的差异，可归因于其中一组手表是自主设计的。

我们对最终的结果非常好奇。业余的自主设计是否真的可以与专业的竞争对手相抗衡呢？我们针对这一问题，询问了一组营销人员，但他们均表示这两者孰强孰弱还真不好说。其中一些营销人员认为，用户自主设计的产品可能会对该产品的相关生产者更有价值，但是，对于"学生自主设计的平均水平可能会与专业设计师持平"这一观点，他们表示出了非常大的怀疑。毕竟，作为专业人士，他们已经获得了专业的技能和丰富的经验，也因此付出了很多的努力，并且，他们也非常有动力来为消费者提供真正好的设计解决方案。在实验过程中，自主设计者的面部表情并未提供给我们太多的有用信息。其中，有些人看起来很高兴，有些人却并未流露出太多的情感。

当获得调研结果时，我们感到非常惊讶。自主设计的手表的价值远远超过了畅销款手表，并且差距相当大：实验对象对自主设计的手表的平均出价为 15.50 欧元，而对畅销款手表愿意支付的平均价格仅为 7.82 欧元（见图 20-1）。这意味着，使用工具箱自主设计产品可实现绝对可观的价值增长，尽管它们拥有相同的技术和功能。回想一下，参与实验的是没有经过任何产品设计培训的商科学生，并且他们在竞拍过程中的出价并不只是"说说而已"。学生们在自主设计的过程中平均只花了 13 分钟，这与专业设计师通常在同样的事情上所花费的时间几乎没法比（我咨询过一位设计师，她估计设计一款这样的手表至少需要花费 2 周的时间）。此外，这些畅销款手表已经被证实，是奥地利市场上百款手表中设计最具吸引力的四款手表，并且，这四款手表的设计出自行业领导者斯沃琪公司高薪聘请的专业设计师之手。很显然，工具箱赋予了实验对象非常出色的自主设计的能力。

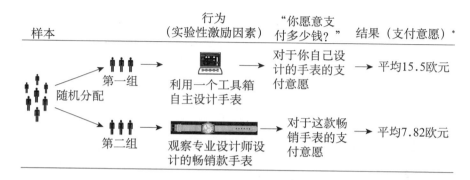

图 20 - 1　衡量自主设计的价值

* 通过次高叫价拍卖法衡量。

资料来源：改编自 Franke and Piller（2004）。

与此同时，这些结果催生出更多的问题。尽管这是对实验对象支付意愿的实际衡量，但是，8 欧元和 15 欧元对于一个斯沃琪级别的手表而言，难道不是太低了吗？毕竟，这些手表在市场上的售价高达 30～40 欧元。可能出于某种原因，我们所采取的测量方法，使畅销款手表在实验中处于不公平的地位。实际上，在大学校园里购买手表的行为是不常见的。理论上，这有可能会对畅销款手表的竞价产生更大的影响。

虽然，我们并未找到出现这种情况的具体原因，但是我们仍然希望排除这种可能性。因此，我们又招募了 413 名学生（独立于其他样本）进行了另外一项实验，同样是随机分成两组，其中一组学生进行自主设计，并会对自己设计的手表进行出价购买，另一组学生则需要对畅销款手表进行观察并出价购买。与上述实验不同的是，对于他们愿意为各自的手表所支付的价钱，我们采取了另外一种衡量方法，即条件价值法（contingent valuation method，CVM）（Franke and Piller，2004）。在这种方法下，第一组学生被问道：如果你需要一块手表，那么，你愿意支付多少钱购买这块手表？这种方法无法排除"空谈"的情况，但是有助于调整情境因素，例如，对购买地点以及当前对产品的需求这两个因素进行调整。此次调查的结果，令人们对实验对象的支付意愿产生了怀疑。第一组学生表示，他们愿意为自己设计的手表支付 48.50 欧元，第二组学生平均愿意支付 24.50 欧元，与上述实验相同的是，第二组学生的平均支付意愿要比第一组低很多。本次实验结果更符合市场价值，更真实（意料之中的是，第二组学生对畅销款手表的支付意愿仍然低于市场价格，其实并不是每个人都喜欢塑料手表）。然而，值得注意的是，在本次实验中所获得的价值增长率（98%）与通过次高叫价拍卖法所获得的价值增长率几乎相同。由此我们可以得出结论：消费者通过自主设计所获得的价值增长与衡量支付意愿的方法无关。

在此次实验中，我们同样也询问了第一组参与自主设计的学生对于市场上销售的手表的支付意愿（通过条件价值法进行衡量）。从专业角度来说，这个实验采用的是受测者内设计的实验方式，即第一组中的每一个学生都会轮流参与到两组不同的实验中（一组是自主设计手表的实验，另外一组是对市场上销售的手表进行观察的实验）。从实验结果可以看出，我们所设置的这两个激励因素都是有效的，因为在现实生活中，人们同样也会对通过这两种方式所获得的手表进行比较。因此，如果第一组学生在只参与其中一组实验的情况下所获得的实验结果，与在两组实验都参加的情况下所获得的实验结果一致的话，这就表示，我们的实验结果更具说服力。对于参考对象，我们在这种实验方式下，选择的是两种销量较高的标准款手表（而不是最畅销的手表），因此，这对第一组学生的吸引力就相对较低。这样做的原因是，我们想对以下这个假设进行验证，即畅销款手表比普通的标准款手表更具吸引力。

此次研究出现了与前一次研究[1]相同的结果：当我们将实验对象对自己设计的手表的支付意愿（如上所述，为 48.50 欧元），与他们对销量较高的手表的支付意愿进行对比时，我们再次得到了相同的结果——对于销量较高的手表，自主设计者愿意支付的价格仅为 21.50 欧元（见图 20-2）。除此之外，在本次实验中所获得的价值增长率（超过

---

[1]　这里指的是样本数为 413 的实验，实验对象为第一组进行自主设计的学生和第二组对畅销款手表进行观察的学生。——译者注

100%）也与上一次实验（98%）相似。这也就证实了我们在上文中所提出的假设。咎其原因，是销量较高的手表本身价值就明显低于畅销款手表的价值。

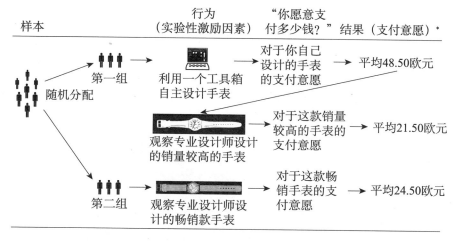

图 20-2 用不同的方法验证自主设计的产品的价值

*通过条件价值法进行衡量。
资料来源：改编自 Franke and Piller（2004）。

从以上这些实验，我们可以得知，利用相对简单的工具箱，花费较短的时间自主设计出来的手表，能够为用户设计师带来超乎寻常的价值。

20.4 对个体差异进行深入了解

值得注意的是，上文中提到的愿意支付的价值，指的是研究对象愿意支付的平均价值。并且，该值的标准差相对较高：当我们使用次高叫价拍卖法时，实验对象愿意支付的平均价值为 15.50 欧元，标准差为 18.90 欧元。在使用条件价值法衡量实验对象的支付意愿时，平均值为 48.50 欧元，标准差为 50.00 欧元。从专业角度来说，标准差大意味着代表价值的数值分布范围较广——用户之间存在着特别大的差异。这表明，有些用户对他们自主设计的产品非常在意，有些则无法从中获得太多的个人价值。

图 20-3 展示了这些个体差异。我们从个体层面，分别对自主设计的产品和（市场上出售的）标准产品的支付意愿的价值增长进行了计算。X

轴表示个体价值增长的间隔。负值意味着与自己设计的手表相比，实验对象更喜欢标准产品；正值与之相反。Y轴表示在每一个价值增长间隔上，实验对象所占的百分比。

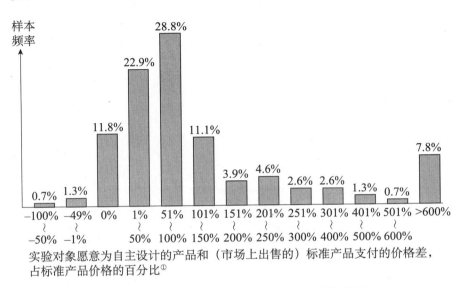

实验对象愿意为自主设计的产品和（市场上出售的）标准产品支付的价格差，占标准产品价格的百分比①

图 20-3　由工具箱产生的价值存在着的个体差异

从图中我们看到的是一个非常正常的分布水平。只有 2% 的实验对象表示，与自己设计的手表相比，他们更喜欢标准手表；近 12% 的实验对象表示，这两者对于他们而言并无差异——对他们来说，自主设计的手表和标准手表具有同等的意义。然而，绝大多数用户（约 86%）更青睐自主设计的手表。其中，大多数实验对象愿意为自主设计的手表多支付 50%～100% 的价格。然而，有趣的是，这一分布显示出了长尾效应（long tail）。显然，有相当多的实验对象更喜欢自己设计的手表。在这方面，最极端的数值为 4 800%——当该实验对象仅愿意为标准手表支付 1 欧元时，他愿意为自己设计的手表支付 48 欧元。该用户解释道："通常，我不会选择购买这类手表。我宁愿以较高的价钱买一只能用一辈子的手表，也不愿意每年都去买便宜的手表"。

---

① 可用公式简单表示为：（自主设计的产品价格－标准产品价格）/标准产品价格，这两个价格都是实验对象愿意为这两类产品实际支付的价格。——译者注

显然，49 欧元听起来没有 4 800%那么夸张。但是，这位实验对象可能会考虑通过衡量质量来选择是否购买该手表，不过他事先没有提及这一点。49 欧元表示他对这款手表确实感兴趣，而支付意愿为 1 欧元可以解释为"我对标准款塑料手表不感兴趣，除非它基本上是免费的"。从这个例子我们可以得出结论：让实验对象自己设计产品不仅会增加他们的支付意愿，还可以将那些原本对该类产品不感兴趣的人变成潜在客户。

然而，如果我们将同等质量的标准手表的普通市场价格（35 欧元），而不是实验对象愿意为标准手表支付的价格，作为参考价格，情况是否会发生改变？在这种情况下，自主设计的产品的价值增长率，基本上不会随着用户愿意为标准手表所支付的价格（不切实际的低价）的变化而变化——这里指的价值增长率是，自主设计的产品的价值与标准手表当时的市场价格相比所增加的价值比率。对于生产者来说，这种衡量增长率的方法比之前的方法更有意义，因为通过这种方法我们可以得知消费者愿意为自己设计的产品所支付的真实的溢价水平。在这种方法下，我们发现，仍然只有少数实验对象（8.5%）表示，与"自己设计"的手表相比，愿意为市场上同质量水平的手表支付相等甚至更高的价格。除此之外，有超过 90%的实验对象表示愿意为自己设计的手表支付溢价，并且有超过 50%的实验对象愿意为自己设计的手表支付两倍于市场上同等水平手表的价格。在对这些数字进行解释的同时，我们也不能忘记，通常公司的市场份额都是远低于100%的。所以，如果我们只考虑样本中前 10%的实验对象，即那些被证明是非常渴望自主设计产品的实验对象（回想起来，我们在选用样本的时候，并未考虑该用户是否先前就对自主设计感兴趣），他们的平均支付意愿会再一次显示出猛增的趋势。在此次实验对象中，有 10%是铁杆的自主设计爱好者，我们发现他们平均愿意为自主设计额外支付 750%的价格。对于那些经常努力地想要实现一点点价格上涨的经理来说，这个数字听起来简直就像是一个童话。

20.5 这一现象是否也存在于手表之外的领域？

显然，下一个问题是：这些实验结果是否只源自某一具体的产品类别——塑料手表——或者它们是否代表了一个普遍现象？为了解决这个问题，我和许多同事一起开展了一系列的研究，我们在不同的产品类别中重复进行同样的实验，并相应地使用了不同领域的工具箱。产品涵盖的范围较广，从低价格的产品（例如，T恤衫）到高价格的产品（例如，厨房用品），从在公共场合使用的奢侈品（例如，围巾或滑雪板）到私人消费的实用性产品（例如，谷物早餐或报纸）。样本也随着产品的变化而进行相应的变化。除了学生样本，我们还使用了由奥地利公民组成的大型样本（Franke et al.，2009）。此外，我们还采用了不同的方法对实验对象的支付意愿进行衡量，包括次高叫价拍卖法、条件价值法（Voelckner，2006），以及BDM拍卖法（Becker，DeGroot and Marschak，1964；Wertenbroch and Skiera，2002）。与次高叫价拍卖法一样，BDM拍卖法是经济和营销研究中经常使用的非假想的衡量方法。这两种方法的区别在于，如果购买者出价高于从随机价格发生器中抽取的价格，那么BDM拍卖法会强制出价者直接现场购买竞拍的物品，反之则无法购买该物品。而且，这个方法使出价者展现出他们真正愿意支付的最高价格。最后，我们对参考对象也做了相应的调整。由于我们无法确定哪些产品是该品类的畅销产品或者销量较高的产品，所以，我们在此次实验研究中采用了普通的产品或者市场专家推荐的产品作为参考对象。

我们总共进行了15项实验，实验参与者不少于5 000位，这些实验的基本规律几乎一致：由于同一类别产品的技术质量相同，所以，它们都具有相类似的"客观"价值；但是，与标准产品相比，使用工具箱自主设计的产品在很大程度上都增加了一定的主观价值（见表20-2）。在这15项实验中，所有的实验都明确地表明，相对于标准产品，实验对象均愿意为自主设计的产品支付更高的价格。平均来看，与标准产品相比，实验对象愿意为自主设计的产品额外支付89%的价格。其中，最低溢价为19%，出现在个性化报纸的实验研究中，在这个类别的实验中通过工具箱实现自主设计的空间异常狭小。最高溢价达到了208%，出自自主设计围巾的实验。与此同时还需注意的是，几乎在所有研究中，标准差都相当高，这表明参与实验的个体之间存在着巨大的差异。

表 20-2　相对于同等技术质量的标准产品，自主设计的产品所实现的价值增长率

产品类别	实验性设计	参考目标	样本	支付意愿的衡量方法	自主设计产品的支付意愿（标准差）	标准产品的支付意愿（标准差）	价值增长率	P 值
谷物早餐 (Franke, Keinz and Steger, 2009)	受测者内设计	受欢迎的标准产品	209 名奥地利代表性公民	条件价值法	3.16 欧元 (1.08)	2.11 欧元 (0.84)	+50%	<0.001
卡宾雪板 (Franke, Keinz and Steger, 2009)	受测者内设计	受欢迎的标准产品	201 名奥地利代表性公民	条件价值法	282.85 欧元 (147.67)	211.82 欧元 (107.51)	+34%	<0.001
手机壳 (Franke and Schreier, 2008)	受测者内设计	普通的标准产品	127 名学生	次高叫价拍卖法	9.43 欧元 (9.61)	3.07 欧元 (4.43)	+207%	<0.001
手机壳 (Schreier, 2006)	受测者内设计	吸引人的标准产品	60 名学生	次高叫价拍卖法	11.40 欧元 (9.50)	3.70 欧元 (4.50)	+208%	<0.001
钢笔 (Franke, Keinz and Steger, 2009)	受测者内设计	受欢迎的标准产品	200 名奥地利代表性公民	条件价值法	59.12 欧元 (39.57)	42.21 欧元 (27.54)	+40%	<0.001
厨房 (Franke, Keinz and Steger, 2009)	受测者内设计	受欢迎的标准产品	198 名奥地利代表性公民	条件价值法	3 406.76 欧元 (1 369.04)	2 481.80 欧元 (954.22)	+37%	<0.001
报纸 (Franke, Keinz and Steger, 2009)	受测者内设计	受欢迎的标准产品	231 名奥地利代表性公民	条件价值法	1.02 欧元 (0.66)	0.75 欧元 (0.52)	+36%	<0.001
报纸 (Franke, Keinz and Steger, 2009)	受测者内设计	受欢迎的标准产品	2 522 名奥地利代表性公民	条件价值法	1.00 欧元 (0.57)	0.84 欧元 (0.56)	+19%	<0.001
围巾 (Franke and Schreier, 2010)	受测者内设计	普通的标准产品	186 名学生	次高叫价拍卖法	10.21 欧元 (9.23)	5.35 欧元 (5.93)	+91%	<0.001
围巾 (Schreier, 2006)	受测者内设计	吸引人的标准产品	62 名学生	次高叫价拍卖法	10.10 欧元 (9.40)	4.90 欧元 (4.70)	+106%	<0.001
滑雪板 (Franke, Schreier and Kaiser, 2010)	受测者内设计	普通的标准产品	116 名学生	BDM 拍卖法	74.42 欧元 (56.85)	45.89 欧元 (43.58)	+62%	<0.001

20.6 未来工具箱的"价值生成效应"

到目前为止，我们的研究重点是，由工具箱直接产生的"价值生成效应"——用户通过自主设计个人产品所获得的价值。用户—设计者愿意为这些产品支付的溢价，肯定是该效应所产生的最重要的作用。然而，使用工具箱进行自主设计，同样也会产生间接效应。如果用户将自主设计的经验和产品视为积极事物，那么，他们就很有可能会对这个品牌、这家公司，甚至这家公司的其他产品也都产生好感。因此，领先的思想家，其中包括Peppers 和 Rogers（1997）、Wind 和 Rangaswamy（2001）以及 Reichheld 和 Schefter（2000）认为，让用户使用工具箱进行自主设计，可能会加强用户与公司的关系。

我的同事马丁·施瑞纳（Martin Schreier，之后是我的学生），他的学生欧瑞克·凯泽（Ulrike Kaiser，之后是我的博士生）和柴基·欧法尔 [Chezy Ofir，来自希伯来大学（Hebrew University）和博科尼大学（Bocconi University）]，对这些间接影响进行了实证研究。通过一系列精细的实验，他们证实了自主设计的产品确实会引起同一品牌标准产品（虽然不是自主设计的产品）的估值增加。他们在实验中成立了两个小组。第一组为自主设计小组，实验对象被要求使用真正的工具箱来为自己设计什锦麦片。第二组的任务是从同一家公司的同一个品牌中，选择 10 款已经搭配好的什锦麦片，然后，生产商将实验对象设计的或选择的什锦麦片生产出来，并邮寄给他们。经过一段足够长的时间，在实验对象能够充分地品尝和体验他们自主设计的或选择的什锦麦片后，马丁的团队针对实验对象对该品牌其他产品的支付意愿进行了衡量，即采用 BDM 拍卖法针对实验对象对同一品牌的麦片的支付意愿进行衡量。第一组愿意支付的价格为 2.51 欧元，第二组仅为 1.86 欧元。换句话说，通过工具箱自主设计个人产品，有助于增加实验对象对同品牌但不同类别的标准产品（该产品明显独立于任何自主设计的产品）的支付意愿，在这种情况下，该实验对象愿意为同品牌的其

他产品额外支付高达 35％的价格！与此同时，在实验过程中他们发现，使
同品牌其他产品价值增加的原因是自主设计（Kaiser et al.，2011）。这就
意味着，工具箱对"价值生成效应"起到了重要的促进作用。

20.7 现实中将做何抉择？

本文提出的实证证据表明，许多看似饱和的市场仍存在着相当大的
"利润空间"。如果公司向用户提供允许他们进行自主设计的工具箱，那么
这些利润空间就会被开发出来。尽管用户在这个过程中花费了大量的时间
和精力，但是他们仍愿意为自己设计的产品支付一定的溢价。再次回想一
下，我们在上文中通过实验获得的数据可信度都非常高。因为，许多实验
对象不但表明了自己的支付意愿，而且实际支付并购买了自己设计的产品。
此外，我们的实验对象不包含原本已经对自主设计和自主设计产品感兴趣
的用户（因为这类用户可能会更偏好于自主设计，并且愿意为此支付更高
的溢价）。其中一些实验对象是普通学生，他们参与实验可以获得小额的报
酬——因此，假设他们并不是特别的富有或者奢侈，这样，这笔小额的报
酬才会激励他们表达出内心的真实想法，在这种情况下才能保证实验的公
平性。在另外一些实验中，我们选用了具有国家代表性的公民作为实验对
象。除此之外，还要考虑到的是，我们使用的工具箱是否已经实现了"优
化"，是否能够最大限度地满足用户对自主设计的需求。我们对网络上的相
关案例进行了搜集，大多数案例都显示工具箱是可以被轻松改进的，这样
一来，使用工具箱就有可能为用户带来更多的价值。最后，我们一共进行
了 15 项独立研究，总参与者人数超过 5 000 人，这一庞大的数字证明，实
验结果具有较高的可信度。

对于生产公司而言，通过工具箱商业模式将产品设计外包给用户，是
其提高价格的一种方式。考虑一下，经理们经常抱怨的激烈竞争和似乎不
可避免的市场价格损耗——尤其是我们在本文中分析的消费市场。再想一
下，在现实生活中提高价格的公司能有几家，如果有的话，它们又能提高

多少。而且，不得不说的是，有效地提高几个百分点的价格，会使息税前利润率（EBIT margins）获得极大的提升。当然，公司可以利用价值增加，而不是收取价格溢价，来吸引新客户——尤其是那些购买竞争对手的产品或其他类产品的客户。此外，只愿意为标准的塑料手表支付 1 欧元的用户（这表明，该用户对这类产品并不感兴趣），却愿意为自己设计的塑料手表支付 48 欧元，这类案例并不在少数。总而言之，为用户提供自主设计产品的机会，似乎是一种非常有希望的市场策略和商业模式，有助于营业额的增加。

当然，公司是否利用这个机会是由管理者决定的，并且，还需对增加的利润是否高于增加的成本（包括：建立和维护工具箱界面的成本、生产不同尺寸的产品的成本，以及战略成本和风险）进行估算。然而，在过去的几年中，我们看到生产技术获得了巨大的进步，如柔性制造系统、模块化生产结构，以及以固定成本实现不同尺寸产品的小批量生产（Duray et al.，2000）。与此同时，互联网降低了生产者与客户进行直接沟通和个性化沟通的成本，并促进了新的低成本互动方式的产生（Ansari and Mela，2003；Sheth et al.，2000）。在此基础之上，个性化产品的货币成本很可能会继续下降，那么，允许用户使用工具箱来实现有效的自主设计将成为许多行业的一个大趋势。

20.8 使自主设计的产品产生高价值的因素有哪些?

从研究的角度来看，我们接下来要研究的问题显然是：为什么用户愿意为他们自主设计的产品支付如此高的溢价？如果我们能够对用户的行为动机有更多的了解，就能够为管理人员提供更精准的建议，让他们知道如何设计工具箱，进而从客户的实际支付意愿中赚取更高的利润。

如果我们能够更好地了解使自主设计的产品产生高价值的因素有哪些，我们就可以更好地将工具箱推广至其他市场。虽然我们已经对大量不同领域的产品进行了分析，并且即使我们未来会在更多的市场上做类似的分析，但是，始终都会有一些市场是被忽视的。反过来，如果我们发现了使价值增加的潜在因素，那么我们就可以推断出，在类似结构的市场中具有类似动机的用户群体的特征，这样就增加了通过工具箱自主设计的产品创造出巨大价值的可能性。

那么，用户到底为什么愿意支付如此高的价格溢价呢？在这篇概述性的文章中，我们只能简要地谈一谈有关这一问题的后续研究。基本上，要解答这个问题，可以通过建模的方式，将用户通过自主设计得到的产品所产生的价值，作为由成本和收益所组成的经济方程式的结果。在我们看来，这个问题的出现有以下三个主要原因。第一，自主设计的产品更符合用户的偏好。针对人们不同的意愿和需求量身定制的产品，应该比他们经过妥协后购买的产品更有价值。这种偏好拟合假说（preference fit hypothesis），是大量关于定制的文献所采用的核心假设，并且，近期的一项实证性研究也为该假说提供了明确的支持（Franke et al.，2009）。第二，个人自主设计的产品常常能够很好地满足用户的需求独特性的心理动机。在数字化世界中，产品被复制的可能性越来越大，人们可能会越来越希望能够拥有真实的、专属的、独一无二的产品。而拥有着几乎无限的解决方案集的工具箱，为用户提供了拥有独一无二的个性化产品的可能性。因此，自主设计产品为人们带来的感知独特性，将有助于产品价值的提高，这不同于符合用户偏好所带来的价值增加（Franke and Schreier，2008）。第三，自主设计的产品与现成的、买来即用的标准产品的起源完全不同，这一点需要牢记。这些自主设计的产品是由用户自己亲手设计的。这使用户能够有机会更多地参与其中，并且诸如自豪感、成就感和掌控权等因素，使用户对该产品产生更高的认同感——这反过来又促进了用户对该产品主观价值的提升。"它是我自己设计的"效应在一系列实验中也得到了明确的证实（Franke et al.，2010）。第四，"世上没有免费的午餐"，自主设计的产品同样也涉及用户成本。这主要包括时间成本、使用工具箱时在认知方面所付出的努力，以及主观风险（Dellaert and Stremersch，2005）。

20.9 工具箱有助于提高用户创新和设计的价值

总而言之，对于文章初始所提到的埃里克·冯·希佩尔提出的"将工具箱作为实现创新民主化的手段之一"的愿景，我们从通过实验所获得的可信的数据中可以看出，该愿景确实有可能实现。如果用户被赋予了为自己设计产品的可能性，那么，这的确会产生更大的价值。公司管理者也希望通过为用户提供更多更好的工具箱，来实现工具箱的功能——在未来，这将是一项艰苦的任务，因为，目前在大多数行业中工具箱的现状都不令人满意。就目前而言，有些工具箱的解决方案集非常有限，有些则无法真正地实现人性化设计，还有许多工具箱仅针对低价格的品类。而且，规模特别大的公司往往并不愿意引进工具箱（Thomke and von Hippel，2002；Franke and Schreier，2002）。其中一个原因可能是，这类公司的领导者通常对于特别先进的技术，接受速度比较慢。Christensen（1997）指出了产生这一问题的原因，包括了文化和心理因素（傲慢、官僚主义、短期思维等）及经济因素（高昂的固定成本迫使公司只能专注于大市场、不希望过去的投资变成沉没成本等）等多方面的原因。公司同样也会对此产生担忧，因为它们害怕将产品设计外包给能够产生价值的、有能力的用户，这将有可能成为其未来最主要的竞争劣势（Thomke and von Hippel，2002）。然而，考虑到巨大的潜在利益，可能会有新的市场竞争者愿意将工具箱引入其生产流程。或者，随着埃里克·冯·希佩尔所提出的全新想法越来越受欢迎，会有越来越多的用户选择使用工具箱来完成公司任务，进而有可能对现有的生产者产生威胁。

参考文献

Ansari, A., and C. F. Mela. 2003. E-Customization. *JMR, Journal of Marketing Research* 40 (2): 131–145.

Becker, G. M., M. H. Degroot, and J. Marschak. 1964. Measuring utility by a single-response sequential method. *Behavioral Science* 9 (3): 226–232.

Christensen, C. M. 1997. *The Innovator's Dilemma: When New Technologies Cause Great Firms to Fall.* Boston: Harvard Business School Press.

Cook, S. 2008. The contribution revolution. *Harvard Business Review* 86 (10): 60–69.

Cox, J. C., B. Roberson, and V. L. Smith. 1982. Theory and behavior of single object auctions. In *Research in Experimental Economics*, vol. 2, ed. Vernon L. Smith, 375–388. Greenwich, CT: JAI Press.

Dellaert, B. G. C., and S. Stremersch. 2005. Marketing mass-Customized products: Striking a balance between utility and complexity. *JMR, Journal of Marketing Research* 42 (2): 219–227.

Duray, R., P. T. Ward, G. W. Milligan, and W. L. Berry. 2000. Approaches to mass customization: Configurations and empirical validation. *Journal of Operations Management* 18 (6): 605–625.

Edwards, A. L. 1957. *The Social Desirability Variable in Personality Assessments and Research.* New York: Dryden.

Fang, E. 2008. Customer participation and the trade-off between new product innovativeness and speed to market. *Journal of Marketing* 72 (4): 90–104.

Franke, N., and F. Piller. 2004. Value creation by toolkits for user innovation and design: The case of the watch market. *Journal of Product Innovation Management* 21 (6): 401–415.

Franke, N., and M. Schreier. 2002. Entrepreneurial opportunities with toolkits for user innovation and design. *International Journal on Media Management* 4 (4): 225–234.

Franke, N., and M. Schreier. 2008. Product uniqueness as a driver of customer utility in mass customization. *Marketing Letters* 19 (2): 93–107.

Franke, N., and M. Schreier. 2010. Why customers value mass-customized products: The importance of process effort and enjoyment. *Journal of Product Innovation Management* 27 (7): 1020–1031.

Franke, N., and E. von Hippel. 2003. Satisfying heterogeneous user needs via innovation toolkits: The case of Apache Security software. *Research Policy* 32 (7): 1199–1215.

Franke, N., P. Keinz, and C. J. Steger. 2009. Testing the value of customization: When do customers really prefer products tailored to their preferences? *Journal of Marketing* 73 (5): 103–121.

Franke, N., M. Schreier, and U. Kaiser. 2010. The "I designed it myself" effect in mass customization. *Management Science* 65 (1): 125–140.

Hill, K. 2003. Customers love/hate customization. *CRM-Daily.com* (online e-zine).

Hoffman, E., D. J. Menkhaus, D. Chakravarti, R. F. Field, and G. D. Whipple. 1993. Using laboratory experimental auctions in marketing research: A case study of packaging for fresh beef. *Marketing Science* 12 (3): 318–338.

Huffman, C., and B. E. Kahn. 1998. Variety for sale: Mass customization or mass confusion? *Journal of Retailing* 74 (4): 491–513.

Kahn, B. E. 1998. Dynamic relationships with customers: High-variety strategies. *Journal of the Academy of Marketing Science* 26 (1): 45–53.

Kaiser, U., C. Ofir, and M. Schreier. 2011. Self-customization effects on brand extension. Working paper.

Loewenstein, G. 1999. Experimental economics from the vantage-point of behavioural economics. *Economic Journal* 109 (453): F25–F34.

O'Hern, M., and A. Rindfleisch. 2010. Customer co-creation: A typology and research agenda. In *Review of Marketing Research*, vol. 6, ed. Naresh K. Malhotra, 84–106. Howard House: Emerald Group Publishing Limited.

Peppers, D., and M. Rogers. 1997. *Enterprise One to One*. New York: Currency-Doubleday.

Pine, J. B. 1993. *Mass Customization—The New Frontier in Business Competition*. Boston: Harvard Business School Press.

Prahalad, C. K., and V. Ramaswamy. 2004. *The Future of Competition: Co-Creating Unique Value with Customers*. Boston: Harvard Business School Press.

Reichheld, F. F., and P. Schefter. 2000. E-Loyalty. Your secret weapon on the web. *Harvard Business Review* 78 (4): 105–113.

Schreier, M. 2006. The value increment of mass-customized products: An empirical assessment. *Journal of Consumer Behaviour* 5 (4): 317–327.

Schumpeter, J. 1911. *Theorie der wirtschaftlichen Entwicklung*. Berlin: Duncker Humblot.

Sharma, A., and J. N. Sheth. 2004. Web-based marketing. The coming revolution in marketing thought and strategy. *Journal of Business Research* 57 (7): 696–702.

Sheth, J. N., R. S. Sisodia, and A. Sharma. 2000. The antecedents and consequences of customer-centric marketing. *Journal of the Academy of Marketing Science* 28 (1): 55–66.

Simonson, I. 2005. Determinants of customers' responses to customized offers: Conceptual framework and research popositions. *Journal of Marketing* 69 (1): 32–45.

Thomke, S., and E. von Hippel. 2002. Customers as innovators: A new way to create value. *Harvard Business Review* 80 (4): 74–81.

Vickrey, W. S. 1961. Counter speculation: Auctions and competitive sealed tenders. *Journal of Finance* 16 (1): 8–37.

Voelckner, F. 2006. An empirical comparison of methods for measuring consumers' willingness to pay. *Marketing Letters* 17 (2): 137–149.

von Hippel, E. 2005. *Democratizing Innovation*. Cambridge: MIT Press.

von Hippel, E. 2001. User toolkits for innovation. *Journal of Product Innovation Management* 18 (4): 247–257.

von Hippel, E. 1998. Economics of product development by users: The impact of "sticky" local information. *Management Science* 44 (5): 629–644.

von Hippel, E., and R. Katz. 2002. Shifting innovation to users via toolkits. *Management Science* 48 (7): 821–833.

Wertenbroch, K., and B. Skiera. 2002. Measuring consumer willingness to pay at the point of purchase. *JMR, Journal of Marketing Research* 39 (2): 228–241.

Wind, J., and V. Mahajan. 2001. *Digital Marketing: Global Strategies from the World's Leading Experts.* New York: Wiley.

Wind, J., and A. Rangaswamy. 2001. Customerization: The next revolution in mass customization. *Journal of Interactive Marketing* 15 (1): 13–32.

Winer, R. S. 1999. Experimentation in the 21st century: The importance of external validity. *Journal of the Academy of Marketing Science* 27 (3): 349–358.

Zipkin, P. 2001. The limits of mass customization. *Sloan Management Review* 42 (3): 81–87.

第 21 章 众筹：创新项目融资民主化的实证分析

伊桑·莫里克、文卡塔·库普斯瓦米

近年来，创新流程变得更加民主化了（von Hippel，2005），创新的商业化过程——利用新产品和新服务获取经济利益的过程，通常通过创业完成——也变得更加民主化了。这是一系列的变化所带来的结果。现如今，创办和经营一家企业已经变得越来越容易，其成本也越来越低。当然，新科技——3D 打印技术、相关计算机软件——的出现也助推了这一结果。将生产流程外包减少了开办公司所需要的人力资源成本，创新社群则为初创企业提供了有力的支持。虽然民主化程度大大加深了，但是，一个由来已久的与创办企业相关的关键问题仍然存在，即初创企业的资金来源问题。在本文中，我们要使用调查得到的数据来分析众筹——通过互联网吸引大量个体为初创企业提供投资（单笔投资额有可能很小）（Agrawal et al.，2013；Mollick，2014）——这一融资模式如何帮助初创企业实现融资方面的民主化。

为了研究这一融资模式，我们对一些设计、技术和电子游戏项目进行了调查，截至 2012 年年中，这些项目均曾尝试或正在尝试在最大的在线融资网站——Kickstarter——进行资金众筹。我们发现，非股权融资的确对传统的创业精神给予了支持。在那些曾经在 Kickstarter 网站上完成融资的项目中，大多数（超过 90%）仍在有效运营，其中 32% 的项目在完成融资后的一年中获得了超过 10 万美元的年收入[①]，并且，每个项目平均增加了 2.2 名雇员。调查结果还显示，除了为项目直接提供资金，众筹还可以带来许多潜在好处，包括帮助这些项目更好地接触客户、媒体、外部投资者。

---

① 在这些项目中，有 10% 在发起众筹之前就已经拥有超过 10 万美元的年收入。出现这一情况的原因有可能在于，一些发起众筹的项目之前便已经开始运营。

在我们调查的 270 家公司之中，通过众筹这一途径获得的投资规模相对适度，但不同公司获得的融资额的差距较大（平均值：111 469 美元，标准差：641 026 美元）。这些投资来自 355 135 位投资者，可见这一融资模式与传统的由数量有限的几个风险投资者控制的融资模式完全不同。

21.1　寡头融资模式：风险投资和天使投资

至少在 25 年的时间里，硅谷模式（Silicon Valley model）一直是创新组织获取资金支持的标准模式（Kenney and Burg，1999；Saxenian，1996）。在该模式下，风险资本（venture capital，VC）公司以及投资规模相对稍小一些的天使投资人一直扮演着重要的角色，在创业圈，除了创业者本身之外，此二者通常被视为最重要的因素（Ferrary and Granovetter，2009；Kenney and Burg，1999）。至少自 20 世纪 70 年代起，风险资本公司就在技术创新创业领域占据着重要的一席之地，虽然自那时起，该领域经历了几次起落，但风险资本本身始终保持着很大的影响力（Gompers and Lerner，2001，2004）。

传统的风险投资（Gompers and Lerner，2004）始于风险投资家锁定自己感兴趣的创新企业，他们一般会通过在线的方式或面对面的方式与创业者取得联系。风险投资家在选取投资对象时，会考虑期望收益，以及新项目与自己手中的投资组合的匹配程度（Amit et al.，1998；Baum and Silverman，2004；Gompers and Lerner，2004；Shane and Venkataraman，2003）。在完成初始投资后，风险资本公司会发挥积极的作用，努力借助自己的声望帮助接受投资的初创公司获得更高的信誉（Hsu，2004；Stuart et al.，1999），为后者提供监测和管理上的帮助（Gompers and Lerner，2004；Lerner，2012），协助后者进一步获取其他资源（Baum and Silverman，2004；Ferrary and Granovertter，2009）。由于风险资本公司处于资源网络的中心位置，所以，它们在高科技企业的创新创业过程中扮演着至关重要的角色（Ferrary and Granovetter，2009）。

在选择向哪些公司投入资本的过程中，风险投资家实际上决定了哪些创业者（最终意味着哪些创新）会取得成功。证据表明，风险投资家非常擅长从鱼龙混杂的初创企业中挑选出那些最终会取得成功的优秀公司（Kortum and Lerner，2000；Lerner，2002；Ueda，2004）。然而，风险投资的过程完全依赖于全世界范围内的区区几千名投资专家，并且这些专家往往还高度集中在几个经济发达的地区。再者，在做出风险投资决策时，投资者往往只能依靠并不充分的数据，这些决策往往还会受到投资者个人偏好和知识局限的影响（Baum and Silverman，2004；Ferrary and Granovetter，2009）。

其中一种偏好得到了很充分的研究，那就是地理偏好。通常，风险资本只会投向少数几个区域，接受投资的初创企业和进行投资的风险资本公司都位于这几个区域（Chen et al.，2009；Kenney and Burg，1999；Owen-Smith and Powell，2004；Shane and Cable，2002；Stuart and Sorenson，2003，2008）。造成这一现象的原因很多，比如地缘上的溢出效益和创新者的聚集程度（Feldman，2001；Kenney and Burg，1999；Owen-Smith and Powell，2004）。然而，不难看出，风险资本生态圈的有限广度和面对面互动的必要性，是造成风险投资具有这一特点的一部分原因。具体来说，风险资本公司更喜欢直接接触和监督初创公司，而如果二者的地理距离不远，那么，这样的接触和监督将更容易进行（Chen et al.，2009）。沿着这一思路，Sorenson 和 Stuart（2005）发现了一个规律——风险资本公司与其投资对象的地理距离平均只有 70 英里。

还有一种偏好与创业者的性别有关：在美国，虽然企业家中有 40% 是女性，但是，只有不到 6% 的风险投资基金会向女性 CEO 掌管的公司注资；同时，在获得风险投资的企业中，只有 1.3% 是由女性创办的（Canning et al.，2012；Greene et al.，2003；Harrison and Mason，2007；Stuart and Sorenson，2008）。与之相对应的是，风险投资家中只有 14% 是女性。许多女性企业家相信，在风险投资领域内部，性别歧视问题更加严重（Miller，2010）。当然，也有一些学者指出，这种情况之所以会出现，是因为具有相同特点的人相互吸引——男性风险投资者更愿意选择男性创业者，因为二者拥有更为相近的社交网络和社会属性偏好（Ruef et al.，2003；Stuart and Sorenson，2008）。

因此，为了成功地获得风险资本以及随之而来的各种资源，创业者必须拥有"正确的背景、社交网络"，还要"准备好接受投资"。并且，以男性为主的创业团队更受青睐，也更有凝聚力。然而，一种全新的获得资本投资的方式出现了——众筹。

21.2　民主化融资：众筹[①]

众筹指（来自不同文化、社会领域的）创业者或创业团体在没有传统金融中介机构介入的情况下，以互联网为媒介，吸引数量相对较多的个人投资者，投入数量相对较少的资金，帮助初创企业启动（Mollick，2014；Schwienbacher and Larralde，2010）。众筹源自小额信贷（Morduch，1999）和众包等概念（Poetz and Schreier，2012），已经形成了独特的融资模式，这得益于越来越多的互联网平台参与到了这类融资活动之中。

众筹至少分为四种主要类型：第一种是以捐赠为基础（donation-based）的集资模式。在该模式下，投资者扮演的是慈善家的角色，他们并不以获得直接回报为目的。因此，这一模式在慈善和人文科学领域比较常见。

第二种是以贷款为基础（lending-based）的集资模式。在该模式下，投入的资金以贷款的形式存在，投资者期望以某一回报率获得收益。发展中国家推广的小额信贷和传统的 P2P 借贷，都属于这种类型。

第三种是以奖励为基础（reward-based）的集资模式。该模式在 2014 年之前一直是应用最为广泛的众筹模式。在该模式下，投资者虽然不会直接获得金钱上的回报，但会获得其他形式的实实在在的奖励，比如，获得在自己投资的电影中客串角色的机会，直接参与创新流程或是获得与创业者见面的机会。在许多以奖励为基础的众筹项目中，投资者本身就是消费

---

①　本节部分内容直接引自 Mollick（2014）的文章。

者，他们获得的回报就是在第一时间（产品公开发售之前）获得产品，或是以低于市场售价的价格购买该产品。对于接受众筹的许多创新项目来说，对投资者进行"预售"是一种很常见的方式，这些创新项目更类似于传统意义上的创业项目，如生产新型软件、硬件或消费产品的项目。

第四种是股权众筹（equity crowdfunding）。乔布斯法案（Jumpstart Our Business Start—ups Act，JOBS Act）于2012年4月通过，标志着这种已经在许多国家得到应用的融资模式在美国实现了合法化。在该模式下，投资者将获得新公司或项目的股权，并获得分红或其他形式的回报。监管上的谨慎限制了股权众筹模式的发展，因此，直到2014年，在所有众筹融资项目中，采用该模式的仍然很少，只有不到5%（Massolution，2013）。由于针对股权众筹的监管仍然比较严格（Heminway and Hoffman，2010），所以，相对于其他三种形式的众筹，创新创业者们对该模式的接受度还不十分明朗。即使股权众筹的形式由于种种原因最终会消失，与之类似的形式也会出现。例如，投资者可能会在未来分得创新企业的一部分利润，或在未来的股票公开发行或企业收购中获得一定的回报，或在创新企业购买固定资产时占有一定份额，等等。

众筹融资之所以会存在以上提到的这些不同类型，原因在于，众筹是为潜在投资者和创新创业者的目标服务的，而他们的目标多种多样。许多众筹项目寻求筹集的只是一笔小额资金（通常在1 000美元以下），它们多属于一次性的项目，例如，一项集体活动。对于这类项目来说，投资者多为家人或朋友。另一些项目则试图筹集数十万美元甚至几百万美元以启动并维持业务的运转。此外，许多项目追求的并不仅仅是获得资金，例如，一些项目通过众筹确认市场对新产品的确存在需求，在这一过程中，还有机会吸引来一些传统投资者。Pebble智能手表项目就是这方面的例子，它最初拒绝了多家风险投资基金的投资意愿，但是，当它在Kickstarter平台完成众筹流程后，更多的风险投资基金向它抛来了橄榄枝（Dingman，2013）。与之相反，创新创业者如果在众筹过程中发现市场对新产品的反应冷淡，那么也可以及时"悬崖勒马"，叫停项目，避免浪费更多的成本和努力。

从本质上讲，众筹提供了一种资助初创企业的新方法，在几乎所有方面，它都不同于传统的风险资本融资。第一，它使融资告别了少数几个投资者垄断的时代——仅仅在 Kickstarter 这一个平台上，就有超过 600 万名大众投资者在寻找目标项目。第二，与组织严密的风险投资界相比，参与众筹的投资者们并没有那么紧密的联系，他们散布在各个领域。第三，相比于围绕硅谷构建的封闭的创新生态圈，在众筹模式下，寻求资金的初创企业和寻找目标项目的大众投资者，可以在更加开放的互联网上进行交流。第四，在目前的发展阶段，众筹很少牵涉股权与企业内部监督①，因此，接受投资的一方不会受到来自投资者的过多影响，他们只不过需要在未来为投资者提供一些新产品。

众筹的集资过程与传统的风险投资集资过程也有很大不同。在众筹模式下，希望获得投资的创业者会公开自己的项目，并提供一个融资窗口，同时说明自己希望获得的投资总数（融资目标）。一并公开的信息还包括：创业者希望利用筹得的资金开展什么样的业务，未来将会为投资者提供什么样的回报，以及其他一些能够展现他们所付出的努力的资料（如原型产品的视频和图片）。然后，创业者会利用社交网络、媒体、有影响力的个人和其他各种手段促进项目的开展。这么做的目的就是吸引更多个人投资者，以便完成融资目标。创业者和潜在的投资者经常会以评论、问答和讨论的方式进行实质性的对话，这些对话不仅仅发生在互联网融资平台上，还会发生在其他一些地方，如"推特"（Twitter）和"脸书"（Facebook）上。当融资目标达成时，全部投资将会由平台转交给创业者，虽然没有法律规定创业者必须完成项目，但是绝大部分创业者会全心全意致力于完成项目（Mollick，2014）。

由于众筹这一概念刚刚出现不久，所以在本文写作时，与之相关的学术成果并不多。对于众筹的描述最早来自 Schweinbacher 和 Larralde（2010），他们还尝试建立一个理论模型来分析创业者在什么情况下会选择

---

① 在我们收集调查数据期间，牵涉股权的众筹模式还不被允许，尽管目前美国国会（US Congress）已经通过法案使股权众筹合法化（JOBS Act，112th Congress）。

使用众筹这一方式进行融资（Agrawal et al. ，2013；Belleflamme et al. ，2014）。其他一些研究则分析了项目特征、时点、地理环境和其他一些因素会对投资者的投资意向产生怎样的影响（Agrawal et al. ，2010；Ahlers et al. ，2012；Burtch et al. ，2013；Kuppuswamy and Bayus，2013；Mollick，2014）。针对这一概念的研究还处于起步阶段，还需要更多的深入研究。

除了具有一定的新颖性，众筹还有值得我们关注的地方吗？这个问题非常重要。虽然在传统企业家中，通过众筹获取资金支持的人并不多，但是，在艺术及其他一些领域中，这种融资方式已经变得越来越受欢迎〔在2012 年的圣丹斯电影节①（Sundance films）上，有十分之一的电影是通过众筹获得资金的〕（Dvorkin，2013）。众筹仍然处在发展的初期阶段，而采用众筹方式融资的创业者一般都具有很强的创新性，众筹的影响力也已经渗入用户创新之中（Lakhani and von Hippel，2003；West and Lakhani，2008）。业界专家认为，近些年来，许多最重要的消费电子类项目都是通过众筹获得启动资金的，涉及 3D 打印、电子手表、游戏机、计算机硬件等诸多领域（Jeffries，2013）。许多在诸如 Kickstarter 这样的平台融资成功的项目，在最开始时，都不被看好，甚至是被风险资本公司所拒绝的（Jeffries，2013）。

更为重要的是，众筹实现了融资过程的民主化，它使社群中的用户联合起来为他们自己的项目提供资金。它在一定程度上使创业者避免了与风险资本相伴相随的偏好问题。例如，Greenberg 和 Mollick（2014）经研究发现，女性创业者在利用众筹这一模式进行融资时，表现优于男性，与之形成对比的是，在几乎所有其他形式的融资模式下，女性均处于劣势。与此同时，众筹还克服了传统融资模式具有的地理上的局限性（Agrawal et al. ，2010；Mollick，2014）。与其他那些融资模式比起来，众筹所具有的以上这些特征，使其能够帮助创业者更容易地为自己的项目争取到投资。

在本文中，我们特别关注的是采用众筹模式进行融资的那些创新项目。为了更好地研究它们，我们对在 Kickstarter 平台上进行众筹的项目进行了

---

① 圣丹斯电影节创办于 1985 年，旨在鼓励低成本、独立制作的影片，为独立电影人提供了展示自己作品的平台，具有一定影响力。——译者注

调查，以探究众筹这种融资模式在长期会给项目带来怎样的影响。

21.3　研究方法

在研究中，我们打算将不成功的项目和成功的项目都考虑进来。我们选择的是那些在形式上最接近传统的初创公司的项目，原因在于，这些项目最有可能获得风险资本公司和天使投资人的青睐，但它们选择了众筹的融资模式。我们将调查样本限制在三大类项目上：科技项目、产品设计项目和电子游戏项目。我们挑选的调查对象都是那些计划融资 5 000 美元以上的规模相对较大的项目，它们都在 2009 年至 2012 年 7 月这段时间完成了融资。最终，在我们的样本中，有 596 个成功的项目和 1 509 个不成功的项目。在失败的项目中，我们随机选择了 550 个进行后续研究（关于我们所选数据的情况，包括如何构建样本以及对成功融资的因素的识别，请参见 Mollick，2014）。

我们使用 Kickstarter 平台内置的内部消息传递功能向项目创建者发出参加在线调查的邀请。我们追踪这些消息的接收情况，并通过电子邮件与那些接收到信息并做出答复的项目创建者取得联系，后者的电子邮件地址在平台上是公开信息。在 596 个成功的项目中，我们收到了 230 份回复（回复率约为 39%），在筛选掉重复回复和不完整回复后，我们总共获得了来自 158 个项目的有效数据（约占成功项目样本总数的 26.5%），实际上，一些被筛掉的回复也是比较完整的。我们的研究的回复率基本与同类型的互联网调查的回复率一致（关于回复率的详细讨论，可参见 Kriauciunas et al.，2011）。统计学检验表明，项目的成功与项目目标、融资情况以及其他一些因素有关。不成功项目的回复率相对较低，在 128 份回复（回复率约为 23.3%）中，有 83 份回复是完整有效的（约占不成功项目样本总数的15.1%）。对于不成功的项目来说，与类似研究的调查回复率相比，我们的调查的回复率较低。我们先报告整体样本的情况，再根据项目成功与否，分别进行报告。关于整体样本的情况，如表 21-1 所示；对有关变量的解释说明，请参见本文最后的附录。

统计数据展示

表21-1

变量	所有项目			不成功项目			成功项目		
	样本数	平均值	标准差	样本数	平均值	标准差	样本数	平均值	标准差
众筹成果									
仍在运营的项目	253	0.79	0.41	90	0.60	0.49	163	0.90	0.31
获得其他类型投资的项目（风险投资、天使投资、银行投资、其他机构投资）	223	0.18	0.38	86	0.09	0.29	137	0.23	0.42
按时获得众筹平台拨款	167	0.31	0.46				167	0.31	0.46
事后好处：后续外部资金	264	1.81	1.07	98	1.42	0.84	166	2.04	1.12
事后好处：雇员人数	264	1.49	0.85	98	1.33	0.67	166	1.58	0.93
事后好处：关注度	265	2.78	1.16	98	1.92	1.04	167	3.28	0.90
事后好处：消费者基础	264	2.58	1.17	98	1.62	0.87	166	3.15	0.94
项目初始特征									
融资目标	341	31 207	65 676	128	36 543	73 427	213	28 001	60 500
融资项目	341	0.10	0.30	128	0.00	0.00	213	0.16	0.37
融资周期	336	38.83	13.25	123	39.17	14.61	213	38.64	12.44
产品设计	341	0.43	0.50	128	0.35	0.48	213	0.47	0.50
技术	341	0.29	0.46	128	0.34	0.48	213	0.26	0.44
创新概念证明	341	0.96	0.19	128	0.95	0.23	213	0.97	0.17
背书	341	0.43	0.50	128	0.35	0.48	213	0.48	0.50
外部力量的担保	341	0.32	0.47	128	0.16	0.37	213	0.41	0.49
"脸书"好友数	341	241.71	443.81	128	164.95	332.99	213	287.84	493.73
2010年	341	0.06	0.25	128	0.08	0.27	213	0.06	0.23
2011年	341	0.41	0.49	128	0.37	0.48	213	0.44	0.50

续前表

		所有项目			不成功项目			成功项目		
	变量	样本数	平均值	标准差	样本数	平均值	标准差	样本数	平均值	标准差
目标特征	成功融资	341	0.62	0.48	128	0.00	0.00	213	1.00	0.00
	目标：开创全新的项目	258	0.59	0.49	93	0.56	0.50	165	0.60	0.49
	目标：以现有项目为基础制造新产品	258	0.17	0.38	93	0.16	0.37	165	0.18	0.38
项目成熟度	项目人数	258	1.58	1.22	93	1.31	0.71	165	1.73	1.41
	项目完成度：产品设计	265	4.17	0.96	98	4.09	1.00	167	4.22	0.94
	项目完成度：财务计划	264	4.16	0.89	97	4.25	0.90	167	4.10	0.89
	项目完成度：日程安排	264	3.92	0.92	97	4.11	0.83	167	3.80	0.96
	项目完成度：经营计划	264	3.28	1.29	97	3.45	1.35	167	3.17	1.25
	项目完成度：团队组建	264	3.92	1.13	97	3.86	1.09	167	3.96	1.16

21.3.1 本研究中，参与众筹的群体的特征

对于我们研究的三大类项目来说，其创建者基本上均接受过良好的教育，其中95％的人至少接受过本科或同等水平的教育。在这些人创建项目时，他们之中有42％拥有全职工作，还有接近一半的人是为自己工作（要么是一家公司的合伙创始人，要么是独立合同工）。在创建项目前，有46％的人的年收入低于5万美元（有15％的人的年收入高于12.5万美元）。这些人的平均年龄是35岁，其中40％的人已经有孩子了。

与其他相关研究的结果一致，在本研究中，成功项目的创建者有84％为男性，不成功项目的创建者有90％为男性（在 Kickstarter 平台上，科技、产品设计和电子游戏领域的参与者大多是男性）。虽然我们调查的目标领域的参与者以男性为主，然而，有研究表明，尽管女性项目创建者数量不多，但她们的表现要优于男性（Greenberg and Mollick，2014）。而在非本研究对象的那些领域中，女性项目创建者要更常见一些。

21.3.2 为什么创业者选择众筹

一些创业者（大约占到59％）将创建项目视为开办一家企业的第一步。我们的研究发现了一个显著特征：好的项目不仅通过众筹获得了投资，还获得了其他好处。在调查中，我们询问创业者，为什么他们选择众筹这一途径。成功项目的创建者给出的最常见的回答是"判断市场对我的产品是否存在需求"，另外，"作为一种增加项目影响力的方式"和"与我的支持者直接交流"也是比较常见的答案。第四种常见的回答是"如果不使用这种融资方法，这个项目也许到现在还没有筹足钱"，有大约54％的受访者同意这一说法。

此外，相较于向自己身边的人伸手要钱，众筹为创业者提供了一种更加有效的从陌生人处融资的方法。在我们的调查中，70％的受访者"不同意"或"非常不同意"他们的融资对象"大部分是家人和朋友"，只有3.5％的受访者认为自己的融资对象只有家人和朋友。

21.3.3　众筹带来的结果

我们运用了多种不同的标准来评估众筹的成果，从而判断众筹从长期看是否成功。

第一，我们询问了接受投资的项目截至 2013 年 12 月是否仍在运营。在本调查进行时，大约有 90％的项目仍在运营。在成功筹集到资金的项目中，有 38.5％取得了 0～25 000 美元的年收入，有 24.5％取得了 25 000～100 000 美元的年收入，有 32％取得了 100 000 美元以上的年收入。同样是这些项目，在利用众筹这种方式进行融资之前，有 44％还未上马，有 31％取得过 0～25 000 美元的年收入，有 13％取得过 25 000～100 000 美元的年收入，有 11％取得过 100 000 美元以上的年收入。这些数据表明，众筹可以帮助企业成长并提高持续性收入。

第二，我们询问了，完成众筹的项目在之后是否还得到了来自风险投资家、天使投资人和银行的后续投资。结果显示，的确有一些项目得到了后续投资，虽然这种情况还算不上大多数。对于获得后续投资的项目来说，最为常见的情况是，项目的创建者本人追加了一笔投资（超过 20％的成功项目存在这种情况），或者家人或朋友追加了一笔投资（超过 15％的成功项目存在这种情况）。以贷款、风险资本、天使投资为形式的后续投资也出现了——15％的成功项目获得了天使投资，大约 3％的成功项目获得了风险投资家的资金。正如表 21-2 所展示的，我们在研究中发现，有一些因素与项目获得后续外部资金的可能性存在显著的相关性（在 5％或更高的水平上显著）。具体来说，我们发现，如果项目的目标非常远大，那么它更有可能获得后续外部资金。拥有详尽而完整的商业计划的项目更有可能获得后续外部资金。与没有相关行业背景的创业者相比，那些有从业经验的创业者获得后续外部资金的可能性更大（后者是前者的 3 倍）。最后，那些顺利完成众筹融资阶段的项目也更有可能获得后续外部资金。

表21-2　项目特征对项目成果的影响

变量	仍在运营的项目		获得其他类型投资（风险投资、天使投资、银行投资、其他机构投资）		众筹带来的事后好处 [用李克特量表方法 (Likert scale) 评估]			
					后续外部资金	雇员人数	关注度	消费者基础
项目初始特征								
融资目标的Log值	1.6 (−0.962)	1.61 (−1.055)	6.688*** (−3.62)	8.667** (−6.058)	3.379** (−1.534)	4.783*** (−2.269)	4.607* (−3.153)	1.581 (−0.805)
融资项目	1.789 (−1.466)	2.651 (−2.921)	1.159 (−0.752)	0.961 (−0.648)	0.705 (−0.371)	5.942*** (−3.059)	1.016 (−0.018 6)	1.367 (−1.487)
融资周期	0.966* (−0.014 7)	0.964* (−0.013 8)	0.981 (−0.015 7)	0.978 (−0.017 2)	1.003 (−0.011 9)	1.001 (−0.011 7)	2.141 (−1.089)	1.009 (−0.015 5)
产品设计	0.543 (−0.232)	0.371 (−0.199)	0.673 (−0.336)	0.914 (−0.56)	1.293 (−0.537)	0.417* (−0.173)	1.523 (−0.796)	0.989 (−0.567)
技术	2.619 (−1.699)	2.111 (−1.45)	0.838 (−0.439)	1.163 (−0.71)	1.706 (−0.763)	0.406* (−0.186)	0.431 (−0.555)	1.133 (−0.631)
创新概念证明	3.534 (−3.198)	3.438 (−3.379)	0.479 (−0.453)	0.456 (−0.387)	0.625 (−0.429)	0.596 (−0.549)	0.883 (−0.354)	0.67 (−0.586)
背书	0.985 (−0.394)	0.756 (−0.311)	1.596 (−0.67)	3.076* (−1.574)	1.009 (−0.323)	0.987 (−0.354)	6.026* (−4.274)	1.774 (−0.806)
外部力量的担保	1.085 (−0.464)	1.088 (−0.473)	1.614 (−0.655)	1.646 (−0.795)	2.075* (−0.661)	1.514 (−0.543)	0.938 (−0.068)	2.682* (−1.283)
"脸书"好友数的Log值	1.038 (−0.062 5)	1.007 (−0.063)	1.056 (−0.069 9)	1.005 (−0.075 4)	0.972 (−0.051 8)	0.993 (−0.057 2)	2.556 (−2.005)	1.098 (−0.084 9)
2010年	0.184* (−0.126)	0.139** (−0.1)	1.06 (−1.39)	1.855 (−1.677)	2.407 (−1.591)	1.317 (−1.023)	1.482 (−0.685)	1.434 (−1.037)
2011年	2.328 (−1.046)	1.978 (−0.888)	2.647* (−1.216)	2.743 (−1.507)	1.645 (−0.549)	2.015 (−0.737)	17.20*** (−8.567)	1.194 (−0.537)

续前表

变量	仍在运营的项目		获得其他类型投资（风险投资、天使投资、银行投资、其他机构投资）		众筹带来的事后好处 [用李克特量表方法（Likert scale）评估]			
					后续外部资金	雇员人数	关注度	消费者基础
成功融资	7.050*** (−3.057)	6.328*** (−2.878)	2.762 (−1.493)	3.626* (−2.056)	4.716*** (−1.832)	1.644 (−0.696)	1.036 (−0.497)	27.32*** (−13.72)
目标特征 目标：开创全新的项目		1.703 (−0.778)		2.424 (−1.484)	1.614 (−0.594)	1.723 (−0.738)	1.19 (−0.705)	1.5 (−0.698)
目标：以现有项目为基础制造新产品		2.098 (−1.231)		0.403 (−0.296)	1.802 (−0.823)	1.739 (−0.948)	1.108 (−0.251)	1.088 (−0.619)
项目人数		1.48 (−0.398)		1.024 (−0.23)	1.14 (−0.138)	0.99 (−0.12)	1.208 (−0.284)	0.841 (−0.116)
项目成熟度 项目完成度：产品设计		1.38 (−0.278)		0.65 (−0.145)	0.802 (−0.135)	0.813 (−0.148)	0.934 (−0.266)	1.016 (−0.236)
项目完成度：财务计划		1.25 (−0.316)		1.403 (−0.396)	1.281 (−0.25)	1.128 (−0.264)	0.713 (−0.275)	1.189 (−0.316)
项目完成度：日程安排		0.787 (−0.245)		0.491 (−0.182)	1.058 (−0.236)	0.759 (−0.167)	1.338 (−0.233)	0.529* (−0.157)
项目完成度：经营计划		1.004 (−0.177)		1.649* (−0.366)	1.125 (−0.132)	1.749*** (−0.271)	1.006 (−0.206)	1.446* (−0.239)
项目完成度：团队组建		1.188 (−0.227)		1.465 (−0.387)	1.046 (−0.175)	0.986 (−0.161)		1.207 (−0.224)
常数	0.182 (−0.429)	0.018 5 (−0.054 9)	6.40e−05*** (−0.000 17)	6.33e−06*** (−2.25E−05)	0.000 271*** (−0.000 63)	0.000 321*** (−0.000 8)	0.000 675* (−0.002 22)	0.0328 (−0.0817)
样本数	250	248	220	213	252	252	228	252

461

众筹为创业者提供的不只有资金，还有其他潜在好处。我们在调查中追踪了 4 种事后好处（ex post benefits），我们引入了 7 分制的李克特量表（Likert scale）对每一种好处进行评估，1 分代表"根本不"，7 分代表"非常对"。这 4 种好处分别是：第一，后续外部资金，即众筹在多大程度上帮助项目获得了后续外部资金；第二，雇员，即众筹在多大程度上帮助项目雇用了更多的雇员；第三，关注度，即众筹在多大程度上帮助项目获得了更多消费者的关注；第四，消费者基础，即众筹在多大程度上帮助项目获得了一定数量的消费者（这些消费者由贡献投资的人转化而来）。调查显示，获得关注度和消费者基础是众筹带给项目的两大最明显的好处。图 21 - 1 显示了这 4 种事后好处的情况。

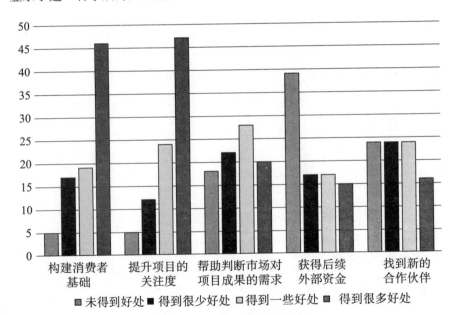

图 21 - 1　众筹带来的事后好处

正如表 21 - 2 所展示的，当使用 ordinal logit 回归方法对事后好处进行模型分析时，我们发现，有几个变量与事后好处存在正相关关系（在 5% 或更高的水平上显著）。那些获得了这些事后好处的项目一般都具有更远大的目标、更完整的商业计划，同时在众筹阶段获得了更多的资金。外部力量（如大企业）的担保和相关行业的背景，都可以帮助项目获得除资金之外的好处。顺利完成众筹融资阶段也可以帮助项目获得事后好处。

虽然众筹可以给那些采取该方式募集资金的公司带来很多好处，但是，这些公司对投资者做出的承诺并不总是可以按时兑现的。与 Mollick（2014）得出的结论一致，我们的研究也表明，项目延迟交付成果的情况并不罕见，甚至在我们调查的这些项目中，有一些项目直至我们撰写本文的时候仍然没有交付成果，尽管它们承诺的交付截止时间是 2013 年甚至更早。

21.3.4 人们认为什么原因导致了他们的失败

虽然 Mollick（2014）已经找出了一些会对众筹的成功产生影响的因素，但是，在该调查中，我们还是为那些不成功项目的创建者提供了一个机会，让他们表述自己失败的原因。虽然提供解释的创业者人数不多，但他们提供的信息对定性研究还是很有帮助的。对于这部分人来说，目标市场难以定位（有 51％的人选择了这个原因）和营销失败（有 70％的人选择了这个原因）是失败的原因。很小一部分人认为失败原因在于自己的团队存在缺陷（7％）或是自己的创意并不吸引人（30％）。也许正是因为这一点，很少有人在面对失败时选择放弃。60％的受访者指出，他们会继续为了实现自己的目标而努力。

21.4 众筹对创新的促进

我们的调查与其他研究众筹的调查一样，认为以奖励为基础的众筹模式有不错的发展前景，可以帮助创新项目实现商业化。虽然，相较于传统的风险资本投资方式，众筹能够筹集的资金规模相对较小，但是，后者的确帮助一些项目走上了正轨。在我们调查的样本中，大部分项目都实现了持续运营。以众筹流程结束为起始点，最终取得成功的项目平均增加了 2.2 名员工（标准差为 9.6），其中一些佼佼者取得的成就比平均水平更好。虽然我们调查的这些项目通过众筹总共获得了 2 800 万美元的投资，但是，它们获得的好处并不仅限于财务方面。许多项目的创建者指出，通过众筹，他们建立了良好的客户群体，更深入地了解了目标市场，并实现了对项目的有效宣传。

数据表明，众筹在创新项目融资民主化方面起到了三重作用。第一，在一些情况下，具有高创新性的用户不会选择将自己的想法变为现实，他们会白白错过创新的机会，或者无法看出自己想法所具有的价值（Bogers et al.，2010；von Hippel，1986）。正如接受我们调查的那些项目创建者所阐述的那样，通过众筹来融资的一个目的是更好地了解市场的需求。有了这样一个好用的"工具"，用户可以更容易地评估创新的受欢迎度，也可以更容易地实现创新的商业化，从而更有可能走上 Shah 和 Tripsas（2007）所描述的"偶然创业"之路，即用户将自己的想法转化为创业公司的概率更高了。

第二，众筹的出现改变了用户创新产品的经济模式，即使该用户一开始并不指望利用创新赚钱（Baldwin et al.，2006；Baldwin and von Hippel，2011；Hienerth，2006）。作为一种相对成熟的融资方式，众筹支持了新产品和新服务的开发，它帮助创新群体更有效地实现了创新生产，而无须制造商的介入。创新群体——包括电子游戏爱好者、家庭自动化开发者甚至开源软件工程师——都已经成功地利用众筹找到了对自己的创新感兴趣的群体，不再需要向自己所在群体之外的人寻求帮助了。

第三，众筹扮演了一个引导传统投资的角色。我们的研究发现，成功通过众筹获得投资的项目可以吸引来更为传统的风险资本和天使投资。"脸书"公司以 20 亿美元的价格收购了生产虚拟现实产品的 Oculus Rift 公司，便是这方面的案例之一。

近年来，众筹已经成为创业者获取种子资本的一个新途径。然而，它带给创业者的帮助绝不仅仅是经济上的支持。因此，众筹为创建和培育新企业及创新性项目提供了一种潜在的、强有力的方式。通过这种方式，社群和用户可以创造它们认为重要的或有价值的产品或服务，并为之获得启动资金。

21.5 附录：本文的研究中涉及的与创新项目相关的部分变量

融资目标：某个项目希望通过众筹获得的总投资额。Kickstarter 平台遵循"全部或没有"的原则，即如果一个项目成功实现了一开始设定好的融资目标，那么该平台将转交全部投资额；如果融资目标没有达成，则项目将无法收到哪怕一分钱。虽然并不是所有的众筹流程都遵循这一原则，但目前这一原则占主导地位，它与其他一些新项目融资原则同时存在。

融资项目：与某个项目是否成功达成融资目标相关的一个概念。如果一个项目成功实现了一开始设定好的融资目标，那么，我们就可以认定该项目成功完成了融资，并称其为"融资项目"。而承接其众筹任务的众筹平台（网站）会将全部投资额转交该项目。当然，如果足够受欢迎，项目也可以筹集高于融资目标的投资额。

项目创建者的"脸书"好友：社交网站会对创新项目的众筹过程产生影响，这一点早已被研究者发现（Hsu，2007；Shane and Cable，2002）。由于 Kickstarter 平台的账号可以与"脸书"的账号相关联，所以人们可以观察到每位在 Kickstarter 平台发起众筹的项目创建者拥有多少"脸书"好友。而该数据可以帮助我们判断这位项目创建者的社交圈子的规模。在我们的样本中，有将近一半的项目创建者的"脸书"好友数不为零。

回报等级：大多数项目会根据投资者投入的资金多少为他们提供不同程度的奖励，从出现在电影片尾的致谢名单中，到更大程度的奖励，比如直接参与到项目的进程中来。最为常见的奖励是创新产品本身，在这种情况下，投资者付出的资金会被视为产品的"预购款"。回报等级，即向投资者提供奖励的等级，具体来说，低等级的回报相对较小，以"致谢"形式为主，而高等级的回报包括向投资者提供实地参观创新场地的机会或特殊版本的产品。

项目类别：Kickstarter 平台会将创新项目分为不同类别，如电影项目、舞蹈项目、艺术项目、设计项目、科技项目。设计项目和科技项目通常会得到 Kickstarter 平台的特殊对待，因为这两类项目在一般情况下会提供实体产品作为投资者的奖励。在众筹开始之前，它们通常会被要求提供一份制造计划。

融资周期：指项目接受众筹投资的天数。Kickstarter 平台最初允许项目拥有 90 天的融资周期，但现在这一时间一般被限制为 60 天，同时鼓励创新项目在 30 天的融资窗口内完成众筹。

外部力量的担保、创新概念证明、项目背景：外部力量的担保指创新项目得到外部担保（如已经有媒体报道）的程度，创新概念证明指项目创建者提供原型产品或产品的早期版本，项目背景指创建者列举曾经成功运营的项目或创建者曾经就职的知名公司。我们的两个研究助理承担了评估样本的工作，分别独立进行了评估，以上三种情况都被纳入了参考范围（评估结果为：有 88% 的项目得到了外部力量的担保，91% 的项目提供了创新概念证明，81% 的项目有令人信服的背景）。从统计结果看，外部力量的担保和项目背景两项的 Kappa 值较高，分别为 0.57 和 0.52，而创新概念证明一项的 Kappa 值较低，只有 0.45（Munoz and Bangdiwala, 1997）。虽然，无论我们选取哪一位研究助理的评估结果，经过鲁棒性测试，均可证明我们的研究模型具有很好的稳定性，但在呈现结果时，我们还是综合考量了两位研究助理的评估结果。具体来说，如果一位研究助理认为某一个创新项目得到了外部担保，而另一位研究助理持有不同意见，那么我们会视该项目获得了外部担保。我们之所以这样做，原因在于，在众筹过程中，投资者并不都是专业投资者，具体到某一位投资者，他在做出投资决策时可能完全依靠自己的主观判断，即他如果个人认为某一个创新项目获得了外部担保，就有可能做出投资的决策。所以，只要有一位研究助理做出了正面的判断，就足以取信。

项目成熟度：该变量指在开始众筹前，某一个创新项目完成产品设计、财务计划（预算）、日程安排、经营计划、团队组建的程度。

目标：区别创新项目是一个全新的独立运营的商业活动，还是以已经运营的商业活动为基础，开发一款新产品。

参考文献

Agrawal, A., C. Catalini, and A. Goldfarb. 2010. The geography of crowdfunding. Working paper 10–08. NET Institute. SSRN. http://ssrn.com/abstract=1692661.

Agrawal, A., C. Catalini, and A. Goldfarb. 2013. The simple economics of crowdfunding. In *NBER Book Series Innovation Policy and the Economy*, vol. 14, ed. Josh Lerner and Scott Stern, 63–79. Chicago: Chicago University Press.

Ahlers, G. K. C., D. Cumming, C. Günther, and D. Schweizer. 2012. Signaling in equity crowdfunding. SSRN. http://ssrn.com/abstract=2161587.

Amit, R., J. Brander, and C. Zott, C. 1998. Why do venture capital firms exist? Theory and Canadian evidence. *Journal of Business Venturing* 13 (6): 441–466.

Baldwin, C., C. Hienerth, and E. von Hippel. 2006. How user innovations become commercial products: A theoretical investigation and case study. *Research Policy* 35 (9): 1291–1313.

Baldwin, C., and E. von Hippel. 2011. Modeling a paradigm shift: From producer innovation to user and open collaborative innovation. *Organization Science* 22 (6): 1399–1417.

Baum, J., and B. Silverman. 2004. Picking winners or building them? Alliance, intellectual, and human capital as selection criteria in venture financing and performance of biotechnology startups. *Journal of Business Venturing* 19 (3): 411–436.

Belleflamme, P., T. Lambert, and A. Schwienbacher. 2014. Crowdfunding: Tapping the right crowd. *Journal of Business Venturing* 29 (5): 585–609.

Bogers, M., A. Afuah, and B. Bastian. 2010. Users as innovators: A review, critique, and future research directions. *Journal of Management* 36 (4): 857–875.

Burtch, G., A. Ghose, and S. Wattal. 2013. An empirical examination of the antecedents and consequences of contribution patterns in crowd-funded markets. *Information Systems Research* 24 (3): 499–519.

Canning, J., M. Haque, and Y. Wang. 2012. *Women at the Wheel. Do Female Executives Drive Start-Up Success?* New York: Dow Jones. http://www.dowjones.com/collateral/files/WomenPE_report_final.pdf.

Chen, H., P. Gompers, A. Kovner, and J. Lerner. 2009. Buy local? The geography of successful and unsuccessful venture capital expansion. Working paper 15102. NBER. http://www.nber.org/papers/w15102.

Congress, US, 112th. 2012. Jumpstart our business startups (JOBS) Act. Pub. L. No. 112–106, 126 Stat. 313 (2012). Washington, DC: GPO.

Dingman, S. 2013. Canadian's smartwatch startup matches record $15-million in VC funding. *Globe and Mail*, May 16.

Dvorkin, E. 2013. Kickstarter-funded films headline "Sundance." *Kickstarter Blog*. Retrieved February 05, 2013, from http://www.kickstarter.com/blog/kickstarter-funded-films-headline-sundance.

Feldman, M. 2001. The entrepreneurial event revisited: Firm formation in a regional context. *Industrial and Corporate Change* 10 (4): 861–891.

Ferrary, M., and M. Granovetter. 2009. The role of venture capital firms in Silicon Valley's complex innovation network. *Economy and Society* 38 (2): 326–359.

Gompers, P., and J. Lerner. 2001. The venture capital revolution. *Journal of Economic Perspectives* 15 (2): 145–168.

Gompers, P., and J. Lerner. 2004. *The Venture Capital Cycle.* Cambridge: MIT Press.

Greenberg, J., and E. Mollick. E. 2014. Leaning in or leaning on? Representation, homophily, and activism in crowdfunding. SSRN. *http://ssrn.com/abstract=2462254.*

Greene, P. G., M. Hart, E. J. Gatewood, C. G. Brush, and N. M. Carter. 2003. Women entrepreneurs: Moving front and center: An overview of research and theory." *Coleman White Paper Series* 3: 1–47.

Harrison, R., and C. Mason. 2007. Does gender matter? Women business angels and the supply of entrepreneurial finance. *Entrepreneurship Theory and Practice* 31 (3): 445–472.

Heminway, J., and S. Hoffman. 2010. Proceed at your peril: Crowdfunding and the Securities Act of 1933. *Tennessee Law Review* 78 (4): 879–972.

Hienerth, C. 2006. The commercialization of user innovations: The development of the rodeo kayak industry. *R&D Management* 36 (3): 273–294.

Hsu, D. H. 2004. What do entrepreneurs pay for venture capital affiliation? *Journal of Finance* 59 (4): 1805–1844.

Hsu, D. H. 2007. Experienced entrepreneurial founders, organizational capital, and venture capital funding. *Research Policy* 36 (5): 722–741.

Jeffries, A. 2013. How Kickstarter stole CES: The rise of the Indie hardware developer. *The Verge.* Retrieved January 12, 2013. http://www.theverge.com/2013/1/10/3861406/kickstarter-at-ces.

Kenney, M., and U. von Burg. 1999. Technology, entrepreneurship and path dependence: Industrial clustering in Silicon Valley and route 128. *Industrial and Corporate Change* 8 (1): 67–103.

Kuppuswamy, V., and B. L. Bayus. 2013. *Crowdfunding creative ideas: The dynamics of project backers in Kickstarter.* SSRN Electronic Journal. .10.2139/ssrn.2234765.

Lakhani, K. R., and E. von Hippel. 2003. How open source software works. *Research Policy* 32 (6): 923–943.

Lerner, J. 2012. Venture capitalists and the oversight of private firms. *Journal of Finance* 50 (1): 301–318.

Massolution. 2013. The Crowdfunding Industry report.

Miller, C. C. 2010. Why so few women in Silicon Valley? Out of the loop in Silicon Valley. *New York Times,* April 17.

Mollick, E. 2014. The dynamics of crowdfunding: An exploratory study. *Journal of Business Venturing* 29 (1): 1–16.

Morduch, J. 1999. The microfinance promise. *Journal of Economic Literature* 37 (4): 1569–1614.

Munoz, S., and S. Bangdiwal. 1997. Interpretation of kappa and B statistics measures of agreement. *Journal of Applied Statistics* 24 (1): 105–112.

Owen-Smith, J., and W. W. Powell. 2004. Knowledge networks as channels and conduits: The effects of spillovers in the Boston biotechnology community. *Organization Science* 15 (1): 5–21.

Poetz, M. K., and M. Schreier. 2012. The value of crowdsourcing: Can users really compete with professionals in generating new product ideas? *Journal of Product Innovation Management* 29 (2): 245–256.

Ruef, M., H. E. Aldrich, and N. M. Carter. 2003. The structure of founding teams: Homophily, strong ties, and isolation among US entrepreneurs. *American Sociological Review* 68 (2): 195–222.

Saxenian, A. 1996. *Regional Advantage: Culture and Competition in Silicon Valley and Route 128*. Cambridge: Harvard University Press.

Schwienbacher, A., and B. Larralde. 2010. *Crowdfunding of small entrepreneurial ventures*. SSRN. .10.2139/ssrn.1699183.

Shah, S. K., and M. Tripsas. 2007. The accidental entrepreneur: The emergent and collective process of user entrepreneurship. *Strategic Entrepreneurship Journal* 1 (1–2): 123–140.

Shane, S., and D. Cable. 2002. Network ties, reputation, and the financing of new ventures. *Management Science* 48 (3): 364–381.

Shane, S., and S. Venkataraman. 2003. Guest editors' introduction to the special issue on technology entrepreneurship. *Research Policy* 32 (2): 181–184.

Sorenson, O., and T. Stuart. 2005. *The Evolution of Venture Capital Investment Networks*. Atlanta: Federal Reserve Bank of Atlanta.

Stuart, T., H. Hoang, and R. C. Hybels. 1999. Interorganizational endorsements and the performance of entrepreneurial ventures. *Administrative Science Quarterly* 44 (2): 315–349.

Stuart, T., and O. Sorenson. 2003. The geography of opportunity: Spatial heterogeneity in founding rates and the performance of biotechnology firms. *Research Policy* 32 (2): 229–253.

Stuart, T., and O. Sorenson. 2008. Strategic networks and entrepreneurial ventures. *Strategic Entrepreneurship Journal* 1 (3–4): 211–227.

von Hippel, E. 1986. Lead users: A source of novel product concepts. *Management Science* 32 (7): 791–805.

von Hippel, E. 2005. *Democratizing Innovation*. Cambridge: MIT Press.

West, J., and K. R. Lakhani. 2008. Getting clear about communities in open innovation. *Industry and Innovation* 15 (2): 223–231.

译后记

因为工作的原因，平时要接触不少从外文翻译过来的书稿，每每看到有译文不通的地方，总免不了在心中一阵急躁，对照原文，总觉得译者没有做到最好。可真到了自己去翻译时，又会反过来为译者们鸣不平，要做到信达雅谈何容易？其实，真正不负责任的译者寥寥无几，大部分人都想尽自己的最大努力把作者的意思表达清楚、准确，想尽办法做到最好，但要做到最好，的的确确是一件不容易的事。

刚译完本书时，就想写一篇东西，好给这项工作画个句号，否则总觉得不完整，但又找不到合适切入点，不知从何写起，思来想去，还是觉得写篇译后记比较合适。原因有二：一是，本书内容的专业性比较强，涉及的领域又比较多，翻译到有关不熟悉领域的内容时，已经觉得吃力，更不敢再撰文妄加评论；二是，作者写的第一章，以文代序，已经分章节清晰地概括了每一部分的内容，也没必要再画蛇添足去介绍内容。所以，这篇译后记主要是浅谈一下翻译的感受，也许这才算是更好的选择。

两年前翻译过一本经济学类的大众读物，虽然讲的是互联网环境下的经济学，但书里的内容不外乎经济专业的学生所应掌握的基础知识，因此，当时翻译起来，自觉驾轻就熟，不怎么费力，自然也就积攒了一些信心。这次，刚拿到本书的英文版时，看到是讲创新的，翻一翻内文，发现有不少回归分析，便在脑海里产生一个先入为主的概念，觉得这是一本在经济学基础上讲创新的书，比前一本虽有拔高，却应该还在经济学的范畴里，应该问题不大。刚开始翻译时，的确和预期一样，内容与经济学的联系比较紧密，可到后面几章，却遇到了一些新情况。首先，从内容上讲，虽然全书内容紧紧围绕创新这一主题展开，然而其中涉及的知识却来自各种领域，从统计学到经济学，从互联网到开源运动，从专利权到医疗医药，从众包到众筹，从运动领域到艺术画派……可谓丰富多彩、无所不包，而作者又都是各个领域的专家、学者，如果不查阅一些相关领域的资料，想要驾驭好，确实有难度。其次，从语言上讲，因为本书是一本论文合集，所以涉及作者很多，每个人的语言风格都不一样，甚至有一些作者的母语并不是英语，这也给翻译造成了一些困扰，此外，虽说是由多篇论文组成的，但毕竟是一本书，翻译时，还是想在语言风格上尽量保持一致，希望真正做到了这一点。

这里就说到翻译中存在的问题了，由于个人专长所限，无法掌握每一领域的每点知识，而囿于时间、资源有限，也的确无法查阅每一篇引文，因此难免有一些翻译不准确的地方，望读者谅解，也欢迎大家指正。举个例子，在第16章中，作者在介绍自己对于技术创新的观点时，牵涉印象画派、麻醉医疗技术、皮划艇漂流运动三个完全独立的领域，同时还回顾了每个领域的发展历程。这里要做到忠实传递作者的原意，要做到不违背真实历史，还要做到不出现明显的专业性错误，这其中无论哪一项，都不是可以轻松做到的。有过翻译经历的人，一定有这样的感觉，如果你熟悉某个领域，看到一个英文词，头脑中会马上浮现出与之对应的中文词，但如果你不熟悉某个领域，则必须查阅大量的信息以弥补背景知识的不足，而当查到的信息与作者表述的情况出现出入时，如何做出正确的判断，则更加具有挑战性。在有些情况下，一些知识点比较偏门，无法查到可信的中文信息，这时，英文版的维基百科总是最好的选择，但这又引出了另一个问题，维基百科可以帮助你理解没有掌握的知识，却依然无法帮你找出那个"最合适的"中文词。举例来说，皮划艇漂流运动在中国仍然比较小众，所以很难找到一些专业词的译法，Squirt Boats就是其中之一，从查到的信息中可以知晓，这是在漂流运动中使用的一种划艇，在保证划艇人能够漂浮在水面上的情况下，尽量缩小划艇体积，这样有利于划艇人在湍急的水流中做出更合理的动作。但这些信息显然难以帮助确定译法，所以最后只能采用表面意思直译，诸如此类的例子不在少数。本书中也包含很多 IT 领域的专业知识与名词。在这方面，我是幸运的，因为本书的另一位译者杨阳女士任职于一家 IT 咨询公司，这显然有助于理解和翻译 IT 领域的知识和专有名词。

除了在翻译过程中遇到的困难，我们也的确接触和学习了一些与创新有关的知识，引发了一些有趣的思考。例如，谈到创新，自然会想到如何激励创新，这就会引出一个值得玩味的问题：创新者的成果是否应该得到相应的保护？一方面，如果权益得不到保护，谁又愿意去创新呢？另一方面，对旧成果和专利权持有者的过度保护显然会打击创新者的积极性，这就阻碍了新成果的出现，从整个社会的角度出发，这种情况并不是我们希望看到的。在某种程度上，专利权对于真正的创新者而言就像一道坚固的城门，有效地保护了知识产权，也激励了创新；但同时，它也成为创新的一扇牢门，限制了后来者进一步的创新。这个悖论会引发一系列现实存在的问题，例如，如何合理界定专利权持有者的权益，如何鼓励发明者向公众公开自己的掌握的信息与资源，等等。面对这一悖论，我们也许可以思考一下：开源运动倡导的精神是否可以拓展至其他领域？如果这真的实现了，专利权是否还有必要存在？

无论是遭遇的困难还是引发的思考，翻译这本书的过程都可谓一次丰富生动的学习之旅，希望读者也能够和我们一样，在阅读创新领域最前沿学者文章的同时，在学习中思考并有所收获。

在这里，要感谢一下在本书的翻译过程中对我们给予了帮助的人。首先要感谢中国人民大学出版社的编辑马晓云老师，是她发现了本书英文版的价值，并愿意将翻译本书这样一份具有挑战性的工作交给我和杨阳女士，我们要对这份信赖表示由衷的感谢，更希望最后的成果能够不负所托。此外，我还希望表达对家人的感谢，在翻译本书的过程中，如果没有我的母亲郑琳女士和我的父亲崔瑞刚先生的支持，我将无法将全部精力投入到翻译工作当中。这篇译后记虽由我执笔，但另一位译者——杨阳女士——的贡献却不会稍减半分，在翻译过程中出现难以避免的意见分歧时，她的冷静与耐心每每都能帮助我们走出困境。虽然统稿由我负责，但毫无疑问，没有她的付出，翻译的效率和效果都将大打折扣。最后，受她的委托，在此表达她对家人的感谢，感谢她的父亲杨广臣先生和母亲魏淑梅女士在她翻译本书的这段时间里，帮助她处理了许多生活上的琐碎之事，让她能够全身心地投入到翻译工作中。

崔毅

图书在版编目（CIP）数据

创新的革命：开放式创新改变未来商业/（美）迪特马尔·哈霍夫（Dietmar Harhoff）编；崔毅，杨阳译 . —北京：中国人民大学出版社，2019.8
ISBN 978-7-300-26592-6

Ⅰ.①创⋯ Ⅱ.①迪⋯ ②崔⋯ ③杨⋯ Ⅲ.①管理学-文集 Ⅳ.①C93-53

中国版本图书馆 CIP 数据核字（2018）第 301972 号

创新的革命
［美］迪特马尔·哈霍夫（Dietmar Harhoff）
卡里姆·R. 拉卡尼（Karim R. Lakhani）
崔　毅　杨　阳　译
Chuangxin de Geming

出版发行	中国人民大学出版社				
社　　址	北京中关村大街 31 号		**邮政编码**	100080	
电　　话	010 - 62511242（总编室）		010 - 62511770（质管部）		
	010 - 82501766（邮购部）		010 - 62514148（门市部）		
	010 - 62515195（发行公司）		010 - 62515275（盗版举报）		
网　　址	http://www.crup.com.cn				
	http://www.ttrnet.com(人大教研网)				
经　　销	新华书店				
印　　刷	北京昌联印刷有限公司				
规　　格	165 mm×240 mm　16 开本		**版　　次**	2019 年 8 月第 1 版	
印　　张	32 插页 2		**印　　次**	2019 年 8 月第 1 次印刷	
字　　数	448 000		**定　　价**	98.00 元	